고조선
사람들이
잠든 무덤

영원의 세계를 구현하기 위한 설계도

하문식 지음

주류성

고조선 사람들이 잠든 무덤

지은이 하문식
펴낸이 최병식
펴낸날 2016년 6월 30일
펴낸곳 주류성출판사
서울특별시 서초구 강남대로 435 (서초동 1305-5)
TEL | 02-3481-1024 (대표전화) • FAX | 02-3482-0656
www.juluesung.co.kr | juluesung@daum.net

값 23,000원
잘못된 책은 교환해 드립니다.

ISBN 978-89-6246-291-3   93910

이 연구는 2010년 정부(교육과학기술부)의 재원으로
한국학중앙연구원의 지원을 받아 수행되었음
(AKS-2010-AGA-3103).

고조선
사람들이
잠든 무덤

본 연구가 마무리될 수 있도록 아낌없는
도움을 주신 분들께 고마움의 인사를 전합니다.

차례

시작하며

문자가 등장하기 전부터 만들어진 많은 건축물들은 그 시대를 알려주는 일종의 이야기라고 볼 수 있다. 돌 하나가 단어가 되고, 그런 돌들이 모여 문장을 이루고 이야기를 만들어내는 것이다. 물론 문자가 만들어진 이후에 세워진 각종 건축물들도 선사시대에 비하여는 역할이 줄었을지라도 당시 사회를 알려주는 지표로서 같은 맥락을 가지고 있음은 분명하다.

이러한 건축물들에는 사람들의 사유(思惟) 방식과 생활 양식, 기술 등이 집약되어 있다. 문화는 시대와 지역 그리고 주변 환경에 따라 다양성을 지닌다. 그리고 같은 시대, 같은 지역에 사는 사람들은 보편적으로 그 문화의 틀 안에서 사유하고 행동하게 된다. 따라서 건축물들은 그것이 축조된 시대의 문화를 알려주는 대표적인 척도가 된다.

무덤은 죽음 이후의 세계에 대한 사람들의 의식이 만들어낸 영원의 세계를 구현하기 위한 설계도라고 할 수 있다. 이 설계도에는 당시 사람들의 삶의 모습과 함께 죽은 자를 위한 행위 속에서 산 자들이 소망하는 것이 무엇인지를 역설적으로 보여주고자 했던 설계자의 의식이나 관심사가 잘 반영되어 있다.

이런 점에서 무덤은 당시 사람들의 사후 세계에 대한 관심이 반영된 사회적 산물이다. 동시에 사회적으로 관습화된 여러 고유의 요소들이 반영되어 있어 당시 사회의 전통과 변화과정을 보여준다. 따라서 무덤은 사회적으로 특정 시기의 문화공동체를 이룬 일정한 집단이 가지고 있던 공통된 사유 방식을 보여주며 축조자 집단의 안녕과 번영을 바라는 신성한 기념물로서의 성격도 가지고 있다.

무덤은 죽음 자체를 끝이 아닌 새로운 시작으로 보고 영생(永生)을 바라던 당시 사람들의 세계관에서 만들어진 것이다. 또한 생(生)의 끝자락에서 남겨지는 주검의 처리 과정을 통해 그 안에 투영되어 있는 사회 관계의 여러 관습들을 살펴볼 수 있다.

고조선 시기의 여러 무덤 유적은 당시 사람들이 일생을 살아가면서 마지막 통과

의례의 한 절차인 묻기의 결과로 그들만의 상징 체계를 반영하여 공동체 나름의 결속력을 다지고 거족적인 협동심을 추진하여 축조한 기념물의 하나이다.

이 연구는 고조선의 실체에 가까이 접근하기 위한 토대를 마련하는데 초점을 두고 진행하였다. 잘 알다시피 고조선에 관하여는 아직도 여러 관점에서 많은 논쟁이 진행되고 있다. 특히 고조선의 강역, 중심지, 사회 성격 등이 규명되지 않아 이 연구를 진행하는 데에는 어려움이 적지 않았다. 따라서 여기에서는 먼저 어느 정도 의견의 일치가 이루어지고 실체적 사실에 접근하기 쉬운 것부터 시작을 하였다. 그런 점에서 이 연구의 시·공간적 범위는 고조선의 강역과 존속 기간을 절대적으로 반영한 것이 아니고 편의상 문화상이 뚜렷한 것부터 부분적으로 설정하여 진행하였음을 밝혀두고자 한다.

우리 역사의 중요한 시기인 고조선의 모습을 알려주는 살아있는 이야기책을 구성하는 주요 얼개는 고인돌을 비롯하여 돌무지무덤, 동굴무덤, 돌널무덤, 독무덤 등 당시에 만들어진 여러 가지의 무덤들이다. 그리고 이런 무덤 건축의 의미를 살펴보는 것은 한국문화사 연구에 있어 매우 의미있는 일일 뿐만 아니라, 옛사람들이 남긴 유산을 통해 죽음에 대한 사유를 새로이 해볼 수 있는 계기가 될 것이다.

1. 산 자와 죽은 자의 꿈이 이루어지는 곳

- 고인돌

Ⅰ. 머리말

세계 여러 곳에 분포하고 있는 고인돌은 당시 사회상을 잘 반영하고 있는 대표적인 유적이다. 커다란 돌을 가지고 축조한 구조물이기 때문에 그 모습이 웅장하고 축조하는데 많은 노동력이 필요하였으므로 일찍부터 사람들의 관심의 대상이 되어 왔다.

고조선 지역의 고인돌은 요동반도를 중심으로 요남, 요북과 길림 그리고 북한지역에 집중적으로 분포하고 있는데, 그 분포 상황으로 볼 때 이곳은 고인돌의 중심권을 이룰 만큼 많은 유적이 있다. 특히 요동반도와 황해를 중심으로 밀집 분포하고 있기에 '환황해(環黃海) 고인돌문화권'의 설정도 가능한 것으로 해석된다. 또한 그 분포 지역이 대체적으로 초기 고조선의 강역으로 인식되고 있는 공간적인 범위와 상당히 비슷하여 여러 관점에서 이른 시기의 고조선을 이해하는데 도움이 되고 있다.

고인돌은 옛사람들이 축조한 여러 종류의 무덤 가운데 하나이며, 통과의례(通過儀禮)의 마지막 절차인 죽음을 맞아 사후세계(死後世界)가 반영된 당시 사회의 주검에 대한 처리 의식인 장례 습속의 전통을 잘 보여주고 있다. 이러한 묻기의 전통은 고인돌 사회의 문화와 사회상을 반영하고 있기 때문에 당시 사람들의 사회·경제적인 관점, 문화적인 관점, 믿음과 같은 정신 세계를 살펴볼 수 있는 좋은 고고학 자료이다.

이 글에서는 요남과 요북, 길림 그리고 서북한 지역에 분포하고 있는 유적의 조사와 연구 성과를 토대로 고조선사에서 고인돌이 차지하는 고고학적 의미를 밝혀보고자 한다.

요남지역의 고인돌에 대한 것은 상당히 일찍부터 옛기록에 남아 있고 요북과 길림지역의 고인돌 유적은 근래에 그 중요성이 새롭게 인식되기 시작하면서 활발한 조사와 깊이있는 연구 결과가 제시되고 있다. 무엇보다 이 지역은 북한지역과 지리적으로 인접하고 있기에 역사·문화적인 연관성이 있을 것으로 예상된다. 특히 고인돌은 지리적인 분포 모습, 형식 관계, 출토 유물과 축조 시기 등 여러 관점에서 서로 동질성이 있는 것으로 밝혀지고 있기 때문에 돌무지무덤, 돌널무덤, 동굴무덤 등 다른 여러 무덤을 통한 고조선문화권의 사회 성격을 이해하는 밑바탕이 될 수 있다.

따라서 여기에서는 고조선 지역에서 조사된 중요한 고인돌 유적과 관련한 기본 자료를 분석하여 입지 조건과 분포, 고인돌의 축조와 구조, 고인돌의 기능과 형식, 껴묻거리, 장례 습속, 축조 시기 등을 검토한 다음 고조선의 무덤으로서 고인돌이 가지는 고고학적 의미를 살펴보고자 한다.

II. 고조선 영역에 세워진 고인돌들

1. 요남지역

요남지역 고인돌은『三國志』·『鴨江行部志』등의 기록에 나오는 것으로 보아 일찍부터 널리 알려져 있었던 것 같다. 1900년대 초에는 요동반도의 여러 지역에 대한 구체적인 조사가 이루어질 만큼 이곳의 고인돌은 중요성을 지니고 있었다.

이러한 관심은 요남지역 고인돌의 주변 지세와 밀접한 관련이 있다. 다른 지역과는 달리 대부분의 고인돌이 구릉지대의 높다란 곳이나 낮은 산마루에 있어 주변의 어디에서나 쉽게 바라 볼 수 있기 때문이다.

1) 보란점 석붕구(石棚溝) 고인돌 유적[1]

보란점시(普蘭店市) 검탕향(儉湯鄕) 대가촌(戴家村) 석붕자둔(石棚子屯)의 석붕산에 위치하며, 가까운 곳에 벽류하(碧流河)가 흐르고 있다(사진 1). 산마루에 탁자식 4기가 있는데, 1기는 완전하면서 큰 편이고 나머지는 작고 파괴되었다.

사진 1. 보란점 석붕구 고인돌

1호(처음 '대석붕'이라 보고)는 산마루의 남쪽에 있으며, 덮개돌은 둥근꼴로 크기는 590×440×33~63cm이다. 덮개돌은 굄돌의 앞과 뒤쪽으로 나와 처마를 이루고 있으며, 돌감은 화강암인데 많이 손질하였다(그림 1). 굄돌은 안쪽으로 5°쯤 기울어진 상태. 거정화강암인 동쪽 것은 225×120×20cm이다. 서쪽 것은 220×120×

1. 許玉林·許明綱, 1981. 「遼東半島石棚綜述」 『遼寧大學學報』 1, 184쪽 ; 許玉林, 1994. 『遼東半島石棚』, 遼寧科學技術出版社, 5~8쪽.

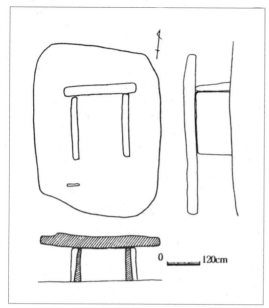

그림 1. 보란점 석붕구
고인돌 평·단면도.

10cm인데 많이 닳아 위쪽 부분은 떨어져 나
가 매우 얇다.

　　북쪽의 막음돌은 동·서쪽 굄돌에 기대어
바깥으로 25cm쯤 나와 있다. 서쪽 굄돌에서
남쪽으로 80cm쯤 떨어진 곳에 부서진 납작한
돌 조각이 있는데 남쪽 막음돌일 가능성이
많다. 무덤방은 220×160×120cm이며, 방향
은 남동 10°이다. 바닥에는 넓적한 돌이 깔려
있다.

　　석붕구 고인돌 유적 옆에서는 많은 유물과
집터의 흔적이 찾아졌다. 유물은 화살촉·돌도
끼 등의 석기류와 모래질의 붉은 토기 조각인데, 토기는 그은 무늬가 새겨진 항아
리·시루 등이다. 그리고 집터에서는 불탄 서까래 조각과 풀을 흙에 이긴 불 먹은
흙이 발견되었다.

2) 보란점 쌍방(雙房) 고인돌 유적[2]

　　보란점시 안파진(安波鎭) 덕성촌(德胜村) 쌍방둔의 서산 위에 있다. 1980년 탁자식
6기와 개석식 3기가 발굴되었으며, 모두 화강암을 가지고 만들었다(사진 2).

　　2호는 덮개돌이 없고 굄돌과 막음돌 그리고 바닥돌만 있는 탁자식이다. 북쪽 굄
돌은 185×190×24~42cm이며 원래 상태로 서 있지만, 남쪽 굄돌과 동쪽 막음돌
은 깨어져 남은 크기가 각각 130×190×24~36cm, 140×33×30cm이다. 바닥돌
은 두텁고 납작한 돌을 손질한 것인데 175×100×25cm이며, 무덤방은 175×200

2. 許玉林·許明綱, 1980, 「新金雙房石棚和石蓋石棺墓」 『遼寧文物』1, 41~43쪽 ; 1981, 「위 글」, 185쪽 ;
　1983a, 「新金縣雙房石棚和石棺墓」 『文物參考資料』7, 92~97쪽 ; 1983b, 「遼寧新金縣雙房石蓋石棺
　墓」 『考古』4, 293~295쪽 : 孫福海·靳維勤, 1995, 「石棚考略」 『考古』7, 628쪽 : 田村晃一, 1996, 「遼東石
　棚考」 『東北アシアの考古學』2(槿域), 102~105쪽.

×130cm쯤 된다(사진 3).

　무덤방에서는 붉은색 단지와 가락바퀴, 불탄 사람 뼛조각 등이 발견되었다. 바탕흙이 모래질인 단지는 목이 짧고 입술이 벌어졌으며, 배가 상당히 부르고 밑은 굽이 져 있다. 목 부분에 1줄의 그물무늬 띠가 있으며, 몸통에도 위·아래로 띠를 이룬 그물무늬가 있는데 그 사이에 2줄의 점줄무늬가 있다. 그리고 몸통의 양쪽에 대칭으로 꼭지가 있다.

　6호는 개석식이며, 유적의 동남쪽 모서리에 위치한다. 둥근꼴(지름 170cm, 두께 30cm)의 덮개돌은 파괴되었고, 무덤방 안에는 노랑 모래가 퇴적되어 있었다. 화강암의 넓적한 돌을 세워 만든 무덤방은 155×50~60×73cm이고 방향은 북동 5°이다. 남쪽과 북쪽의 긴 벽은 넓적한 큰 돌과 작은 돌 2개를 잇대어 만들었다. 바닥은 풍화된 기반암 그 자체였다.

　껴묻거리는 비파형 동검을 비롯하여 활석으로 만든 도끼 거푸집, 단지, 깊은 바

사진 2. 보란점 쌍방 고인돌 유적 전경

사진 3. 보란점 쌍방 2·6호 고인돌

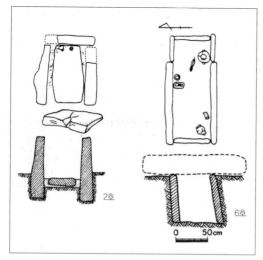

그림 2. 보란점 쌍방
2·6호 고인돌 평·단
면도

리 등이 찾아졌다(그림 2).

비파형 동검의 검날 양쪽에 있는 마디 끝[節尖]은 검 끝쪽에 있으며, 마디 끝 아래는 밋밋하다. 등대와 슴베 부분의 단면은 납작한 원형이지만, 마디 끝에서 검 끝 까지의 단면은 6각형이다. 거푸집은 1쌍(2조각)이며, 활석에 흑연이 섞여 있다. 사다리꼴이고 크기는 길이 15.8cm, 너비 8.2~9.2cm, 두께는 같지 않다. 합하면 윗부분에 십자 모양의 주물을 넣는 구멍이 나타나는데 위쪽에는 2줄의 직선을, 아래쪽에는 * 표시를 하여 놓았다. 거푸집으로 본 도끼의 생김새는 장방형의 투겁이며 위쪽에는 13줄의 볼록한 줄이 있다.

단지는 2점이 발견되었는데 흑갈색이며 바탕흙이 모래질이고, 모두 손으로 만들었지만 두께가 비교적 얇다. 한 점은 몸통과 목 부분의 경계선이 뚜렷하며, 몸통은 부풀어진 모습이고 아래쪽에 초생달처럼 가늘게 휘인 반달 모양의 덧띠무늬 3개와 위쪽으로 뻗은 다리 모양의 손잡이 1개가 있다. 어깨와 몸통에는 2~3줄의 묶음식 줄무늬가 4곳에 있다. 다른 단지도 앞의 것과 비슷하며, 몸통에는 대칭으로 2개의 다리 모양 손잡이와 세모꼴의 덧띠무늬가 2개 붙어 있다. 4줄의 묶음식 줄무늬가 4곳에 있다. 이러한 단지는 미송리형 토기에 속하며, 비파형 동검과 같이 출토되어 쌍방 고인돌 유적의 성격을 가늠하는데 중요한 자료가 되고 있다.[3]

깊은 바리는 2점이 발굴되었으며 생김새는 비슷하다. 원통형으로 곧은 입이고 바탕흙은 모래질이며 입술에는 덧띠를 붙여 두터운 모습을 하고 있다.

이러한 단지와 깊은 바리에서 찾아지는 특징 - 다리 모양 손잡이, 원통형의 깊은 바리, 입술 부분의 덧띠 등 - 은 상마석 유적의 상층 문화와 비교되는 점이

3. 陳光, 1989, 「羊頭窪類型研究」 『考古學文化論集』 2, 134~135쪽 : 李恭篤·高美璇, 1995, 「遼東地區石築墓與弦紋壺有關問題研究」 『遼海文物學刊』 1, 54~63쪽.

많다.[4]

3) 보란점 벽류하(碧流河) 고인돌 유적[5]

　보란점시 안파진 유둔(劉屯)의 서산과 동산, 그리고 쌍탑향(雙塔鄉)의 교둔(喬屯)에 있다. 1976년 벽류하댐 때문에 발굴조사가 실시되었는데, 유둔에서 5기(14~18호), 교둔에서 6기(19~24호) 등 모두 11기의 개석식 고인돌이 조사되었다.

　15호는 무덤방이 있던 곳의 바로 옆에 3벽이 남아 있는 작은 돌널(100×80×100cm)이 있었는데 딸린 널로 여겨진다. 방향은 북동 25°이며, 바닥에는 납작한 돌이 깔려 있었다. 여기서 단지가 2점 발견되었다. 단지 가운데 1점은 모래질의 황갈색으로 긴 목이고 아가리는 벌어진 모습이다. 바닥은 납작밑이고 목 부분에는 찍은 점무늬가 있다.

　16호도 무덤방의 바로 옆에 크기가 80×60×80cm되는 딸린 널이 있었다. 방향은 북동 25°이며, 4벽과 바닥돌만 남아 있었다.

　껴묻거리는 단지 1점이 발굴되었다. 바탕흙이 모래질이고 황갈색인 이 단지의 아가리는 벌어졌고, 몸통은 부풀어진 모습이며 최대 지름은 몸통의 위쪽에 있다. 바닥은 납작밑이고 목 부분에 볼록한 줄무늬가 2줄 있다.

　21호는 맨땅 위에 납작한 돌을 겹쳐 쌓아 무덤방을 만들고, 그 위에 덮개돌을 덮었다. 무덤방에서 활석으로 만든 도끼 거푸집과 사람 뼛조각 등이 조사되었다. 거푸집은 한 쪽만 발견되었으며, 앞과 뒤쪽에 모두 도끼의 모습이 새겨져 있다. 쇳물을 부어 넣던 구멍, 끈으로 매었던 흔적 등이 뚜렷하게 남아 있다.

　23호는 무덤방과 2조각으로 깨어진 덮개돌이 떨어져 있었다. 구덩이인 무덤방은 150×90×50cm이며, 방향은 북서 50°이다. 껴묻거리는 깊은 바리와 단지가 1

---

4. 許明綱·許玉林, 1983b. 「앞 글」, 294~295쪽 : 劉俊勇 지음·최무장 옮김, 1997. 『中國大連考古研究』, 學研文化社, 57~66쪽.

5. 旅順博物館, 1984. 「遼寧大連新金縣碧流河大石蓋墓」『考古』8, 709~711쪽 : 許玉林, 1994. 「앞 책」, 97~99쪽.

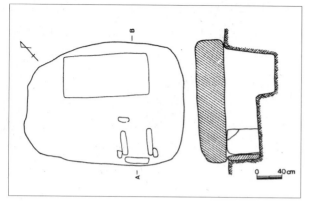

그림 3. 보란점 벽류
하 24호 고인돌 평·단
면도

점씩 찾아졌고 덮개돌 밑에서 옥도끼
가 1점 발견되었다. 깊은 바리는 원통
형으로 입술에 덧띠가 붙어 두터운 모
습이며 바깥으로 접혔고 평평밑이다.
옥도끼는 검은 색의 옥을 갈아서 만들
었으며, 납작한 긴 네모꼴이다. 도끼
는 옆면에 잘라낸 흔적이 남아 있으
며, 기운 날이다.

24호는 268×200×50cm 되는 덮개돌 밑에 구덩이인 무덤방과 작은 돌널이 같
이 있었다. 무덤방은 맨땅을 파고 만들었는데 150×78×36cm이고, 방향은 북서
40°이다. 껴묻거리는 날짐승 뼈가 든 항아리 1점이다(그림 3).

작은 돌널은 무덤방의 서쪽 벽에 잇대어 조금 얕게 파 단(段)이 지게 이층대를 이
룬 모습이다. 이 돌널은 껴묻거리를 넣어두는 딸린 방으로 여겨지며 이곳에서 복원
이 어려운 항아리의 조각들이 많이 발견되었고, 돌널의 바깥에서 돌도끼 1점이 찾
아졌다.

벽류하 유적에서는 개석식만 발굴되었지만, 주변의 고인돌 유적에서 조사된 구
조와는 다른 모습을 보이고 있어 주목된다. 특히 무덤방 옆에서 찾아진 딸린방의
성격 문제나 24호처럼 특이한 구조는 앞으로 다른 고인돌과 비교 검토되어야 될
사항이다.

4) 보란점 소둔(邵屯) 고인돌 유적[6]

보란점시 안파진 소둔촌 서남쪽의 산 능선 위에 있고 '고려분(高麗墳)'이라 불려지
며, 부근에는 소둔하가 흐르고 있다. 탁자식 1기를 비롯하여 굄돌만 남은 것 1기,
파괴된 것 7기(추정) 등 모두 10여 기의 고인돌이 산 능선을 따라 2줄로 분포하고

---

6. 許玉林·許明綱, 1981, 「앞 글」, 184~185쪽 ; 許玉林, 1994, 「위 책」, 9~10쪽.

사진 4. 보란점 소둔 1호 고인돌

있다.

1호는 탁자식이며, 돌감은 모두 화강암이다. 덮개돌은 260×180~200×34~48cm이며, 한 쪽으로 조금 기울어져 있다. 굄돌과 막음돌은 곧게 서 있는 상태이며, 남쪽과 북쪽의 굄돌은 각각 220×60×17cm, 220×60×20cm이다. 다른 지역 탁자식의 굄돌에 비하여 높이가 상당히 낮으며, 서로의 간격도 좁다(사진 4).

5호(처음 '소둔 산하석붕〈邵屯 山下石棚〉'이라 보고)는 산 아래의 과수원에 있는데, 이미 한 쪽으로 쓰러져 덮개돌이 기울었고 동쪽의 굄돌도 비스듬하게 서 있다. 덮개돌 위에는 채석(採石)과 관련있는 것으로 보이는 구멍이 5개 파여 있다.

5) 와방점 대자(台子) 고인돌 유적[7]

와방점시(瓦房店市) 송수진(松樹鎭) 대자촌 하북둔(河北屯)의 산기슭에 탁자식 고인돌 1기가 있다(사진 5). 이 고인돌을 '만가령 석붕(萬家岭石棚)'이라고도 부르며, 뒷날 묘우(廟宇)로 이용되었기에 '석묘자(石廟子)'·'석붕묘(石棚廟)'라고도 한다. 주변의 지세를 보면 남·북·서쪽으로 평지가 펼쳐져 있고, 앞으로 복주하(復州河)와 대자하가 흐르고 있다.

덮개돌은 마름모꼴이며, 남쪽이 넓고 북쪽이 좁은 편인데 490×400~270×23~50cm이다. 덮개돌이 굄돌 밖으로 나와 처마를 이루고 있는데, 특히 앞이 계단

---

7. 許玉林·許明綱. 1981. 「위 글」. 185~186쪽 : 許玉林. 1994. 「위 책」. 13~15쪽.

1. 산 자와 죽은 자의 꿈이 이루어지는 곳 ▪ 고인돌 **19**

사진 5. 와방점 대자
고인돌

그림 4. 와방점 대자
고인돌 평·단면도

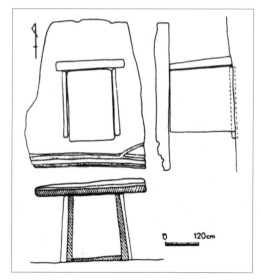

식 처마의 모습을 하고 있어 주목되며 처마 윗부분에는 2줄의 움푹한 홈이 파여 있다. 그리고 덮개돌 위쪽의 뒷부분에 직선으로 간 2줄의 홈이 있다. 덮개돌과 굄 돌 등의 돌감은 많이 손질한 화강암이며, 고인돌의 방향은 남북쪽이다. 사다리꼴의 굄돌은 양쪽(동. 서) 모두 안으로 5°쯤 기울었으며, 235~215×232×16~28cm이다.

막음돌은 현재 북쪽 것만 남아 있는데 안쪽으로 6°쯤 기울어 양쪽 굄돌에 기대어 있으며, 크기는 240~213×232×28~37cm이다(그림 4).

돌방[石室]은 235×230×170cm이며, 문은 남쪽이고 현재 바닥부터 약 50cm 높이까지 시멘트를 가지고 단(壇)을 만들어 놓았다. 그리고 돌방 안에는 흙을 빚어 만든 짐승의 토제품과 목주(木主) 등 제의 흔적이 남아 있다.

이 고인돌은 외형적인 규모나 위치한 지세 조건 그리고 후대에 계속적으로 제의가 행하여진 점 등으로 보아 제단의 기능을[8] 가졌던 것으로 여

8. 하문식, 2008a, 「고인돌의 숭배 의식에 대한 연구」, 『비교민속학』35, 111~113쪽.

겨진다. 현재 바로 옆에 태산사(太山寺)라는 묘우가 있다.

6) 와방점 화동광(鏵銅礦) 고인돌 유적[9]

와방점시 이관향(李官鄕) 화동광촌의 구릉지대에서 4기의 탁자식 고인돌이 발견되었으며, 1939년 1기가 조사되었다(그림 5).

조사된 고인돌의 덮개돌은 160×160×20~30cm이며, 굄돌과 막음돌 밖으로 나와 처마를 이룬 모습이다. 4벽이 상자처럼 잘 맞물려 있었고, 무덤방 안에서 겹입술의 깊은 바리 2점, 항아리 등 토기와 별도끼가 찾아졌다. 깊은 바리는 쥐회색으로 바탕흙에 활석 가루가 많이 섞였고, 아가리 주위에 그은 가는 줄무늬가 있다. 목 달린 항아리는 높이가 15cm이고, 겉면을 간 홍갈색이며 배가 부른 모습이다.

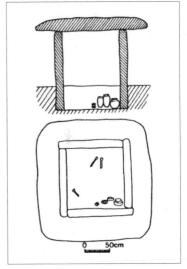

그림 5. 와방점 화동광 고인돌 평·단면도

7) 장하 백점자(白店子) 고인돌 유적[10]

장하시(庄河市) 오로향(吳爐鄕) 소방신촌(小房身村) 백점자둔의 석붕산 위에 있으며, 탁자식 고인돌 1기가 조사되었다(사진 6). '고수석(姑嫂石)'이라고 부르는 탁자식 고인돌 2기가 동쪽(嫂石)과 서쪽(姑石)에 있었지만, 파괴되고 현재는 서쪽 고인돌만 남아 있다. '석산자 석붕(石山子 石棚)'이라고도 부르는 이 고인돌은 얕은 야산의 가운데에

사진 6. 장하 백점자 고인돌

위치하며, 특히 흙을 쌓아 만든 단 위에 있어 주변에서 훤히 보여 조망이 좋다. 화

9. 三上次男, 1961. 『滿鮮原始墳墓の硏究』. 吉川弘文館, 120~123쪽 : 許玉林·許明綱, 1981. 「앞 글」, 186쪽 : 許玉林, 1994. 『앞 책』, 16쪽.
10. 許玉林·許明綱, 1981. 「위 글」, 186쪽 : 許玉林, 1994. 『위 책』, 16~18쪽 : 田村晃一, 1996. 「앞 글」, 108쪽.

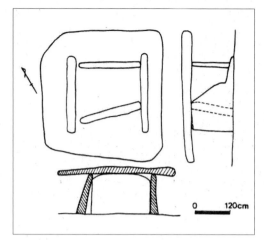

그림 6. 장하 백점자
고인돌 평·단면도

강암을 돌감으로 하였으며, 전체적으로 손질을 많이 하였다.

덮개돌은 동쪽 끝이 넓고 서쪽 끝이 좁으며, 모서리를 모줄임하여 네모꼴에 가깝다. 크기는 $435 \times 400 \times 14 \sim 50\,cm$이며, 굄돌 밖으로 $50 \sim 80\,cm$쯤 나와 처마를 이루고 있다. 굄돌은 지세가 고려되어 기울어진 방향을 따라서 동쪽과 서쪽에 있는데, 막음돌과 맞물리는 곳에는 홈이 2개 있다. 굄돌 사이에 끼어 있는 남쪽 막음돌은 동쪽 부분이 안쪽으로 기울었지만, 북쪽 것은 곧게 서 있다. 무덤방은 남북 방향이며, $240 \times 175 \times 150\,cm$이고 바닥에는 넓적한 돌을 깔았다(그림 6).

한편 1960년 시굴 조사 때 바닥돌의 틈에서 많은 사람 뼛조각과 돌가락바퀴 조각이 찾아졌으며, 동쪽 굄돌 바깥에서도 흑갈색 토기 조각과 간석기 조각이 발견되었다. 그리고 고인돌 옆에서는 상마석 유적 상층에서 출토된 무늬 있는 붉은색 토기와 비슷한 토기 조각들이 찾아졌다.

8) 장하 대황지(大荒地) 고인돌 유적[11]

장하시 탑령진(塔岭鎭) 대황지촌의 고수석산 끝자락의 평평한 곳에 탁자식 고인돌 1기가 있다. 바로 옆에는 대황지하가 흐르고 그 반대편에 전각루 저수지가 있다. 이 고인돌은 주변의 어디에서나 바라볼 수 있는 높다란 구릉 위에 있어 조망이 좋다.

덮개돌은 화강암을 돌감으로 하였으며, 가운데가 부러져 땅에 떨어져 있는데 $750 \sim 810 \times 500\,cm$이다. 굄돌과 막음돌은 사다리꼴이며, 덮개돌과 비교석 잘 맞추

---

11. 許玉林·許明綱, 1981, 「위 글」, 186쪽 : 許玉林, 1994, 『위 책』, 18~20쪽 : 田村晃一, 1996, 「위 글」, 108~110쪽.

사진 7. 장하 대황지
고인돌

어져 있고 동쪽과 서쪽에 있는 굄돌은 모두 똑바로 서 있다. 막음돌은 굄돌보다 밖으로 나와 있으며, 북쪽 것의 양끝은 밑부분에서 높이 20cm쯤 되는 곳까지 바깥으로 튀어 나와 있고 안쪽에는 맞물리는 홈이 2개 있다(사진 7).

　무덤방은 150×100cm쯤 되며, 문은 남쪽으로 여겨져 이 고인돌은 물줄기를 바라보는 방향으로 자리하고 있다. 바닥돌은 3개로 나누어져 있고 굄돌과 맞닿는 부분에 손질한 흔적이 찾아진다.

　이 고인돌은 벼락을 맞아 덮개돌이 파괴되었으며, 무덤방에서 불탄 사람뼈가 찾아졌다. 고인돌 바로 옆에서는 많은 양의 토기 조각과 석기가 출토되었다. 토기는 바탕흙이 모래질인 흑색 토기가 대부분이며 가끔 홍갈색 토기 조각도 있다. 손으로 만든 토기는 겹입술의 깊은 바리, 항아리, 접시, 제기 등이며 띠 모양 손잡이와 납작밑 부분도 발견된다. 토기의 무늬는 줄무늬·묶음 줄무늬·덧띠무늬다. 석기는 구멍이 뚫린 돌칼과 뗀석기 등이 있다.

9) 장하 분방전(粉房前) 고인돌 유적[12]

　장하시 율자방진(栗子房鎭) 분방전둔의 낮은 구릉 비탈에 2기의 탁자식 고인돌이 나란히 있다. 덮개돌은 거의 손질하지 않은 화강암을 그대로 이용하였으며, 보존 상태는 좋은 편이다(사진 8).

12. 遼寧省博物館, 1985, 「遼東半島石棚的新發現」 『考古』2, 110쪽 ; 許玉林, 1994, 『위 책』, 21~24쪽.

사진 8. 장하 분방전 고인돌

1호(처음 '동석붕'이라 보고)의 덮개돌은 175×120×10~35cm이고 긴 네모꼴이며 앞이 두터운 모습이다. 곧게 서 있는 굄돌은 동쪽과 서쪽에 자리한다. 막음돌은 50×40×25cm되는 북쪽 것만 남아 있다. 무덤방의 방향은 남서 50°이다.

2호(처음 '서석붕'이라 보고)는 1호와 같은 방향으로 나란히 있다. 덮개돌은 불규칙한 모양이지만 가운데가 두툼하여 지붕 모양이고 200×140~180×33~60cm이다. 굄돌은 동쪽과 서쪽에 있는데 모두 안쪽으로 5~6°쯤 기울었다. 막음돌은 북쪽 것만 남았는데 60×38×24cm이며, 동쪽 굄돌과는 끝부분이 맞닿아 있지만 서쪽은 안쪽으로 끼인 좀 특이한 모습이다.

두 고인돌은 비교적 가까이 있고 자리한 모습이 나란하면서 방향도 같아 깊은 친연성이 있는 것으로 여겨진다.

10) 개주 석붕산(石棚山) 고인돌 유적[13]

개주시(盖州市) 이대자 농장(二台子 農場)의 석붕촌 남쪽에 있는 완만하고 평평한 대지 위에 있으며, 주변의 어디서나 바라볼 수 있어 조망이 매우 좋다. 남쪽에는 부도하(浮渡河)가 흐르고 강 건너에 마둔후산(馬屯後山)이 있다.

요남지역 최대의 탁자식 고인돌 1기가 조사되었는데, '허가둔 석붕(許家屯 石棚)', '구채 석붕(九寨 石棚)'이라고도 부른다. 이 유적은 뒤에 고운사(古雲寺)라는 절로 변하여 종교 장소로 이용되었으므로 고인돌을 '석붕묘(石棚廟)', '석묘자(石廟子)'라고도 한다.

고인돌에 이용된 돌감은 화강암이며 손질을 아주 많이 하여 매끈한 느낌을

13. 許玉林·許明綱. 1981. 「앞 글」. 186~187쪽 : 許玉林. 1994. 「위 책」. 24~28쪽 : 田村晃一. 1996. 「앞 글」. 105쪽.

사진 9. 개주 석붕산
고인돌

준다. 덮개돌은 모서리가 줄어든 사다리꼴이며, 크기는 860×570~510×40~50cm이고 앞쪽이 넓고 약간 높은 모습이다. 굄돌 밖으로 많이 튀어나와(동쪽 170cm, 서쪽 160cm, 남쪽 280cm, 북쪽 325cm) 처마를 이루고 있어 전체적으로 웅장한 느낌을 준다(사진 9).

　　굄돌과 막음돌은 안쪽으로 조금 기울었고 사다리꼴이며, 덮개돌과 맞물리는 곳에는 틈이 없어 안정감을 주고 있다. 동쪽 굄돌은 앞부분의 밑쪽이 깨어졌으며 243~240×233×10~20cm이고, 서쪽 굄돌은 위쪽이 깨어졌으며 276~241×233×20cm이다. 그리고 양쪽 굄돌의 앞부분에는 대칭되는 홈이 파여 있다. 막음돌은 북쪽 것만 남아 있는데 290~260×233×25cm이며, 현재 양쪽 굄돌에 기대어 있고 굄돌 밖으로 20cm쯤 나와 있다. 돌방[石室]은 275×210cm이며 바닥에는 깨어진 돌 조각이 깔려 있는데 지표보다 조금 높다. 문은 현재의 여러 상황으로 보아 남쪽이었던 것 같다(그림 7).

　　이 고인돌은 처음 만들어진 이후 묘우 등의 종교 장소로 이용되어 절 안에 있었을 뿐만 아니라 굄돌과 덮개돌에 기호와 얼굴이 새겨져 있어 주목된다.[14] 이것이

그림 7. 개주 석붕산
고인돌 평·단면도

0　　120cm

14. 張維緒·鄭淑艶, 1991. 「古代建築奇觀─世界最大的石棚」 『歷史學習』 2 (許玉林, 1994. 『위 책』, 28쪽에서

고인돌을 축조할 당시의 것인지, 아니면 뒤에 사람들이 이곳을 종교 장소로 이용하면서 새긴 것인지는 분명하지 않지만 고인돌과 연관있는 한 자료로 여겨진다. 또 최근까지도 마을 사람들이 이곳에서 향을 피우고 소원을 기원한다.[15]

이 고인돌은 전국 중점 문물보호단위로 지정되었다.

11) 개주 화가와보(伙家窩堡) 고인돌 유적[16]

개주시 구채진(九寨鎭) 삼도하자촌(三道河子村) 화가와보둔 북쪽의 노우대산(老牛台山)에서 5기의 탁자식 고인돌이 발굴되었다(사진 10).

1호는 노우대산 동쪽 끝에 있으며 방향은 서북 30°이다. 평평하고 두터운 넓적한 화강암을 손질하여 덮개돌과 굄돌, 바닥돌 등으로 사용하였다. 덮개돌은 길쭉한 모양으로 176×165×25cm이며, 굄돌 밖으로 나와 처마를 이룬 모습이다(그림 8).

사진 10. 개주 화가와
보 고인돌 유적

<hr />

재인용).

15. 석붕산 고인돌을 몇 차례 답사하면서 보니 유적 주변의 마을 사람들이 행하고 있는 숭배의 행위가 조금씩 변하고 있는 것 같았다. 1998년 8월에 조사를 하였을 때에는 돌방 안에 향을 피우는 향로만 놓여 있고 부정기적으로 고인돌을 숭배한다고 히였다. 그러나 2007년 1월에 답사를 한 결과, 고인돌의 돌방 안에 숭배 행위를 위한 여러 자료들이 설치되어 있는 것은 물론 주변에도 숭배와 관련있는 여러 도구들이 흩어져 있어 마을 사람들에 의하여 대대적으로 숭배 행위가 이루어지고 있음을 알 수 있었다(하문식, 2008a, 「앞 글」, 113~116쪽).

16. 許玉林, 1993, 「遼寧盖縣伙家窩堡石棚發掘簡報」 『考古』 9, 800~804쪽 ; 1994, 「앞 책」, 36~44쪽 ; 孫福海·靳維勤, 1995, 「앞 글」, 628쪽 ; 하문식, 1999a, 『古朝鮮 地域의 고인돌 硏究』, 백산자료원, 35~40쪽.

괸돌은 남쪽과 북쪽에 놓여 있는데 모두 곧게 서 있으며 막음돌은 괸돌 사이에 끼여 있었다. 무덤방은 160×72×106cm이며, 바닥에는 얇고 평평한 긴 네모꼴의 넓적한 돌이 깔려 있다.

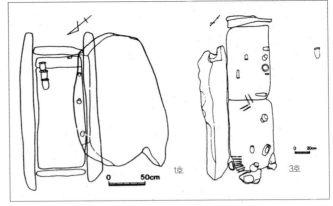

그림 8. 개주 화가와보 1·3호 고인돌 평면도

껴묻거리는 무덤방 안의 바닥돌 위에서 불에 탄 사람 뼛조각과 돌도끼·돌끌 등의 석기, 그리고 깊은 바리와 단지가 발굴되었다. 껴묻거리는 대부분 남쪽과 동쪽에 치우쳐 있었으며, 서쪽 막음돌 밖에서 많은 토기 조각이 발견되기도 하였다.

2호의 덮개돌은 없었고 동쪽과 남쪽의 벽석만 조사되었으며 방향은 서북 20°이다. 남쪽 것은 평평한 긴 네모꼴의 화강암을 손질하였는데 곧게 서 있으며, 200×76×15~30cm이다. 동쪽 것은 깨어졌고 남은 크기는 35×45×11cm이다.

껴묻거리는 무덤방 안의 동쪽 괸돌 옆에서 흑색 깊은 바리 조각과 파손된 돌칼 1점이 찾아졌다. 돌칼의 감은 석회암이며, 날이 곧고 구멍을 마주 뚫었다.

3호는 덮개돌이 없고 일부 괸돌과 막음돌이 한 쪽으로 쓰러진 상태에서 조사되었다. 고인돌의 방향은 동남 35°이고, 돌감은 평평한 화강암이며 손질을 많이 하였다.

북쪽 괸돌은 북쪽으로 기울었고 남쪽 것은 남쪽으로 무너져 있었다. 막음돌은 동쪽 것이 곧게 서 있으며 무덤방의 바닥에는 동서 방향으로 2개의 납작한 돌이 깔려 있다.

껴묻거리는 바닥돌 위에서 깊은 바리와 단지 등의 토기와 돌도끼, 돌끌, 돌자귀, 돌송곳 등의 석기가 찾아졌는데, 모두 26점으로 요남지역 고인돌 가운데에서 가장 많이 발견되었다. 껴묻기된 모습을 보면 몇 가지 두드러지는 점이 찾아지고 있다. 먼저 깊은 바리 1점이 바닥돌(무덤방)에서 60cm쯤 떨어진 바깥에서 출토되었으며, 나머지는 남쪽 괸돌 곁으로 치우쳐 찾아졌다. 그리고 서쪽 바닥돌의 남쪽 괸돌 옆에서도 작은 바리가 안에 들어 있는 큰 바리가 1점 발견되었다. 북쪽 굄돌 곁에는 토기보다 주로 돌자귀·돌송곳을 비롯한 석기가 놓여 있었으며, 남쪽 굄돌 옆에는 돌도끼와 돌끌이 있었다. 또한 돌송곳이 동쪽과 서쪽 바닥돌 사이(4점)와 서쪽 바닥돌의 북쪽(8점)에서 집중적으로 찾아졌다. 이러한 껴묻거리의 출토 모습은 고인돌을 만들던 당시 사회의 장례 습속과 관련이 있는 것으로 여겨진다.

5호는 노우대산 꼭대기에 있는데 앞의 고인돌과는 2km쯤 떨어져 있다. 덮개돌은 190×110×19cm이고 동서 방향이다. 굄돌과 막음돌은 납작한 화강암을 이용하였으며 가장자리를 돌아가면서 손질하였다. 굄돌은 남쪽으로 기울었고 막음돌은 동쪽 것만 남아 있었다. 무덤방의 바닥에는 163×77×18cm의 넓적한 돌이 깔려 있었고 그 위에서 불탄 사람뼈(머리뼈·손팔뼈·갈비뼈)와 여러 점의 토기 조각이 발견되었다.

12) 개주 연운채(連云寨) 고인돌 유적[17]

개주시 십자가향(十字街鄉) 연운채촌 소북산(小北山) 아래에 있으며 동·서 양쪽으로 34m 떨어져 탁자식 고인돌 2기가 있다(사진 11).

사진 11. 개주 연운채 고인돌

17. 遼寧省博物館, 1985, 「앞 글」, 110~112쪽 : 許玉林, 1994, 『위 책』, 31~34쪽.

1호(처음 '연운채 동석붕'이라 보고)의 덮개돌은 길쭉하며, 275 × 145~210 × 25~40cm이다. 남·북쪽 굄돌은 안쪽으로 기울어져 비스듬한데 북쪽 것은 비탈 위에 있어 남쪽으로 13°쯤 기울었고, 남쪽 것은 비탈 아래에 있어 안쪽(북쪽)으로 3°쯤 기울었다. 동쪽의 막음돌은 남북 굄돌 사이에 끼어 있다. 무덤방의 앞과 안은 잔돌과 모래가 섞여 쌓여 있고 문은 서쪽이다.

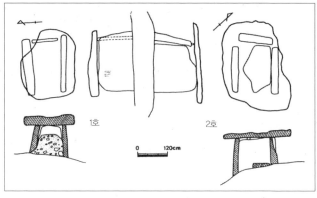

그림 9. 개주 연운채 1·2호 고인돌 평·단면도

2호(처음 '연운채 서석붕'이라 보고)의 방향은 북서 60°이다. 덮개돌은 납작하고 평평한 계란 모양이며, 가장자리를 잘 다듬지 않아 북쪽이 두텁고 남쪽이 얇다. 크기는 330 × 230 × 15~33cm이며 굄돌과 막음돌 밖으로 나와 처마를 이루고 있다. 덮개돌이 굄돌과는 맞닿아 있지만 서쪽 막음돌과는 틈이 있어 그 틈을 메우기 위하여 작은 돌 1개를 끼워 놓았다.

남쪽 굄돌은 산 비탈 아래에 곧게 서 있으며 북쪽 굄돌은 비탈 위쪽을 향하여 남쪽(안쪽)으로 3°쯤 기울었다. 서쪽 막음돌은 사다리꼴로 굄돌에 기대어 10°쯤 안쪽으로 기울었으며, 위쪽은 굄돌과 맞닿아 있다. 무덤방은 남동쪽이며 바닥에는 180 × 120 × 25cm 크기의 바닥돌이 깔려 있다. 그리고 남동쪽 바로 앞에 넓적한 돌이 놓여 있는데 동쪽 막음돌일 가능성이 높다(그림 9).

이 고인돌은 요남지역의 다른 것과 비교하여 볼 때 돌을 다듬은 점이나 축조 방식에 있어서 상당히 조잡하다.

13) 개주 패방(牌坊) 고인돌 유적[18]

개주시 십자가향 패방촌 남단산(南團山), 용왕묘강(龍王廟崗), 모가구 서강(牟家溝 西

---

18. 許玉林, 1994, 『위 책』 101~102쪽 : 孫福海·靳維勤, 1995, 「앞 글」 628쪽.

崗)의 동산두(東山頭) 등에 많은 개석식 고인돌이 있는데 이곳을 패방 고인돌 유적이라고 한다.

이 가운데 남단산의 고인돌 1기가 1983년 영구시 박물관에 의하여 발굴 조사되었다. 발굴된 고인돌의 덮개돌은 파괴되었으며, 조사 당시 화강암을 돌감으로 한 무덤방의 벽과 바닥돌만 남아 있었다. 무덤방은 남북쪽이 길고 동서쪽이 짧은 모습이다.

껴묻거리는 무덤방 안에서 여러 가지가 발견되었다. 청동검과 청동으로 만든 꾸미개를 비롯하여 검자루 맞춤돌, 돌그물추와 가락바퀴 그리고 사슴뿔로 만든 송곳, 활석과 짐승뼈로 만든 구멍이 뚫린 둥근 구슬 등이다. 청동검은 끝부분이 부러져 남은 길이가 20.2cm·너비 4cm이며, 단면은 몸통 부분이 6각형이고 슴베쪽이 4각형이다. 또한 바닥돌 위에서는 불탄 흔적이 뚜렷한 사람 뼛조각들이 조사되었다.

14) 대석교 석붕욕(石棚峪) 고인돌 유적[19]

대석교시(大石橋市) 관둔진(官屯鎭) 석붕욕촌의 높다란 구릉 위에 있다(사진 12). 아래에는 관둔하가 흐르고 있으며, 이 고인돌을 '분수 석붕(分水 石棚)', '해성 분수 석붕(海城 分水 石棚)', '영구 분수 석붕(營口 分水 石棚)'이라고도 부른다.

사진 12 대석교 석붕욕 고인돌

고인돌은 흙과 돌을 섞어 쌓은 40~50cm 높이의 네모꼴 단(크기 8×6m) 위에 있으며, 주변이 바라보이는 조망이 좋은 곳에 있다. 화강암질 편마암인 덮개돌은 네모반듯하며, 435×450×35~50cm이고 굄돌과 막음돌 밖으로 나와 처마를

19. 陶炎, 1981. 「遼東半島的巨石文化」 『理論與實踐』1, 62~63쪽 : 許玉林·許明綱, 1981. 「앞 글」, 187쪽 : 許玉林, 1994. 『위 책』, 45~46쪽 : 田村晃一, 1996. 「앞 글」, 105쪽.

이루고 있다. 남쪽과 북쪽의 굄돌은 사다리꼴이
며 안쪽으로 5°쯤 기울어져 비스듬하게 서 있다.
이것은 덮개돌의 힘을 안정되게 받아 보다 견고
하게 하기 위한 축조 기술의 하나로 여겨진다.
크기는 남쪽 것이 245~270×200×38cm, 북쪽
것이 255~288×205×39~41cm이다. 무덤방은
240×240×185cm이며 동서 방향인데 동쪽에
문이 있었던 것 같다. 바닥에는 넓적한 돌이 깔
려 있는데 서쪽 벽과는 잇닿아 있지만, 동쪽과는 10~45cm의 틈이 있다(그림 10).

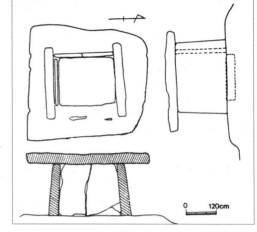

그림 10. 대석교 석붕
욕 고인돌 평·단면도

　한편 1992년 이 고인돌에 대한 조사가 실시되어 축조에 관한 몇 가지 사실이 밝
혀졌다. 먼저 덮개돌의 남쪽과 북쪽 끝에서 간 홈이 조사되었는데 남쪽 것은 너비
10cm, 깊이 5cm 크기로 3줄이고 북쪽 것은 2줄인데 희미하다. 이것은 덮개돌을
운반할 때 줄 같은 것을 묶어서 보다 쉽게 옮기기 위하여 파놓은 것으로 보인다. 이
밖에도 덮개돌과 북쪽 굄돌이 맞닿는 곳에는 한 줄의 불그스름한 선이 있는데 고인
돌을 세울 때 효과적으로 하기 위한 기호로 해석하기도 한다.[20]

　고인돌 옆에서 모래질의 검은색 토기 조각과 굽이 있는 토기 바닥 등이 찾아
졌다.

15) 해성 석목성(析木城) 고인돌 유적[21]

　해성시(海城市) 석목진(析木鎭) 달도욕촌(達道峪村) 서북쪽의 고수석촌(姑嫂石村)에 있
는 고수석산 남쪽 비탈의 구릉 끝인 높은 대지 위에 있다. '고수석(姑嫂石)'이라 부르

20. 許玉林, 1994. 『위 책』, 46쪽.
　　1998년 8월 14일 이 유적을 답사하였는데 굄돌에 불그스름한 줄이 있는 것 같았지만 이것이 고인돌 축
　　조 당시의 것인지, 아니면 후대에 새긴 것인지는 보다 과학적인 연구가 필요할 것 같다.
21. 陳明達, 1953. 「海城縣的巨石建築」 『文物參考資料』10, 72~77쪽 : 許玉林·許明綱, 1981. 「앞 글」, 187쪽
　　: 宋延英, 1987. 「遼東半島的石棚文化 - 析木城石棚」 『社會科學輯刊』52, 71~74쪽 : 許玉林, 1994. 『위
　　책』, 47~49쪽 : 田村晃一, 1996. 「앞 글」, 107쪽.

사진 13. 해성 석목성
고인돌

사진 14. 해성 석목성
고인돌 막음돌에 홈이
있는 모습

는 2기의 탁자식 고인돌이 조사되었는데, 고석(姑石)은 산 위에 있고 수석(嫂石)은 산 아래 쓰러져 있다. 고석은 웅장하며 축조 기술이 뛰어나 일찍부터 널리 알려져 왔다.

1호(처음 '고석'이라 보고)는 산 위의 높다란 대지에 있는데 덮개돌과 굄돌 등의 돌감은 모두 화강암이며 손질을 많이 하였다. 크기가 580×520×20~50cm인 덮개돌은 긴 네모꼴이며, 굄돌과 막음돌 밖으로 나와 처마를 이루고 있다. 동·서쪽의 굄돌은 아래는 넓고 위가 좁은 사다리꼴이며, 245×224×20~40cm이다. 두 굄돌의 남쪽 끝 가운데에는 길이 50cm, 너비 5cm의 홈이 있다. 이 홈은 굄돌과 막음돌이 잘 맞추어지도록 축조 당시에 만든 것 같다(사진 13).

북쪽 막음돌은 271×224×30~40cm이며, 굄돌 밖으로 15cm쯤 나와 있다. 그리고 남쪽 막음돌은 165×115×20cm이며, 덮개돌까지 이어져 있지 않고 위쪽 80cm쯤은 빈 공간으로 있는데 위쪽 끝이 둥글게 손질되었다. 여기에는 2줄의 작은 구멍이 33개 있다(사진 14). 구멍의 크기는 지름 4cm, 깊이 2cm쯤 되며, 그 의미에 대하여는 여러 견해가 있다.[22] 이 구멍이 고인돌의 축조와 관련이 있다면 이것은 당시 사회에서 보편적으로 이루어지고 있던 상례 습속과 연관이 있는 것으로 해석된다. 막음돌 50cm 앞에 판자돌이 있어 고인돌을 축조할 당시부터 완전히 폐쇄되었던 것은 아닌 것으로 보인다. 막음돌 앞의 넓적한 돌은 현재 빈 공간으로 남아 있는 부분을 막는 문

22. 曲傳麟, 1982, 「遼東半島石棚性質初探」『遼寧師範學報』1, 25~27쪽.

돌[門石] 기능을 한 것 같다.

　무덤방은 220×160×224cm이며 방향은 남동 45°이다. 바닥에는 지표보다 25cm쯤 높게 넓적한 돌이 깔려 있다.

　이 고인돌은 전국 중점 문물보호단위로 지정되었다. 석목성 고인돌 주변에서는 모래질의 검은 토기와 홍갈색 토기 조각 그리고 돌도끼 등의 석기가 찾아졌다.

16) 해성 패루(牌樓) 고인돌 유적[23]

　해성시 패루진 북쪽의 동패루촌에 2기의 탁자식 고인돌이 있다.

　1호(처음 '대석붕'이라 보고)는 굄돌이 쓰러진 상태이며, 방향은 남서 30°이다. 덮개돌은 계란 모양의 화강암을 돌감으로 이용하였으며, 355×250×20~50cm로 무너질 때 남쪽으로 옮겨졌다. 굄돌은 현재 쓰러져 안쪽으로 맞대어 있으며 동쪽 것이 230

사진 15. 해성 패루 고인돌

×140×33cm, 서쪽 것이 180×120×45cm이다. 고인돌 옆에서 모래질의 흑갈색 토기 조각들이 발견되고 있다(사진 15).

　2호(처음 '소석붕'이라 보고)는 1호에서 동북쪽으로 6m 떨어져 있다. 화강암을 이용하여 만들었으며 이미 쓰러진 상태다. 덮개돌은 네모꼴에 가까운 생김새이며, 굄돌은 네모꼴인 북쪽 것만 서 있고 나머지는 쓰러진 채 덮개돌 옆에 있다.

17) 수암 흥륭(興隆) 고인돌 유적[24]

　수암현(岫岩縣) 흥륭향 설가보자촌(薛家堡子村) 동쪽의 하분방둔(下粉房屯)에 있다.

23. 遼寧省博物館, 1985. 「앞 글」, 109쪽 : 許玉林, 1994. 『앞 책』, 49~50쪽.
24. 許玉林·許明綱, 1981. 「앞 글」, 186쪽 : 許玉林, 1994. 『위 책』, 50~52쪽 : 田村晃一, 1996. 「앞 글」, 110쪽.

사진 16. 수암 흥륭
고인돌

고수석(姑嫂石)이라 부르는 2기의 탁자식 고인돌이 조사되었는데, 1기는 산 위에 있고, 다른 1기는 산 아래에 있어 전망이 좋은 곳이다(사진 16).

1호(처음 '흥륭 대석붕'이라 보고)는 고수석산 위에 있는데 돌감은 북쪽 막음돌만 석회암이고 나머지는 모두 화강암이다. 덮개돌은 계란 모양으로 크기는 510×300~400×20~30cm이며, 북쪽 가운데에는 길이 40cm, 너비와 깊이가 4cm쯤 되는 홈이 파여 있다. 크기가 227×170×17~33cm인 굄돌은 사다리꼴로 덮개돌, 막음돌과 잘 맞추어진 상태이고 안쪽으로 4°쯤 기울어 비스듬히 서 있다. 막음돌은 북쪽 것만 남아 있는데 양쪽 굄돌 밖으로 나와 있는 모습이다. 무덤방은 220×150×170cm이며, 남동 10° 방향이고 바닥에는 납작한 돌이 땅 속에 약간 묻혀 있다.

2호(처음 '흥륭 소석붕'이라 보고)는 1호에서 남서쪽으로 500m쯤 떨어져 있으며, 1호에 비하여 크기가 작은 편에 속한다. 고인돌에 이용된 돌감은 모두 화강암이다. 덮개돌은 둥근꼴이며, 220×160~180×25cm이고 굄돌은 안쪽으로 기울어져 경사진 모습이다. 굄돌의 크기는 남쪽이 220×75×20cm, 북쪽 것이 180×95×15~40cm이다. 막음돌은 곧게 서 있으며 양쪽 굄돌 안에 끼어 있다. 무덤방은 220×120×19cm인데 돌이 가득 차 있으며 방향은 남서 10°이다.

한편 이 흥륭 고인돌은 큰 것은 산 위에 있고 작은 것이 평지에 있으면서 일정한 거리를 유지하며 서로 짝을 이룬 모습이 독특하다.

18) 수암 태노분(太老墳) 고인돌 유적[25]

수암현 흥륭향 백가보자촌의 서남쪽 산 아래 있으며, 1987년 탁자식 고인돌 1기가 발굴 조사 되었다.

덮개돌은 파괴되었고 무덤방은 길쭉한 네모꼴로 남북 방향이다. 무덤방을 이룬 굄돌과 바닥돌의 돌감은 화강암이다. 동·서쪽의 굄돌은 안쪽으로 기울었으며, 남쪽 막음돌은 서쪽 벽 밖으로 나와 기대어 있다.

무덤방은 220×130×90cm이며, 튼튼하게 하기 위하여 벽석이 맞닿는 부분에는 작은 돌들을 끼워 넣었다. 바닥에는 200×85~120×35cm 크기의 넓적한 돌이 깔려 있었다. 무덤방 안에는 모래가 많고 막돌들이 섞인 흑갈색 흙이 채워져 있었으며 이 속에 토기 조각과 간돌칼 조각이 있었다. 토기는 대부분 모래질의 회색이었으며, 검은색과 붉은색도 있었다. 무늬는 민무늬가 많고 줄무늬도 있다. 돌칼은 갈았으며 등쪽이 호형(弧形)이고 날이 곧다. 또한 바닥돌 위에서 불탄 사람의 다리뼈 조각들이 찾아졌다(그림 11).

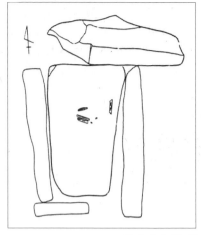

그림 11. 수암 태노분 고인돌 평면도

19) 봉성 동산(東山) 고인돌 유적[26]

봉성현(鳳城縣) 초하경제관리구(草河經濟管理區) 관가촌(管家村) 서혁가보자(西赫家堡子)의 동산에 있으며, 1989년과 1992년 2차례 발굴 조사되었다.[27] 고인돌의 분포 지

25. 許玉林, 1995. 「遼寧省岫岩縣太老墳石棚發掘簡報」 「北方文物」3, 78~79쪽.
26. 許玉林·崔玉寬, 1990. 「鳳城東山大石盖墓發掘簡報」 「遼海文物學刊」2, 1~8쪽 : 許玉林, 1991. 「遼東半島石棚と大石盖墓槪論」 「九州考古學」66, 76~79쪽 : 大貫靜夫, 1997. 「遼寧省鳳城縣東山大石盖墓墓地考古勘測量」 「東北亞考古學研究」, 84~101쪽 : 정한덕, 1993. 「紀元前2千年期後期및 1千年期初 遼寧東部地方의 考古學」 「先史와 古代」5, 74~81쪽 : 許玉林, 1994. 「앞 책」, 102~112쪽 : 崔玉寬, 1997. 「鳳城東山·西山大石盖墓1992年發掘簡報」 「遼海文物學刊」2, 30~32쪽.
27. 1차 조사에서는 11기의 개석식 고인돌(1호~11호)이 발굴되었고 또한 파괴된 19기를 정리[淸理]하였다. 그리고 고인돌 호수는 1호부터 17호까지 이름붙였다. 2차 조사에서는 3기의 개석식 고인돌(18호~20호)이 발굴되었다.
하문식, 2000a. 「中國 東北地方 고인돌의 한 研究」 「韓國先史考古學報」7, 114~116쪽.

사진 17. 봉성 동산
고인돌 유적 전경

역은 산마루쪽과 산 아래의 평평한 대지(臺地)로 구분된다(사진 17). 산마루에는 동서쪽으로 14기가 3줄로 분포한다. 대지에는 19기가 부채꼴로 있는데 방향은 남북쪽이지만 1호는 동서쪽으로 예외다.

1호의 덮개돌은 화강암을 돌감으로 이용하였고 216×166×50cm이다. 무덤방은 148×71~78×30cm이며 방향은 북서 45°이다. 남벽과 동벽의 남쪽 끝은 불규칙하게 돌을 2층으로 쌓았으며 서·동벽의 북쪽 끝은 단단한 황색 모래의 생토층이 벽을 이루고 있다.

껴묻거리로는 돌도끼·돌가락바퀴와 항아리 그리고 무덤방의 서쪽에서 불에 탄 흔적이 뚜렷한 뼛조각들이 발견되었다. 항아리는 모래와 활석 가루를 바탕흙으로 하였으며 흑갈색이다. 목은 낮고 곧으며 몸통은 부른 편이고 납작밑이다. 몸통의 위쪽에는 대칭으로 닭벼슬 모양의 손잡이가 붙어 있다.

2호는 대지 가운데 있으며 1호에서 서쪽으로 15m 떨어져 있다.

덮개돌은 210×85×30cm이다. 무덤방은 맨땅을 파서 만든 구덩이인데 남쪽에서 북쪽으로 갈수록 지세에 따라 점점 깊어진다. 크기는 170×65×60~70cm이며 북동 50°이다. 무덤방의 위쪽 가장자리 주위에는 손질하지 않은 판자돌을 깔았다(사진 18).

사진 18. 봉성 동산
2호 고인돌

껴묻거리는 무덤방 남쪽의 바닥돌 위에서 항아리 1점이 찾아졌다. 모래와 활석 가루가 섞인 바탕흙으로 검은색을 띤다. 목이 낮으며 배가 부른 편으로 납작밑이다. 몸통에는 고리 모양 손잡이가 1쌍이 있다.

5호는 산마루의 동쪽에 있으며, 덮개돌

은 190×56×30cm 크기이다. 무덤방은 구덩이로 186×85×20~40cm이고, 방향은 북서 60°이다. 4벽은 단단한 노랑모래의 생토이고 무덤방 깊이는 비탈을 따라 서쪽에서 동쪽으로 점차 얕아지는 모습이다. 무덤방의 위쪽 가장자리에는 넓적한 돌이 깔려 있다. 껴묻거리는 돌도끼와 자귀 등의 석기와 토기 2점이 발견되었다.

돌도끼는 석회암을 갈아서 만들었으며, 사다리꼴로 납작한 모습인데 1호에서 나온 것과 같다. 토기는 낮은 목의 배 부른 항아리인데 모래질의 검은색이다. 입술은 바깥으로 조금 휘인 모습이고 입이 벌어졌다. 몸통의 가운데가 부르며 납작밑이다.

6호는 산마루에 있는데 덮개돌은 220×130×40cm이며 둥근꼴이다. 무덤방은 남벽에만 3층의 돌을 쌓았고 나머지 벽과 바닥은 단단한 노랑모래의 생토로 이루어졌다. 크기는 150×75×50cm이며, 북서 65° 방향이다. 그리고 무덤방 가장자리에는 넓적한 돌이 2층으로 깔려 있다. 껴묻거리는 무덤방의 북쪽과 서쪽 끝에서 돌도끼·돌끌 그리고 단지와 항아리가 발견되었다.

한편 무덤방의 남벽 위쪽과 돌틈 사이에서는 토기 조각 20여점이 찾아졌는데 바탕흙이나 토기의 색깔, 깨어진 정도로 보아 1개체의 토기인 것 같다. 사람이 의도적으로 깨뜨린 것으로 해석되며, 이것은 고인돌 사회의 묻기와 관련있는 제의의 흔적이 아닐까 여겨지는데 7호에서도 비슷한 흔적이 찾아졌다.

7호는 산마루의 동쪽에 있으며, 덮개돌은 넓적한 화강암인데 크기가 205×165×30cm이다. 무덤방은 긴 네모꼴이며 132×60×45~55cm이고 북서 60°이다. 4벽은 손질하지 않은 막돌을 쌓았으며 이 가운데 3층으로 쌓은 북벽이 비교적 정연하게 잘 만든 것 같다.

껴묻거리는 돌도끼와 단지 1점이 조사되었다. 토기는 줄무늬[弦紋] 단지이다. 모래질의 바탕흙에 활석 가루가 섞인 검은색인데 입이 벌어졌고 목이 낮다. 몸통의 위쪽에는 가로 방향으로 1쌍의 다리 모양 손잡이가 붙어 있고 4줄이 한 묶음을 이룬 줄무늬의 띠가 목 부분에 1개, 몸통에 5개 등 모두 6묶음이 있다. 이 줄무늬 단지는 9호 고인돌과 보란점 쌍방 고인돌에서 찾아진 것과 비교되며, 미송리형 토기

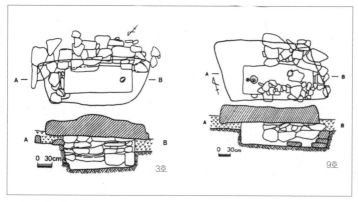

그림 12. 봉성 동산
3·9호 고인돌 평·단
면도

의 한 부류로 해석된다.

또한 무덤방의 서남쪽
모퉁이에서 1개체의 단지
모양 토기의 깨어진 조각(닭
벼슬 모양 손잡이, 바닥, 입술)들
이 찾아졌다. 이것은 6호에
서 조사된 것과 비슷하며,
고인돌 사회의 제의와 관련 있는 것으로 여겨진다.

9호는 산마루의 가장 북쪽에 있다. 덮개돌은 넓적한 화강암으로 250×150×
40cm이다. 무덤방은 긴 네모꼴이며 북·동·남벽은 돌을 쌓았고 서벽은 단단한 노
랑모래를 그대로 이용하였는데 크기는 180×70×55cm이며 북서 75°이다(그림 12).

껴묻거리는 돌가락바퀴와 돌도끼 등의 석기 2점과 토기 2점이 찾아졌다. 토기
는 줄무늬 단지와 목 달린 단지이다. 줄무늬 단지는 미송리형 토기이며 모래질의
검은색 토기로 활석 가루가 조금 섞었다. 위쪽을 향한 가로의 다리 모양 손잡이 1
쌍이 몸통의 위쪽에 붙어 있으며 몸통과 목이 경계를 이루는 부분에 1줄의 줄무늬
가 그어져 있다. 그리고 3줄이 한 묶음을 이룬 줄무늬가 목 부분에 1개, 몸통에 8개
등 모두 9묶음이 있다.

11호는 산 아래의 대지 위에 있고, 덮개돌은 200×100×40cm이다. 무덤방은
구덩이로 크기는 155×77×50cm이며 북동 60° 방향이다.

껴묻거리는 단지를 비롯하여 무덤방 바닥에서 돌도끼와 돌자귀가 발견되었다.
손잡이 달린 단지는 모래질의 흑갈색 토기이다. 짧은 목이고 입이 벌어졌으며, 몸
통의 가운데가 부른 모습이다. 납작밑이며 다리 모양 손잡이 1쌍이 몸통의 위쪽에
달려 있다.

19호는 15호 바로 옆에 있다. 덮개돌은 175×125×45cm이며 2조각이다. 무덤
방은 190×45~50×30~40cm이며, 방향은 북동 20°이다. 무덤방의 동·남·북벽은
돌을 쌓았는데 동쪽 벽은 2층이고 북쪽 벽은 잘 다듬은 막돌을 가지고 쌓았다. 그

리고 무덤방의 바깥쪽 가장자리에는 돌을
깔아 놓았다(사진 19).

한편 무덤방의 동벽 바로 옆에서 2~3
층의 돌을 쌓아 만든 조그만한 딸린 널[小
室]이 발견되었다. 이 널 안에서 유물이 찾
아졌고 무덤방 안에는 껴묻거리가 없어 이

사진 19. 봉성 동산 18
호 고인돌 무덤방

널의 기능은 껴묻기를 위한 것으로 판단된다. 껴묻거리로는 석회암으로 만든 양쪽
에 경사진 날이 있는 돌도끼와 녹송석(綠松石)으로 만든 납작하고 길쭉하면서 구멍
이 뚫린 치레걸이가 발견되었다. 딸린 널에는 크기 65×50×15cm되는 얇고 작은
뚜껑돌이 있었다.

20호는 15호 옆에 위치하고, 무덤방은 100×40×30cm로 작은 편에 속하며 북
서 20°이다. 무덤방은 구덩이며, 뚜껑돌 역할을 한 것으로 여겨지는 3개의 길쭉한
돌이 무덤방 바로 위에 가로 놓여 있었다.

껴묻거리는 무덤방 안의 쌓임층에서 모래질의 홍갈색 토기 조각과 서쪽 모서리
의 바닥에서 목단지[直領双耳壺]가 찾아졌다. 단지는 바탕흙에 모래가 많으며 붉은
색을 띠고 있다. 목 부분은 길쭉하면서 곧으며 단지의 최대 둘레는 몸통의 가운데
쪽이 해당된다. 또 몸통에는 가로 방향으로 손잡이가 1쌍 있으며, 손잡이 바로 위
에는 누른 문살무늬가 있고 밑 부분은 납작하다. 이 단지는 본계 묘후산(本溪 廟後山)
의 산성자(山城子)동굴에서 찾아진 단지와 그 형태가 비슷하여 시기와 문화 성격을
가늠하는데 도움이 된다.[28]

동산 고인돌의 무덤방은 대부분 네모꼴이고 비교적 얕은 편이며, 벽은 맨땅이나
돌을 쌓아서 만들었다. 껴묻거리는 토기와 석기가 많이 나온 편이며, 특히 줄무늬
단지는 이 지역과 다른 지역 사이의 고인돌 및 청동기시대의 다른 무덤(예를 들면 동

---

28. 李恭篤, 1989. 「本溪地區三種原始文化的發現及研究」『遼海文物學刊』1. 106~109쪽 : 遼寧省文物考古
研究所·本溪市博物館, 1994. 『馬城子 - 太子河上游洞穴遺存』. 262~264쪽.

그림 13. 봉성 서산 1
호 고인돌 평·단면도

굴 무덤)과의 관계를 밝히는데 중요한 자료가
된다.[29]

20) 봉성 서산(西山) 고인돌 유적[30]

동산 유적에서 서쪽으로 약 1km쯤 떨어져 있
으며, 1호가 산능선과 나란한 동서 방향이고 2~5
호는 산능선에 세로로 놓여있는 남북 방향이다.

1호의 덮개돌은 215×110×30cm로 이곳에서
제일 크다. 무덤방은 125×40~50×20~30cm이
며, 북동 70° 방향이다. 무덤방의 벽은 잘 다듬어진 돌을 쌓았고 가장자리에는 둥글
게 돌을 깔아 놓았다. 무덤방의 서쪽 바닥돌 위에서는 많은 숯이 찾아졌고 바닥돌
은 불탄 흔적이 뚜렷하여 이곳에서 화장을 하였던 것 같다(그림 13). 무덤방 안의 쌓
임층에서 모래질 홍갈색 토기 조각이 찾아졌고 바깥의 돌깔림에서도 모래질의 홍
갈·흑갈색 토기 조각이 발견되었다.

한편 무덤방의 동쪽 모서리에서는 둥근꼴이 되게 돌을 쌓아 만든 딸린 널[耳室]
이 발견되었다. 딸린 널 안에서는 줄무늬 단지[弦紋壺]가 1점 찾아져 동산 19호처럼
껴묻거리를 넣기 위하여 만든 것으로 여겨진다. 미송리형 토기인 이 줄무늬 단지는
바탕흙에 모래가 많이 섞였고 검은색을 띠며 두께가 얇다. 밑부분은 낮은 굽이 있
는 납작밑이며 몸통의 아래쪽에 1쌍의 손잡이가 있다. 줄무늬는 목부터 몸통의 손
잡이 부분까지 있는데 4줄이 한 묶음을 이루어 모두 9묶음이 있다.

5호는 덮개돌의 크기가 170×130×40cm이다. 무덤방은 구덩이며 120×60×
30cm이고 방향은 북서 16°이다. 바닥이나 가장자리에 돌이 깔려 있지 않았는데,
이런 것은 동산과 서산 유적의 고인돌 가운데에서 유일하다.

29. 하문식, 1997a. 「미송리유형토기 출토 동굴무덤의 한 연구」, 『白山學報』48, 42~47쪽.
30. 崔玉寬, 1997. 「앞 글」, 32~34쪽.

2. 요북지역

요북지역 고인돌은 요하의 샛강인 태자하·혼하·침하 그리고 통화·환인·집안을 거쳐 압록강과 합하여지는 혼강의 가장자리에 대부분 위치한다.

이 지역에서 조사된 고인돌은 무덤방 주변에 돌무지가 있는 특이한 구조이며, 껴묻거리도 상당히 늦은 시기에 해당한다. 이런 점에서 고구려의 초기 무덤인 돌무지무덤과 비교된다.

또한 고인돌의 껴묻거리, 장례 습속, 연대 문제 등은 요북지역이 자리한 지리적인 관계를 고려해 볼 때 점이적인 성격을 잘 보여주고 있다.

1) 본계 대편지(大片地) 고인돌 유적[31]

본계현 동영방진(東營坊鎮) 신성자(新城子)촌의 남쪽에 자리한다. 주변 지세를 보면 산과 산 사이에 구릉이 발달한 산지형으로 평평한 대지가 있으며, 이곳에 고인돌이 있고 마을 사람들이 '대편지'라고 부른다. 고인돌의 무덤방은 16기이며, 3줄로 분포하는데 가장 북쪽으로는 6호~14호까지 9기가, 가운데에는 1호·4호·5호·16호 등 4기가, 남동쪽으로는 2호·3호·15호 등 3기가 위치한다(사진 20). 무덤이 일정한 범위 안에서 줄을 이룬 모습은 축조 당시 의도적으로 그렇게 배치를 한 것 같다.

사진 20. 본계 대편지 고인돌 유적 전경

1호의 덮개돌은 230×150×10~25㎝이다. 무덤방은 크기가 210×120×69㎝이고 주변에서 구하기 쉬운 막돌을 이용하여 4~6단쯤 쌓았으며, 남쪽과 북쪽 끝 부분

31. 遼寧省 文物考古研究所·本溪市 博物館·本溪縣 文物管理所, 2010, 「遼寧本溪縣新城子靑銅時代墓地」 「考古」9, 3~17쪽 : 華玉冰·王來柱, 2011, 「新城子文化初步研究」 「考古」6, 51~64쪽 : 하문식, 2010a, 「太子河 유역 특이 고인돌에 대한 연구」 「白山學報」86, 5~33쪽..

사진 21. 본계 대편지 1호 고인돌 무덤방과 출토 토기

에 판판한 돌이 1개씩 서 있다(사진 21).

꺼묻거리는 무덤방 북쪽 끝에 단지 1점이 놓여 있었다. 홍갈색을 띠고 있으며 바탕흙에 모래가 많이 섞여 있다. 몸통은 배가 부른 모습이고 바닥은 납작하다. 그리고 아가리의 안쪽은 비스듬하며 뾰족한 입술[尖脣] 모습이다. 몸통에 손잡이가 4개 있는데 비대칭이고, 다리 모양 가로 손잡이[橋狀橫耳]와 반달모양 손잡이[半月形耳]이다. 아가리 쪽에는 3줄의 물결무늬[波狀紋]가 있고 몸통에도 물결무늬와 4줄의 묶음 줄무늬가 있다.

7호 고인돌은 유적의 동쪽에 있으며 무덤방인 돌덧널은 160×80~82×54㎝이다. 무덤방의 바닥은 막돌을 깔았는데 특히 북쪽에는 넓적한 판자돌 2매가 놓여 있다(그림 14).

꺼묻거리는 무덤방의 남쪽 양 끝에 단지가 1점씩 놓여 있었고 쌓임층에서 돌로 만든 가락바퀴(1점)와 단지의 아가리 조각이 찾아졌다. 동쪽에서 조사된 단지는 회색을 띠며 구운 온도가 비교적 낮다. 아가리는 벌어졌고 위쪽은 비스듬하게 경사가 졌다. 몸통은 볼록하며 바닥은 약간 안쪽으로 오목하다. 몸통 가운데에 2개씩 대칭

그림 14. 본계 대편지 7·13호 고인돌 무덤방 평·단면도

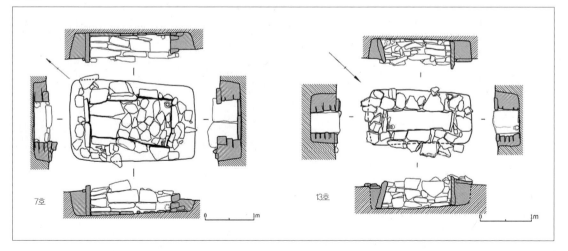

7호

13호

되게 4개의 손잡이가 붙어 있다. 1쌍은 다리 모양 가로 손잡이이고 다른 1쌍은 반달 모양이다. 서쪽에서 출토된 단지는 아가리가 벌어졌고 끝 부분은 비스듬하게 기울어졌다. 몸통에는 3줄의 묶음 줄무늬가 3곳에 있는데 줄을 새긴 모습이 정교하지 못하다.

8호 고인돌은 유적의 동쪽에 위치하며, 주변에는 9·16호 고인돌이 있다.

무덤방은 135×38~39×58㎝ 크기로 작은 편에 속한다. 긴 벽은 막돌을 4~6층되게 쌓았는데 그 모습은 매우 불규칙적이다. 짧은 벽의 서쪽은 넓적한 판자돌 1매를 세웠지만, 동쪽은 1매를 세우고 그 위에 작은 판자돌을 올려 놓았다.

껴묻거리는 무덤방의 서쪽 끝 남편에서 단지 2점과 북편에서 동이 1점이 발굴되었다.

단지는 상당히 큰 편에 속하며 홍갈색을 띠고 있다. 아가리의 안쪽은 약간 비스듬하며, 바닥에는 둥근 받침[圈足]이 있다. 몸통의 아래쪽으로 4개의 손잡이가 있는데 가운데 1쌍은 다리 모양 가로 손잡이고, 나머지는 반달 모양이다. 아가리에 1묶음, 몸통에 4묶음의 묶음 줄무늬가 새겨져 있다. 이 무늬는 4줄이 한 묶음을 이루며 아주 얕게 새겨진 점이 돋보인다. 동이는 아가리가 벌어졌고 뾰족한 입술이다. 몸통은 둥그스름하며 바닥에 받침이 있다. 무늬는 없고 몸통 가운데의 양쪽에 손잡이가 있다.

10호의 무덤방은 160×51~23×50㎝이다. 무덤방의 벽은 막돌을 가지고 4~5층이 되게 쌓았지만 남쪽은 넓적한 판자돌 1매를 세워 놓았다.

껴묻거리는 무덤방의 북쪽에서 단지 3점이 찾아졌다. 붉은 색을 띠는 단지 1점은 아가리가 벌어졌고 안쪽은 비스듬하다. 입술은 뾰족하며 몸통의 가운데는 배부른 모습이고 바닥에는 받침이 있다. 회색의 단지는 몸통 부분이 부른 모습이고 아가리 쪽이 없다. 몸통의 가운데에 4개의 손잡이가 붙어 있는데 1쌍은 다리 모양 가로 손잡이이고, 나머지는 반달 모양이다. 몸통에는 3줄의 묶음 줄무늬가 4곳에 있고 바닥 쪽 줄무늬 사이에는 물결무늬가 있다(사진 22).

13호의 무덤방은 140×42~50×55㎝ 크기인데 작은 편이다. 긴 벽은 막돌을 4

사진 22. 본계 대편지
11호 고인돌 무덤방과
출토 토기

층 정도 쌓아서 만들었고 짧은 벽은 넓적
한 판자돌을 1개씩 세워 놓았다.

껴묻거리는 무덤방의 남쪽 동편에서 단
지 2점, 서편에서 돌도끼 1점이 출토되
었다. 붉은 색을 띠는 단지의 아가리 바깥
쪽은 둥글게 말려 있으며 안쪽은 기울어진
모습이다. 토기의 아가리 쪽에 1묶음, 몸
통에 4묶음의 묶음 줄무늬가 있다. 이 줄
무늬는 대편지 유적에서 출토된 다른 미송리형 토기의 무늬보다 굵은 점이 돋보
인다.[32] 몸통의 가운데에는 3개의 손잡이가 있는데 1개는 다리 모양 가로 손잡이,
다른 1쌍은 반달 모양이다.

이 유적은 무덤방 주변의 전역에 돌이 깔려 묘역(墓域)을 이루고 있는데 이러한
고인돌 구조는 몇몇 유적에서 조사되었다. 최근에 남해안 지역에서 조사된 묘역 시
설이 있는 고인돌의 기능 문제에 대한 연구가 있었다.[33] 대편지 고인돌에서 조사된
묘역 시설과 비교되는 유적으로는 황주 긴동 고인돌, 사리원 성문 1지점 고인돌,
사천 이금동 그리고 여수 월내동 상촌 Ⅲ 고인돌 등이 있다.

2) 청원 낭두구(榔頭溝) 고인돌 유적[34]

청원현(淸原縣) 창석향(蒼石鄕) 낭두구촌 증가구둔(曾家溝屯) 남산 위에서 탁자식 고
인돌 1기가 발굴되었다. 유적 바로 옆에는 면양하(沔陽河)가 흐르고, 남잡목(南雜木)
역과 가까이 있어 '남잡목 석붕'이라고 부르기도 한다.

덮개돌은 깨어졌으며, 굄돌 등 이 고인돌을 만드는 데에는 화강암이 이용되

32. 하문식, 2012. 「미송리형 토기 : 연구 경향과 새로운 몇 자료」 『고조선단군학』 27, 365~366쪽.

33. 윤호필, 2009. 「靑銅器時代 墓域支石墓에 관한 硏究」 『慶南硏究』 1, 1~20쪽.

34. 許玉林·許明綱, 1981. 「앞 글」, 187쪽 : 徐家國, 1990. 「遼寧省撫順市渾河流域石棚調查」 『考古』 10, 960쪽
: 許玉林, 1994. 『앞 책』, 57쪽.

었다. 동쪽 굄돌은 안쪽으로 8°쯤 기울었고, 서쪽 것은 5°쯤 기울었다. 북쪽 막음돌은 똑바로 선 채 양쪽 굄돌 사이에 끼어 있다. 무덤방은 남북쪽이며, 바닥돌은 납작하고 170×150×20cm이다. 무덤방 안에서는 모래질의 붉은색 토기 조각이 찾아졌다(그림 15).

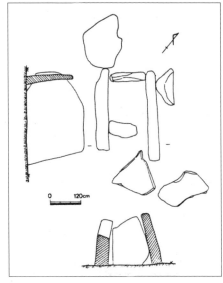

고인돌이 있는 주변에서 모래질의 붉은색 토기 조각을 비롯하여 띠 모양 손잡이, 솥 다리 등이 발견되었다. 그리고 고인돌에서 서쪽으로 200m 되는 곳에 파괴된 돌무지 무덤 2기가 있다. 고인돌을 중심으로 청동기시대의 유물이 찾아지는 유물 포함층을 비롯하여 돌무지무덤 등이 함께 있어 서로의 관련성이 주목된다.

그림 15. 청원 낭두구 고인돌 평·단면도

3) 신빈 선인당(仙人堂) 고인돌 유적[35]

신빈현(新賓縣) 상협하향(上夾河鄕) 승리촌(勝利村) 북쪽의 평지에 1기의 탁자식 고인돌이 있다. 마을 사람들은 '선인당', '비래석(飛來石)'이라 부른다.

사진 23. 신빈 선인당 고인돌

고인돌을 만드는데 이용된 돌감은 화강암이며, 방향은 동서쪽이고 전체 높이는 165cm이다(사진 23). 덮개돌은 가운데가 두텁고 양쪽 끝이 얇은 지붕 모양이며, 350×190×20~100cm이다. 굄돌과 막음돌은 곧게 세워져 있지만 잘 맞추어지지는 않았다. 굄돌은 남쪽 것이 곧게 서 있으며 225×80×10~50cm이고, 북쪽 것은 바깥으로 기울어졌는데 230×60×25cm이다.

35. 許玉林·許明綱, 1981. 「위 글」, 187쪽 : 徐家國, 1990. 「위 글」, 959쪽 : 許玉林, 1994. 「위 책」, 59쪽.

동쪽 막음돌은 높이가 낮고 너비도 좁아 덮개돌과 양쪽 굄돌 사이에 틈이 있으며, 서쪽 것은 굄돌에 끼여 있는데 85×80×15cm이다.

선인당 고인돌은 지금도 마을 사람들이 신성시하면서 매달 음력 초하루와 보름날에 치성을 드리는 숭배의 대상으로 여기고 있어 제단 고인돌의 정형을 보여주고 있다.

4) 신빈 동구(東溝) 고인돌 유적[36]

신빈현 초분향(草盆鄉) 양가촌(楊家村)의 산꼭대기에 위치한다. 주변에는 태자하의 샛강이 흐르고 있다. 신빈현 문물관리소에서 발굴하였고, 4기의 고인돌은 비교적 정연하게 분포하고 있다.

덮개돌은 채석한 그대로이며, 주변 지역의 다른 고인돌과 비교해 볼 때 가장자리도 전혀 손질한 흔적이 없다. 평면 모습은 긴 네모꼴이나 타원형이고 크기는 200~300×30~40㎝쯤 된다. 덮개돌은 무덤방의 크기와 관련이 있는 것으로 여겨진다. 무덤방은 손질하지 않은 얇은 판자돌을 가지고 만들었다. 4벽의 양쪽 끝은 비교적 정교하게 만들었고 평면 모습은 긴 네모꼴이다. 무덤방의 바닥은 돌이 없는 맨바닥이다.

1호의 무덤방 가운데에는 삼각형 모습으로 항아리 3점이 놓여 있었고, 바로 옆에는 돌도끼, 돌칼, 돌끌이 있었다. 무덤방의 바깥에서는 알갱이 모양의 검은 흙과 사람 치아 1점이 들어있는 항아리가 찾아졌다.

동구 무덤에서 조사된 토기의 바탕흙은 모두 모래가 섞인 찰흙이며 회색을 띠고 있다. 손으로 만들었고 대부분 민무늬이다. 토기 위쪽을 보면 아가리는 벌어진 모습이고 어깨가 처진 상태다. 그리고 배 부분이 풍만하며, 바닥은 편평하다.

---

36. 張德玉, 1992. 「從東溝石棺墓葬文化特征看其族俗族种」 『四平民族研究』 1 ; 華玉冰, 2011. 『中國東北地區石棚研究』 科學出版社, 57쪽.
이 유적을 돌널무덤으로 보는 연구자도 있지만, 덮개돌의 위치와 크기 등을 볼 때 개석식 고인돌일 가능성이 높다.

석기는 모두 회백색의 판암을 갈아서 만들었는데 경도는 낮았다. 상당히 정교하게 만들었지만 사용한 자취가 없어 껴묻기 위한 명기(冥器)로 여겨진다.

장례 습속 가운데 특이한 점은 먼저 껴묻거리가 놓인 자리이다. 모든 고인돌에서 무덤방의 가운데에 항아리가 있고 그 옆에 석기가 놓여 있었다. 이렇게 한 유적에서 여러 무덤이 조사되고 있으면서 같은 위치에 껴묻거리를 놓은 점이 주목된다.

5) 신빈 용두산(龍頭山) 고인돌 유적[37]

신빈현 왕청문진(旺淸門鎭) 왕청문촌의 용두산 능선에 자리하며, 유적의 아래에는 혼강의 샛강인 부이하(富爾河)가 흐른다(사진 24). 무순시 박물관과 신빈현 문물관리소에서 2002년 돌무지가 있는 고인돌 3기를 발굴하였다.

사진 24. 신빈 용두산 고인돌 유적 전경

1호는 유적의 서남쪽에 자리하며 무덤방 주변의 돌무지 시설이 파괴되었다. 덮개돌은 둥근꼴로 지름 190㎝, 두께 15~20㎝쯤 된다. 모래가 섞인 홍갈색의 민무늬토기가 1점 찾아졌는데 손잡이가 4개 달리고 아가리가 안쪽으로 오므라든 항아리[四耳斂口罐]이다.

2호는 1호에서 동쪽으로 15m쯤 떨어져 있다. 덮개돌은 둥근꼴이고 지름은 170cm, 두께 15~30cm이다(사진 25). 무덤방은 구덩이고 250~270×210~230×115~135cm이며 위쪽은 조금 넓고 아래쪽은 좁은 사다리꼴 모양이다. 덮개돌 아래의 무덤방 위쪽 가장자리에는 부분적으로 돌을 깔아 놓았는데 이것은 무덤방의 보호와 관련이 있는 것으로 해석되며, 봉성 동산과 동풍 조추구 고인돌에서도 조사

37. 肖englishmanV全, 2010. 「新賓旺淸門鎭龍頭山大石蓋墓」『遼寧考古文集』2, 142~164쪽 : 하문식, 2008b. 「渾河 유역 고인돌의 특이 구조와 성격」『東洋學』43, 243~244쪽 : 李新全, 2008. 『高句麗早期遺存及其起源硏究』, 吉林大學 博士學位論文, 139~147쪽 : 華玉冰, 2011. 『위 책』, 58~62쪽.

사진 25. 신빈 용두산
2호 고인돌 덮개돌

되었다.[38]

무덤방은 크게 2개층으로 구분되며 쌓여 있는 흙과 뼈로 볼때 이곳에서 화장을 하였던 것 같다(그림 16). 아래층은 두께가 13cm쯤 되며 작은 강돌과 모래가 섞여서 깔려 있었다. 여기에는 불탄 흙, 불탄 사람 뼛조각, 숯 등이 엉겨 있었고 머리뼈로 보

아 7사람이 묻힌 것으로 밝혀졌다. 또한 북쪽에 놓여진 뼈로 볼때 바로펴묻기[仰身直肢葬]를 한 것으로 보인다. 이곳에서는 묻힌 사람의 허리 부분에서 안테나식 청동손잡이 철검[觸角式銅鐵劍]을 비롯하여 청동 방울[馬鐸], 검자루 끝부분 장식품[劍柄銅串環], 타래무늬의 청동 귀걸이[螺旋式 銅耳環], 청동 고리[銅環], 돌대롱, 구멍 뚫린 돌

그림 16. 신빈 용두산
2·3호 고인돌 평·단
면도.

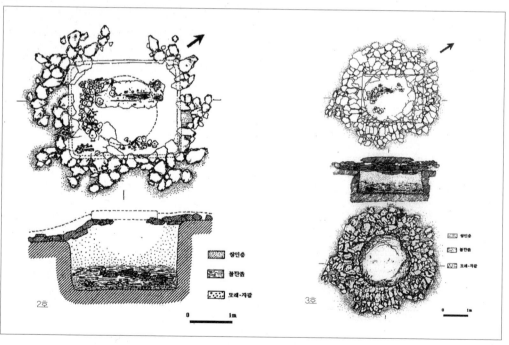

2호

3호

장인층
불탄층
모래·자갈

장인층
불탄층
모래·자갈

0   1m

0   1m

<hr />

38. 하문식, 1999a, 『앞 책』, 77~79쪽.

48   고조선 사람들이 잠든 무덤

구슬과 흙구슬 그리고 여러 점의 토기가 찾아졌다(사진 26).

위층도 아래층과 마찬가지로 불탄 사람뼈와 숯, 재 등이 쌓여 있었으며 남쪽에 66점의 토기가 껴묻기되어 있었다.

사진 26. 신빈 용두산 2호 고인돌 껴묻거리 출토 모습

3호는 덮개돌이 둥근꼴이며 크기는 지름 230cm, 두께 20∼40cm이다. 무덤방은 위쪽이 좁고 아래쪽이 약간 넓은데 크기는 250∼253×200∼230×100cm이다. 덮개돌 바로 아래쪽은 돌을 쌓아서 돌무지 시설을 하였는데 무덤으로써 구획한 것으로 해석된다.[39] 무덤방의 바닥에는 강돌

사진 27. 신빈 용두산 3호 고인돌 덮개돌과 무덤방

과 모래를 섞어서 깔아 놓았다(사진 27). 안에는 불탄 흙과 사람뼈, 숯, 재 등이 곳곳에 쌓여 있어 이곳에서 직접 화장을 하였던 것으로 여겨진다.

껴묻거리는 무덤방의 남쪽에 놓여 있었는데 청동 방울(3점), 완전한 토기(2점)가 찾아졌다.

39. 이영문, 2002, 『韓國支石墓社會硏究』, 學硏文化社, 127∼140쪽.

6) 무순 산용(山龍) 고인돌 유적[40]

무순현(撫順縣) 구병향(救兵鄕) 산용촌의 산기슭에 위치한다. 1990년 2기의 탁자식 고인돌이 발굴되었고, 1997년에 3기의 개석식 고인돌이 조사되었다. 이곳의 고인돌은 북쪽에 탁자식이, 남쪽에는 개석식이 자리하고 있어 형식에 따라 구획되었음을 알 수 있다. 유적 옆으로는 구병하(救兵河)의 샛강이 흐르고 있다.

1호는 가장 북쪽에 있으며, 굄돌 주변에 돌이 쌓여 있어 일부만 드러난 상태였다. 덮개돌은 갈색의 퇴적암이며, 크기는 230~170×165~180×28~35cm이고 가장자리는 손질을 많이 하였다. 굄돌도 퇴적암인데 북쪽 것이 190×90×32cm, 남쪽 것이 210×100×12cm이며, 덮개돌이 수평을 유지할 수 있도록 양쪽 굄돌 위에 2~3층의 쐐기돌을 얹었다. 서쪽 막음돌은 120×110×30cm이며 굄돌과 맞물린 모습이고, 동쪽 것은 60×84cm이며 반쯤만 막고 있어 문돌의 기능을 하였던 것 같다(그림 17).

무덤방은 250×170cm이며 방향은 동남 5°이고 바닥에는 넓적한 큰 돌을 깔아 놓았다. 동쪽 막음돌 앞에는 작은

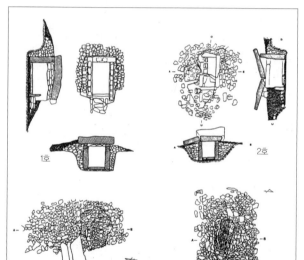

그림 17. 무순 산용 1·2·4·5호 고인돌 평·단면도

40. 徐家國, 1990, 「앞 글」, 959쪽 ; 許玉林, 1994, 『앞 책』, 61~62쪽 ; 武家昌, 1994, 「遼東半島石棚初探」『北方文物』4, 15~16쪽 ; 1997, 「撫順山龍石棚與積石墓」『遼海文物學刊』1, 13~18쪽 ; 하문식, 1997b, 『東北亞細亞 고인돌文化의 硏究』, 숭실대 박사학위논문, 55~57쪽.
산용 유적에 대한 조사 결과가 연구자마다 다르게 발표되어 많은 혼선이 일어나고 있다. 그래서 이 유적을 발굴 조사한 武家昌에게 문의한 결과, 徐家國·許玉林의 보고 글은 조사 당시의 현장 관찰 내용이라는 사실을 알려 주었다. 여기에서는 발굴 책임자인 武家昌의 발굴 보고 내용에 따라 유적 개황을 설명하도록 하겠다.

사진 28. 무순 산용
2·4호 고인돌

돌로 쌓은 90×55cm 크기의 높다란 단(壇)이 있어 주목된다.

2호는 덮개돌이 3조각으로 깨어졌는데 전체 길이는 350cm쯤 된다. 북쪽 굄돌만 조금 드러나 있고 나머지 굄돌과 막음돌은 거의 묻힌 상태다. 굄돌은 퇴적암이며 북쪽 것이 175×95×25cm이며, 남쪽 것은 2개를 이어서 만들었다(사진 28). 문돌 앞에는 1호처럼 돌을 쌓은 높다란 단이 있다. 무덤방은 동남 5° 방향이고 크기는 163×70cm이며 바닥에는 넓적한 돌을 깔았다. 무덤방의 서북쪽에서 불탄 사람뼈가 찾아진 것을 비롯하여 돌로 만든 가락바퀴, 홍갈색 토기 조각과 숯이 발견되었다. 그리고 막음돌과 바닥돌, 남쪽 굄돌에 불탄 흔적이 남아 있어 무덤방 안에서 화장을 하였던 것 같다.[41]

4호['積石墓'라고 보고]의 덮개돌은 갈색 퇴적암이며, 크기는 240×190×19~35㎝이고 긴 방향은 동남 20°이다. 덮개돌 주변에는 자갈돌을 쌓아 돌무지를 만들었는데 가장자리는 뚜렷하게 구획을 이룬다. 무덤방은 길쭉한 돌을 쌓아 만들었으며 크기는 150×70×50㎝이다. 바닥돌 바로 밑은 노랑 모래층이고 무덤방 안에서 홍갈색의 토기 조각과 숯이 찾아졌다. 덮개돌의 북쪽 돌무지에 겹쳐 놓여 있는 납작한 돌 3개의 쓰임새는 탁자식 고인돌의 변천 과정과 연관이 있을 것으로 여겨진다.

5호['積石墓'라고 보고]의 덮개돌은 갈색 퇴적암이며, 크기는 270×90×20~30㎝이다. 덮개돌 밑과 가장자리에는 자갈돌과 모난돌을 쌓아 돌무지를 만들었는데 그

41. 하문식, 1998c, 「고인돌의 장제에 대한 연구(Ⅰ)」『白山學報』51, 10~11쪽.

범위는 동서 470㎝, 남북 390㎝이다. 무덤방의 벽은 높이가 15~20㎝로 상당히 낮은 편이고, 판판한 면이 안쪽이 되게 의도적으로 쌓은 것 같다. 무덤방의 크기는 160×140㎝이고 홍갈색의 토기 조각과 돌가락바퀴, 불탄 사람 뼛조각이 찾아졌다.

7) 무순 조가분(趙家墳) 고인돌 유적[42]

무순현 구병향 관문촌(關門村)의 낮은 구릉에 자리한다. 유적 옆에는 혼하와 합쳐지는 동주하(東洲河)의 샛강인 협하(峽河)가 있다. 요령성 문물고고연구소와 무순시 박물관에서 2003년 탁자식 고인돌 1기를 발굴하였다(사진 29). 긴 방향은 동서쪽이고, 높이는 1.7m쯤 된다. 그리고 동남쪽에 막음돌이 있다. 고인돌 축조에 이용된 돌은 모두 화강암이고 잔손질을 전혀 하지 않았다.[43]

무덤방의 바닥에는 1개의 넓적한 판자돌을 깔았고 빈 곳에는 납작한 작은 돌들이 놓여 있다. 무덤방은 3개의 쌓임층(부식토/검은 흙층/황갈색 흙층)으로 구분된다. 흙

사진 29. 무순 조가분 고인돌 무덤방과 껴묻거리

42. 熊增瓏·陳山, 2004, 「撫順縣趙家墳靑銅時代石棚」 『中國考古學年鑑』 ; 熊增瓏, 2007, 「趙家墳石棚發掘簡報」 『北方文物』 2, 20~22쪽.

43. 고인돌의 축조에 사용된 돌을 가공하지 않고 자연석으로 이용한 유적은 수암 흥륭 2호와 장하 분방전 고인돌이 있다.
　　하문식, 1999a, 『앞 책』, 30~31쪽.

속에서는 사람의 머리뼈와 허벅지뼈 조각들이 찾아졌는데 화장을 한 것으로 밝혀졌다(그림 18).

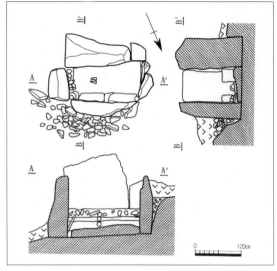

그림 18. 무순 조가분 고인돌 평·단면도

껴묻거리는 토기와 돌대롱구슬, 청동으로 만든 물고기 모양 꾸미개, 니질 사암의 치레걸이, 돌가락바퀴 등이 조사되었다. 토기는 단지와 항아리가 1점씩 발굴되었다. 단지는 모래가 많은 적갈색이고 손으로 만들었다. 아가리가 안쪽으로 약간 오므라든 모습이며 민무늬이다. 편평밑이고 몸통에는 다리 모양의 손잡이가 붙어 있다. 항아리는 바탕흙과 색깔이 단지와 비슷하며 몸통이 불룩하다.

8) 무순 하협심(河夾心) 고인돌 유적[44]

무순시 장당향(章黨鄉) 고려영자촌(高麗營子村) 철배산(鐵背山)의 서쪽 산기슭에 자리하며, 바로 옆은 혼하에 소자하(蘇子河)가 합하여지는 곳이다. 2005년 4기의 특이한 구조를 지닌 탁자식 고인돌과 돌널무덤이 발굴 조사되었다.

1호는 규모가 제일 크며 유적의 가운데 자리한다. 덮개돌은 화강암으로 254×222×40㎝이며, 주변에는 지름 7.18~14m 범위에 걸쳐 돌무지가 형성되어 있었다.

무덤방의 크기는 324×96×92㎝이며, 벽석은 무너졌고 바닥에는 200×93㎝의 넓적한 판자돌이 깔려 있었다(사진 30). 무덤방은 2개층으로 구분되는데 제1층(부식토층)은 두께가 20㎝이며, 동전[元豊通寶]과 모래질의 홍갈색 토기 조각이 찾아졌다. 제2층(황색 찰흙층)에서는 토기 조각과 사람 뼛조각이 출토되었다.

44. 熊增瓏 等, 2008, 「撫順河夾心墓地發掘簡報」 『遼寧省博物館刊』3, 334~341쪽.

사진 30. 무순 하협심 1호 고인돌 덮개돌과 무덤방

사진 31. 무순 하협심
2호 고인돌 무덤방

2호의 무덤방은 260×140×112㎝이며, 동·서쪽에 굄돌이 있고 바닥은 넓적한 판자돌을 2장 잇대어 깔아 놓았다. 무덤방의 둘레에 돌무지가 있었는데 그 범위는 지름 280~542㎝이다(사진 31). 무덤방 안에서 불에 탄 사람 머리뼈와 토기 조각, 돌가락바퀴, 돌로 만든 치레걸이, 청동 방울[馬鐸], 대롱구슬이 찾아졌다.

3호는 덮개돌이 210×136㎝이며, 무덤방은 240×130×84㎝이다. 굄돌은 약간 기울어진 상태였고 바닥은 1장의 넓적한 판자돌을 깔아 놓았다(사진 32). 무덤방 주

사진 32. 무순 하협심 3호 고인돌 덮개돌과 무덤방

변에는 지름 434cm 범위에 돌무지가 있었
고 껴묻거리는 없었다.

4호의 덮개돌은 거의 손질하지 않은 화
강암이며, 284×144cm이다. 무덤방의 바
닥은 판자돌 2장을 잇대어 놓았다(사진 33).
무덤방 주변에는 600cm의 범위에 돌을 깔
아 놓았다. 껴묻거리는 단지, 항아리, 제기
등의 토기가 찾아졌다.

하협심 유적의 고인돌은 주변에 돌무지가 있는데 이러한 것은 다른 유적에서 찾
아지지 않는 독특한 것으로 고인돌의 구조 변화 과정과 연관이 있는 것으로 여겨
진다(그림 19).

사진 33. 무순 하협심
4호 고인돌 덮개돌 밑
돌무지 모습

그림 19. 무순 하협심
1·2·4호 고인돌 평·
단면도

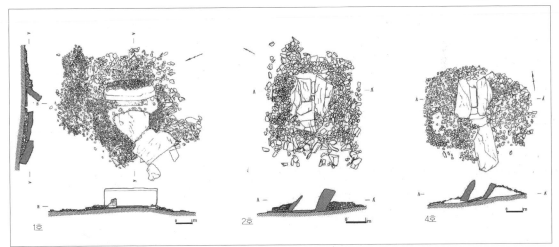

1호   2호   4호

9) 환인 풍가보자(馮家堡子) 고인돌 유적[45]

환인현(桓仁縣) 화래진(華來鎭) 풍가보자촌에 자리하며 2006년 요령성 문물고고연

45. 李新全, 2008, 『앞 책』, 134~136쪽 : 華玉冰, 2011, 『앞 책』, 84~85쪽.

구소, 본계시 박물관, 환인현 문물국에서 연합 발굴을 하였다. 주변의 지세를 보면 산으로 둘러 싸여 있고 마을의 남쪽(南河)과 서쪽(西河)으로 흐르는 물줄기는 서북쪽에서 서로 합하여진다. 이곳에는 마을 서쪽 밭(Ⅰ구역)과 동쪽 밭(Ⅱ구역)에 각각 15기와 10기의 무덤이 분포하는데 모두 옛 하상 퇴적층 위에 자리한다.

　여러 형식의 고인돌[大石盖墓, 大石盖石壙積石墓, 无壇石壙積石墓]과 고구려 초기의 돌무지무덤[方壇石室積石墓]이 함께 조사되었다.

　4호 고인돌은[46] 돌무지무덤(3호)의 남쪽에 붙어 있으며 덮개돌은 파괴되었다. 무덤방은 200×90×10~30cm쯤 되며 4벽은 얇은 판자돌과 강돌로 이루어져 있다. 북벽의 서쪽은 얇은 판자돌을 깔았지만 가운데에는 세워 놓았고, 남벽은 판자돌을 규칙적으로 1~2층 쌓았다. 서벽은 강 모래를 그대로 이용하였다. 바닥은 얇은 판자돌을 부분적으로 깔았으며 그 사이에 강돌이 놓여져 있었고 불탄 사람뼈와 유물은 여기에서 찾아졌다.

　무덤방 주변에는 네모꼴의 돌무지가 있었는데 그 범위는 450×440×30cm이다. 발굴 당시 서쪽 부분은 파괴되었는데 이것은 지형 때문으로 여겨진다(사진 34).

사진 34. 환인 풍가보자 고인돌

사람뼈는 무덤방의 서쪽에서 머리뼈가 찾아졌고 북쪽에 팔뼈, 동쪽에 다리뼈가 놓여 있어 묻힌 사람의 머리는 서쪽 방향으로 여겨진다. 또한 사람뼈와 판자돌의 불탄 정도와 그을음을 보면 무덤방 안에서 화장이 이루어졌던 것으로 판단된다. 껴묻거리는 단지, 항아리, 돌로 만든 대롱구슬과 타원형의 목걸이 등이 있다.

　5호의 덮개돌은 250×180×70cm이며

---

46. 돌무지 고인돌인 4호를 李新全은 '无壇石壙積石墓', 華玉冰은 '積石石壙墓'라고 하였다(李新全, 2008, 『위 책』, 135쪽 : 華玉冰, 2011, 『위 책』, 70쪽).

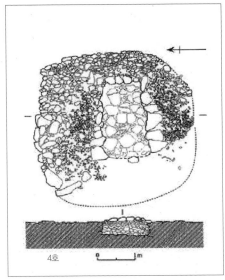
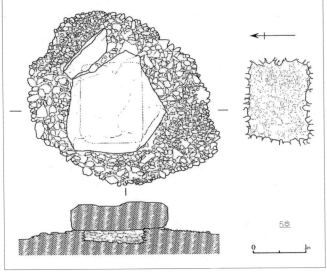

그림 20. 환인 풍가보
자 4·5호 고인돌 평·
단면도

평면 생김새는 마름모꼴이고 매우 두텁다. 덮개돌과 무덤방 주변에는 600×500×

50㎝ 규모로 강돌을 쌓아 놓은 돌무지 시설이 있었다.

무덤방은 220×110×20㎝로 4벽은 강돌을 가지고 쌓았지만 정교하지 않았다.

무덤방 안에서 조사된 사람뼈와 껴묻거리로 볼 때 2차에 걸쳐 묻기가 이루어진 것

으로 해석된다. 위층의 바닥에는 강돌과 모난돌이 깔려 있으며, 가운데와 서쪽에서

각각 불탄 척추뼈와 머리뼈가 찾아졌다. 불탄 뼈를 볼 때 낮은 온도에서 화장이 이

루어진 것으로 해석된다. 그리고 독과 단지 등 3점의 토기가 껴묻기되어 있었다.

하층의 바닥에도 강돌이 깔려 있었으며, 불탄 사람뼈가 널려 있었고 간돌검 조각이

1점 찾아졌다(그림 20).

7호 고인돌의[47] 덮개돌은 타원형이고 크기는 190×170×10~40㎝이며, 가장자

리는 손질을 많이 하였다. 무덤방은 215×90×30㎝이며, 4벽은 비교적 큰 강돌을

가지고 쌓았지만 1~2층만 남아 있었다. 바닥은 남쪽과 북쪽에 판자돌을 깔고 가운

데에는 강돌을 놓았다. 껴묻거리는 돌 곤봉 머리, 돌검과 토기 조각 등이 찾아

졌다.

---

47. 7호와 8호 고인돌을 '大石盖墓'(李新全), '石盖墓'(華玉冰)라고도 한다.

8호의 덮개돌은 190×120×30㎝이며, 가장자리에는 손질한 흔적이 뚜렷하다. 무덤방은 120×65×21.5㎝로 상당히 작은 편에 속한다. 4벽은 모두 1매의 판자돌을 세워서 만들었고 바닥에는 강돌이 깔려 있었다. 껴묻거리는 항아리를 비롯하여 원추 모양과 편평한 흙가락바퀴, 대롱모양 돌구슬 등이 찾아졌다.

10) 환인 광복촌(光復村) 고인돌 유적[48]

환인현 화래진(華來鎭) 광복촌 남쪽에 있는 용두산 끝자락에 위치한다.

덮개돌은 타원형인데 그 모습이 거북과 비슷하여 사람들이 '왕팔개자(王八蓋子)'라고 부르기도 한다. 또 서쪽과 동쪽에는 오목한 홈이 1개씩 있는데[49] 이것은 덮개돌을 옮길 때 끈을 묶었던 곳으로 여겨진다. 덮개돌의 크기는 274×170×50㎝이다.

무덤방은 풍화암반을 깎아서 무덤 구덩을 만들었는데 북쪽이 남쪽보다 좁아 머

그림 21. 환인 광복촌 고인돌 평·단면도

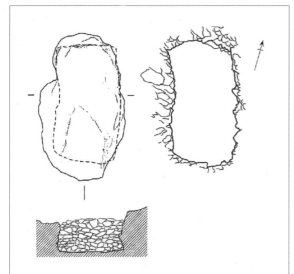

리 방향은 남쪽으로 해석된다. 크기는 230×110~140×30~100㎝이다(그림 21). 바닥은 모래에 돌이 섞인 흙을 5㎝쯤 깔아 편평하게 하였고, 쌓임층을 보면 흙을 채운 것 같다. 무덤방 안에는 화장을 한 사람뼈와 숯이 확인되었고 무덤방의 벽(동남쪽과 서남쪽 모서리)에는 불을 먹은 흔적이 있다.

껴묻거리는 항아리, 잔 등의 토기와 청동 방울 등이 있다.

||||||||||||||||||||||||||||||||
48. 華玉冰, 2011. 『앞 책』, 57~58쪽 : 李新全, 2008. 『앞 책』, 136~137쪽 : 하문식, 2014. 「中國 遼北지역 고인돌의 성격」『先史와 古代』40, 19쪽.

49. 덮개돌에 있는 홈의 위치에 대하여 서로 다른 견해가 있지만, 평면도를 검토한 결과 남·북쪽은 아닌 것으로 판단된다.

3. 길림지역

길림지역의 고인돌 조사는 일제강점기부터 시작되었지만, 일부 지역에만 이루어졌다. 이러한 제한적인 조사를 하게 된 것은 시대적인 상황과도 관련이 있지만, 길림지역의 지형적인 환경도 큰 영향을 미쳤던 것 같다.[50] 이곳은 서북지역인 흥안령(興安嶺)산맥과 동남지역인 장백산 주변이 고지대에 속하고, 그 사이에 낮은 동북평원(東北平原)과 중부 구릉지대가 자리하고 있어 조사에 어려움이 많았다.

1957년 길림성 박물관에서 실시한 조사 결과, 정우(靖宇) 망우강(牝牛崗)과 도수둔(道水屯) 주변에 고인돌이 있다는 사실을 알게 되었고, 그 후 1980년대 중반부터 길림 남부지역에서 활발한 조사가 이루어지고 있다.

사진 35. 유하 태평구 6호 고인돌

1) 유하 태평구(太平溝) 고인돌 유적[51]

유하현(柳河縣) 태평구의 산 위에 위치하며, 24기의 고인돌이 조사되었다. 남쪽과 500m 떨어진 북쪽 산에서는 탁자식 2기와 개석식 2기 등 4기가 조사되었고, 남쪽 산에는 동서 100m, 남북 20m 범위에 탁자식 14기와 개석식 6기 등 모두 20기가 있다(사진 35·36).

사진 36. 유하 태평구 7호 고인돌

50. 하문식, 1998a, 「中國 吉林地域 고인돌 硏究」 『韓國上古史學報』27, 27∼28쪽.
51. 王洪峰, 1993a, 「吉林南部石棚及相關問題」 『遼海文物學刊』2, 4∼6쪽 ; 許玉林, 1994. 『앞 책』 130∼131쪽.

사진 37. 유하 태평구
11호 고인돌

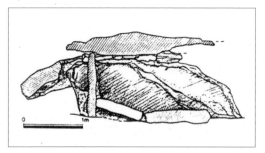

그림 22. 유하 태평구
11호 고인돌

1호는 탁자식이며, 산능선의 서쪽 끝에 위치한다. 현재 굄돌만 있는데 동쪽 것은 안쪽으로 기울었으며 길이가 180cm이고, 서쪽 것은 길이가 220cm이다. 두 굄돌 사이에는 많은 돌 조각과 흙이 쌓여 있으며, 서로의 간격은 72cm이고 방향은 남북쪽이다.

3호도 탁자식이고 현재 동쪽 굄돌과 북쪽의 막음돌·바닥돌만 남아 있으며, 동쪽 굄돌이 280×95×20~60cm, 바닥돌은 180×95×12cm이다. 껴묻거리는 바닥돌 위에서 민무늬의 모래질 홍갈색 토기 조각이 찾아졌다. 이 토기 조각은 단지나 항아리의 배부른 몸통 부분이다.

11호는 탁자식이며, 양쪽 굄돌이 동쪽으로 기울었지만 거의 완전한 상태이다(사진 37).

덮개돌은 240×200×26cm이다. 동쪽 굄돌은 서쪽보다 낮기 때문에 덮개돌과 맞물리는 곳을 수평으로 유지하기 위하여 높이 15~18cm되게 3층의 돌을 쌓았는데 이것은 축조 기술과 관련이 있는 것으로 여겨진다. 또한 동쪽 굄돌의 남쪽 끝부분 안에는 얕은 홈이 파여 있다. 무덤방은 185×85×90cm이며 바닥돌은 2개를 잇대어 깔았다. 방향은 남북쪽이다(그림 22).

이 유적은 비교적 가까운 거리에 고인돌이 밀집 분포하고 있는 것이 특징이다. 그리고 고인돌에 이용하였던 돌감은 대부분 유적 주변에 있는 편마암과 혈암이며, 거의 조금씩 돌을 다듬어 손질한 흔적이 관찰된다(사진 38~40).

사진 38. 유하 태평구 고인돌 ①

사진 39. 유하 태평구 고인돌 ②

사진 40. 유하 태평구 고인돌 ③

2) 유하 삼괴석(三塊石) 고인돌 유적[52]

유하현 강가점향(姜家店鄉) 삼괴석둔에 위치하며, 3개 산등성이에 10기의 고인돌이 있다. 서로 가까이 위치한 산은 품(品)자 모습이며 1·2호가 북쪽 산마루에, 3~6호가 동쪽 산마루에, 7~10호가 서쪽 산등성이에 있다.

1호는 탁자식이며, 덮개돌은 없고 양쪽 굄돌과 바닥돌만 있다. 북쪽 굄돌은 곧게 서 있으며 위쪽 끝은 안쪽으로 기울었고, 남쪽 굄돌의 끝부분에 길이 160cm 되는 1개의 홈이 있는데 막음돌과 맞물리는 곳이었던 것 같다. 바닥돌은 200×80×15cm이다. 방향은 동남쪽이다.

7호는 탁자식이며 6호와 서쪽으로 400m 떨어진 다른 산마루에 있다. 덮개돌과 양쪽 굄돌이 있는데 삼괴석(三塊石)이란 말이 여기에서 비롯되었다고 한다. 덮개돌은 270×240×50cm이다. 북쪽 굄돌은 파괴되었으며 남은 것은 170×115×25cm이고, 남쪽 굄돌은 260×117×30cm이다. 방향은 동남쪽이다.

3) 유하 대화사(大花斜) 고인돌 유적[53]

유하현 화평향(和平鄉) 대화사둔 북쪽 산능선에 위치하며, 야저구 고인돌 유적과는 산등성이를 사이에 두고 6km 떨어져 있다. 고인돌은 3개의 연결된 산능선(동서 길이 400m, 남북 너비 30m)에 5기가 있고 그 옆에 또 2기의 개석식 고인돌이 있어 모두 7기이다.

2호는 탁자식이며, 남·북쪽의 굄돌만 남아 있다. 북쪽 굄돌은 260×115×22cm이고, 남쪽 굄돌은 2개의 넓적한 돌을 이어서 만들었는데 그 가운데 1개의 크기가 140×115×23cm이다. 굄돌 사이의 거리는 142cm이다. 굄돌이 서있는 방향은 서남쪽이며, 바닥에는 흙이 두텁게 쌓여 있다.

4호와 5호는 심하게 파괴되어 원래의 모습을 알 수 없지만 주변에 길쭉한 돌들

---

52. 王洪峰, 1993a, 「위 글」, 3~4쪽 : 許玉林, 1994, 『위 책』, 130쪽.
53. 王洪峰, 1993a, 「위 글」, 2~3쪽 : 許玉林, 1994, 『위 책』, 128~129쪽.

이 있는 것으로 보아 탁자식 고인돌이었을 가능성이 많다. 또 5호의 서쪽에 2기의 개석식 고인돌이 있는데 덮개돌은 많이 묻혀 반쯤 드러난 상태이다.

이 고인돌 유적도 다른 유적처럼 한 곳에 탁자식과 개석식의 고인돌이 섞여 있다.

4) 유하 야저구(野猪溝) 고인돌 유적[54]

유하현 난산향(蘭山郷) 야저구촌 서북쪽의 산능선에 있으며, 2기의 탁자식과 1기의 개석식이 조사되었다.

1호는 탁자식으로 지세가 높은 곳에 있으며, 현재 굄돌 2개와 막음돌 1개만 있다. 손질을 많이 하여 네모반듯한 굄돌은 서쪽 것이 240×49×14cm, 북쪽 것이 240×49×12cm이고 막음돌은 150×50×12cm이다. 방향은 서남쪽이다.

3호는 개석식이며, 푸른색 사암을 손질하여 타원형을 이룬 덮개돌은 310×300×30cm이다. 무덤방의 4벽은 황색의 진흙[黄泥土]을 섞어서 쌓았다. 고인돌 옆에서 모래질의 갈색 토기 바닥, 제기 손잡이 등 여러 점의 토기 조각이 찾아졌다.

5) 유하 통구(通溝) 고인돌 유적[55]

유하현 유남향(柳南郷) 통구촌 마을 뒷산에 있으며, 3기의 고인돌이 조사되었다.

2호는 탁자식으로 양쪽 굄돌과 바닥돌만 있다. 굄돌은 동쪽 것이 255×47×15cm, 서쪽 것이 260×45×15cm이며 바닥돌은 210×80×20cm이다. 바닥돌 위에는 많은 흙이 쌓여 있었으며 유물은 없었다.

한편 2호 고인돌에서 마주 보는 서쪽의 산마루에 4기의 개석식이 있으며, 이 가운데 덮개돌이 없는 1기가 조사되었고 이것을 3호라고 이름 붙였다.

3호의 무덤방은 380×280cm이고, 진흙으로 두께 25cm 되는 흙벽을 쌓았다.

---

54. 王洪峰, 1993a, 「위 글」, 2쪽 : 許玉林, 1994, 『위 책』, 128쪽.
55. 王洪峰, 1993a, 「위 글」, 4쪽 : 許玉林, 1994, 『위 책』, 130쪽.

무덤방 안에서는 불에 탄 사람 머리뼈와 사지뼈 조각, 그리고 토기 조각이 출토되었다. 토기 조각은 민무늬의 모래질 흑갈색과 갈색이며, 제기·항아리이다. 특히 구운 온도가 높은 것 같으며, 토기 바닥은 모두 낮은 굽인데 이러한 토기는 삼통하(三統河)유역의 여러 유적에서 출토되고 있는 것과 비교된다.[56]

6) 유하 대사탄(大沙灘) 고인돌 유적[57]

유하현 안구진(安口鎭) 대사탄촌의 서쪽 산마루에 있다. 1985년 유하현 문물조사대가 남북 방향으로 있는 2기의 탁자식 고인돌을 조사하였다(사진 41).

1호는 남쪽에 위치하며 거의 완전하다. 각력암을 돌감으로 한 덮개돌은 330×264×40cm이다. 굄돌은 동·서쪽 모두 2개의 넓적한 돌을 잇대어 한 쪽 벽이 되게 하였는데, 각력암을 쓴 동쪽은 크기가 290×152×15cm이고 편마암의 서쪽은 285×152×20cm이다. 양쪽 굄돌의 위쪽 끝 부분은 안기울임을 하여 전체적인 안정감이 있다. 북쪽 막음돌은 편마암이며 154×76×21cm이고, 양쪽의 굄돌 사이에 끼어 있는데 맞닿는 곳에는 오목 홈이 파여 있으며 태평구 11호·삼괴석 1호의 고인

사진 41. 유하 대사탄
1·2호 고인돌

56. 吉林省文物志編委會, 1987a. 『柳河縣 文物志』, 90쪽.
57. 吉林省文物志編委會, 1987a. 『위 책』, 93쪽 : 王洪峰, 1993a. 「앞 글」, 3쪽 : 許玉林, 1994. 『앞 책』, 131~132쪽.

돌과 비교된다. 무덤방은 220×154×150cm이다. 바닥돌은 굄돌 사이에 40cm의 틈이 있어 다 깔리지 않았던 것 같다(그림 23).

2호의 덮개돌은 각력암이며, 377×265×44cm이다. 굄돌과 막음돌은 모두 편마암이며, 동쪽 굄돌은 2개의 돌을 잘 맞추었는데 265×152×15cm이고 서쪽 굄돌은 약간 엇갈려 있는데 264×154×15~18cm이다.

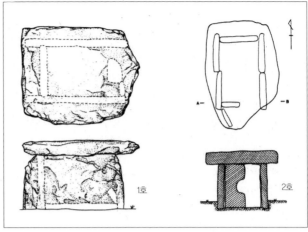

그림 23. 유하 대사탄 1·2호 고인돌 평·단면도

북쪽 막음돌은 양쪽 굄돌 사이에 끼어 있으며, 154×152×21cm이다. 남쪽 막음돌은 152×76×18cm이고 무덤방을 반쯤 막고 있다. 여러 개의 판자돌로 둘러쌓여 만들어진 무덤방은 192×154×152cm이다. 바닥은 두께가 12cm 되는 돌을 깔았는데 껴묻거리는 없었다.

7) 유하 집안둔(集安屯) 고인돌 유적[58]

유하현 태평천향(太平川鄕) 집안둔 서남쪽의 산 능선에 있으며, 1985년 유하현 문물조사대가 찾았다.

덮개돌은 원형이며, 크기는 315×285×35cm이다. 앞에서 보면 가운데가 가장 두텁고 양 끝 쪽으로 갈수록 얇아져 마치 산마루 모양을 이루고 있다.

굄돌과 막음돌은 석회암을 이용하였으며, 손질한 흔적이 찾아진다. 동쪽 굄돌은 350×115×20~35cm이고, 북쪽 막음돌은 140×110×30cm이다. 무덤방은 240×120×90cm이며, 바닥은 돌이 깔리지 않은 맨바닥이었다. 방향은 남북쪽이다(그림 24).

그림 24. 유하 집안둔 고인돌 평·단면도

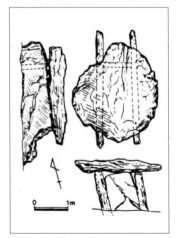

58. 吉林省文物志編委會, 1987a, 『위 책』, 94쪽 ; 王洪峰, 1993a, 「위 글」, 2쪽 ; 許玉林, 1994, 『위 책』, 133쪽.

사진 42. 매하구 험수
21호 고인돌

8) 매하구 험수(鹼水) 고인돌 유적[59]

매하구시(梅河口市, 옛 海龍縣) 진화향(進化鄉) 험수육사(鹼水六社) 북쪽 산마루에 있다. 고인돌은 동서 방향으로 뻗은 7.5km 범위의 산마루에 탁자식 16기와 개석식 6기가 한 줄로 분포하고 있다. 분포 모습을 보면 동쪽 끝의 차구서산(此溝西山)과 서쪽 끝의 대가산(大架山)에 각각 1기의 탁자식이 있고, 나머지는 사인구(死人溝) 북쪽 산능선에 집중적으로 있다. 고인돌이 자리한 방향은 대체적으로 산세의 흐름과 나란하다(사진 42).

2호는 탁자식이며 덮개돌은 310×230×25cm이다. 굄돌은 양쪽 모두 260×90cm이고, 사이 거리는 130cm이다. 방향은 남북쪽이다. 바닥돌이 깔려 있으며, 옛 조사 때 사람 뼛조각이 찾아졌다.

5호(맨처음 '7호'라 보고)는 탁자식으로 양쪽 굄돌과 막음돌만 있다. 굄돌은 280×85×24cm이며 서로의 간격은 90cm이고, 막음돌은 130×70cm이다. 방향은 동남쪽이며 무덤방의 바닥에서 여러 점의 사람 뼛조각이 찾아졌다.

6호(맨처음 '5호'라 보고)는 탁자식이며, 5호 바로 옆에 있다. 둥근꼴에 가까운 덮개돌은 270×230×50cm이다. 굄돌은 양쪽이 모두 남쪽으로 기울었고 250×80×34~40cm이며, 서로의 간격은 80cm이다. 방향은 동서쪽이고 무덤방은 250×80×80cm이다. 바닥돌 위에는 많은 흙이 쌓여 있으며 사람 뼛조각이 찾아졌다.

17호(맨처음 '11호'라 보고)는 이 유적에서 가장 보존이 잘 된 탁자식이며, 현재 막음돌 1개만 없다. 덮개돌은 300×180×50cm이며, 굄돌은 240×100×30cm이고 사이 간격은 100cm이다. 이 고인돌을 만든 돌감은 사력암·편마암·니질 혈암 등 3가

59. 王洪峰, 1985. 「吉林海龍原始社會遺蹟調查」『博物館研究』2, 65쪽 ; 1987. 「吉林東豊縣南部古代遺蹟調查」『考古』6, 521쪽 ; 1993a. 「위 글」6쪽 : 許玉林, 1994. 『위 책』, 127~128쪽.

지가 섞여 있어 다른 고인돌에 이용된 돌감과 비교되며, 한 고인돌에 여러 돌감을 이용한 의미가 주목된다.

무덤방은 동남쪽이며, 240×100×90cm이다. 바닥돌 틈에서 회색의 간화살촉 끝부분이 1점 찾아졌다.

그림 25. 매하구 험수 고인돌 평·단면도

22호는 대가산에 있는 탁자식이며, 사인구 고인돌에서 1km 떨어져 있다. 덮개돌은 280×200×30cm이며, 양쪽 굄돌만 있다. 굄돌은 220×150×25~30cm이며, 사이 간격은 80cm이다. 무덤방은 동서쪽이며 바닥에는 2개의 납작한 돌이 깔려 있다. 굄돌과 바닥돌의 돌감은 니질 혈암과 사력암이다(그림 25).

9) 매하구 백석구(白石溝) 고인돌 유적[60]

매하구시 사팔석향(四八石鄕)의 가장 남쪽인 백석구에 위치한다. 4기의 탁자식이 3곳의 산마루에 자리하고 있다.

1호('東山 石棚'·'白石溝 石棚'이라고도 함)는 덮개돌과 양쪽 굄돌만 남아 있다. 덮개돌은 굄돌에 기대어져 있으며 240×210cm이고, 굄돌은 210×100cm이다. 바닥에는 납작한 편마암을 깔았으며, 방향은 남동 45°이다.

2호는 양와방점촌(楊瓦房店村)의 서쪽에 위치하는데 '양와방 서산 석붕' 이라고 부르며, 굄돌과 막음돌, 바닥돌만 남아 있다. 굄돌은 사력암을 돌감으로 하였는데 250×95cm이고, 막음돌은 90×85cm이며 안쪽으로 기울어진 상태이다. 방향은 남서 15°이다.

3호는 2호와 1km 떨어져 있으며 '양와방 동산 석붕'이라고 부른다. 산마루에 있고 현재 굄돌 1개는 거의 흙 속에 묻혀 있으며, 화강암을 돌감으로 하였다. 덮개돌은 250×90cm이며, 방향은 남서 25°이다.

▥▥▥▥▥▥▥▥▥▥▥▥▥▥▥▥▥▥▥▥▥▥▥▥▥
60. 王洪峰, 1985, 「위 글」, 65쪽 ; 許玉林, 1994, 『위 책』, 127쪽.

4호는 '상립자 석붕(上砬子 石棚)'이라고 부르며, 덮개돌과 굄돌이 남아 있다. 덮개돌은 네모꼴을 이루며 화강암을 이용하였고 300×190×20cm이다. 굄돌은 사력암인데 220×70cm이다. 방향은 남서 20°이다.

10) 동풍 소사평(小四平) 고인돌 유적[61]

동풍현 소사평향 소록권구(小鹿圈溝)의 높은 산에 위치한다.

1호는 '고년(古年) 2호'라고 하며, 탁자식이다. 산마루에 가까운 비탈에 있었다. 덮개돌은 북쪽 굄돌 위에 놓여 있으며, 285×190×18cm이다. 굄돌의 두께는 24cm이고, 무덤방은 200×150×100cm이다. 방향은 서남쪽이다.

3호는 탁자식이며, 소사평향의 학교 뒷산에 위치한다. 덮개돌과 굄돌·막음돌의 돌감은 모두 화강암이며, 보존이 잘 된 편이다. 덮개돌은 200×100cm이다. 굄돌은 기울었는데 170×70×20cm이고 간격은 55cm이다. 방향은 남서 20°이다.

무덤방의 바닥에서 토기 밑부분 2점이 찾아졌다. 손으로 만든 모래질로 색깔은 홍갈색과 검은색이며, 구운 온도는 좀 낮은 것 같다.

11) 동풍 조추구(趙秋溝) 고인돌 유적[62]

동풍현 대양진(大陽鎭) 보산촌(寶山村) 조추구에 있으며, 3기의 개석식이 산마루 위에 한 줄로 나란하게 있었다(사진 43).

1호(맨처음 '87 BJM 1호'라 보고)는 서쪽 끝에 위치한다. 무덤방은 구덩이로 가장자리와 바닥은 노란색을 띠는 생모래흙이며, 크기는 길이 240cm, 너비 180cm이다. 무덤방의 바닥은 주변 지세가 고려되어 비스듬하게 기울어져 깊이의 차이가 있다. 무덤방 위쪽 가장자리에는 크고 작은 돌을 3층 쌓았는데, 이것은 덮개돌 때문에 가장자리가 무너지는 것을 방지하기 위한 하나의 축조물 역할을 하였던 것 같다.[63] 그

61. 王洪峰, 1993a, 「앞 글」, 6~7쪽 ; 許玉林, 1994, 『위 책』, 134쪽.
62. 金旭東, 1991, 「1987年吉林東豊南部盖石墓調査與淸理」『遼海文物學刊』2, 12~16쪽.
63. 이와 같은 돌깔림이 봉성 동산과 서산 그리고 신빈 용두산 고인돌 유적에서 찾아지고 있어 서로 비교되

사진 43. 동풍 조추구
고인돌 유적 전경

바로 위에 딮개돌을 얹어 놓았는데 크기는 270×240cm이다. 이 무덤의 방향은 북서 48°이다.

무덤방 안의 쌓임층은 2개층으로 나누어 볼 수 있는데 아래층은 불탄 붉은 흙과 숯 그리고 불탄 돌이 섞인 불탄 흙층이고, 위층은 크고 작은 돌이 많이 섞인 황갈색 모래흙층이다.

한편 이 무덤방 안에서 회백색으로 변한 3개체의 사람뼈가 찾아졌는데, 부위별로 모아서 군데군데 쌓아 놓았음이 주목된다. 머리뼈는 겹쳐서 무덤방의 북쪽 끝에 놓여 있었는데 앞면(얼굴)의 방향은 모두 같지 않았다. 그리고 갈비뼈와 사지뼈는 정연하게 무덤방의 가운데에 놓여 있었다. 무덤방 안에서는 주검을 태운 뚜렷한 흔적

는 자료인 것 같다.

許玉林·崔玉寬, 1990. 「앞 글」, 1~8쪽 : 崔玉寬, 1997, 「앞 글」, 32~35쪽 : 華玉冰, 2011, 『앞 책』, 57쪽.

사진 44. 동풍 조추구
고인돌 발굴자리

이 찾아졌는데 사람뼈의 아래에는 많은 양의 불탄 재가, 위쪽에는 덜 탄 소나무 껍질 조각이 널려 있었다(사진 44).

2호(맨처음 '87 BJM 2호'라 보고)는 유적의 동쪽에 위치한다. 무덤방을 만든 방법은 앞의 1호와 비슷하며, 크기가 260 × 200cm이고 방향은 북동 50°이다. 무덤방은 위·아래층으로 뚜렷하게 나누어지는데 아래쪽은 숯과 불탄 흙 덩어리가 섞인 검은색 재층이고, 위쪽은 크고 작은 돌덩어리가 많은 황홍색의 모래흙층이다.

무덤방의 북쪽 양끝에는 2개의 크고 넓적한 돌이 세워져 있어 주목된다. 길이가 130cm와 100cm인데 한 쪽 것이 매우 두텁다. 서로의 간격은 116cm이며, 땅 위에 드러난 높이도 차이가 있는데 53cm·25cm이다. 현재 땅 위에 드러난 정도로 보아서는 이것이 굄돌의 역할을 하기는 어렵지만 탁자식 고인돌의 변화과정을 헤아려 볼 수 있는 하나의 자료가 아닐까 해석된다.[64]

무덤방의 가장자리에서는 길쭉한 나무테[木框]의 흔적이 찾아졌다. 2개체의 사람뼈가 조사되었는데 부위별로 규칙적으로 쌓아 놓았지만, 머리뼈는 없었다. 이 뼈들은 불탄 흔적이 뚜렷하지만 완전히 타지 않아 대부분 흑갈색을 띠고 있다. 이곳에서 주검을 태운 화장의 장례 습속이 있었던 것 같으며 무덤방의 둘레에는 지름 15cm쯤 되는 숯을 길쭉하게 놓아 태운 흔적이 조사되었다(그림 26).[65]

그림 26. 동풍 조추구
1·2호 고인돌 평·단
면도

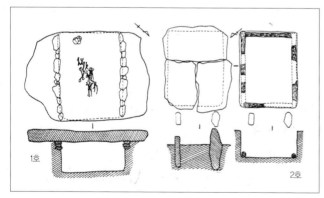

1호

2호

64. 하문식, 1998a, 「앞 글」, 47쪽 ; 1998b, 「中國 東北地域 고인돌의 分布와 構造」, 『古文化』, 51, 57～58쪽.
65. 하문식, 1998c, 「앞 글」, 29～31쪽.

껴묻거리는 항아리가 무덤방 서북쪽의 사람뼈 바로 옆에 있었고, 사람뼈 사이에는 짐승뼈의 뼈대롱이 있었으며 북쪽의 사람뼈 옆에서는 녹송(綠松) 대롱구슬[石管]이 찾아졌다. 이 대롱구슬 옆에는 돌잔[石盃]·둥근 석기·청동 고리·청동 꾸미개가 있었다. 또 무덤방 쌓임층에서 제기[豆]와 항아리 조각, 검자루 맞춤돌이 발견되었다.

항아리는 바탕흙이 모래질인 흑갈색이며, 몸통은 가운데가 부르면서 양쪽 끝이 완만하게 좁아지고 밑이 평평하며 바닥 부분은 낮은 굽[假圈足]이다. 아가리는 벌어진 모습이고 몸통 부분의 꺾이는 곳에는 장식용의 작은 손잡이가 3개 있다.

청동 꾸미개는 팔찌였던 것 같으며 둥근꼴이다. 부분적이지만 약간 안쪽으로 오목하게 들어간 곳이 있으며, 단면은 반원형이다. 청동 고리는 둥근꼴로 정연하게 만들지는 못하였다.

3호는 1호와 2호 사이에 위치하며 덮개돌은 없었다. 무덤방은 280×240cm이며, 바닥과 벽은 황백색의 생토이고 방향은 북동 51°이다. 무덤방의 쌓임층은 2개 층으로 나누어지는데 아래층은 흑회색의 흙이 깔려 있고 위쪽은 크고 작은 돌이 많은 짙은 황갈색 흙층이다. 불에 탄 2개체의 사람뼈가 찾아졌는데 보존 상태가 매우 나빠 머리 방향은 알 수 없고, 전체적인 윤곽만 알 수 있을 뿐이다.

껴묻거리는 모두 무덤방의 아래층 바닥에서 찾아졌는데 남쪽에는 항아리가, 동쪽 벽의 가운데에는 항아리와 돌가락바퀴가 1점씩, 북쪽에는 토기잔 1점이 놓여 있었다.

항아리는 바탕흙이 모래질인 홍갈색으로 아가리는 벌어졌고 바닥은 평평하다. 토기의 안팎 벽에는 붉은 색의 덧칠[陶衣]을 하였는데 이것은 장례 의식과 관련되는 상징적인 의미로 해석된다. 몸통 가운데에는 3개의 작은 띠 손잡이가 있다.

12) 동풍 보산촌 동산(東山) 고인돌 유적[66]

동풍현 대양진 보산촌의 동산(東山, 마을 사람들은 '爛死崗山'이라 부름)에서 개석식 고

66. 金旭東, 1991, 「앞 글」, 17～18쪽.

인돌 1기가 발굴되었다. 산마루 부근의 편평한 곳에 위치하며 무덤방은 풍화 암반층을 파서 만들었고, 가장자리와 바닥에는 자갈이 있었다. 무덤방은 210×70×50cm이며, 방향은 북동 68°이다. 덮개돌은 255×45~85×25cm이다.

이 무덤에서는 1개체의 불에 탄 사람뼈가 찾아졌지만 보존 상태가 좋지 않았다. 껴묻거리는 단지를 비롯하여 청동 단추, 대롱구슬 등 여러 가지가 찾아졌다. 유물이 놓인 모습을 보면 토기와 돌도끼는 허리 부분에 있었고 청동 단추와 대롱구슬은 머리와 목 부분에 가지런히 있었는데 실제로 사용하던 모습을 그대로 옮겨놓은 것 같다.

단지는 홍갈색으로 몸통이 부르고 입이 벌어졌으며, 목과 몸통이 이어진 부분에는 비스듬하게 경사가 졌다. 납작밑이고 낮은 굽을 이루고 있는데 크기(높이 11cm)와 생김새로 보아 일상 생활에 사용한 실용품보다는 명기로 보인다.[67] 항아리 모습의 제기[罐形豆]는 황갈색이고, 몸통이 부르며 어깨가 비스듬하고 입이 벌어졌다. 높은 굽을 지녔으며, 민무늬이지만 간 흔적이 찾아진다. 이 토기도 실용품보다는 명기인 것 같다.

청동 꾸미개는 모두 9점이 찾아졌는데 단추 모양이며 생김새는 비슷하다. 바닥의 안쪽이 오목하고 가운데에 가로질러 홈이 있다. 옥 꾸미개는 일정한 형태를 이루고 있진 않으며, 위쪽에 뚫려있는 원형의 구멍과 생김새로 보아 치레걸이로 이용한 것 같다.

13) 동풍 용두산(龍頭山) 고인돌 유적[68]

동풍현 대양진 보산촌 용두산의 산마루쪽 편평한 대지 위에 있다.

무덤방은 구덩이로 290×150×125cm이고 방향은 남북이다. 아래쪽은 불규칙하게 돌을 쌓아 길쭉한 꼴의 돌덧널을 만들었지만 무너졌고 남은 높이는 20cm쯤

---

67. 金旭東, 1991, 「위 글」, 20쪽 : 하문식, 1998a, 「앞 글」, 50쪽.
68. 王洪峰, 1987, 「앞 글」, 520쪽 : 金旭東, 1991, 「위 글」, 18~19쪽.

되었다. 서쪽 벽에는 길이가 210cm쯤 되는 불탄 재 띠가 있고 나머지 3벽에는 둥근 나무 흔적이 남아 있는데, 이것은 대양 1호와 비슷하다.

무덤방에서 찾아진 사람뼈는 불탄 흔적이 뚜렷하며, 북쪽에 머리뼈 2점이 놓여 있었는데 얼굴은 서쪽을 바라보고 있고 갈비뼈와 사지뼈는 무덤방의 여기저기에 흩어져 있었다.

껴묻거리는 무덤방의 서북쪽 머리뼈 옆에 토기 2점이, 머리뼈 오른쪽에 검자루 맞춤돌이 있었다. 항아리는 흑갈색으로 아가리가 벌어졌고 몸통 가운데가 부르다. 밑은 평평하며 안쪽으로 오목하다. 단지는 흑갈색이며 입부분이 깨어져 전체적인 생김새는 알 수 없지만, 몸통이 부르고 밑쪽으로 내려가면서 좁아져 작은 평평밑을 이룬다.

14) 동풍 대양(大陽) 고인돌 유적[69]

동풍현 대양진에 있는데 대양 유적 옆의 고인돌을 1호, 대양림장(大陽林場) 뒷산에 있는 것을 2호라고 하며 모두 개석식이다.

1호의 무덤방은 구덩이로 265×200×135cm이고 방향은 동서쪽이다. 무덤방 안의 쌓임층은 2개로 나누어지는데, 아래쪽은 황색 모래층이고 위쪽은 황색 자갈층이다. 바닥은 다른 것과 비교하여 볼 때 좀 특이하다. 맨 밑에는 불에 타서 만들어진 두께 15cm 되는 붉은색 모래층이 있고 그 위에 사람뼈가 자리하며, 사람뼈 위에는 손질하여 다듬은 납작한 돌이 한 층 깔려 있다. 납작한 돌은 크기가 서로 다른데 두께 20cm 안팎으로 뚜껑돌의 기능을 하였던 것 같다(그림 27). 사람뼈는 불에 타고 납작한 돌에 눌려서 많이 부서져 대부분 가루로 변하여 7~10cm 두께의 뼈층을 이루고 있다.

무덤방의 바닥 둘레에서는 나무테의 흔적이 찾아졌는데 지름 20cm 되는 소나

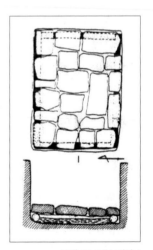

그림 27. 동풍 대양 1호 고인돌 평·단면도

69. 王洪峰, 1987, 「위 글」, 519~520쪽 ; 金旭東, 1991, 「위 글」, 18쪽.

무로 둘러 쌓였으며, 불에 탄 사람뼈 아래에 나무 부스러기가 흩어져 있었다. 사람뼈로 보아 여러 사람을 불에 태운 화장 무덤으로 여겨지며 껴묻거리는 없었다.[70]

2호는 덮개돌이 없고 맨땅을 파 무덤방을 만들었는데 260×90×90cm이며 방향은 동남 13°이다.

무덤방 바닥과 그 가장자리에는 황색 자갈이 깔려 있으며, 안에는 크고 작은 돌들이 쌓여 있었다. 바닥 부분의 자갈돌은 불에 탄 흔적이 뚜렷하다. 무덤방의 사람뼈는 쌓아 놓았는데, 불에 타 보존 상태가 나빠 묻힌 사람의 나이·성별을 알 수 없다. 무덤방의 북쪽에서는 머리뼈 7점이, 가운데에서는 많은 양의 갈비뼈가 찾아졌고 사지뼈도 있었다.

껴묻거리는 흙으로 만든 가락바퀴 1점이 찾아졌는데 표주박 모습이다.

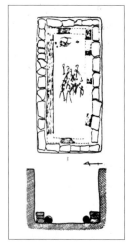

그림 28. 동풍 타요촌
고인돌 평·단면도

15) 동풍 타요촌(駝腰村) 고인돌 유적[71]

동풍현 횡도하진(橫道河鎭) 타요촌의 산마루에서 개석식 고인돌이 발굴되었다.

무덤방은 245×170×56cm인 구덩이고, 4벽은 넓적한 돌을 세워서 만들었다. 크기는 동쪽 것이 200×115×30cm, 서쪽 것이 170×150×19cm이고 무덤 부근에서 남·북쪽 벽석으로 여겨지는 넓적한 돌 2개를 찾았다(그림 28). 방향은 동서쪽이다. 불에 탄 흔적이 뚜렷한 사람뼈를 찾았지만 많이 부서졌고 갈비뼈만 처음 모습을 지니고 있었다.

껴묻거리는 녹송 대롱구슬과 갈돌이 1점씩 찾아졌다.

16) 동풍 두가구(杜家溝) 고인돌 유적[72]

이 고인돌은 동풍현 횡도하자진 타요촌 두가구에 있다.

70. 하문식, 1998a, 「앞 글」, 57~58쪽 ; 1998c, 「앞 글」, 29~31쪽.
71. 金旭東, 1991, 「앞 글」, 19~20쪽.
72. 金旭東, 1991, 「위 글」, 19쪽 ; 許玉林, 1994, 「앞 책」, 134~135쪽.

무덤방은 280×160×145cm 되는 구덩이를 마련한 다음, 4벽에 크고 작은 돌을 쌓았는데 2~3층 정도 남아 있으며 그 높이는 30~45cm이다. 이 돌벽 안쪽의 동·서·북쪽에는 불에 탄 홍갈색의 흙띠가 한 줄 있다. 이 흙띠의 너비는 8cm, 높이는 10cm쯤 된다. 남쪽은 단단한 물체에 의하여 눌린 자국이 있다. 이 흙띠의 역할은 화장을 할 때 주검 위에 덮은 나무가지를 비롯한 땔감을 지탱하는데 이용하였던 것 같다. 무덤방의 바닥은 황색 생모래층인데 이 모래층 위에는 자갈돌을 한 층 깔았으며, 불에 탄 흔적이 뚜렷하다. 그리고 자갈돌 위에는 불에 탄 갈비뼈와 사지뼈가 군데군데 쌓여 있었으며, 뼈 바로 아래에는 많은 숯과 덜 탄 소나무 가지가 있어 무덤방 안에서 직접 화장을 하였던 것 같다.

이러한 묻기는 간골화장무덤(揀骨火葬墓)이며, 껴묻거리는 없다.

17) 동풍 삼리(三里) 고인돌 유적[73]

동풍현 대양진 삼리촌 서북쪽 산기슭에 있다. 고인돌 부근의 산마루에 7기의 돌널무덤이 있는 것을 비롯하여 동쪽에서는 부채꼴 청동도끼, 토기 조각이 나온 옛 무덤도 2기가 조사되었다.

무덤방은 220×140×201cm 되는 구덩이를 마련한 다음, 잘 다듬어진 넓적한 돌을 4벽에 둘러 쌓았다. 움의 벽과 바닥에는 황색 자갈돌이 있었다. 돌벽의 양쪽 가장자리에는 둥근 나무로 나무테를 만들었는데 발굴 조사 당시에는 숯으로 변해 있었으며, 바닥에서는 타다 남은 나무조각들이 발견되었다.

무덤방에서는 부위별로 쌓아 놓은 사람뼈가 찾아졌는데 사지뼈와 갈비뼈만 처음의 모습이고 나머지는 많이 부서졌다. 이 무덤도 두가구 고인돌처럼 간골화장무덤으로 여겨진다.

껴묻거리는 사발 1점이 찾아졌다.

---

73. 吉林省文物志編委會, 1987b, 『東豊縣文物志』 : 金旭東, 1991, 「위 글」, 19쪽.

18) 길림 난기둔(蘭旗屯) 고인돌 유적[74]

길림시 난기둔 동산단산자(東山團山子)에 있으며, 1958년 조사가 실시되었다.

400×300×50cm 크기인 넓적한 화강암이 평평하게 놓여 있었다. 이 돌은 윗부분을 평평하게 그리고 가장자리는 모두 손질을 하여 다듬었으며, 밑쪽은 자연면 그대로인데 개석식 고인돌의 덮개돌로 여겨진다.

껴묻거리는 찾아지지 않았다.

19) 통화 만발발자(万發撥子) 고인돌 유적[75]

통화시의 외곽 금창진(金廠鎭) 약진촌(躍進村)에 위치한다. 옛 지명에 따라 왕팔발자(王八脖子)유적이라고도 부른다. 1950년대의 혼강 중류지역 지표조사 과정에서 처음 찾아졌으며, 1997년부터 길림성 문물고고연구소에서 여러 차례 발굴조사하여 신석기시대 문화층을 포함한 다양한 유구와 유물을 확인하였다.

장백산맥의 서쪽 가장자리에 있으며, 주변에는 압록강의 지류인 혼강으로 흘러가는 금창하가 있다. 주변의 지세를 보면 유적의 서쪽은 약간 가파른 구릉지대이고 동쪽은 구릉이 펼쳐져 있다.

발굴 결과, 유적의 서쪽에는 집터 및 이와 관련되는 재구덩이[灰坑], 재도랑[灰溝] 등이 주로 분포하며 동쪽에는 여러 무덤이 있는 것으로 밝혀졌다. 조사된 무덤은 움무덤[土坑墓], 돌덧널무덤[土坑石槨墓], 돌널무덤[土坑石槨石棺墓], 고인돌[大盖石墓], 돌무지 고인돌무덤[大盖石積石墓], 돌무지무덤[積石墓], 계단 돌무지무덤[階壇積石墓] 등이다. 발굴된 여러 무덤은 그 형태가 다양하고 다른 시기의 층위에서 조사되었기 때문에 서로의 변천 과정을 살펴볼 수 있는 좋은 자료이기도 하다. 또한 움무덤 이

---

74. 三上次男, 1961. 『앞 책』, 111쪽.

75. 金旭東·安文榮·王志敏, 2001. 「高句麗早期遺存及起源-吉林通化万發撥子遺址發掘」 『1999年中國重要考古發現』, 26~31쪽 : 오강원, 2004. 「萬發撥子를 통하여 본 通化地域 先原史 文化의 展開와 初期 高句麗 文化의 形成過程」 『北方史論叢』1, 153~171쪽 : 지병목, 2005. 「高句麗 成立期의 考古學的 背景」 『고구려의 국가 형성』, 87~90쪽 : 李新全, 2008. 『앞 책』, 132~133쪽 : 華玉冰, 2011. 『앞 책』, 85쪽 : 김성철, 2009. 「만발발자 유적의 성격에 대하여」 『조선고고연구』1, 34~36쪽.

사진 45. 통화 만발발
자 34호 고인돌

외에는 모두 무덤을 이룬 바탕에 돌이 이
용되었기에 당시 사람들의 무덤 축조에 대
한 습속을 이해하는데 도움이 된다.

　고인돌은 제3층에서 움무덤, 돌널무덤
과 함께 조사되었다. 지세가 상당히 가파
른 산비탈에 주로 위치하며 34호 무덤이
대표적이다.

　34호 고인돌은 무덤방이 긴 네모꼴이고 무덤 구덩이는 200×80㎝ 크기이다. 덮
개돌은 무덤방보다 조금 크기 때문에 가장자리를 덮었던 것 같다(사진 45).

　묻기는 발굴된 사람뼈가 불에 탄 흔적이 조사되었기 때문에 화장을 하였던 것으
로 해석된다. 또한 뼈를 보면 화장할 때의 온도는 그렇게 높지 않았던 것 같다. 이
런 화장은 동북 내륙지역의 다른 고인돌 유적에서도 흔하게 조사되고 있어 서로 비
교된다.

　돌무지 고인돌 무덤은 제4층에서 발굴되어 고인돌보다는 시기적으로 늦은 것
같다. 층위에 따른 이 무덤의 변화 과정을 보면 고인돌과 이른 시기의 고구려 돌무
지무덤 사이에 해당하는 과도기적 형태이다. 다시 말하여 고인돌과 돌무지무덤의
속성을 모두 지니고 있기 때문에 변화하는 과정을 이해할 수 있는 자료이다. 묻기
는 고인돌과 같이 화장이 널리 유행하였고 덮개돌 위와 주위에 작은 돌들이 쌓여
있었다.

4. 북한지역

북한지역의 고인돌은 1957년 '기양 관개 건설 공사'를 하면서 강서 태성리 유적이 처음 발굴되었다.

지금까지의 조사 결과, 대동강 유역을 중심으로 서북한지역에 집중적인 분포를 하고 있는 것으로 밝혀졌다. 더구나 요동반도를 중심으로 한 발해만(서해안) 지역과의 관련성이 시사되고 있어 '환황해 고인돌 문화권'의 설정이 가능할 수 있다.

1) 안악 노암리 고인돌 유적[76]

사진 46. 안악 노암리 고인돌

황남 안악군 노암리 화평마을의 남쪽에 위치하며, 탁자식 1기가 발굴되었다(사진 46). 남북방향의 덮개돌은 778×572×70cm로 탁자식 가운데 상당히 큰 편에 속한다.

서쪽 굄돌은 400~550×360×20~55cm이고, 위쪽으로 올라갈수록 점차 얇아진다. 양쪽 막음돌과 맞물리는 곳에는 깊이 2~3cm 되는 홈이 32cm쯤 파여 있는데, 이것은 고인돌의 축조 과정과 관련있는 것으로 고창 도산리와 해성 석목성, 장하 대황지 고인돌에서도 조사되었다. 동쪽 굄돌은 생김새나 크기가 서쪽 것과 비슷하다. 남쪽 막음돌은 일부만 땅에 박혀 있었으며, 북쪽 막음돌은 190×160×36cm이다. 무덤방은 252×170×270cm이며, 무덤방 안의 겉흙층(20cm) 바로 밑에 껴묻거리가 놓여 있었다(그림 29).

고인돌의 축조 과정을 보면 먼저 기초 홈을 파고 굄돌과 막음돌을 세운 다음 틈 사이에 돌을 넣어 쐐기 역할을 하게 함으로써 튼튼하게 만들었다. 강동 문흥리 3호

76. 석광준, 1993. 「로암리 고인돌에 대하여」, 『조선고고연구』1, 2~7쪽.

고인돌에서도 이런 것이 조사되었다.

꺼묻거리는 돌끌·돌화살촉·돌가락바퀴 등의 석기와 팽이형 토기 밑과 몸통 조각, 변형 팽이형 토기 밑부분이 찾아졌다. 팽이형 토기는 밑부분과 아가리·몸통 부분이 찾아졌으며, 색깔로 보아 한 개체가 깨어진 것 같다. 접혀진 입술에 1~2줄의 빗금무늬를 새겼는데 이런 토기가 영변 구룡강유적과 평양 남경유적의 팽이형 토기 집터 그리고 북창 대평리유적에서 찾아졌다.

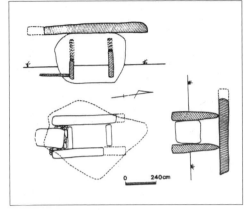

그림 29. 안악 노암리 고인돌 평·단면도

이 고인돌은 크기와 축조 방법에서 볼 때 상당히 발달된 탁자식의 한 유형으로 여겨진다. 굄돌에 홈을 판 점, 보강 시설의 일종인 쐐기돌, 막음돌 옆의 넓적한 돌 등은 해성 석목성 고인돌과 비교된다.[77]

2) 은천 약사동 고인돌 유적[78]

황남 은천군 덕양리 약사동에서 탁자식 고인돌 1기가 발굴되었는데 언덕진 곳에 위지한 이 고인돌을 '석전장' 이라고 부른다.

덮개돌은 파괴되어 없어졌으며 남쪽 굄돌만 남아 있었다. 그러나 발굴 결과, 북쪽 굄돌은 땅 위에 드러난 부분만 파괴되었고 밑부분은 제자리에 있었다. 서쪽 막음돌도 그대로 묻혀 있었다. 이로 보아 무덤방의 크기는 185×100×235cm쯤 된다.

굄돌은 360×235×23~25cm이며, 바깥 끝 쪽의 바닥에는 홈을 파 덮개돌의 무게에 밀리지 않도록 버팀돌을 놓았음이 밝혀졌다. 동쪽 막음돌은 2개를 잇대어서 한 쪽 벽이 되게 하였다. 무덤방의 바닥은 맨밑에 숯을 1cm쯤 깔고 그 위에 30×

77. 宋延英, 1987. 「앞 글」, 71~74쪽 : 許玉林, 1994. 『앞 책』, 47~49쪽.
78. 라명관, 1988. 「약사동 고인돌 발굴 보고」 『조선고고연구』 2, 47~48쪽.

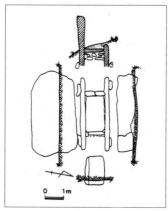

그림 30. 은천 약사동 고인돌 평·단면도

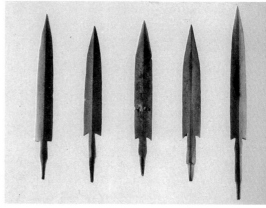

사진 47. 은천 약사동 고인돌 출토 꺼묻거리

20cm의 길쭉한 강돌을 1~2단 깐 다음 넓적한 돌 1장을 놓았다(그림 30).

꺼묻거리는 청동과 돌화살촉, 돌도끼 등이 찾아졌다(사진 47). 청동 화살촉은 무덤방의 바닥에서 찾아졌는데, 끝이 뾰족하고 가운데 등이 있으며 양쪽에 예리한 날이 있고 단면은 마름모꼴이다. 전체 길이에 비하여 슴베 부분이 긴 느낌이다.

3) 은천 정동리 고인돌 유적[79]

황남 은천군 정동리 일대에서는 탁자식 고인돌과 개석식(침촌형, 묵방형) 고인돌 70기가 발굴조사되었다(그림 31).

5호의 덮개돌은 가장자리가 많이 손질된 화강암이고, 크기가 210×120×40㎝이며 구멍이 9개 있었다. 무덤방은 4벽 모두 넓적한 판자돌을 가지고 만들었는데 긴 방향이 남북쪽이며, 서쪽이 문돌의 역할을 하였던 것 같다. 긴 벽 바깥에 돌을 보강한 것이 조사되었고 바닥은 생토 위에 굵은 모래를 5㎝쯤 펴고 그 위에 판자돌 1장을 깔았다.

꺼묻거리는 무덤방의 서북쪽 모서리에서 슴베 있는 것과 3각 만입촉인 돌화살촉 5점이 찾아졌다.

6호의 덮개돌은 화강암이며 200×135×35㎝인데 윗면에 한 줄로 3개의 구멍이

79. 심철·김남일, 2009. 「황해남도 은천군 정동리일대 고인돌무덤 발굴보고」 『조선고고연구』3, 33~36쪽.

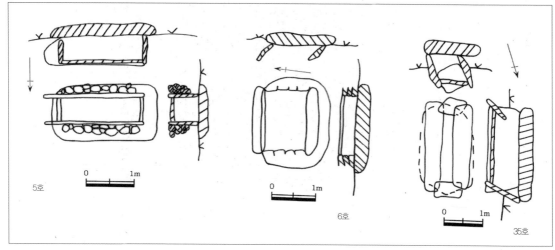

그림 31. 은천 정동리
5·6·35호 고인돌 평·
단면도

있다. 무덤방은 긴 방향이 남북쪽이며, 긴 벽은 판자돌을 1장씩 세워 놓았고 짧은
벽(동·서쪽)은 잘 다듬은 돌(25×20×15㎝)을 쌓았다. 껴묻거리는 팽이형 토기의 입술
조각이 출토되었다.

23호는 잘 손질된 청석을 덮개돌로 이용하였는데 크기는 290×150×30㎝이다.
무덤방의 크기는 200×120×10㎝이며, 긴 벽은 손질된 작은 돌을 쌓았고 짧은 벽
은 판자돌 1장을 이용하였다. 바닥은 생토층(석비례) 위에 굵은 모래를 깔아 놓았다.

껴묻거리는 돌화살촉 3점이 출토되었다.

35호는 와우산의 끝자락에 위치한 탁자식 고인돌이며, 긴 방향이 능선과 나란
한 남북쪽이다. 덮개돌은 청석이며, 윗부분에 4개의 구멍이 있고 크기는 219×130
×35㎝이다. 동·서쪽의 굄돌은 청석이고 크기는 비슷한데 210×190×17㎝이다.
무덤방의 바닥은 굵은 모래를 깐 다음 그 위에 판자돌 여러 장을 놓았다.

껴묻거리는 무덤방 북쪽에서 뿌리쪽에 홈이 파인 1개체의 돌창이 조사되었다.

4) 은천 남산리 고인돌 유적[80]

황남 은천군 삼산리의 '긴등재'라는 곳에 위치하는 개석식 고인돌이다. 덮개돌은

---

80. 김광철, 2007. 「남산리 고인돌 무덤 발굴 보고」 『조선고고연구』3, 30~31쪽.

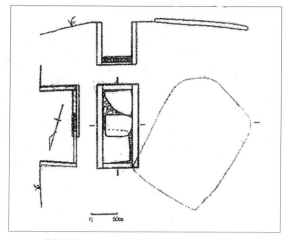

그림 32. 은천 남산리
고인돌 평·단면도

점판암을 이용하였으며, 180×140×10㎝
로 두께가 상당히 얇은 편이다(그림 32).

지하에 자리한 무덤방은 4벽에 판자돌
을 1장씩 세워 만들었으며, 긴 벽인 동쪽
것은 150×82×10~13㎝이고 짧은 벽인
남쪽은 76×54×8㎝이다. 무덤방의 바닥
은 3장의 판자돌을 놓았는데 부분적으로
빈 틈에는 자갈을 깔았다. 크기는 130×
70~72×34㎝이며 서쪽 모서리에서 슴베가 있는 돌화살촉 1점이 찾아졌다.

5) 은율 관산리 1호 고인돌 유적[81]

황남 은율군 관산리에 있으며, 양쪽에 험준한 산마루가 있고 서해가 한 눈에 보
이는 조망이 좋은 해발 80m의 산마루에 위치한다(사진 48). 고인돌이 자리한 곳은
주변보다 높게(약 65㎝쯤) 흙을 돋우어 단을 이루고 있어 주목된다.[82]

사진 48. 은율 관산리
1호 고인돌 원경

덮개돌은 긴 네모꼴로 875×450×31cm이며, 상당히 큰 편이다. 돌방을 이룬
굄돌과 막음돌은 안기울임을 하고 있으며,
연탄 송신동 1호·22호의 경우와 비슷
하다. 4벽의 돌을 보면 밑쪽보다 위쪽이
약간 짧도록 모서리를 다듬은 것이 주목
된다(사진 49~53). 돌방은 330×140×
215cm이며, 바닥은 맨바닥이다. 동쪽 막
음돌은 230~250×250cm이다(그림 33).

껴묻거리는 찾아지지 않았다.

81. 석광준, 1979. 「우리나라 서북지방 고인돌에 관한 연구」 『고고민속론문집』7, 144~145쪽 : 田村晃一, 1996.
「앞 글」, 112~113쪽.
82. 하문식, 1998d, 「북한지역 고인돌의 특이 구조에 대한 연구」 『先史와 古代』10, 66~67쪽.

사진 49. 은율 관산리 1호 고인돌

사진 50. 은율 관산리 1호 고인돌 덮개돌 모습

사진 51. 은율 관산리 1호 고인돌 돌방 모습

사진 53. 은율 관산리 2호 고인돌 원경

사진 52. 은율 관산리 1호 고인돌 굄돌·막음돌 손질된 모습

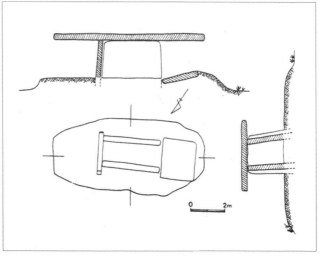

그림 33. 은율 관산리 1호 고인돌 평·단면도

6) 연탄 오덕리 고인돌 유적[83]

황주천의 샛강인 '큰개'가 흐르는 황북 연탄군 오덕리에는 송신동·평촌·석장골·화산동 마을의 구릉지대에 많은 고인돌이 있다. 송신동을 중심으로 구릉마다 수십 기씩 떼를 이루고 있는 고인돌은 모두 21기가 발굴되었다.

(1) 평촌 고인돌 유적

송신동에서 북쪽으로 1km쯤 떨어진 강 건너 마을인데, 강을 따라서 들판에 50여기의 고인돌이 분포한다. 이 가운데 5기가 발굴되었다.

9호는 개석식이며 둘레에 돌을 쌓아 묘역 시설을 갖추었다. 덮개돌은 파괴되었고 무덤방의 양쪽 긴 벽(동·서)과 북벽만 남아 있었다. 긴 벽을 이룬 넓적한 돌의 두께는 30cm로 두터운 편이며, 짜임새는 짧은 벽이 긴 벽 사이에 끼인 모습이다. 무덤방은 170×100×30cm이며, 칸막이를 하여 3칸으로 나누었다. 껴묻거리는 찾아지지 않았다.

10호와 11호는 같은 묘역(돌무지)에 있었다. 원래 17×8×0.5~1m 크기의 이 돌무지에는 2m 간격을 두고 남북 방향으로 3기가 있었다.

10호 덮개돌은 230×180×30cm이고 손질을 하지 않았다. 무덤방은 흙으로 바닥을 약간 돋우고(20~25cm쯤), 그 위에 돌널을 만들었는데 85×60×45cm이다. 긴 방향은 남북쪽이고 바닥은 모래흙이며, 뚜껑돌이 있었는데 많이 부서졌다.

껴묻거리는 무덤방의 동북쪽에서 팽이형 토기의 밑과 입술 부분 그리고 화살촉이, 돌무지의 북쪽에서 돌도끼가 찾아졌다. 팽이형 토기의 입술 부분은 접혀진 입술이며 빗금무늬가 있다.

11호의 덮개돌은 320×280×35cm이다. 흙을 돋우고 돌널을 만든 점·긴 벽 사이에 짧은 벽을 끼워 넣은 점 등 무덤방을 만든 방법이나 짜임새는 10호와 비슷하다(그림 34). 무덤방은 남북 방향이며 140×80cm이다. 무덤방의 서북쪽 모서리에

83. 석광준, 1974a, 「오덕리 고인돌 발굴보고」, 『고고학자료집』 4, 74~118쪽 ; 1979, 「앞 글」, 130~147쪽.

서 사람의 허벅지뼈가 찾아진 것을 비롯하여 서남쪽에서는 부러진 돌검 조각이 출토되었다.

19호는 탁자식이며 덮개돌은 파괴된 상태였다. 양쪽(동·서) 굄돌과 북쪽 막음돌만 남아 있었는데, 무덤방은 160×100×150cm이며 바닥에는 편암 조각을 깔았다.

(2) 석장골 고인돌 유적

고인돌은 강 옆의 구릉지대에 주로 분포하며, 탁자식 2기가 발굴되었다.

1호(처음 '제2지점 2호'라고 보고)는 둘레에 흙더미가 있었다. 고인돌은 주변의 지세가 고려되어 동서 방향이며, 덮개돌은 440×240×40cm이다. 무덤방은 160×100×100cm이며 칸막이를 하여 3칸으로 나누었다. 바닥에는 두께 2~3cm 크기의 편암 조각을 깔았다. 무덤방의 서쪽 칸에서 사람의 허벅지뼈가 찾아졌다.

2호(처음 '제3지점 1호'라고 보고)도 1호처럼 둘레에 흙더미가 있었다. 무덤방은 120×70×60cm이며 동서 방향이다. 그리고 무덤방 안에는 흙이 가득 쌓여 있었을 뿐 껴묻거리는 찾아지지 않았다.

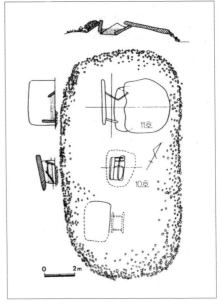

그림 34. 연탄 평촌 10·11호 고인돌 평·단면도

(3) 송신동 고인돌 유적

오덕리 고인돌 유적 가운데에서 가장 많은 12기가 발굴되었다. 고인돌과 관련이 많은 집터와 돌돌림유적이 이 부근에 함께 있어 주목된다.

1호는 가장 북쪽에 있으며 덮개돌이 크고(830×630×50cm), 고인돌을 만드는데 이용된 돌들은 손질이 많이 되었다. 무덤방을 이룬 동·서·북벽은 너비 30cm 정도의 기초 홈을 파고 넓적한 돌을 세운 다음 진흙과 막돌을 섞어 다짐을 하였는데, 이런 것이 4호와 10호에서도 찾아졌다. 그리고 남벽은 넓적한 돌(148×70×20cm)로 서쪽 일부만 막고 나머지(동남쪽)는 막돌을 쌓았는데 드나드는 문의 역할을 하였던 것

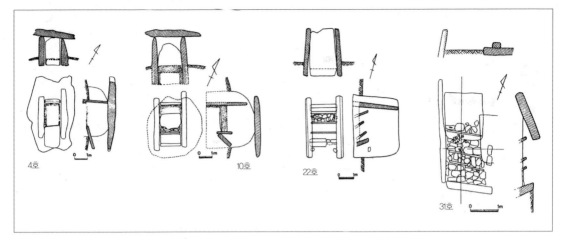

그림 35. 연탄 송신동
4·10·22·31호 고인돌
평·단면도

4호   10호   22호   31호

같다. 동쪽 굄돌은 500×340×40cm로 상당히 큰 편에 속한다. 무덤방은 남북 방향이며 300×200×250cm이고, 바닥에는 노란 찰흙이 깔려 있었다.

4호의 덮개돌은 510×385×50cm이며 남북 방향이다. 무덤방의 동·서·북벽은 너비 35cm 되는 기초 홈을 파고 세운 다음, 막돌과 진흙을 섞어 다졌다. 그리고 양쪽 굄돌(동·서)의 가장자리는 손질을 아주 많이 하여 잘 다듬었다. 무덤방은 190×185×175cm이며, 바닥에는 납작한 돌을 깔았고 남쪽의 막음돌은 문 역할을 하였던 것 같다. 무덤방 안의 쌓임층에서 팽이형 토기 조각이 찾아졌다(그림 35).

10호는 고인돌의 짜임새와 생김새, 돌을 다듬은 솜씨 등이 4호와 비슷하다(사진 54).

사진 54. 연탄 송신동
10호 고인돌

원형인 덮개돌은 440×50cm이다. 무덤방을 이룬 동·서·북벽은 너비 25cm의 기초 홈을 파고 넓적한 돌을 세운 다음 막돌과 진흙을 다졌는데, 원토층이 모래층이므로 지반 문제가 고려되었던 것 같다.[84] 양쪽 굄돌의 위쪽 모서리는 둥그스름하게 손

---

84. 지반 문제를 고려하여 고인돌을 축조한 유적이 북한강 유역에서도 조사되었다.
    최복규, 1984, 「중도 고인돌 발굴 조사 보고」 25~29쪽 ; 노혁진, 1986, 「積石附加支石墓의 形式과 分布」『翰林大學論文集 : 人文社會科學篇』 109~159쪽.

질을 많이 하였다. 남쪽 막음돌은 문의 역할을 하였으며, 납작한 돌을 겹으로 세워 이중 구조를 하고 있다. 무덤방은 195×180×250cm이며, 바닥에는 1장의 넓적한 돌을 반쯤 깔고 나머지 부분은 작고 납작한 돌을 깔았다.

껴묻거리는 무덤방의 바닥돌 위에서 돌도끼·화살촉·돌검 등이 찾아졌다.

20호의 덮개돌은 460×305×45cm이다. 무덤방은 3칸으로 나누어졌는데 가운데 칸의 바닥에만 납작한 돌을 깔았고 나머지는 맨바닥이며, 가운데 칸의 서벽(굄돌) 곁에는 길쭉한 돌을 세워 놓아 이중벽을 하였다.

무덤방은 185×145×200cm이며, 남쪽 막음돌이 드나드는 문의 역할을 하였던 것 같다. 껴묻거리는 가운데 칸의 바닥에서 접혀진 입술의 팽이형 토기 조각이 찾아졌다.

22호의 무덤방을 이룬 동·서·북벽은 안기울임을 하였고, 양쪽 굄돌(동·서)은 둥글게 손질이 되었으며 400×300×30cm로 큰 편이다. 무덤방은 220×190×225cm이며, 4개의 칸으로 나누어졌다. 무덤방의 가운데 칸 바닥에는 넓적한 편암을 깔았는데 이곳에서 사람의 아래턱뼈, 팔다리뼈, 치아 등이 찾아졌다. 서북 모서리에도 아래턱뼈와 허벅지뼈가 있었다. 그리고 돌도끼와 화살촉 조각, 조개껍질이 출토되었다.

고인돌의 무덤방에서 조개껍질이 찾아진 것은 당시 사회의 묻기 풍습과 관련이 있는 것 같으며, 고조선 시기의 돌무지무덤인 문가둔 유적의 자료와 비교된다.[85]

31호의 무덤방은 220×140×170cm이며, 4칸으로 나누었다(북쪽부터 1칸~4칸). 무덤방의 바닥에는 납작한 돌을 깔았고 남쪽의 막음돌이 문의 역할을 하였다. 껴묻거리는 2칸과 3칸 그리고 무덤방 바깥에서 찾아졌다.

2칸의 서쪽에서는 사람뼈와 화살촉(7점)·돌창·뼈구슬 묶음이 조사되었다. 화살

그리고 고인돌 축조에 있어 이런 지반 문제는 프랑스에서도 보고되고 있어, 보편적인 현상이었던 것 같다. Gautrand - Moser, C., Moser F., Amblard S., 1984. "Le dolmen de la pierre fade, commune de Saint - Étienne - des - Champs(Puy - de - Dôme)" *Bulletin de la Société Préhistorique Française* 81-3, pp.91~92.

85. 遼東先史遺蹟發掘報告書刊行會, 2002. 『文家屯』 85~93쪽.

촉은 점판암을 가지고 만들었으며, 슴베있는 것과 버들잎 모양이 섞여 있고 단면은 마름모꼴이다. 뼈구슬은 지름 1cm쯤 되는 것으로 한 줄에 꿰어서 사용한 것 같은데 이런 것이 강상무덤에서도 출토되어 비교된다.[86]

3칸에서는 돌도끼와 화살촉(2점)이 찾아졌고, 무덤방 밖에서는 돌도끼와 화살촉, 팽이형 토기 조각 등이 출토되었다.

7) 연탄 성매리 고인돌 유적[87]

황북 연탄군 성매리의 당등 남쪽 평지에 있으며 5기의 고인돌이 발굴되었다.

1호는 탁자식이며 화강섬록암의 덮개돌은 230~240×150~160×40cm 크기다. 매끈하게 손질된 덮개돌은 당등에 많이 있는 암질 가운데 하나이다. 무덤방을 이룬 동·서쪽의 굄돌은 점판암이며, 사이 간격은 53~58cm이다. 서북쪽의 막음돌 바깥에는 판자돌을 두 겹으로 놓았는데 문돌의 기능을 하였던 것 같다. 무덤방의 크기는 85×53~58×70cm이며, 바닥에는 강돌을 깔고 그 위에 잔 자갈을 놓았다. 그리고 굄돌과 막음돌 주변의 땅 속에는 둥근 강돌을 깔아 보강 시설을 하였다(그림 36).

그림 36. 연탄 성매리 1·3호 고인돌 평·단면도

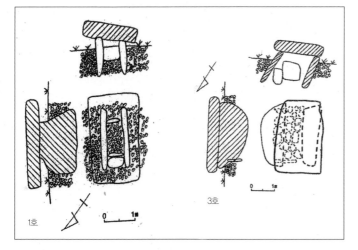

3호의 덮개돌은 매끈하게 손질한 화강섬록암이며 크기는 280×142~185×36~46cm이다. 점판암인 굄돌은 동쪽과 서쪽에 있으며, 모 줄인 네모 꼴이고 서쪽으로 기울어졌다. 무덤방의 크기는 183×155×

86. 조중공동고고학발굴대, 1966, 『중국 동북지방의 유적 발굴보고 : 1963~1965』, 78~79쪽.
87. 로철수, 2007, 「성매리 고인돌 무덤 발굴 보고」 『조선고고연구』 2, 31~35쪽.

60cm이며 바닥에는 판자돌을 깔아 놓았다. 그리고 굄돌 둘레에는 강돌을 쌓은 보강 시설이 조사되었다.

껴묻거리는 대롱구슬, 돌창, 돌대패날이 찾아졌다.

5호는 탁자식이며 덮개돌은 화강섬록암으로 194×157×16~27cm 크기다. 굄돌은 점판암이고 사이 간격은 50cm이다. 그리고 굄돌 주변에는 강돌을 쌓아 무너지는 것을 방지하였음이 조사되었다. 서북쪽의 막음돌은 판자돌이 아니고 길쭉한 강돌(50×20×20cm)을 사용하였으며 그 바깥에도 강돌을 쌓아 놓았다. 무덤방의 크기는 160×50×75cm이며, 바닥에는 판판한 돌들을 깔았다.

껴묻거리는 무덤방의 바닥에서 새 부리 모양 석기가 찾아졌다.

8) 봉산 토성리 고인돌 유적[88]

봉산군 토성리 심산동의 서흥강 언저리에 자리하며, 이곳의 들판에는 70여 기의 고인돌이 분포한다(사진 55).

1호는 탁자식이며 2~3m 범위에 50cm 정도 흙을 쌓아올린 단 위에 축조하였다. 석영으로 된 덮개돌은 340×200×120cm 인데 두께가 두툼한 것이 특징이다. 양쪽 굄돌은 기초 홈을 파고 강돌을 깐 다음 그 위에 세운 것으로 밝혀져 축조 과정을 이해하는데 도움이 된다. 동북쪽 굄돌은 340×140×40cm 크기인데 무덤방 안쪽으로 조금 기울어져 전체적으로는 안정감을 주고 있다. 무덤방은 250×140×90cm 크기이고 부러진 별도끼 날이 찾아졌다.

사진 55. 봉산 토성리 10호 고인돌

4호도 2~3m 범위에 높이 40cm 되는 돌무지로 단을 만든 다음 축조하였다. 덮

88. 김광명, 2003, 「토성리 고인돌 무덤」 『조선고고연구』3, 10~14쪽.

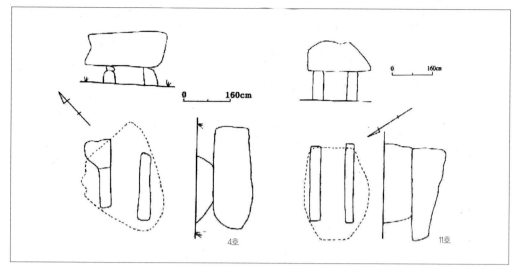

그림 37. 봉산 토성리
4·11호 고인돌 평·단
면도

개돌의 크기는 340×60~304×130cm이며 손질을 하지 않고 채석한 것을 그대로 이용하였다(그림 37). 동남쪽 굄돌은 240×60×40cm이고, 서북쪽 것은 250×40×90cm로 다듬지 않고 세웠다. 두 굄돌의 높이가 서로 차이가 나므로 수평이 되게 서북쪽 것에는 지름 20cm 되는 쐐기돌을 이용한 것이 주목된다.[89]

11호의 덮개돌은 350×260×60~132cm로 두께가 매우 불균형적이다. 동북쪽 굄돌은 네모꼴로 280×110×40cm이며 덮개돌과 맞물리도록 윗부분을 손질하였다.

9) 신계 지석리 고인돌 유적[90]

황북 신계군 지석리의 예성강 언저리에는 많은 고인돌이 분포하고 있다. 이 가운데 담방 등판과 연동에서 발굴조사가 이루어졌다.

담방 2호 고인돌의 덮개돌은 화강암이고 220×185×15~50cm이다. 무덤방은 아무 시설도 하지 않은 구덩이며, 크기는 160×60×45cm의 긴 네모꼴이다. 4벽과 바닥은 두께 5cm쯤 되게 진흙을 발라 놓았다. 또한 덮개돌 밑에서는 무덤방을 덮었

89. 하문식, 1999a, 『앞 책』, 188쪽.
90. 로철수, 2004, 「신계군 지석리 고인돌 무덤 발굴 보고」 『조선고고연구』2, 25~29쪽.

던 170×70×70㎝ 되는 넓적한 뚜껑돌이 찾아
졌다.

담방 3호의 덮개돌은 화강암으로 290×210
×25㎝이며, 긴 방향이 남북쪽이다. 굄돌은
동·서쪽에 세워졌는데 서쪽 것은 162×110×
10㎝로 두께가 얇은 편이다. 무덤방의 바닥은
진흙을 다져 놓았으며 가운데에서 돌화살촉,
부러진 돌창, 팽이형 토기 조각이 출토되었다.

담방 4호는 화강암을 덮개돌로 이용하였는
데 크기는 310×240×20㎝이다. 무덤방의 긴 벽인 동쪽은 높이 50㎝, 두께 10~20
㎝ 되는 판자돌 4장을 이어서 만들었고 서쪽은 2장을 붙여 놓았다. 짧은 벽은 서쪽
처럼 판자돌 2장을 이은 모습이다. 그리고 4벽의 바깥에서는 잔돌(지름 10~20㎝)을
쌓은 보강 시설이 찾아졌다. 바닥은 화강암 판돌 2장을 깔아 놓았으며, 무덤방 크
기는 140×65×50㎝이다(그림 38).

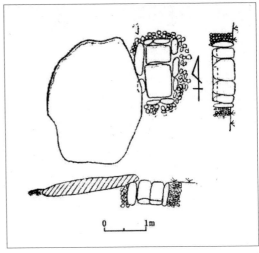

그림 38. 신계 지석리
담방 4호 고인돌 평·
단면도

껴묻거리는 무덤방의 서남쪽 모서리에서 돌화살촉과 돌창 끝부분이 조사되
었다.

연동 고인돌은 지석천의 언저리에 자리하는 동서 방향의 탁자식이다. 고인돌의
축조에 이용된 돌감은 모두 점판암이다.

덮개돌은 280×230×20㎝이며, 북쪽 굄돌은 모죽은 네모꼴로 165×150×20㎝
크기이다. 굄돌의 동쪽 끝에서 15㎝쯤 들어와 있는 막음돌은 135×60×15㎝이다.
무덤방의 바닥은 잔돌 위에 모래와 흙을 깔아 놓았으며 130×80×70㎝ 크기다.

10) 상원 귀일리 고인돌 유적[91]

황북 상원군 귀일리의 하무산 기슭에 있으며, 4기의 고인돌이 10~15m 간격으

91. 차달만, 1996. 「상원군 귀일리 2호 고인돌 무덤에 대하여」 『조선고고연구』3, 37~39쪽.

사진 56. 상원 귀일리
고인돌

로 분포한다.

　탁자식인 2호는 굄돌이 동·서쪽에 있었으며, 고인돌 주위 1~2m 범위에 돌을 깔아 묘역을 구획하여 놓았다. 석회암인 덮개돌은 타원형으로 360×250×30cm이다. 북쪽 막음돌은 양쪽 굄돌의 끝과 맞물려 있지만, 남쪽 것은 사이에 끼여 있어 나들이 문 역할을 하였던 것 같다(사진 56).

　무덤방은 190×80×70~80cm이며 4개의 칸으로 구획지어 놓았는데, 이런 것이 연탄 평촌 9호, 석장골 1호, 송신동 20·22·31호에서도 조사되었다.[92] 한 칸의 길이는 80cm로 모두 같지만, 너비는 2칸이 50cm이고 나머지는 40cm쯤 된다(그림 39). 무덤방의 바닥은 납작한 강돌을 깔았는데 높이는 2칸만 다른 칸보다 5cm쯤 높고 나머지는 같다. 그리고 칸마다 껴묻거리와 불탄 사람뼈가 찾아졌다.

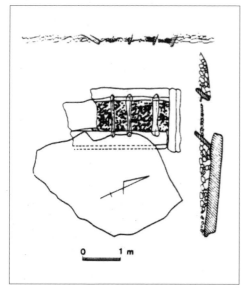

그림 39. 상원 귀일리
2호 고인돌 평·단면도

　2칸에서는 1개체의 사람뼈와 여러 가지 껴묻거리가 찾아졌다. 껴묻거리는 지름 1cm 되는 흰색의 둥근 구슬 15점, 조개 껍질로 만든 팔찌 1점, 곱은옥 1점, 화살촉과 토기 조각이다. 나머지 1·3·4칸에서는 3~4개체의 사람뼈와 토기 조각이 찾아졌다.

　이처럼 2칸은 다른 3개의 칸과 구조나 껴묻거리에 있어 차이가 있다. 바닥이 다른 칸보다 좀 높고 너비도 넓으며, 껴묻거리도 완전한 것이 찾아졌다. 특히 묻힌 사람도 다른 칸은 여러 개체이지만, 2칸

92. 하문식, 1998d, 「앞 글」, 63~65쪽.

만 1개체가 묻혀 중심적인 무덤방이었던 것 같다(사진 57).

사진 57. 상원 귀일리 고인돌 발굴자리

11) 상원 중리 고인돌 유적[93]

황북 상원군 중리의 황주천 샛강인 먹치천 가장자리 들판에 30여 기의 고인돌이 분포하고 있다.

3호 고인돌은 덮개돌이 파괴되었고 부분적으로 굄돌과 막음돌이 남아 있었다. 고인돌의 긴 방향은 동서쪽이었다.

굄돌과 막음돌은 편암을 이용하였으며, 남쪽 굄돌은 328×160×20㎝이고 막음돌은 130×95×12㎝이다. 무덤방은 230×130×100㎝이며 바닥에는 넓적한 판자돌이 깔려 있었다(그림 40). 껴묻거리는 무덤방의 남쪽에서 돌도끼, 돌구슬, 팽이형 토기 조각이 출토되었다.

6호의 덮개돌은 편암을 이용하였으며 475×270×50㎝이고, 윗면에는 ㄱ자 모양으로 16개의 구멍이 줄을 이루고 있어 주목된다. 북쪽 굄돌은 290×180×40㎝ 크기이고, 동쪽 막음돌은 95×50×10㎝이다. 무덤방은 190×150×150㎝ 크기이며, 바닥에는 검은색의 흙이 깔려 있었다. 서북쪽 모서리에서 버들잎 모양 돌화살촉과 팽이형 토기 조각이 찾아졌다.

7호는 양쪽 굄돌만 남아

그림 40. 상원 중리 3·6호 고인돌 평·단면도

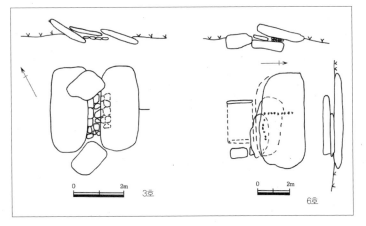

0   2m
3호

0   2m
6호

93. 장철만, 2004, 「상원군 중리 고인돌 무덤떼 발굴 보고」, 『조선고고연구』3, 39~43쪽.

있었으며, 고인돌의 방향은 동서쪽이다. 굄돌은 크기가 290×107×15㎝이며, 막음돌은 없지만 처음 세웠던 자리의 밑부분에는 돌(25×15×10㎝)을 깔아 보강 시설을 한 것이 조사되었다. 무덤방의 크기는 205×106×55㎝이며 바닥에는 넓적한 판자돌 1장을 깔아 놓았다.

12) 상원 왁새봉 고인돌 유적[94]

황북 상원군 장리의 왁새봉 능선에 위치하고 있다. 이곳에서는 어랑천 언저리의 들판과 서암동 마을이 바라보인다. 고인돌은 남북 8m, 동서 7.5m 범위의 막돌을 깐 묘역에 5기가 분포한다(그림 41).

1호는 덮개돌이 없고 남·북쪽의 굄돌만 조사되었는데, 북쪽 것은 210～270×110×15～25㎝이다. 무덤방의 크기는 170×85×70㎝이고 바닥은 북쪽에만 넓적한 돌이 깔려 있었다. 동쪽에서 돌가락바퀴와 팽이형토기 조각이 찾아졌다.

그림 41. 상원 왁새봉 고인돌 평·단면도

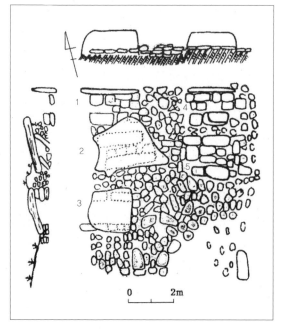

2호의 덮개돌은 340×260×20㎝이며, 굄돌은 천매암을 이용하였는데 남쪽 것이 220×70×20㎝ 크기이다. 무덤방의 바닥은 생토를 다진 다음 넓적한 돌들을 깔아 놓았다. 크기는 150×90×70㎝이며, 동쪽 모서리에서 겹아가리의 팽이형 토기 조각, 돌화살촉, 별도끼 조각이 출토되었다.

3호는 덮개돌이 200×195×35㎝이고, 무덤방의 긴 벽인 남·북쪽은 돌(60×40×20㎝)을 쌓아서 만들었다. 무덤방의 크기는 170×100×40㎝이며, 동쪽에서 겹아가리에 빗

94. 한인덕·장철만, 2005, 「장리 왁새봉 고인돌 무덤떼 발굴 보고」 『조선고고연구』1, 37～41쪽.

금무늬가 있는 팽이형 토기 조각과 불탄 사람 뼛조각이 발굴되었다.

4호는 무덤방의 남·북쪽 긴 벽이 조사되었는데 납작한 돌을 쌓은 모습이었다. 무덤방의 바닥에는 여러 장의 작은 판자돌이 깔려 있었다. 무덤방 크기는 170×80×60cm이며, 동쪽에서 겹아가리의 팽이형 토기 조각과 돌가락바퀴가 찾아졌다.

5호는 무덤방의 남·북쪽 긴 벽이 조사되었다. 남쪽은 60~90×40~60×20~30cm 되는 판자돌을 쌓았는데 밑부분이 남아 있었다. 무덤방의 크기는 170×80×50cm이며 작은 판자돌이 놓여 있었다. 동쪽에서 겹아가리의 팽이형 토기와 시루 조각, 돌가락바퀴가 조사되었다.

왁새봉 고인돌은 일정한 묘역에 여러 기가 자리하고 있어 당시의 장례 습속은 물론 묻힌 사람들의 관계에 대하여 시사하는 점이 많다. 또한 무덤방의 축조 방법에도 차이가 있어 시기적인 전후 관계를 살펴볼 수 있다.

13) 상원 장리 고인돌 유적[95]

황북 상원군 장리 지석동 마을에 위치하며, 주변의 지세는 야트막한 산들이 둘러져 있는 충적평야 지대로 황주천의 상류 지역에 해당한다. 지석동에 10여 기의 고인돌이 있는 것을 비롯하여 장리에 50여 기가 분포하며, 이들 고인돌은 보존유적 제14호로 지정되었다(사진 58·60).

1호 고인돌은 탁자식으로 덮개돌은 타

사진 58. 상원 장리 고인돌유적 모습

원형이며 크기는 630×405×72cm이다. 무덤방을 이룬 굄돌과 막음돌은 판자돌을 이용하였는데 평면 모습은 'Ⅱ'형이다. 무덤방의 크기는 200×150×180cm이며 가

95. 최웅선, 1996. 「상원군 장리 고인돌 무덤을 통해 본 고조선 초기의 사회문화에 대하여」 『조선고고연구』3. 27~30쪽 : 장철만, 1996. 「장리 고인돌 무덤에 대하여」 『조선고고연구』4. 10~14쪽.

사진 59. 상원 장리 1호 고인돌

사진 60. 상원 장리 고인돌

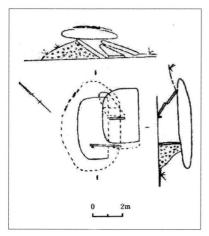

그림 42. 상원 장리 1호 고인돌 평·단면도

운데 쪽으로 무너진 상태였다. 무덤방 가장 자리에는 100~150㎝ 범위에 막돌을 2~3겹 깔아 묘역 시설을 만들었다(사진 59).

꺼묻거리는 무덤방 안의 표토층 바로 밑의 부드러운 흙층('감탕흙층')에서 발견되었다. 무덤방의 동북쪽에서는 청동 방울·청동 끌·청동 교예 장식품 등 주로 청동기가, 서남쪽에서는 돌화살촉과 별도끼 조각·미송리형과 팽이형 토기 조각이 발굴되었다. 그리고 한 가운데와 동북쪽에는 사람뼈가 흩어져 있었고 숯조각도 많이 찾아졌다(그림 42).

청동 교예 장식품은 어깨동무를 하고 발목을 모은 두 사람의 교예사가 2개의 바퀴 위에 올라서서 두 손에 둥근 고리를 쥐고 재주를 부리는 모습을 형상화한 청동 주조품이다. 이 장식품은 인체의 율동감을 표현하여 섬세한 교예 동작을 생동감있게 나타내었으며, 곳곳에 삼각무늬를 새겨놓았다. 또 뒷부분에는 길이 0.8~1㎝, 너비 0.1㎝ 정도 되는 홈이 만들어져 있다.

청동 방울은 2점이 발견되었는데 크기와 생김새가 모두

96   고조선 사람들이 잠든 무덤

같다. 몸통은 윗부분이 좁고 아래쪽으로 내려가면서 점차 넓어지며, 겉면에는 삼각무늬가 새겨져 있고 길쭉한 구멍이 4개 뚫려 있다. 그리고 몸통의 윗부분에는 방울을 매달기 위한 반원 모양의 고리가 있다. 청동 끌은 겉면에 푸른 녹이 많이 있는데 밑쪽에는 양쪽을 갈아서 예리하게 날을 만들었고 머리쪽은 모가 없이 둥그렇게 하였다. 이 청동 끌은 평양 금탄리 유적에서 나온 것과 비슷하다.

14) 상원 번동리 고인돌 유적[96]

황북 상원군 번동리의 번동천 옆 충적대지에 50여 기의 고인돌이 분포하며, 이 가운데 19기가 발굴 조사되었다.

2호의 덮개돌은 320×212×28㎝이며, 윗면에는 40여 개의 구멍이 파여 있다. 굄돌과 막음돌은 손질을 많이 하여 잘 다듬어진 모습이다. 굄돌을 세우기 위하여 기초 홈을 팠으며 바깥쪽에는 강돌을 쐐기로 이용한 것이 조사되었다. 무덤방의 크기는 157×75×80㎝이고, 바닥은 강돌을 놓고 그 위에 편암 조각을 깔았다.

껴묻거리는 팽이형 토기 조각과 3~6줄의 줄무늬가 있는 미송리형 토기 조각이 찾아졌다.

4호는 덮개돌과 서쪽 막음돌이 파괴된 상태에서 발굴되었다. 양쪽 굄돌의 윗부분은 모가 줄은 둥근형이고 아래쪽으로 내려올수록 점차 두터운 모습이다. 무덤방의 크기는 163×60~63×78㎝이며, 바닥은 편암 조각을 깔아 놓았다.

껴묻거리는 대롱구슬, 돌대패날, 화살촉, 토기조각 등이 있다.

11호는 개석식(침촌형)이며,[97] 덮개돌의 크기는 440×286×28㎝이다. 무덤방은 판자돌을 세워서 만들었으며 바깥에는 강돌을 깔거나 세워서 보강 시설을 하였다. 그리고 무덤방의 긴 방향(동·서쪽)으로 칸 나누기를 하여 모두 3칸(북쪽, 가운데, 남쪽)이

---

96. 김재용, 1999, 「번동리 고인돌 무덤떼에 대하여」 『조선고고연구』3, 5~10쪽.

97. 발굴 보고자는 침촌형의 특징을 지닌 탁자식(오덕형)으로 보고하였지만 무덤방이 땅 속에 있는 점, 무덤방의 벽을 이룬 판자돌이 얇은 점(두께 4~6cm)으로 볼 때 개석식으로 해석하는 것이 보다 합리적일 것이다.
심철, 2015, 「번동리 11호 고인돌 무덤에 대한 재검토」 『조선고고연구』4, 5쪽 ; 14쪽.

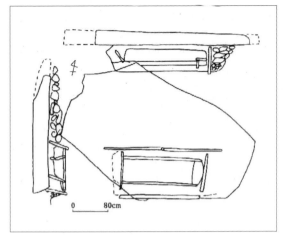

그림 43. 상원 번동리
11호 고인돌 평·단면도

되게 하였다. 이렇게 칸 나누기를 할 때 상원 귀일리 2호, 연탄 송신동 20·22·31호와는 다르게 긴 방향으로 한 점이 주목된다. 무덤칸의 크기는 가운데 칸이 제일 크고(너비 50㎝) 나머지는 비슷하다. 바닥을 보면 남쪽 칸은 편암 조각을 깔았고 나머지는 강돌을 놓았다. 무덤칸마다 불에 탄 1개체의 사람뼈가 찾아져 화장을 하였음을 알 수 있다. 또한 묻힌 사람의 머리 방향은 차이가 있는데 북쪽과 가운데 칸은 서쪽, 남쪽 칸은 동쪽으로 조사되었다(그림 43). 이것은 시기적인 차이보다 당시의 장례 습속에 따른 것으로 해석된다.

꺼묻거리는 천하석으로 만든 대롱구슬과 돌대패날이 있다.

15) 상원 방울뫼 고인돌 유적[98]

사진 61. 상원 방울뫼
고인돌 유적 전경

황북 상원군 용곡리 방울뫼에 위치하며, 부근에는 귀일리·장리 유적 등 많은 고인돌이 분포하고 있다. 상원강의 샛강인 문포천 언저리에 위치하며, 주변은 야트막한 야산이 둘러싸고 있다(사진 61·62).

방울뫼 고인돌 유적은 100m 간격을 두고 남쪽과 북쪽에 서로 15기 정도의 고인돌이 집중 분포하고 있으며, 현재 보존유적 제18호로 지정되어 있다.[99]

4호는 탁자식이며 발굴조사가 실시되

---

98. 석광준, 2002a. 『조선의 고인돌 무덤 연구』. 중심. 91~94쪽 ; 328~329쪽.

99. 하문식, 2002. 「북한의 유적 답사와 고고학계 연구 동향」 『白山學報』64. 327~330쪽.

사진 62. 상원 방울뫼
고인돌

기 이전에 서쪽으로 쓰러진 상태였다. 덮개돌의 크기는 $480 \times 300 \times 56cm$이며, 생 김새가 거북과 비슷하다(사진 63). 무덤방은 $280 \times 110 \times 110cm$로 상당히 큰 편에 속 하며, 바닥은 남쪽에 석회암 판자돌과 차돌을 섞어 깔았고 북쪽에는 차돌을 깔아 놓았다(그림 44).

사진 63. 상원 방울뫼
고인돌 발굴 후 덮개
돌 모습

꺼묻거리는 청동 단추 1점과 화살촉 2 점, 팽이형과 미송리형 토기 조각 그리고 불탄 사람 뼛조각이 발견되었다. 청동 단 추는 지름 4cm, 두께 0.1cm 되는 둥근 판의 윗부분이 볼록한 모습이다. 가운데에 지름 이 0.15cm 되는 고리가 있어 실제로 사용 되었을 가능성이 많다.

5호도 탁자식으로 덮개돌은 모가 없는

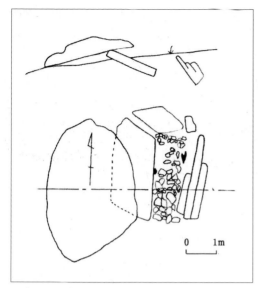

그림 44. 상원 방울뫼
4호 고인돌 평·단면도

네모꼴이며, 430×350×40㎝이다. 무덤방은 크기가 200×(90)×120㎝쯤 되며, 바닥은 지표에서 40㎝ 아래에 있었다.

껴묻거리는 동쪽 굄돌 북쪽에서 비파형 청동 투겁창 1점과 별도끼 3점이, 무덤방의 남쪽 끝부분에서 팽이형 토기 조각이, 그리고 서쪽 굄돌 옆에서 간돌검 1점이 찾아졌다.

비파형 청동 투겁창은 길이가 13㎝이며 창날 길이가 6.5㎝이다. 창날의 끝에서 3.5㎝쯤 내려와 가운데쯤에 너비가 2.7㎝ 되는 돌기부가 있다. 돌기부에서 아래쪽으로 내려오면서 굴곡이 생겨 창날의 전체적인 모습은 비파 모양이다. 창끝의 중심축에는 자른 면이 둥근 형태인 등대가 있고 피홈은 끝부분에서 1㎝쯤 들어와 있다. 자루를 끼워 넣는 투겁은 속이 빈 원통 모습이고 옆에는 0.3㎝ 되는 구멍이 있다.

16) 중화 어룡리 고인돌 유적[100]

황북 중화군 어룡리에 위치하며 2009년 9기의 고인돌이 발굴되었다. 이곳에서는 탁자식, 개석식(침촌형/묵방형) 고인돌이 함께 조사되었다.

1호는 탁자식이며, 덮개돌의 크기는 198×100×54㎝이다. 무덤방은 서남쪽 긴 벽과 동남쪽 짧은 벽은 판자돌을 1개씩 세워 놓았지만, 동북쪽 긴 벽은 판자돌을 세우고 그 옆에 돌을 쌓아 한 쪽 벽이 되게 하였고 서북쪽의 짧은 벽은 돌을 쌓아서 만들었다. 이처럼 무덤방의 벽이 길이에 관계없이 서로 다른 짜임새를 하고 있어 좀 특이한 모습이다. 무덤방의 크기는 116×62×66㎝이고 바닥은 단단한 흙다짐을 한 상태다(그림 45).

100. 최응선, 2010, 「어룡리 고인돌 무덤 발굴 보고」 『조선고고연구』4, 36~38쪽.

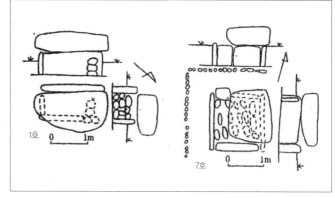

그림 45. 중화 어룡리 1·7호 고인돌 평·단면도

2호는 개석식(침촌형)이며, 덮개돌은 210×120×80㎝ 크기다. 무덤방은 긴 방향이 동남—서북쪽이며, 크기는 164×74×40㎝이다. 벽은 모두 판자돌을 세워서 만들었는데 긴 벽인 동북쪽만 2개를 잇대어 놓았다.

그리고 긴 벽의 바깥에는 강돌들을 쌓아 보강 시설을 한 것이 찾아졌다. 바닥은 1호처럼 흙다짐을 하였다.

7호의 덮개돌은 190×150×68㎝이며, 개석식이다. 무덤방은 168×168×76㎝이고, 바닥은 타원형의 납작한 돌을 일정하게 깔아 놓았다. 무덤방의 벽은 양쪽 긴 벽과 남쪽의 짧은 벽은 1개의 판자돌을 세워서 만들었지만 북쪽은 2개를 잇대어 놓았다.

한편 무덤방의 서쪽과 북쪽에는 일정한 거리(1.5~1.9m)를 두고 돌이 한 줄로 나란히 깔려 있는데, 이것은 무덤의 범위를 구획한 것으로 주목된다.

8호는 개석식(묵방형)이며 덮개돌의 크기는 300×170×40㎝이다. 무덤방의 벽을 보면 양쪽 긴 벽과 짧은 벽인 북쪽은 모난돌을 쌓았다. 남쪽은 판자돌 1개를 세워 놓았는데 이것이 문 역할을 하였던 것 같다. 바닥에는 납작한 돌(두께 4~5㎝)들을 깔아 놓았고 무덤방은 214×70×44~45㎝ 크기다.

17) 황주 침촌리 고인돌 유적[101]

황북 황주군 침촌리에 있으며, 이곳의 정방산 서북쪽 기슭과 들판에는 수십 기의 고인돌이 떼를 이루고 있다. 그리고 서쪽 산기슭에는 고인돌의 축조에 필요했던

---

101. 황기덕, 1959, 「1958년 춘하기 어지돈 관개공사 구역 유적 정리 간략 보고(Ⅱ)」 『문화유산』2, 69~75쪽 ; 황기덕·리원근, 1966, 「황주군 심촌리 청동기시대 유적 발굴보고」 『고고민속』3, 36~42쪽.

돌을 옮겨온 채석장이 있고, 고인돌 옆에서는 집터가 발굴 조사되기도 하였다.

이 침촌리 유적의 고인돌은 긴동, 천진동, 극성동, 신대동을 중심으로 분포하고 있다.

(1) 긴동 고인돌 유적[102]

정방산 서북쪽 언덕 위에 남북 방향으로 8기의 고인돌이 한 줄로 분포하고 있다. 1호만 탁자식이고 나머지는 모두 개석식이며, 3호~6호는 한 돌무지 안에 같이 있어 '집체무덤'이라고도 부른다.

돌무지의 크기는 길이가 11m, 너비 3~5m, 높이 0.5~0.6m이며, 무덤방(돌널) 옆에는 40~60cm의 큰 돌을 쌓았으나 멀리 갈수록 돌무지가 점차 잘 드러나지 않는다. 돌무지 속에서 돌자귀와 돌검 조각이 찾아졌다. 덮개돌 밑의 30cm쯤에서 드러난 무덤칸(돌널)은 두께가 얇은(5cm 안팎) 편암으로 만들어졌다.

3호의 무덤칸 크기는 100×30~40×50~60(?)cm이며, 긴 벽의 양쪽 끝이 짧은 벽과 맞물려 있다. 그리고 덮개돌 바로 밑에는 돌널 크기의 넓적한 돌이 있는데 뚜껑돌로 보인다. 바닥은 조약돌을 깔고 그 위에 넓적한 돌을 놓았으며, 바닥돌 위의 동벽 쪽에서 돌창 2점과 화살촉 1점이 찾아졌다.

4호 무덤칸은 양쪽 막음돌만 화강암이고 나머지는 편암을 사용하였다. 짜임새와 크기는 3호와 비슷하며, 껴묻거리는 찾아지지 않았다.

5호 무덤칸은 100~110×50cm이며, 덮개돌에 의하여 윗부분이 부서졌다. 바닥은 넓적한 큰 돌을 1장 깔았으며, 남쪽에 납작한 돌 3장이 쌓여 있었는데 이곳에서 사람의 사지뼈 조각과 돌창 1점, 화살촉 4점이 찾아졌다.

6호 무덤칸은 100~110×45×10cm이며, 돌널의 위쪽에 뚜껑돌이 있었다. 바닥은 납작한 돌을 놓고 그 사이에 조약돌을 깔았다. 바닥 위에서 슴베 있는 화살촉

---

102. 황기덕. 1961. 「황해북도 황주군 긴동 고인돌 발굴보고(Ⅰ)」『문화유산』3, 11~16쪽 ; 1963. 「황해북도 황주군 심촌리 긴동 고인돌」『고고학 자료집』3, 56~63쪽.

4점이 찾아졌는데 단면은 마름모꼴이다.

7호는 덮개돌 밑에서 돌널이 2개 찾아졌다. 크기는 90×30~35×15cm이며, 바닥에는 넓적한 돌을 깔았다.

(2) 천진동 고인돌 유적

마을 뒤 언덕에 'ㄱ' 모습으로 30여m 범위에 6기의 고인돌이 자리한다.

1~3호는 무덤방의 짜임새가 비슷하며 서로 떨어져 있다. 4~6호는 하나의 돌무지(14.4×6m)에 남북 방향으로 한 줄을 이루고 있으며, 덮개돌이 없는 돌널 4기와 함께 있다.

1호는 덮개돌이 둥글며, 200~260×200×80cm이다. 무덤방은 두터운 돌을 세워 긴 벽을 만들고 얇은 편암을 끼워 넣었다. 바닥은 자갈을 깔았으며, 무덤방 둘레에는 막돌을 쌓아 놓았다. 껴묻거리는 바닥에서 돌창이, 덮개돌과 동쪽 벽석 사이에서 돌자귀가 출토되었다.

4호는 덮개돌이 250×200×50cm이며, 무덤방은 동서쪽에 두터운 돌을 세우고 그 사이에 얇은 편암을 끼워 놓았다. 껴묻거리는 바닥에서 돌창 1점, 남쪽 막음돌 옆에서 팽이형 토기 조각이 찾아졌다(사진 64).

5호는 덮개돌 밑에 80cm 사이를 두고 무덤방이 2개(동쪽과 서쪽) 있었는데 서쪽 것은 파괴되었다. 동쪽 것은 130×45×50cm이며, 바닥은 자갈을 깔고 그 위에 넓적한 돌을 한 장 놓았다. 껴묻거리는 무덤방 사이에서 슴베있는 화살촉이 발굴되었다.

6호도 5호처럼 덮개돌(크기 : 230×160×40cm) 밑에 무덤방이 2개(북쪽과 남쪽) 있었다. 북쪽 것은 90×45×20~40cm이며 동서 방향이고, 바닥은 자갈을 깔아 놓았다. 그리고 서남쪽 벽 옆에서 팽이형 토

사진 64. 황주 천진동 4호 고인돌 무덤방 모습

기 조각과 목 단지 조각이 찾아졌다. 남쪽 것은 남북 방향으로 75×30×50(?)cm이며, 바닥에 납작한 편암 1장을 깔았다. 껴묻거리는 돌무지의 동쪽에서 화살촉이 찾아졌다.

(3) 극성동 고인돌 유적

정방산 서쪽 기슭에 위치한 이곳에는 100여기의 고인돌이 있다.

모두 8기가 발굴되었는데, 8~11호는 25×10~12m 범위의 한 돌무지 안에 있다. 1호와 11호의 덮개돌 밑에서는 각각 2기씩의 돌널이, 3호 고인돌 주위에서는 3기의 돌널이 찾아져 무덤방은 모두 12기가 조사되었다(그림 46).

6호의 무덤방은 얇은 편암으로 길쭉한 돌널을 만들고 그 옆에 두터운 화강암을 세워 무덤방을 튼튼하게 하였다. 긴 방향은 동서쪽이고 50~60×25×25cm이며, 바닥은 잔 자갈이 섞인 흙바닥이다.

7호의 무덤방 짜임새는 6호와 비슷하며, 100×40~50cm이다. 바닥에는 자갈을 깔았고 무덤방 옆에서 갈색 토기 조각이 찾아졌다.

8호의 무덤방은 양쪽에 두터운(20~35cm) 화강암을 세우고, 그 사이에 얇은 편암을 끼워 넣었다. 115×70×30cm이다.

9호의 덮개돌은 280×150×45cm이며, 무덤방은 돌널이고 그 둘레에 막돌을 쌓았다. 바닥은 막돌과 편암 조각을 깔았고 무덤방은 115×45×15cm이다.

그림 46. 황주 극성동 고인돌 평·단면도

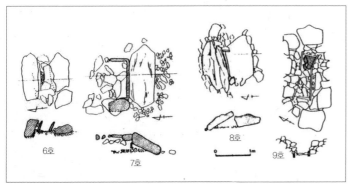

6호
7호
8호
9호

그리고 1호와 5호 옆의 돌무지에서 껴묻거리가 찾아졌다. 1호 쪽에서는 등이 조금 휘고 가운데 구멍이 2개 뚫린 안팎날의 반달 돌칼과 편암의 가락바퀴(지름 6.5cm)가, 5호 쪽에서는 화살촉이 발견되었다.

(4) 신대동 고인돌 유적

독가마산 밑의 구릉지대에 많은 고인돌이 있으며, 조사된 고인돌은 50m 범위에 11기가 있고 이 가운데 8기의 개석식 고인돌이 발굴되었다.

무덤방의 짜임새는 서로 비슷한데, 두터운(20~30cm) 화강암을 세우고 그 사이에 얇은 편암을 끼워 만든 다음 둘레에 막돌을 쌓아 튼튼하게 하였다. 무덤방의 긴 방향은 서남—동북쪽이었다. 2호~4호 고인돌은 하나의 연결된 묘역(돌무지)에 있으며, 나머지 8호~11호는 개별적인 돌무지 속에 있다.

2호의 덮개돌은 둥근꼴의 화강암이며 270×200×50~60cm이다. 무덤방의 바닥은 막돌을 깔았고 160×80×100cm이다. 껴묻거리는 무덤방 밖에서 구멍이 뚫린 지름 75cm, 두께 5cm되는 돌돈 1점이 찾아졌다.

18) 사리원 광성동 고인돌 유적[103]

황북 사리원시 광성동의 정방산 남쪽과 발양산의 북쪽 기슭에는 수십 기의 고인돌이 줄지어 떼를 이루고 있다. 1986년 성문 농장 부근의 개석식 고인돌에 대한 발굴 조사가 실시되었다.

(1) 성문 1지점

발양산 서북 기슭에 위치하며 6기의 고인돌이 조사되었는데, 5기는 17×10m 범위에 10~40cm 크기의 강돌과 막돌로 높이 70cm쯤 쌓은 돌무지 안에 있고 나머지 1기는 그 옆에 있었다.

1호는 덮개돌의 윗부분이 드러난 상태였는데 270×270×55cm이다. 무덤방은 청석의 얇고 넓적한 돌을 세우고 옆에는 벽석을 보호하기 위한 자갈돌을 채워서 만들었다. 바닥은 자갈을 깔고 그 위에 흙을 깔았으며 방향은 동북—서남쪽이다(그림 47).

103. 김동일, 1988, 「사리원시 광성동 고인돌 발굴에 대하여」 『조선고고연구』4, 21~25쪽.

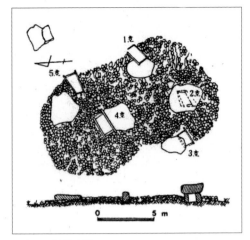

그림 47. 사리원 성문
1지점 고인돌 평·단
면도

껴묻거리는 무덤방 안에서 팽이형 토기 조각이 찾아졌다. 이 토기 조각은 평행의 빗금무늬가 3~4 줄씩 새겨져 있다.

2호의 덮개돌은 300×270×80cm이다. 무덤방의 긴 벽은 170~190×140×30~40cm의 크고 넓적한 돌을 남쪽과 북쪽에 세워 만들었고, 서쪽에는 또 다른 작은 넓적한 돌을 세워 놓았는데 문의 역할을 하였던 것 같다. 무덤방의 바닥은 돌을 깐 그 위에 흙을 다져 놓았다. 방향은 동북─서남쪽이고, 150×70~80×100cm이다.

3호의 덮개돌은 170×166×56cm로 작은 편이다. 무덤방의 벽을 이룬 넓적한 돌은 얇으며(6~12cm), 바닥은 진흙과 돌을 섞어서 깔았다.

4호의 덮개돌은 240×220×110cm이다. 무덤방은 165×90×17cm이며, 서남 방향이다. 무덤방 안의 양쪽 끝에서는 2개체분의 불에 타 검게 변한 사람 머리뼈와 치아가 찾아졌다. 화장이 이루어진 것 같으며, 부부 어울무덤일 가능성이 높다.[104]

껴묻거리는 무덤방 안에서 팽이형 토기 조각을 비롯하여, 청동 꾸미개와 청동 조각이 찾아졌다. 청동 꾸미개는 3mm 정도의 구멍이 있어 끈을 끼울 수 있었을 것으로 보이는 길쭉한 모습의 윗부분 일부만 남아 있었다.

5호는 덮개돌이 반듯한 네모꼴인데 270×270×40cm이다. 무덤방은 긴 벽쪽에 넓적한 돌(길이 220cm, 두께 10~15cm)을 세우고 짧은 벽석을 끼웠으며, 바닥은 흙바닥이다. 크기는 178×68~110×15cm이며, 서북쪽에서는 불에 타 검게 변한 사람 머리뼈 조각과 어금니 1점이 찾아져 화장으로 묻기를 하였던 것 같다.

껴묻거리는 무덤방의 가운데에서 화살촉을 비롯하여 서쪽 모서리에서 팽이형 토기 조각이, 서쪽 막음돌 위에서 돌창과 돌끌 조각이 1점씩 찾아졌다.

104. 하문식, 1998c, 「앞 글」, 16~17쪽.

(2) 성문 2지점

1지점에서 서남쪽으로 100m쯤 떨어진 곳인데, 동북—서남 방향으로 5기의 고인돌이 자리한다. 1호~3호까지는 주위에 자갈이 흩어져 있어 처음에는 하나의 돌무지 안에 있었던 것 같다.

1호는 덮개돌이 긴 네모꼴인데 290×200×40cm이다. 무덤방은 파괴되었는데 바닥에 깔린 얇은 돌로 크기를 복원해 보면 122×62×14cm이다. 껴묻거리는 무덤방 안에서 갈색의 팽이형 토기 조각이 발굴되었다.

4호는 덮개돌이 340×300×100cm로 2지점에서 가장 크다. 무덤방은 판자돌 (250×40×20cm)을 남쪽과 북쪽에 세워 긴 벽을 만든 다음 짧은 벽석을 끼웠는데, 벽석 주위에는 막돌을 쌓아 튼튼하게 하였다. 무덤방 크기는 180×80×40cm이며, 동북—서남 방향이다. 무덤방 안에서 돌창 조각이 출토되었다.

이 고인돌 유적은 묘역을 이룬 한 곳에 여러 기의 고인돌이 모여 있어 서로 친연성이 강한 것으로 여겨진다.[105] 그리고 이런 유형의 고인돌 속에서 청동 유물이 찾아져 주목되며, 껴묻거리는 황주 침촌리 천진동 고인돌 유적과 비슷하여 비교된다.

사진 65. 용강 석천산 고인돌 원경

19) 용강 석천산 고인돌 유적[106]

남포시 용강군 석천산 기슭에 있다. 석천산 기슭에는 탁자식과 개석식 고인돌 수백 기가 떼를 지어 있으며, 특히 남쪽 기슭에 규모가 큰 고인돌이 많다.(사진 65~68)

10호는 산 중턱에 개석식과 함께 있었는데, 덮개돌은 350×230×50cm이다. 껴

105. 하문식, 1998d, 「앞 글」, 62쪽.
106. 전주농, 1963, 「평안남도 룡강군 석천산(石泉山) 동록의 고인돌」 「고고학자료집」3, 51~55쪽.

사진 66. 용강 석천산 고인돌

사진 67. 용강 석천산 와동 고인돌 유적 전경

돌과 막음돌은 높이를 같게 하기 위하여 밑에 막돌과 흙을 쌓았다. 그리고 양쪽 굄돌은 안으로 기울어져 안정감을 주고 있다.

사진 68. 용강 석천산
와동 1·2·3호 고인돌

껴묻거리는 동남쪽 모서리에서 대패날과 슴베가 있는 화살촉 10점, 그리고 팽이형 토기 조각이 찾아졌다.

12호의 덮개돌은 400×280×40cm이다. 동쪽과 서쪽의 굄돌은 막음돌보다 상당히 두텁고 4벽이 막힌 상태다(그림 48). 굄돌과 막음돌을 세우기 위하여 밑부분에 막

돌과 흙을 쌓았으며, 전체적인 균형을 위하여 동쪽 굄돌과 남쪽 막음돌 밑에는 작은 쐐기돌을 끼워 넣었다.

껴묻거리는 남동쪽과 남서쪽에서 슴베있는 화살촉이 찾아졌다.

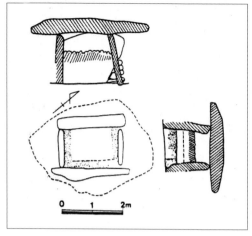

그림 48. 용강 석천산
12호 고인돌 평·단면도

20) 강남 신흥리 고인돌 유적[107]

평양시 강남군 신흥리의 돌베기골 마을과 샘골 마을에는 많은 고인돌 유적이 분포하는데 1993년 발굴조사하였다. 1호~4호는 해압산 줄기를 따라 남북 방향으로 15~20m 거리를 두고 자리한다.

1호의 덮개돌은 석회암인데 가운데가 두텁고 양쪽 가장자리는 얇게 손질하여 거북처럼 생겼으며, 240×190×110㎝ 크기다. 무덤방은 네모난 돌을 쌓아 돌덧널이 되게 하였고 크기는 190×80㎝이다. 바닥에는 10~15㎝ 크기의 모난돌이 깔려 있었다. 이곳에서 사람 뼛조각이 조사되었다. 그리고 무덤방의 보호를 위하여 주변에 석회암의 모난돌을 쌓은 묘역 시설이 찾아졌다.

2호는 덮개돌의 크기가 370×240×70㎝이며, 1호처럼 석회암이다. 무덤방의 3벽은 모난돌을 쌓아서 만들었지만, 짧은 서쪽 벽은 140×50×10㎝ 크기의 넓적한 판자돌을 놓고 그 바깥에 모난돌이 둘려져 있어 딸림방을 만든 것으로 여겨진다. 무덤방의 크기는 180×90×40㎝이며, 바닥에는 넓적한 화강암이 깔려 있었는데 이곳에서 사람 뼛조각이 찾아졌다.

껴묻거리는 팽이형 토기의 겹아가리, 돌가락바퀴이다.

3호의 덮개돌은 270×57×25㎝ 크기이다. 무덤방의 3벽은 판자돌(두께 10㎝쯤)을 세워 놓았지만 짧은 남쪽 벽은 돌을 쌓아서 만들었다. 특히 긴 벽인 북쪽은 판자돌 2개를 이어 놓았다. 무덤방은 220×140×60㎝ 크기고, 바닥에는 잘 다듬은 석회암

107. 차달만, 2000. 「강남군 신흥리 고인돌 무덤에 대하여」 『조선고고연구』4, 2~6쪽.

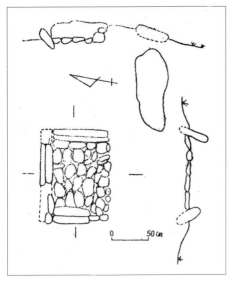

그림 49. 강남 신흥리
3호 고인돌 평·단면도

의 판판한 돌들을 깔아 놓았으며 사람 뼛조각이 흩어
져 있었다(그림 49).

껴묻거리는 줄무늬가 있는 미송리형 토기 조각을
비롯하여 반달돌칼, 돌그물추 등이 찾아졌다.

신흥리 고인돌의 무덤방은 개석식(묵방형)의 한 가
지로 이해되며, 특히 3호는 증산 석다리 1호 고인돌
과 비교된다.[108] 또한 해압산 기슭에서는 고인돌의 덮
개돌을 채석하기 위해 판 구멍들이 많이 발견되어 채
석장이었을 가능성이 많다.

21) 증산 용덕리 고인돌 유적[109]

평남 증산군 용덕리에 있으며, 7기의 탁자식 고인돌이 조사되었다(그림 50).

1호의 덮개돌은 480×380×50~60cm이다. 굄돌 주위에는 흙과 돌을 쌓아 놓

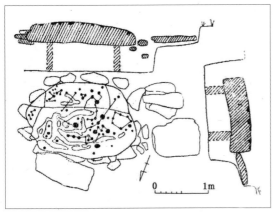

그림 50. 증산 용덕
리 10호 고인돌 평·
단면도

았고, 특히 흙 속에는 조개 껍질이 섞여 있어 주목된다. 굄돌은 남쪽과 북쪽에 있었
는데 280×230×45cm이며, 막음돌은 동
쪽 것이 285×130×23cm이다.

무덤방은 280×225×170cm이며, 바닥
은 석비례층을 다져 진흙을 깐 다음 280×
225×40cm 크기의 넓적한 돌을 놓았다.
껴묻거리는 무덤방 안에서 팽이형 토기의
입술과 몸통 부분이 찾아졌다.

5호는 주위에 진흙을 깔아 먼저 묘역을
만든 다음 굄돌을 세웠던 것 같다. 덮개돌

108. 석광준, 2002a, 『앞 책』, 116~117쪽.
109. 김동일, 1995, 「증산군 룡덕리 고인돌떼에 대하여」 『조선고고연구』4, 24~27쪽.

은 300×200×30cm이며, 굄돌은 남쪽이 200×100×20cm, 북쪽이 200×130×20cm이다. 막음돌은 서쪽에만 있었고 껴묻거리는 없었다.

7호는 긴 방향이 서남쪽이며, 덮개돌은 200×190×30cm이다. 굄돌은 남쪽 180×75×12cm, 북쪽 170×75×20cm이다. 그리고 굄돌의 높이가 낮아 고인돌의 전체 모습은 작아 보인다. 굄돌과 막음돌 주위에는 막돌로 보강한 것이 찾아졌다. 무덤방은 150×75×60cm이며, 바닥은 진흙을 다진 위에 넓적한 돌을 깔았다.

껴묻거리는 화강암으로 만든 달도끼 조각이 찾아졌다.

22) 평원 원암리 고인돌 유적[110]

평남 평원군 원암리에 있고, 14기의 개석식 고인돌이 찾아져 8기가 발굴되었다. 조사 결과 1호~7호 고인돌의 덮개돌 주위에는 1~1.5m 범위에 걸쳐 흙이 둥그스름하게 쌓여 있었음이 밝혀졌는데, 이런 것이 숙천 쌍운리·용덕리 고인돌 유적에서도 찾아졌다. 덮개돌의 돌감은 3호만 차돌이고, 나머지는 모두 화강암이었다.

3호의 덮개돌은 220×170×45cm이며, 동북 10° 방향이다. 무덤방은 납작한 돌로 쌓은 돌덧널인데 북벽만 파괴되었다. 바닥은 생땅을 다진 다음, 진흙을 깔았다. 110×30×25cm이며, 방향은 덮개돌과 나란하다.

4호의 덮개돌은 253×185×35cm이며, 서북 방향이다. 무덤방은 돌덧널이고 210×70×25cm이며, 서벽은 맨밑에 판판한 돌을 한 줄 깔고 그 위에 막돌을 쌓았다. 남벽은 길쭉한 돌 2개를 깊이 묻어서 잇대어 놓았는데 이런 것이 묵방리 4호 고인돌에서도 찾아졌다. 바닥은 생땅을 다지고 진흙을 깐 다음 그 위에 천매암을 놓았다.

5호의 덮개돌은 거북 등처럼 가운데가 불룩하고 밑면은 납작한 둥근꼴이며, 340×260×65cm이다. 무덤방 벽은 손질을 한 천매암을 여러 층 쌓아 만들었지만,

---

110. 윤춘호, 1994. 「원암리 고인돌에 대하여」 『조선고고연구』 4. 44~48쪽.

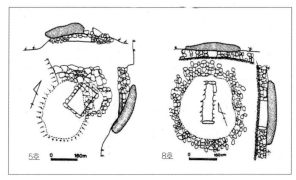

그림 51. 평원 원암리
5·8호 고인돌 평·단
면도

밑부분만 남았고 바닥에는 생땅 위에 진 흙을 깐 다음 손바닥 크기의 점판암을 놓았다(그림 51). 무덤방의 크기는 160× 100×20cm이다.

　7호의 덮개돌은 244×194×74cm이 고, 구멍이 많이 있는데 크기에 따라 3 가지로 나누어 진다. 가장 큰 것은 지름 0.8cm쯤 되는 것으로 8개가 있고 중간 크 기(지름 0.4cm) 11개, 가장 작은 것(0.2cm) 20개 등이 있다. 이처럼 덮개돌에 구멍이 있 는 것은 비류강 유역에서 많이 찾아진다.[111] 덮개돌 밑과 옆에는 돌들이 깔려 있어 묘역 시설로 여겨지며, 무덤방은 파괴되었다.

　8호의 덮개돌은 거북 등처럼 가운데가 불룩하고 양쪽 끝은 얇은데 평원 덕포리 2호 덮개돌과 비슷하다(사진 69). 370×340×50cm이며, 방향은 북동 30°이다. 덮개 돌 주위에는 20cm 크기의 막돌을 지름 1.5m 범위에 깔아 묘역 시설을 하였다. 무 덤방은 212×53×40cm이고, 동·서·북벽 은 막돌을 쌓았고 남벽은 넓적한 돌을 1개 놓아 문돌의 역할을 하도록 하였다. 이처 럼 무덤방의 3벽을 쌓은 모습과 묘역 시설 은 묵방리 고인돌과 비교된다.

　한편 원암리 고인돌 유적은 껴묻거리가 찾아지지 않았다.

사진 69. 평원 원암리
8호 고인돌

---

111. 고인돌 덮개돌 위에 구멍이 파인 북한지역의 대표적인 유적은 황해 은천 정동리 고인돌을 비롯하여 평 양 표대, 상원 중리, 길주 문암리, 강원도 판교군 지역의 고인돌 등이 있다.

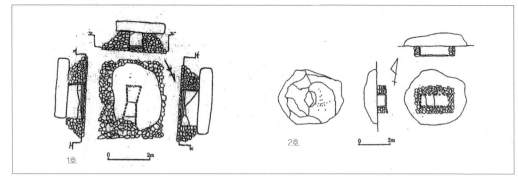

그림 52. 평양 표대
1·2호 고인돌 평·단
면도

23) 평양 표대 고인돌 유적[112]

평양시 삼석 구역 호남리 표대에 위치하며, 주변에는 대동강이 흐르고 있다.

1호는 점판암을 이용하여 축조하였으며, 무덤방 주변의 지반을 고려하여 강돌을 쌓아 놓았다. 덮개돌의 크기는 330×225×60㎝이며 긴 방향은 대동강의 흐름과 나란한 남북쪽이다. 무덤방은 420×330㎝ 되는 구덩이를 파고 그 가운데에 잘 다듬은 두께 5㎝ 되는 판돌을 쌓아서 만들었는데 크기는 180×60~65×70~75㎝이다(그림 52). 바닥은 강자갈을 깔고 그 위에 판자돌 3장을 놓았는데 북쪽에는 또 판자돌 2장을 더 놓아 널받침[槨臺]처럼 하였다. 껴묻거리는 남쪽에서 사람 뼛조각과 돌도끼, 동쪽에서 대롱구슬이 찾아졌다.

2호는 덮개돌이 점판암이고 크기는 410×350×20~80㎝이며, 긴 방향이 동서쪽이다. 평면 생김새가 길쭉하고 가운데가 두텁고 양쪽으로 갈수록 얇아져 마치 거북등을 연상시킨다. 또한 윗면에는 지름 5~7㎝의 구멍이 21개 파여 있다.

무덤방은 구덩이를 파고 잘 다듬은 점판암을 쌓아 4벽을 만들었으며, 180×80×60㎝ 크기다. 그리고 벽체와 구덩이 사이에는 막돌을 2줄씩 쌓아 보강 시설을 하였다. 바닥에는 강자갈과 흙모래를 깐 다음 3장의 판자돌을 깔아 놓았다.

껴묻거리는 별도끼의 가지와 적갈색 팽이형 토기 조각이 출토되었다.

112. 박철, 2010, 「표대 유적에서 발굴된 고인돌 무덤」 『조선고고연구』1, 10~12쪽.

24) 평양 오산리 고인돌 유적[113]

평양시 순안구역 오산리의 담화골에 위치하며, 1995년 고고학연구소에서 담화골 안을 발굴하였고 1996년과 1997년에는 조선중앙력사박물관에서 담화골 동쪽을 발굴하였다. 이곳은 낮은 산으로 둘러싸인 골짜기로 55기의 고인돌이 분포하고 있다.

발굴 조사 결과, 덮개돌의 크기는 대부분 3~4m쯤 되었으며 거북과 비슷한 형태를 지닌 것이 여러 기 조사되었다. 또한 무덤방의 구조는 크게 2가지로 나누어진다. 하나는 양쪽 긴 벽과 짧은 벽에 1개의 판자돌을 세운 것이고, 다른 것은 여러 장의 판자돌을 이어서 긴 벽을 만들고 짧은 벽의 한 쪽은 판자돌로 그리고 그 반대쪽은 막돌을 쌓은 것이다. 판자돌을 이어서 긴 벽을 만든 것은 독특한 형식이다.

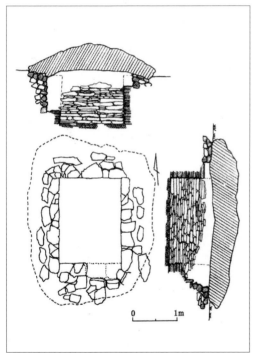

그림 53. 평양 오산리 1-2호 고인돌 평·단면도

6호의 덮개돌은 편마암이며 320×230×50㎝ 크기다. 무덤방의 동·서쪽이 긴 벽인데 여러 장의 판자돌을 잇대어 만들었다. 동벽은 3장을, 서벽은 4장을 이어서 한 쪽 벽이 되게 하였으며, 북쪽 막음돌은 막돌을 쌓아서 만들었다. 무덤방의 크기는 200×110×90㎝쯤 된다.

1-2호 고인돌(2차 발굴)의 덮개돌은 산 능선과 나란한 남북쪽이며 360×280×67㎝ 크기다. 그리고 덮개돌과 무덤방 사이에는 길이 30~60㎝, 두께 1~1.5㎝ 되는 얇은 판자돌이 있는데 뚜껑

113. 리주현, 1997. 「새로 조사 발굴된 오산리 고인돌 무덤들에 대하여」 『조선고고연구』3, 17~21쪽 : 리정남. 1999. 「대동강 류역은 좁은 놋단검 문화의 발상지」 『조선고고연구』1, 37~38쪽 : 하문식, 2004. 「고조선 지역 고인돌 출토 청동기 연구」 『동북아 청동기시대 문화연구』, 101~102쪽 : 석광준, 2009a. 『북부 조선 지역의 고인돌 무덤(1)』, 진인진, 108~119쪽.

돌로 여겨진다.

무덤방의 긴 벽(동·서)과 북벽은 모난돌을 쌓았고, 남벽의 동쪽에는 돌을 쌓지 않고 판자돌을 여러 장 눕혀 놓았는데 문의 역할을 하였던 것 같다. 크기는 180×140×80㎝이고 사람 뼛조각이 찾아진 바닥은 납작한 돌을 한 번 깔아 놓았다(그림 53). 껴묻거리는 세형동검을 비롯하여 돌창, 화살촉, 대롱구슬 등이 찾아졌다.

세형동검은 검날의 아래쪽에 어임 부분이 없고 등대에 마디도 없으며, 검날은 곧은 편이다. 이러한 형태로 보아 이 동검은 성천 백원리 9호 고인돌에서 발견된 것과 비교된다.

25) 평양 구서리 고인돌 유적[114]

평양시 순안구역 구서리의 무학산 주위에는 많은 고인돌이 분포하며, 2002년(1호~9호)과 2004년(10호~16호)에 발굴 조사를 하였다. 발굴 조사된 고인돌의 덮개돌은 주변에서 구하기 쉬운 현무암을 이용하였으며, 1차에서 발굴 조사된 1호~7호 고인돌은 350m의 범위에 북두칠성의 별자리와 같은 모습으로 분포를 하고 있어 주목된다.[115]

2호의 덮개돌 크기는 290×240×42㎝이고 놓인 긴 방향은 서북—동남쪽이다. 무덤방의 벽은 얇은 판돌을 쌓아서 만들었으며 긴 벽의 길이로 볼 때 평면 생김새는 사다리꼴이었을 것 같다. 무덤방 크기는 168×112~132×112㎝이고 바닥은 작은 판자돌을 깔았다.

껴묻거리는 무덤방의 북쪽과 동쪽 모서리에서 화살촉 4점이 출토되었다.

4호의 덮개돌은 153×132×20㎝이며, 돌과 흙이 섞여 있는 돌무지 위에 놓여 있었다. 무덤방의 3벽(북·남·동쪽)은 막돌을 쌓아서 만들었고, 서쪽 벽은 판자돌 2개를 세워 놓았다. 서벽이 문돌의 기능을 하였던 것 같다. 무덤방의 크기는 164×88

---

114. 김동일, 2005, 「북두칠성 모양으로 배렬되어 있는 구서리 고인돌 무덤 발굴보고」 『조선고고연구』3, 40~46쪽 : 성철, 2005, 「구서리 일대 고인돌 무덤 발굴보고」 『조선고고연구』4, 34~38쪽.
115. 한흥수, 1935, 「朝鮮의 巨石文化 研究」 『震檀學報』3, 145~146쪽.

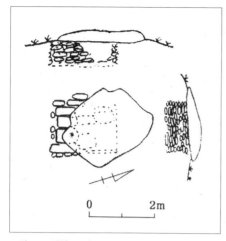

그림 54. 평양 구서리 8호 고인돌 평·단면도

×44㎝이며 바닥에는 작은 판자돌을 깔았다.

껴묻거리는 화살촉과 갈돌 조각이 찾아졌다.

6호의 덮개돌은 가운데가 볼록하고 양쪽 가장자리가 납작하여 거북 모습과 비슷하며, 248×152×20㎝ 크기다. 무덤방은 막돌을 쌓아서 만들었는데 남동쪽은 서로 겹치지 않게 쌓은 것으로 보아 문돌 역할을 한 것 같다. 크기는 212×84×90㎝이며 바닥에는 작은 돌들이 깔려 있었다.

껴묻거리는 돌화살촉 2점이 찾아졌다.

8호의 덮개돌 모습도 6호처럼 거북과 비슷하다. 크기는 280×216×40㎝이고 긴 방향은 남북쪽이다(그림 54). 무덤방은 막돌을 가지고 4벽을 쌓았으며, 크기는 189×120~136×64㎝이다.

껴묻거리는 바닥에서 단지와 반달돌칼 1점이 찾아졌다. 단지는 목이 짧고 잘록한 모습이며 아래쪽으로 갈수록 점차 둥글고 납작밑 굽이다.

11호는 무학산의 동쪽 꼭대기에 자리하며 덮개돌은 없었다. 무덤방은 막돌을 쌓아서 만들었는데 짧은 벽인 남쪽은 판자돌을 세우고 그 바깥에 돌을 쌓아 놓았다. 무덤방의 크기는 150×80~90×100㎝로 상당히 높은 편이며, 바닥은 판자

사진 70. 평양 만경대구역 고인돌 유적 원경

사진 71. 평양 만경대구역 고인돌 유적 근경

사진 72. 평양 만경대구역 1호 고인돌과 무덤방

사진 73. 평양 만경대
구역 1호 고인돌 출토
껴묻거리

돌 조각을 깔아 놓았다.

껴묻거리는 청동 화살촉을 비롯하여 돌창 조각, 화살촉, 대롱구슬 등이 찾아졌다. 청동 화살촉은 삼릉촉으로 밑부분이 깨어졌다. 가로자른 면을 보면 몸통은 삼각형이고 뿌리쪽은 6각형이다.

13호는 무학산의 기슭에 있고, 긴 방향이 동서쪽인 덮개돌은 240×195×32㎝ 크기다. 무덤방은 손질한 모난돌을 쌓았으며, 동벽은 바닥에 돌을 쌓은 위에 판자돌을 세워 놓았다. 무덤방의 크기는 180×95~105×90~110㎝이며 바닥은 판자돌 조각을 깔았다.

껴묻거리는 대롱구슬이 발굴되었다.

한편 만경대구역에서도 많은 고인돌이

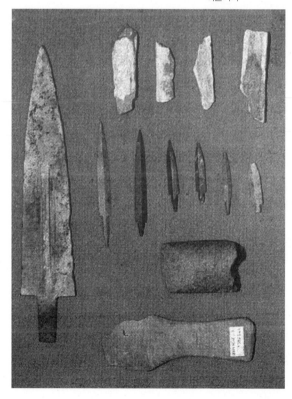

사진 74. 평양 만경대
구역 2~6호 고인돌

발굴되었으며, 덮개돌 밑에 굄돌이 있는 것
도 있다(사진 70~74).

26) 강동 문흥리 고인돌 유적[116]

평양 강동군 문흥리의 산 끝자락에 있으
며, 발굴된 고인돌은 5기인데 탁자식(1~3호)
과 개석식(4·5호)이 섞여 있다(사진 75~79).

2호는 흙을 쌓아 높이 40cm쯤 되는
높다란 단을 만든 다음 축조하여 주변에서 쉽게 바라볼 수 있다. 단 위에 고인돌을
축조한 것은 은율 관산리 1호, 봉산 토성리 1호와 요남지역의 백점자, 석붕욕, 소

116. 석광준, 1991. 「문흥리 고인돌에 대하여」 『조선고고연구』4, 2~7쪽.

사진 75. 강동 문흥리 고인돌 유적 원경

사진 76. 강동 문흥리 고인돌 유적 근경

사진 77. 강동 문흥리 1호 고인돌

사진 78. 강동 문흥리 2호 고인돌(멀리 단군릉이 보임)

사진 79. 단군릉에서 문흥리 고인돌 가는 안내석

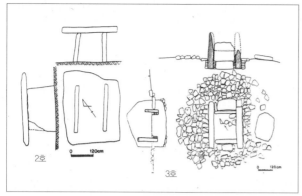

그림 55. 강동 문흥리 2·3호 고인돌 평·단면도

관둔 고인돌이 있다.

덮개돌은 점판암을 돌감으로 하였으며, 410×300×30cm이고 긴 방향은 북동 30°이다. 256×160×18cm인 동쪽 굄돌은 곧게 서 있지만, 서쪽 것은 동쪽(무덤방 안쪽)으로 7°쯤 기울어져 전체가 기운 느낌을 준다. 무덤방은 160×130×160cm이며, 껴묻거리는 찾아지지 않았다.

3호의 서쪽 굄돌과 남쪽 막음돌은 흙더미 속에 거의 묻혀 있었다. 주변에는 2m 범위에 둥그렇게 2~3겹으로 돌을 깐 묘역이 있었는데 고인돌의 축조와 관련이 있으며, 이런 것이 평원 덕포리 1호와 신양 문명리에서도 찾아졌다(그림 55).

동쪽 굄돌은 윗부분이 파괴되었으며, 서쪽 것은 360×210×45cm이다. 그리고 서쪽 굄돌은 동쪽(무덤방 안쪽)으로 6°쯤 기울었으며 바깥으로 밀려나지 않도록 굄돌 옆에 큰 돌을 놓아 보강 시설을 하였다.

막음돌은 남쪽 것이 180×125×33cm이며, 북쪽 것은 한 쪽을 완전히 막은 것이 아니고 바닥에서 55cm 되는 곳까지만 막았다. 이것은 처음부터 그랬던 것으로 안악 노암리, 요남지역의 해성 석목성 고인돌에서도 비슷한 예가 조사되었다. 또 북쪽 막음돌의 옆에는 160×100×15cm의 넓적한 돌(점판암)이 놓여 있는데 이것도 앞의 고인돌과 비슷하다. 무덤방은 200×180×210cm에 북동 30°이며, 납작한 돌을 동북·서북 모서리에 깔아 놓았다.

무덤방 안에서 사람 손가락뼈 10여 점과 부러진 돌도끼 1점이 찾아졌다.

27) 강동 구빈리 고인돌 유적[117]

강동군 구빈리 창계동 마을의 송석천 옆에 위치하며, 탁자식 고인돌 3기가 발굴

117. 석광준·리선일, 2002, 「구빈리 고인돌 무덤에 대하여」『조선고고연구』4, 11~14쪽.

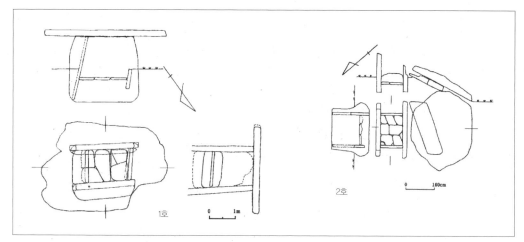

그림 56. 강동 구빈리 1·2호 고인돌 평·단면도

되었다.

1호는 청회색의 점판암을 덮개돌로 이용하였는데 크기는 460×320×28cm이고 긴 방향은 동서쪽이었다. 윗면의 동북쪽에는 지름 4~8cm 되는 구멍이 4개 파여 있었다. 남쪽 굄돌은 윗부분을 둥그스름하게 손질하였고 크기는 255×220×25cm이다. 굄돌의 양끝쪽 윗부분에는 지름 7cm 되는 홈이 1개씩 파여 있는데, 이것은 채석한 다음 운반할 때 끈을 매었던 곳으로 해석되며 강동 문흥리 2호 고인돌과 비교된다.[118] 그리고 양쪽 굄돌 바깥에는 돌을 깔아 묘역 시설을 하였음을 알 수 있다. 서쪽 막음돌은 140×40×15cm 크기이며 양쪽 굄돌과 잘 맞물려 있지 않아 문돌의 역할을 하였던 것 같다(그림 56).

무덤방이 크기는 165×140×140cm이며, 바닥에는 넓적한 점판암의 판자돌을 깔아 놓았다.

껴묻거리는 돌창이 찾아졌다.

2호의 덮개돌은 타원형으로 390×320×25cm이며, 거의 손질을 하지 않았다. 북쪽 굄돌은 216~270×200×24cm이며 약 80cm가 땅속에 묻혀있는 것으로 밝혀져 축조 방법을 이해할 수 있다. 무덤방의 크기는 154×120×128cm이며, 바닥에는 넓적한 점판암을 한 층 깔아 놓았다.

---

118. 하문식, 2002, 「앞 글」, 325쪽.

껴묻거리는 돌창 끝과 화살촉이 발굴되었다.

28) 성천 백원리 고인돌 유적[119]

9호 고인돌은 평남 성천군 백원리(백원 노동자 구역)의 천지봉 능선에 있는 탁자식이다. 발굴을 하기 전에 덮개돌은 없었고 굄돌과 막음돌도 많이 파괴되었으며, 단단한 청석을 이용하여 고인돌을 축조하였다(그림 57).

굄돌은 크기가 비슷하며 $280 \times 80 \times 20$㎝쯤 되고, 막음돌은 차이가 있는데 서북쪽 것은 판자돌 1장이지만 문돌의 역할을 한 동남쪽 것은 2장으로 이루어져 있다. 그리고 무덤방을 이룬 벽체는 밑부분에 강돌을 가지고 보강을 하였다. 무덤방의 크기는 $180 \times 130 \times 45$㎝이며, 바닥은 생토층 위에 손바닥 크기의 돌들이 깔려 있었다.

껴묻거리는 묻힌 사람의 오른쪽에서 세형동검(1점)을 비롯하여 놋비수(1점), 청동단추(3점), 목단지가 찾아졌다. 세형동검은 녹이 거의 없으며 검의 가운데에 등대가 있고 슴베 부분은 짧다. 검몸의 날 아래쪽에 어임이 있으며 밑으로 내려갈수록 점차 좁아진다. 단면은 검몸이 마름모꼴이고 슴베 부분은 타원형이다. 놋비수는 좁고 긴 모습(길이 14㎝)인데 앞쪽이 넓고 뒤로 갈수록 점차 좁아진다. 몸통의 단면은 납작한 3각형이다. 청동 단추는 둥글고 겉면이 불룩하며 구멍이 있다. 토기는 목이 있는 단지로 아가리는 약간 벌어진 모습이고, 바탕흙은 고운 찰흙에 운모가 섞여 있으며 겉면은 거칠다.

백원리 9호는 세형동검을 비롯하여 다양한 청동기와 시기가 늦은 목단지가 찾아져 탁자식 고인돌의 연대를 가늠하는데 참고가 된다.

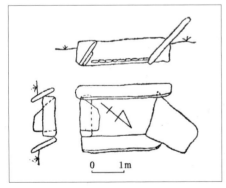

그림 57. 성천 백원리 9호 고인돌 평·단면도

0   1m

119. 류병흥, 1995. 「단군 및 고조선 시기의 유적 유물 발굴 성과에 대하여」 『조선고고연구』1, 3~6쪽 : 리정남, 1999. 「앞 글」, 37~38쪽: 성철, 2004. 「백원 로동자구 9호 고인돌 무덤 발굴 보고」 『조선고고연구』3, 35~38쪽.

29) 신양 평곡 고인돌 유적[120]

평남 신양군 백석리 평곡마을의 비류강 옆 평야지대에서 6기의 탁자식 고인돌이 찾아져 3기가 1989년 발굴되었다.

1호의 덮개돌은 동북 - 서남 방향이며, 264×210×40cm이다. 편마암인 굄돌은 덮개돌과 맞닿는 위쪽 모서리 부분이 둥글게 손질되었으며, 192×160×16cm이다. 막음돌은 동북쪽 것이 150×70×10cm

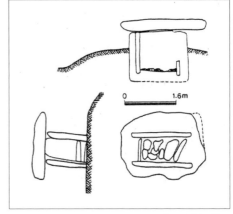

그림 58. 신양 평곡 1호 고인돌 평·단면도

이고, 서남쪽 것은 축조 방법으로 보아 문돌의 역할을 하였던 것 같다(그림 58).

무덤방은 흙으로 가득 차 있었는데 112×74×120cm이며, 바닥에는 점판암을 2~3겹 깔아 놓았다. 껴묻거리는 무덤방 안에서 푸른색 옥돌로 만든 대롱구슬 1점이 찾아졌다.

5호의 덮개돌은 270×190×30cm이며, 동서 방향이다. 굄돌은 남쪽 것이 210×130×20cm이고 북쪽 것은 풍화되어 부서졌다. 막음돌은 크기가 비슷한데 130×80×12cm이다. 무덤방은 128×80×80cm이며, 바닥에는 넓적한 돌 2개를 깔고 사이에는 막돌을 채웠다. 껴묻거리는 없었다.

30) 북창 대평리 고인돌 유적[121]

평남 북창군 대평리에 있으며, 고인돌을 비롯하여 집터, 돌널무덤이 발굴되었다. 발굴된 개석식 고인돌 2기는 마을 동쪽에 있었다.

3호는 돌널무덤 사이에 있다. 덮개돌은 480×440×15㎝이고, 무덤방은 강돌을 두 겹으로 쌓은 돌무지 안에 넓적한 돌로 만들었다.

5호는 마을의 가운데에 있다. 네모꼴의 덮개돌은 236×210cm이다.

120. 석광준, 1990. 「평곡 고인돌 발굴보고」 『조선고고연구』2, 21~23쪽.
121. 석광준, 1973. 「북창유적의 돌상자무덤과 고인돌에 대하여」 『고고민속론문집』5, 63~78쪽 ; 1974b. 「북창군 대평리 유적 발굴보고」 『고고학자료집』4, 119~156쪽.

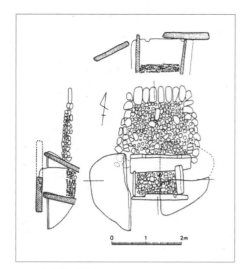

그림 59. 북창 대평리
5호 고인돌 평·단면도

무덤방은 3호처럼 강돌을 깔아 일정한 묘역을 만든 돌무지 안에 있으며, 긴 벽 사이에 짧은 양벽이 끼인 모습이다. 긴 벽의 양쪽 윗부분에는 얕은 홈이 파여 있는데 이런 것이 연탄 두무리 도동과 오덕리 고인돌에서도 조사되었다(그림 59). 무덤방의 바닥은 강돌을 깔았으며, 위쪽은 대부분 잔돌인데 바닥에서는 머리가 동쪽으로 놓인 사람뼈의 희미한 흔적이 찾아졌다.

껴묻거리는 동쪽으로 치우쳐(턱 밑 부분) 비취색의 대롱구슬이, 서북 모서리쪽에서 미송리형 토기 조각이 찾아졌다. 토기는 입술이 바깥으로 조금 벌어지고 배가 부른 납작밑의 단지이다. 몸통의 가장 배부른 부분이 밑쪽에 있으며, 무늬는 3~5줄이 한 묶음을 이루어 목과 몸통 부분의 3곳에 있다.

31) 개천 묵방리 고인돌 유적[122]

평남 개천군 묵방리에 있으며, 까치산 기슭과 대동강 옆의 들판에 탁자식과 개석식 고인돌 40여 기가 분포한다. 마을 사람들은 '되무덤'·'대무덤'이라고 부르며, 까치산 기슭에는 채석장이 있다(사진 80).

2호는 마을 부근에 있으며, 덮개돌은 270×220×20~28cm이다. 무덤방의 3벽은 벽돌 크기의 돌을 쌓아 만들었으며, 나머지 남벽은 68×25×4cm의 점판암 1장을 세우고 그 바깥에 작고 납작한 돌을 잇대어 놓았다. 무덤방의 바닥에는 편암의 넓적한 돌을 깔았다.

4호의 덮개돌은 290×280×25~26cm이다. 무덤방의 3벽은 돌을 쌓았고 남벽

122. 김기웅, 1961, 「평안남도 개천군 묵방리 고인돌 발굴 중간 보고」 『문화유산』2, 45~54쪽 ; 1963, 「평안남도 개천군 묵방리 고인돌 발굴 중간 보고」 『고고학자료집』 3, 64~76쪽 : 리정남, 1985, 「묵방리 고인돌에 관한 몇가지 고찰」 『력사과학』, 1, 31~35쪽 ; 1991, 「묵방리 고인돌 발굴 보고」 『조선고고연구』,1, 10~16쪽.

은 2장의 넓적한 돌을 잇대어 놓았으며, 무덤방 옆에는 돌을 쌓아 보강을 하였다. 무덤방은 190×103~105cm이며, 바닥에는 10×20cm의 넓적한 돌을 깔아 놓았다.

껴묻거리는 토기 조각과 슴베있는 화살촉이 찾아졌다.

17호는 까치산의 기슭에 있다. 덮개돌은 타원형이며, 330×290×32~34cm이다. 무덤방의 3벽은 편암을 쌓아 만들었고, 동벽은 넓적한 돌 2장을 겹세워 놓았는데 그 바깥에는 막돌을 쌓아 보강을 하였다. 바닥은 편암 조각을 깔아 놓았으며, 덮개돌 밑에는 무덤방을 덮은 뚜껑돌이 있었다(그림 60).

껴묻거리는 반달돌칼이 찾아졌는데 청색 편암을 돌감으로 하였으며, 양쪽 끝이 휘인 안팎날이다.

24호는 가장 서쪽에 있으며, 둥근꼴의 덮개돌은 220×210×20~25cm이다. 무덤방은 180×80×60cm이며, 돌을 쌓아 만든 3벽 이외의 동벽은 막음돌로 편암을 이용하였다. 무덤방의 바닥은 납작한 돌을 두 겹 깔아 놓았고, 뚜껑돌로 편암을 이용하였다.

껴묻거리는 흑갈색의 무늬있는 간토기 조각들이 찾아졌는데 복원 결과 단지이며, '묵방리형 토기'라고 불려진다. 넓은 아가리(너비 9.6cm)에 긴 목(높이 6.8cm)이고, 목과 몸통의 경계가 뚜렷하며 납작밑이다. 배부른 몸통의 가운데에 다리 모양 손잡이가 달린 흔적이 있다. 목 바로 밑에서 손잡이 있는 부분에 평행의 가는 줄무늬가 있고, 그 줄무늬 안에 W자의 무늬가 새겨져 있다.

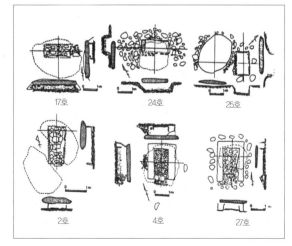

사진 81. 개천 묵방리
30호 고인돌과 무덤방

　　30호는 덮개돌 주위에 막돌을 쌓아 묘역(6.2×5m 범위)을 만들었다. 타원형의 점
판암인 덮개돌은 380×290×50cm이며, 긴 방향은 무덤방과 나란한 동서쪽
이다. 무덤방의 3벽은 납작한 점판암을 쌓아 만들었으며, 문 역할을 한 동벽은 60
×50cm 크기의 납작한 돌을 한 쪽에 세우고 나머지 부분은 3벽처럼 돌을 쌓
았다. 그리고 벽을 보호하기 위하여 넓적한 돌을 세워 놓았다. 무덤방의 바닥은
강돌과 납작한 돌을 엇갈리게 2층 쌓았으며, 위 부분에는 10×20cm 안팎의 얇고
납작한 돌을 군데군데 깔아 뚜껑돌이 되게 하였다. 무덤방은 170×120×45cm
이다(사진 81·82).

무덤방에서는 사람의 치아와 사지뼈·엉덩뼈 조각이 찾아졌다. 특히 치아는 어금니인데 어른 것과 어린이 것이 섞여 있어 어울무덤일 가능성이 많다.[123]

33호의 덮개돌은 점판암을 돌감으로 하였고, 380×260×45cm이다. 무덤방은 190×90×35(?)cm이며, 바닥은 납작한 돌과자갈돌을 엇갈리게 층이 지도록 깔아 놓았다.

사진 82. 개천 묵방리
31호 고인돌과 무덤방

껴묻거리는 북벽의 서쪽에서 돌창과 슴베있는 화살촉이 찾아졌다(사진 83).

이 묵방리 고인돌 유적은 무덤방의 방향에 따라 2가지로 나누고 있다. 하나는(1분류) 무덤방이 동서쪽이며 동쪽이 문의 역할을 하는 막음벽이고, 대부분 산기슭에 있다. 다른 하나는(2분류) 남북쪽으로 막음벽이 남쪽이고, 들판에 주로 있다. 그리고 고인돌의 축조 방법에서 벽돌같은 돌을 쌓아 무덤방의 벽을 만들고 그 둘레에 막돌을 놓아 보강 시설을 한 점, 묵방리형 토기가 찾아진 점으로 보아 이곳의 고인돌 연대는 비교적 늦은 시기로 여겨진다.

---

123. 강인구, 1980. 「達城 辰泉洞의 支石墓」 『韓國史研究』 28, 52~54쪽.

사진 83. 개천 묵방리
33호 고인돌과 껴묻
거리

32) 김책 덕인리 고인돌 유적[124]

함북 김책군 덕인리 전장마을의 편평한 대지 위에
있는 4기의 고인돌 가운데 탁자식 2기가 발굴되었다.
이곳의 고인돌은 동서 방향으로 거의 일직선에
100~150m 간격으로 분포하고 있다.

1호의 덮개돌은 300×270×30cm이며, 굄돌은 남
쪽과 북쪽에 있다. 무덤방의 바닥에는 막돌과 흙이 섞여 있고 그 바로 밑에는 작은
자갈이 깔려 있는데, 이 사이에서 껴묻거리가 찾아졌다. 껴묻거리는 사람뼈와 민무
늬토기의 밑과 몸통 조각, 그리고 구멍 뚫린 입술 부분이었다.

2호의 덮개돌은 파괴되었으며, 북쪽 굄돌(190×135×19cm)과 서쪽 막음돌만 남아
있었다. 무덤방은 1호와 마찬가지이며, 껴묻거리는 사람 뼛조각과 돌도끼가 찾아
졌다.

124. 전수복, 1961, 「함경북도 김책군 덕인리 '고인돌' 정리 간략 보고」 『문화유산』3, 73~75쪽.

Ⅲ. 고인돌의 분포와 입지

고조선 지역에 해당하는 요남과 요북, 길림 그리고 한반도 북부에는 고인돌이 집중 분포하고 있다.[125] 요남지역에 분포하고 있는 대형 고인돌은 상당히 일찍부터 많은 사람들의 관심을 끌어 왔다. 이런 관심은 『漢書』, 『三國志』, 『朝野僉載』, 『鴨江行部志』 등의 옛 문헌에 비교적 자세하게 소개되어 있다.[126] 특히 동이족(東夷族)에 관한 기록에서 많이 발견되는데, 비교적 널리 알려져 있는 『三國志』 魏志, 八券, 「公孫度條」에 다음과 같은 내용이 있다.

> "…初平元年 …… 時襄平延里社 生大石 長丈餘 下有三小石爲之足 或謂
> 度日 此漢宣帝冠石之祥…"

위의 내용을 보면 양평(襄平) 연리사(延里社)에 큰 돌이 있다는 것인데 양평은 현재의 요양(遼陽) 지역으로 여겨지고 있다. 유적의 지명과 내용을 통해 이곳을 사당으로 볼 수 있으므로 고인돌의 성격(기능)을 이해하는데 참고가 된다. 특히 고인돌과 연관되는 것은 '下有三小石爲之足'·'冠石'이다. 이 기사를 보면 큰 덮개돌 아래 작은 굄돌이 3개 있는 탁자식 고인돌로 해석된다. '관석'이라고 한 것에서 고인돌에 대한 당시 사람들의 경외심을 이해할 수 있다. 190년에 저술된 『三國志』의 고인돌 관련 자료는 당시 사회를 이해하는데 참고가 된다.

요남의 고인돌은 요동반도를 중심으로 대련(大連)·영구(營口)에 집중되어 있다. 이들 지역에서도 보란점시(普蘭店市)·와방점시(瓦房店市) 북부와 개주시(盖州市) 남부의 구릉지대 및 낮은 산기슭에 많은 고인돌이 있다. 특히 벽류하(碧流河)·대양하(大洋河)·혼하(渾河)유역에 집중 분포하고 있다. 요북지역은 태자하(太子河)와 혼강(渾江) 유

---

125. Roger Joussaume, 1985. *Des Dolmens Pour Les Morts*, pp.345~359.

126. 하문식, 1999a. 『앞 책』, 2~6쪽 ; 유태용, 2013. 「文獻資料에 나타난 古代人의 고인돌 認識」 『고조선 단군학』29, 313~339쪽.

역의 신빈(新濱), 무순(撫順), 환인(桓仁) 등지에 고인돌이 있다.[127]

요령지역 고인돌 유적의 지리적인 분포에서 나타나는 특징은 요하의 서쪽, 즉 금주(錦州)·부신(阜新)·조양(朝陽)지구에서는 찾아지지 않아 요하가 경계선을 이룬다는 것이다. 이것은 청동기문화의 성격이 요하를 중심으로 차이를 보이는 것과 함께 주목된다.[128] 그리고 고인돌 분포는 비파형 동검 문화의 분포권과 비슷한데, 특히 고인돌에서 실제로 비파형 동검이나 같은 문화 성격의 유물이 발견되고 있어 문화의 동질성을 시사하고 있다.[129]

요남지역의 고인돌 밀집 정도는 요북보다 집중적인 분포를 하고 있으며, 수적인 측면에서도 훨씬 많이 조사 보고되었다. 요남지구에 비해 요북지구의 고인돌 밀집 정도가 낮은 것은 1차적으로 고인돌 축조와 관계가 있는 것 같으며, 다음으로는 전파 과정과 연관이 있는 것으로 보인다. 탁자식 고인돌의 경우 요남지구에는 큰 것[大石棚]부터 작은 것[小石棚]까지 여러 가지가 있다.[130] 하지만 요북지구에서는 큰 규모의 것은 없고 대부분 작은 탁자식 고인돌만 찾아지거나 출토 유물도 비교적 늦은 시기의 것이 많이 발견되어 이런 사실을 뒷받침해 준다.[131]

이러한 지역에 따른 고인돌의 밀집 정도는 지세 조건과 관계가 있으며, 요북지역은 요남과 큰 차이가 있다. 요북지역은 산으로 둘러싸여 있기 때문에 대부분 산끝자락이나 산꼭대기, 산 능선에 분포하며 폐쇄적인 곳을 골라서 축조하였으므로 어느 정도 절대적인 높이를 가진 곳에 자리한다.

요남지역은 한 유적에 크기가 서로 다른 2기의 고인돌이 짝을 이룬 경우가 여러 곳 조사되었다. 이런 유적으로는 해성 석목성·패루, 금현 소관둔, 수암 흥륭, 장하

127. 白雲翔, 2011. 「중국의 지석묘」 『中國支石墓』, 동북아시아 지석묘 5, 국립나주문화재연구소 엮음. 32~33쪽.
128. 許玉林, 1985. 「遼東半島石棚之硏究」 『北方文物』3, 16~17쪽 : 김정배, 1996a. 「韓國과 遼東半島의 支石墓」 『先史와 古代』7, 78~81쪽 ; 1997. 『한국사』4(국사편찬위원회), 62쪽.
129. 하문식, 1998b. 「앞 글」, 43~44쪽.
130. 范恩實, 2010. 「遼東石棚淵源硏究」 『北方文物』1, 31쪽.
131. 許玉林, 1994. 『앞 책』, 66~69쪽.

양둔·분방전, 개주 연운채 등이 있다(사진
84). 한 곳에 고인돌이 짝을 이루고 있는 것
가운데 해성 석목성·수암 흥륭 고인돌은
별칭으로 고수석(姑嫂石)이라 불려지고 있
어 고인돌 그 자체를 의인화한 대상으로
여기고 있다.[132] 또 짝을 이룬 고인돌은 모
두 탁자식이며, 크기에 있어서도 차이가

사진 84. 개주 연운채
고인돌: 한 곳에 짝을
이루고 있음

있는데 1기는 크고 다른 1기는 작아 서로 대비를 이루고 있는 점이 특징이다.

　　길림지역의 고인돌은 합달령(哈達嶺) 남쪽과 장백산지(長白山地) 동쪽의 산과 높은
구릉지대에 주로 분포하고 있다. 이 가운데에서도 요령과 길림의 경계지역인 분수
령(分水嶺) 부근의 휘발하 유역에 집중되어 있다. 지리적인 분포를 보면 무송 무생둔
고인돌 유적이 가장 동쪽에 있고, 길림 난기둔 고인돌 유적이 가장 북쪽에 위치
한다. 지금까지 밝혀진 조사 결과는 유하를 비롯하여 동풍·매하구·통화·혼강·무
송 지역에서 주로 찾아지고 있다. 특히 동풍현 지역의 매하(梅河)·횡도하(橫道河) 옆
의 산 능선이나 산마루에는 개석식 고인돌이 많이 분포한다.[133]

　　북한지역의 고인돌은 황해지역부터 청천강 유역, 함북지역 등 전지역에 분포하
고 있다. 지리적인 분포에서 나타나는 특징은 평안·황해 지역의 서해안에 집중적
인 분포를 하고 있다는 사실이다. 한반도 고인돌의 분포 관계와 관련시켜 볼 때, 서
북한지역의 집중 분포는 남부지역의 중심지인 전라, 충청 일부지역이 서해안이라
는 점에서 서로 공통되고 있어 주목된다. 이것은 고인돌문화가 바다(특히 서해)와 밀
접한 관계를 가지면서 전파·발전되었을 가능성을 시사한다.[134]

　　서북한지역의 고인돌 유적 가운데 황해와 가까운 지역에 규모가 큰 탁자식이 몇

132. 肖兵, 1980. 「示與 "大石文化"」 『遼寧大學學報』 2, 63～64쪽.

133. 하문식, 1998a. 「앞 글」, 38～39쪽.

134. 도유호, 1959. 「조선 거석문화 연구」 『문화유산』 2, 31～33쪽 : 김병모, 1981. 「韓國 巨石文化 源流에 관한
　　　연구(I)」 『韓國考古學報』 10·11, 68～72쪽.

사진 85. 황해를 중심
으로 대형 고인돌이
분포하는 모습

기 분포하고 있다. 대표적인 유적으로는
안악 노암리, 은율 관산리, 연탄 오덕리,
배천 용동리 등이 있다. 이러한 탁자식 고
인돌이 서해 바다를 중심으로 요동반도의
개주 석붕산, 보란점 석붕구, 장하 대황지,
해성 석목성의 고인돌과 둥글게 호를 이루
면서 분포[環狀的 分布]하고 있어, 문화권 설
정도 고려해 볼 수 있다.[135] 이렇게 규모가
큰 탁자식 고인돌이 분포하는 곳의 위치나 지세는 물론 축조 배경은 고인돌 사회의
성격 규명에 중요한 실마리가 될 가능성이 높다(사진 85).

북한지역에서 비교적 조사가 활발하게 이루어진 대동강 유역의 고인돌 분포 관
계를 보면, 상류지역인 마탄강의 언저리에 위치한 영원, 맹산 등지에서 조사·발굴
되었고 하류지역인 미림, 남포 등에도 많이 분포하는 것으로 알려지고 있다. 특히
상류지역은 낭림산맥의 산줄기가 지나가는 지역으로 상당히 험준한 지세임에도 이
곳에 고인돌이 분포한다는 것은 여러 가지로 시사하는 점이 많다. 이것은 최근까지
동북지역의 산간지대에는 고인돌이 없다는 일부의 견해가 잘못되었다는 것을 알려
주고 있다.[136]

북한지역의 고인돌 분포를 보면 대동강 유역이 가장 집중된 곳으로 파악된다.[137]
또한 대동강 유역에서도 용강 석천산 기슭에 470여기를 비롯하여 그 주변인 황주
천 유역의 연탄 오덕리와 두무리에 700여기, 정방산의 서북쪽인 황주 침촌리에
1,000여기가 분포하고 있는 것으로 조사되었다. 이러한 집중 분포는 축조가 이루
어졌던 당시 사회의 여러 가지 모습을 알려주고 있다. 먼저 고인돌을 축조한 당시
사람들은 그들 나름대로의 기준을 가지고 택지를 하였던 것으로 해석된다. 주변 지

135. 김정배, 1996a, 「앞 글」, 88~90쪽.
136. 하문식, 2011a, 「대동강 유역의 고인돌 연구」 『고조선 단군학』25, 461~462쪽.
137. 석광준, 1994, 「평양은 고대 문화의 중심지」 『조선고고연구』1, 17~20쪽.

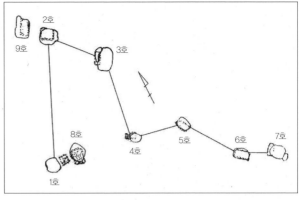

세로 인한 제한된 범위내에 수백기의 고인돌을 축조하기 위해서는 어느 정도 기준과 원칙이 있어야 가능하기 때문이다.

이와 관련하여 은천 오리골 고인돌 유적은 시사하는 점이 많다. 오리골 고인돌은 마을 앞산의 북쪽 능선 75×

그림 61. 평양 구서리 고인돌의 분포 모습: 북두칠성과 같은 자리 모습

35m 범위에 57기가 분포하는 것으로 밝혀졌다.[138] 이러한 고인돌의 집중 분포 양상은 지금까지 조사된 자료와 비교하여 보면 가장 높은 집중도인 것이다. 고인돌이 무덤이라면 자체적으로 일정 범위(공간)가 필요한 것으로 판단되어 이것은 당시 사회에 있었던 택지의 개념을 이해하는데 좋은 자료가 된다. 또한 고인돌의 분포에서 특이한 점이 평양 순안 구역 구서리 유적에서 조사되었다.[139] 이곳의 고인돌은 무학산 동쪽 기슭에 9기가 분포하는데 남쪽 기슭의 2기(8·9호)를 제외한 나머지 7기가 북두칠성 모양으로 자리하고 있어 시사하는 점이 많다(그림 61). 이러한 분포 모습은 지금까지 대부분 유적 주변의 지세와 관련시켜 여러 견해가 제시된 것과는 다른 점이 주목된다. 구서리 고인돌의 분포 모습은 그 자체가 북두칠성 모양이지만 이것과는 좀 다르게 7기의 고인돌이 있을 때 이것을 별칭으로 '칠성바위'라고 부르는 것이 있어 서로 비교된다.[140] 이런 몇 가지는 근래에 북한 학계에서 고조선의 천문학 자료라고 부르는 고인돌의 덮개돌에 새겨진 별자리와 서로 관련이 있는 것으로 판단된다.[141]

한편 근래의 조사 결과 함북지역의 길주, 화성, 어랑에서도 고인돌 유적이 조사

---

138. 석광준, 2009b. 『북부 조선 지역의 고인돌무덤(2)』, 진인진. 107쪽.

139. 김동일, 2005. 「앞 글」, 40~46쪽.

140. 대표적으로 황주 석탄리 고인돌, 괴산 칠성리 고인돌, 제천 함암리 고인돌, 대구 칠성동 고인돌, 창녕 유리 고인돌, 영광 쌍윤리·학산리 고인돌, 무안 가좌도 고인돌 등이 있으며, 이런 별칭은 전국적인 것으로 이해된다.
하문식, 1988. 「금강과 남한강 유역의 고인돌 문화 비교 연구」 『孫寶基博士停年紀念考古人類論叢』. 537쪽.

141. 김동일, 1996. 「별자리가 새겨진 고인돌 무덤에 대하여」 『조선고고연구』3, 31~36쪽.

사진 86. 연해주에 있는
고인돌

되어 제주도를 포함한 한반도 전역에 고인돌이 분포하고 있다는 사실을 뒷받침하
여 준다. 또한 두만강 유역의 동북쪽은 물론 연해주 지역에서도 앞으로 고인돌이
조사될 가능성을 시사하고 있어 주목된다(사진 86).[142]

고인돌의 분포와 형식과의 관계를 보면, 요남지역은 1기만 있는 곳 가운데 개주
패방과 수암 태노분 유적을 제외하고는 모두 탁자식 고인돌이다. 이런 분포는 고인
돌의 형식에 따른 축조 시기에서 탁자식을 이른 시기로 해석할 때 대체로 초기에 축
조되었을 가능성이 높은 것으로 여겨진다. 그래서 고인돌 축조 초기에는 한 곳에 떼
를 이루고 있기 보다 1기만 만드는 것이 보편적인 현상이 아니었던가 해석된다.[143]

고조선 지역의 요남과 요북·길림·북한지역 86곳의 고인돌 유적에 대한 밀집 정

142. 아나스타샤 L. 수보티나. 2004. 「연해주의 선사문화와 한반도의 고인돌」『동북아 청동기시대 문화연
　　구』 207~210쪽.
143. 하문식. 1998b. 「앞 글」. 45쪽.

도를 보면 고인돌이 한 유적에 1기만 있는 곳이 15곳(17.4%)이고, 여러 기 있는 경우는 71곳(82.6%)으로 조사되었다. 이러한 밀집 정도를 지역별로 구분하면, 요남지역은 1기만 있는 비율이 높았고 다른 지역은 한 유적에 여러 기 있는 경우가 더 많았다. 이런 차이는 고인돌 유적이 있는 곳의 지세와도 관계가 있겠지만, 요남지역의 고인돌 분포에서 찾아지는 특징으로 보아 기능 문제와도 관련성이 있을 것 같다.[144]

고인돌 유적의 분포를 보면 당시 사람들은 축조할 곳을 미리 골랐던 것으로 보인다.[145] 고인돌 유적 가운데 많은 곳이 주변의 지세와 밀접한 관련이 있다는 점에서 이러한 사실은 고인돌의 기능과 묻기 등 축조에 대한 의미를 시사하여 준다. 또한 고인돌이 한 곳에 떼를 지어 있는 분포 정황은 고인돌이 무덤이라고 할 때 어떤 특정 집단만이 축조하였다고 해석하기보다는 당시 사회에 보편적으로 널리 유행한 공동 무덤의 성격이 더 강한 것 같다.[146] 아울러 고인돌의 축조 과정에는 공동체 나름의 집단적인 참여가 이루어졌을 것이다.[147]

중국 동북지방의 요남과 요북, 길림지역 이외에도 황해를 중심으로 한 산동과[148] 절강지역에서도 고인돌 유적이 조사되었다.[149] 이처럼 요남지역을 비롯하여 황해를 중심으로 한 중국의 산동·절강·길림 그리고 한반도에 고인돌이 밀집 분포하고 있

144. 許玉林, 1994. 『앞 책』, 76~77쪽 : 田村晃一, 1996. 「앞 글」, 116~117쪽.
145. 三上次男은 택지에 대하여 부정적인 견해를 제시하였지만(1961. 『앞 책』, 72~78쪽), 지금까지 고인돌 유적의 조사 결과 축조 당시에 자리를 골랐던 것으로 밝혀졌다(김재원·윤무병, 1967. 『韓國 支石墓의 研究』, 10쪽 ; 78쪽 : 이융조, 1981. 『한국의 선사문화 - 그 분석 연구』, 333쪽 : 지건길, 1983. 「支石墓社會의 復元에 관한 一考察」 『梨大史學研究』13·14, 4~5쪽 : 박희현, 1984. 「한국의 고인돌문화에 대한 한 고찰」 『韓國史研究』46, 11쪽).
    특히 요남지역의 고인돌 가운데 유물 산포지 위에 축조된 것이 상당히 많이 조사되어 택지를 하였을 가능성은 다른 지역 보다 훨씬 높다.
146. 王洪峰, 1993b. 「石棚墓葬研究」 『靑果集』, 252~253쪽.
147. Service, E. R., 1971. *Primitive Social Organization*, pp.11~13 : Rentrew, C., 1979. *Before Civilization*, Cambridge Univ. Press, pp.152~159.
148. 方輝, 2000. 『明義士和他的藏品』, 山東大學 出版社, 37~39쪽.
149. 俞天舒, 1990. 「瑞安石棚墓初探」 『溫州文物』5 : 金栢東, 1994. 「巨石建築系列中的浙南石棚」 『溫州文物』7 : 陳元甫, 1996. 「中國浙江南部的石棚墓」 『先史와 古代』7, 103~106쪽 : 이영문, 1999. 「中國 浙江地域의 支石墓」 『文化史學』11·12·13, 1003~1044쪽.

사진 87. 산동 치천(淄川)과 절강 창남(蒼南)에 있는 고인돌

으므로 고인돌의 분포 관계에서 보면 '환황해(環黃海) 고인돌 문화권'의 설정이 가능할 것으로 기대되며, 앞으로 조사 자료가 늘어나면 이 지역의 고인돌 성격이 보다 뚜렷해질 것이다(사진 87).[150]

고인돌이 입지한 곳은 자연 지세에 따라 평지나 구릉, 산기슭이나 산마루 등으로 구분된다. 이런 입지는 당시 사람들의 생활 영역과 관련이 있으므로 그들의 활동 범위를 아는데 중요하다. 평지나 낮은 구릉지역에 고인돌이 있을 경우 유적 가까이에 물줄기가 있어 서로의 관련성을 짐작해 볼 수 있다. 또한 높다란 구릉지대나 산마루에 있는 고인돌은 주변이 훤히 보이는 곳에 의도적으로 축조한 것이므로 조망 문제가 고려되었던 것 같다.[151]

요남과 요북지역의 고인돌은 유적 주변의 자연 지세가 최대한 고려되었음을 알수 있다.[152] 고인돌은 유적 옆의 산 줄기나 강 흐름과 나란히 있거나, 의도적으로 물줄기 근처에 축조하였던 것 같다. 특히 보란점 소둔이나 무순 산용 그리고 신빈 동구 유적의 고인돌 분포 모습을 보면 어떤 절대적인 방위 개념보다는 산 흐름과 나란히 자리하고 있음을 알 수 있다.[153]

150. 하문식, 1999a, 『앞 책』, 169~170쪽.

151. Jean-Pierre Mohen, 1990, The World of Megaliths, Facts On File, p.196.

152. 陳大爲, 1991, 「試論遼寧"石棚"的性質及其演變」『遼海文物學刊』1, 82~83쪽.

153. 지금까지는 손진태(1948, 「朝鮮 dolmen에 관한 研究」『朝鮮民族文化의 研究』, 을유문화사, 32쪽)의 연구 이래 주로 자연 지세 가운데 물줄기와 관련을 시켜 왔지만, 유적 주변의 산줄기와 나란한 고인돌이 요북과 길림지역에 많다.

사진 88. 매하구 험수
17호 고인돌

    산용 유적의 고인돌 분포 모습은 주변
지역의 자료와 비교해 보면 특이한 점이
주목된다. 있는 장소를 보면 산기슭 뿐만
아니라 산끝자락에도 있다. 또 고인돌의
형식에 따른 분포 지역도 다른데 탁자식은
유적의 북쪽에 있고, 개석식은 남쪽에 자
리한다. 따라서 산용 유적에서 이렇게 입
지가 다양하게 나타나게 된 배경이 어떤
것인지 규명되어야 할 것이다. 그리고 개석식 고인돌 주변에 돌을 깔아 놓은 점과
탁자식과 개석식, 돌무지무덤 등 여러 형식이 한 곳에 자리하는 것은 고인돌의 축
조 시기, 집단, 당시 사회의 묻기 전통 등 여러 관점에서 시사하는 것이 많다. 산꼭
대기에 분포하고 있는 동구 유적은 능선을 따라 4기의 고인돌이 줄을 이루면서 자
리한다. 이런 분포 모습은 길림지역의 동풍 조추구 유적이나 매하구 험수 유적과
서로 비교된다(사진 88).

    또한 상당히 많은 고인돌 유적의 옆에 큰 강의 샛강이 흐르고 있다.[154] 고인돌 유
적이 강물과 가까이 있거나 강 흐름과 나란하여 서로 연관있는 것으로 여겨지는 대

사진 89. 신빈 용두산
고인돌 유적: 강가에
자리함

표적인 유적은 보란점 유둔 유적을 비롯하
여 와방점 대자, 장하 대황지, 대석교 석붕
욕, 청원 낭두구, 신빈 용두산, 무순 산용·
하협심·조가분 유적 등이 있다. 이 가운데
요북지역의 용두산 유적 옆은 부이하(富爾
河), 하협심 유적은 소자하(蘇子河), 산용 유
적은 구병하(救兵河), 조가분 유적은 협하(峽
河)가 흐르고 있다(사진 89). 당시 사회에서

154. 하문식, 1998b, 「앞 글」, 46~47쪽.

물은 살림의 토대가 됨은 물론 장례 습속과도 깊은 관련이 있었을 것이다. 이런 점
에서 보면 물이 지니는 속성인 재생, 영생은 고인돌 사회의 내세관과도 밀접한 관
련이 있는 것으로 여겨진다.

　고인돌 유적의 입지에서 구릉지대의 높다란 곳이나 작은 산마루가 있는데 이곳
은 주변의 어디에서나 쉽게 바라 볼 수 있으며, 특히 사방이 틔어 조망이 좋은 곳도
있다. 이렇게 주변의 지세가 의도적으로 고려된 곳에는 탁자식 고인돌이 있다.

　요남지역 고인돌 유적의 입지는 요북이나 길림지역과 약간 차이가 있는데, 이곳
에는 높이가 비교적 낮은 작은 산마루나 구릉지대에 있어 요북이나 길림지역처럼
폐쇄적이기보다는 주변에서 쉽게 볼 수 있는 조망이 좋은 곳에 위치한다. 특히 보
란점·장하·개주·해성 지역의 고인돌은 대부분 주변이 훤히 보이는 높다란 구릉지
대에 있다(사진 90). 요남지역의 고인돌 유적 입지에서 나타나는 또 하나의 특징은
다른 지역과 다르게 상당히 많은 고인돌이 바다와 그렇게 멀지 않은 구릉이나 산줄

기에 위치하고 있다는 것이다.[155]

길림지역의 고인돌 유적은 대부분 높은 산등성이나 산마루 근처의 편평한 곳에 많이 있고 가끔 강 옆의 평지에 있는 경우도 조사되었다. 이 지역에서 지금까지 조사된 고인돌 가운데 매하구 백석구 유적이 가장 높은 산마루에 있는 것으로 밝혀졌다.

북한지역은 고인돌이 강 옆의 평지나 높다란 구릉에 많이 위치한다. 산기슭에 있을 경우 그렇게 높지 않은 곳에 있으며, 산마루나 산기슭에 있는 것은 은율 관산리 1호와 용강 석천산 3-1호 고인돌이 대표적이다. 이들 고인돌에서 나타나는 특징은 먼저 주변의 다른 것과 비교해 볼 때 덮개돌과 굄돌이 유별나게 크다는 것이다. 관산리 1호 고인돌의 덮개돌은 크기가 875×450×31㎝이고 석천산 3-1호는 630×400×70㎝이다. 이처럼 규모가 큰 대형 고인돌은 그 자체로도 위엄을 느끼게 하므로 무덤으로서의 성격은 물론 제단의 기능도 가졌을 가능성도 시사하고 있다. 특히 관산리 1호 고인돌은 서해와 가까운 산마루에 자리하고 있어 주변의 어디에서나 바라볼 수 있기에 관심을 끌고 있다(사진 91). 이들 고인돌은 모두 탁자식으로 축조 당시의 모습을 지니고 있다. 그리고 비교적 주변 지역보다 조망이 좋은 높다란 곳(낮은 산마루나 구릉지대)에는 규모가 큰 탁자식 고인돌이 1기 있는 경우가 가끔 조사되고 있다.[156]

이와 같이 요남과 북한지역에는 탁자식 고인돌이 주변의 어디에서나 쉽게 바라보이는 조망이 좋은 곳에 분포하는 것이 요북이나 길림지역에 비하여 많아 그 성격을 규정하는데 시사하는 점이 많다.[157] 이들 고인돌은 주변 지세를 이용한 의도적인

155. 許玉林·許明綱, 1981. 「앞 글」, 188쪽.
156. 이러한 입지의 탁자식 고인돌 분포 모습은 이 글에서 분석 대상이 된 길림이나 요북보다는 요남지역과 더 많은 관련성이 있어 시사하는 점이 크다.
157. 陳大爲, 1991. 「앞 글」, 82쪽.

사진 92. 맹산 인흥리
고인돌 모습

입지에 따른 기능 문제와 함께 황해를 사이에 두고 있어 서로의 관련성을 시사한다.[158]

고인돌이 분포하는 곳의 지세를 구분하면 산마루, 산 능선이나 산기슭, 구릉지대, 평지 등으로 나누어 볼 수 있다. 고조선 지역 고인돌이 자리하는 곳의 지세를 보면 산기슭이나 평지에 가장 높은 비율로 분포하며, 이것을 지역별로 보면 요남과 북한 지역의 고인돌 분포는 지세 조건에서 비교적 비슷한 점이 많다(사진 92). 평지가 가장 많고 다음으로는 산기슭인데, 요북이나 길림지역에서는 산마루나 산기슭이 높은 비율로 나타나는 반면 북한에서는 상대적으로 낮은 편이다. 요남지역에서 고인돌이 분포한 산능선이나 산기슭은 요북이나 길림지역처럼 내륙의 산간지대가 아니고 바닷가 부근의 산 위나 좀 높다란 구릉 옆의 야산으로 절대 높이에서도 차이가 많다.

요남지역의 고인돌이 위치한 곳의 자연 지세 조건은 당시 사람들의 생활 환경과도 밀접한 관계가 있었을 것으로 보인다. 이런 점에서 요남지역의 고인돌을 축조한 당시 사람들은 강 옆의 평지나 구릉지대가 1차적인 삶의 터전이었을 것이며, 고인돌이 있는 곳이 또한 살림 흔적이 찾아지는 유적이라는 점이 하나의 특징이다. 요남지역 고인돌 유적 가운데 같은 시기의 석기나 토기가 찾아지는 유물 산포지가 16곳이나 조사되어 당시 사람들의 생활 터전 바로 옆에 고인돌이 위치하고 있는 것이 주목된다(그림 62). 이것은 살림살이 터전과

그림 62. 보란점 석봉구 고인돌 주변 출토 유물

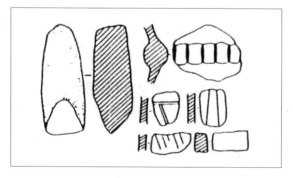

158. 김정배, 1996a, 「앞 글」, 88~90쪽.

가까운 곳에 고인돌을 축조했기 때문이며, 그들의 생활 공간(catchment area)을 이해하는 한 자료가 될 수 있다.[159] 특히 보란점 석붕구 고인돌 유적 바로 옆에서는 고인돌과 같은 시기의 토기와 석기를 비롯하여 당시의 집이 불탄 서까래 조각과 불먹은 흙이 찾아져 살림집과 무덤이 같은 곳에 있었음을 알 수 있다.

요북이나 길림지역은 산마루나 그 근처 또는 산기슭에 많은 고인돌이 분포하고 있어 비교적 높은 산간지대에 대부분이 있는 것으로 밝혀졌다. 이것은 고인돌이 있는 이곳의 지세가 구릉이나 평지보다 산자락과 같은 높은 고지대가 많기 때문에 1차적으로 이러한 입지가 고려된 것으로 여겨진다.

특히 길림지역의 고인돌이 위치한 곳 주변 지역에서도 요남처럼 같은 시기의 간석기나 토기가 출토되는 유물 산포지가 찾아지고 있어, 이곳에 살았던 사람들이 고인돌을 축조한 것으로 판단된다. 동풍 조추구 고인돌 유적 옆의 보산 유적이나 매하구 백석구 고인돌 유적 부근의 이대원촌 유적에서는 청동기시대의 집터 흔적이 조사되어 이러한 사실을 뒷받침하여 주고 있다.[160]

고인돌이 상징적인 기능보다 무덤의 기능을 가진 것이라면 축조할 곳의 입지 선정 과정에서 축조에 따른 노동력 문제, 무덤으로서 가지는 폐쇄적인 환경 문제가 제일 먼저 고려의 대상이 되었을 것이다.[161] 당시 사람들은 무덤을 만들 때 노동력 등 인적 자원을 고려하여 생활 공간과 비교적 가까운 곳을 골랐으므로 그들의 살림터 근처에 무덤을 만들 공간을 1차적으로 선택하였을 것이다.[162]

북한지역의 고인돌 유적 가운데 주변의 지세와 관련된 독특한 양상을 보여주는 것이 있다. 그것은 연탄 두무리 두문동 1지점과 맹산 인흥리 고인돌인데, 이 고인

159. Flannery, K. V., 1976. *The Early Mesoamerican Village*, Academic Press : Hassan, F. A., 1981. *Demographic Archaeology*, Academic Press 참조.

160. 王洪峰, 1985. 「앞 글」, 65쪽 ; 金旭東, 1991. 「앞 글」, 12쪽.

161. 고인돌 유적의 지세와 분포 상황을 고려하여 고인돌의 기능을 무덤 이외에 상징적인 성격을 지닌 것으로 해석한 王獻唐의 연구(1957. 「山東的歷史和文物」, 『文物參考資料』 2, 9~10쪽) 이래, 중국에서는 이 문제에 관하여 많은 의견이 제시되고 있다.

162. Renfrew, C., 1979. *op. cit.*, pp.132~143.

사진 93. 연탄 오덕리 고인돌 분포 모습: 들판을 따라 줄을 지어 분포

돌들은 강 주변의 충적대지(들판)를 따라 줄을 이루면서 분포하고 있다.[163] 두문동 고인돌은 강줄기를 따라 탁자식 고인돌이 2줄로 나란히 분포하며(사진 93), 지세가 상대적으로 낮은 인흥리 고인돌은 들판을 따라 남북 방향으로 줄을 지어(1줄) 자리한다.

자연 지세(특히 강줄기)에 따라 분포하는 이러한 고인돌은 당시 사회에서 물이 살림과 직접적인 연관이 있는 중요한 요소였음을 알려주는 것으로 이해된다.

북한지역의 많은 고인돌은 구릉지대와 평지에 자리하고 있어 다른 지역과 비교해 볼 때 차이점이 있다. 이것은 지세 조건과도 관련이 있는 것으로 해석되며, 요남이나 길림지역처럼 고인돌 유적 옆에서 집터가 조사되고 있다(사진 94). 연탄 평촌이나 송신동, 평양 석암 야영소, 용연 석교리, 북창 대평리, 상원 방울뫼 등의 고인돌

사진 94. 상원 방울뫼 고인돌 유적: 바로 옆에 팽이형 토기 시기 집터가 있음

유적에서는 시기가 서로 비슷한 집터가 조사되어 고인돌 성격을 규명하는데 도움이 된다.[164] 특히 연탄 평촌 유적은 신석기시대의 집터 위에 고인돌을 축조하였고, 순안 구역 석암 야영소 유적의 8·17·18호 고인돌은 팽이형 토기가 출토된 집터를 파괴하고 세워졌다. 이것은 고인돌과 집터의 선·후 관계를 이해하는데 기준이 되며, 당시 사람들의 살림 공간을 알 수 있게 하는 자료이다.

고인돌의 규모도 분포한 곳의 지세와 관련성이 있는 것 같다. 요남지역 고인돌

163. 하문식, 2011a, 「앞 글」, 462쪽.
164. 실제로 이들 유적에서 팽이형 토기 문화와 관련있는 집터가 발굴 조사되어 북한 학자들은 고인돌과 팽이형 토기 문화와의 관련성을 주장하고 있다.
　　 황기덕, 1966, 「서부지방 팽이그릇 유적의 년대에 대하여」 『고고민속』4, 13~14쪽.

가운데에는 규모가 큰 것이 많이 있는데 입지 선정 과정에서 맨먼저 덮개돌 운반 등 축조 과정에 필요한 노동력 문제가 고려되었을 것이다.[165] 실제로 이곳 입지는 축조에 따른 이러한 측면에서 다른 지역보다 구릉이나 평지에 고인돌 유적이 많다. 이 지역의 탁자식 고인돌에서 덮개돌의 길이가 500cm 넘는 것이 9기나 되며, 이 가운데 구릉이나 평지에 있는 것이 7기이고 산마루 등의 산간지대는 2기 밖에 없어 이러한 사실을 뒷받침한다.

고인돌이 위치한 곳의 주변 지세와 형식 관계를 보면 지역에 따라 몇 가지 특이한 점이 있다.

요남지역은 산마루나 산 능선 등의 산간지대와 평지에는 탁자식과 개석식 고인돌이 섞여서 분포하지만, 구릉지대에는 거의 탁자식만 있는 것으로 조사되었다. 그러나 요북이나 길림지역은 폐쇄적인 공간인 산간지대로 갈수록 고인돌 형식이 섞여 있어 축조 시기와 관련있는 것이 아닐까 생각된다.[166] 탁자식 고인돌의 경우 산마루보다 산기슭에, 그리고 평지보다 구릉지대에 많이 있어 주목된다. 구릉지대의 탁자식 고인돌은 덮개돌과 고인돌의 전체적인 크기가 산간지대나 평지에 있는 것보다 크므로 외형적인 모습에서 웅장함을 보여주고 있다.

길림지역은 산마루나 산 능선 등 산간지대에는 탁자식과 개석식 고인돌이 섞여 있지만, 평지에는 탁자식 고인돌만 있다. 이것은 고인돌을 축조한 사람들이 강 옆의 평지에서 살림을 꾸리다가 점차 생활 공간의 확대에 따라 산간 지역과 같은 높은 지대로 옮겨갔을 가능성이 있어 보인다.[167] 평지에는 대부분 고인돌이 1기씩 있지만 산자락의 고인돌 유적에는 떼를 지어서 분포하고 있는 것을 유념해 보아야 할 것이다.

지세에 따른 개석식 고인돌의 분포를 보면, 산기슭보다는 산마루 쪽이 많은 것으로 나타났다. 이것은 개석식과 탁자식 고인돌의 형식에 따른 축조 과정에 있어서

---

165. 曲傳麟, 1982, 「앞 글」, 24~25쪽.
166. 하문식, 1998a, 「앞 글」, 40~41쪽.
167. 하문식, 1999a, 『앞 책』, 176~177쪽.

사진 95. 성천 군자구
1호 고인돌 모습

살림 공간의 확대에 따른 지세 조건이 고려되었다는 사실을 시사하여 주는 것으로 보인다. 즉 평지에서 산마루 쪽으로 갈수록 고인돌의 축조가 보편화 되었으며, 이러한 현상은 축조 지역의 확대와 형식의 다양화 등 전체적인 측면에서 축조와 관계가 있는 것 같다.

북한지역은 산마루에는 거의 개석식만 있고, 나머지 지역에는 탁자식과 개석식이 함께 분포한다. 탁자식 고인돌은 평지나 구릉지대에 있는데, 특히 구릉지대의 고인돌은 대부분 조망이 좋은 곳에 있다(사진 95). 개석식 고인돌은 산기슭이나 구릉지대에 많이 있어 비교적 낮은 지대보다는 조금 높은 지대에 주로 분포를 하고 있는 것으로 밝혀졌다.

Ⅳ. 고인돌의 축조

고조선 시기의 고인돌은 당시 사람들의 일생에서 마지막 통과의례의 한 절차인 묻기의 결과로 축조된 무덤인[168] 동시에 공동체 나름의 결속력을 다지며 거족적인 협동심을 보여주는 상징적인 기념물의 하나이다. 이러한 고인돌은 큰 돌을 채석하여 옮겨온 다음 축조하는 하나의 구조물이기 때문에 당시 사회의 다른 어떤 것보다 많은 노동력이 필요한 대역사(大役事)였을 것이다. 이렇게 대규모의 노동력과 기술을 필요로 하는 고인돌의 축조와 관련하여 발생하는 여러 문제 해결에는 당시 사람들이 가지고 있던 전통적인 건축 방법이 이용되었을 것으로 이해된다. 그렇기 때문에 고인돌의 축조 문제는 단순히 건축·역학적인 관점에서 뿐만 아니라 당시에 동원된 노동력의 문제 등 사회 구조와도 관련이 있어 고조선 사회를 이해하는 중요한 자료가 되고 있다.

1. 채석과 운반 문제

고인돌의 축조 과정에 있어 가장 먼저 해야 할 일은 덮개돌과 굄돌의 채석이고 다음은 이러한 큰 돌을 축조 장소까지 운반하는 것이다.

1) 덮개돌의 채석

덮개돌은 고인돌에서 중요한 의미를 지닌다. 따라서 덮개돌의 크기 결정에는 운반에 필요한 노동력 문제와 큰 바위에서 채석할 때 필요한 기술 문제가 고려되었을 것이다. 그리고 이것은 고인돌 사회의 기술 발전 단계와 관련이 있다.[169] 돌을 채석하는 방법에는 쐐기의 팽창력에 의한 것과 쐐기에 의한 것이 있다.[170] 팽창력을 이

---

168. Mike Parker Pearson, 1999, *The Archaeology of Death and Burial*, Sutton Publishing, p.22.

169. 하문식, 1999a, 「앞 책」 181~184쪽.

170. 손진태, 1948, 「앞 글」, 29~30쪽 : 최몽룡, 1973, 「原始採石問題에 대한 小考」 「考古美術」119, 18~21쪽.

사진 96. 고창 죽림리
고인돌 주변 채석장

용하는 것은 바위에 있는 자연틈이나 돌끌을 이용하여 한 줄로 판 작은 홈에 나무 쐐기를 박아 물을 붓고 부풀려 쐐기의 팽창력에 의하여 돌이 떨어지게 하는 것 이다. 쐐기에 의한 것은 바위의 표면에 작은 구멍을 내고 쐐기를 박은 다음 채석하 는 방법이다. 이러한 채석 방법은 마야문명의 자료를 가지고 실험고고학적으로 연 구한 결과, 나무쐐기를 이용하면 한 사람이 하루에 1.5톤쯤 채석할 수 있는 것으로 밝혀졌다.[171] 하지만 이 연구 결과는 먼저 돌의 재질에 따른 차이를 고려하지 않았고 돌의 크기에 따라 노동력의 증가를 일정한 비율로 산정한 것이 문제점으로 지적될 수 있다.

근래에는 고창 지역의 고인돌 복원의 한 방법으로 덮개돌의 채석장(채굴지)과 채 석 방법, 떼기를 베푼 방법(타격점의 부위) 등을 분석한 연구가 있다.[172] 조사 결과 고창

171. Erasmus, C. F., 1977, "Monument Building:Stone Field Experiments" *Experimental Archaeology*, Ingersoll, J. E. · Yellen W. M. eds., pp.64~66.

172. 고창군·전주대 박물관·전주대 역사문화연구소, 1999, 『고창 지석묘군 상석 채굴지 지표조사보고서』; 이상균, 2000, 「고창 지석묘군 상석 채굴지의 제문제」 『韓國上古史學報』32, 7~27쪽.

죽림리 고인돌 유적의 주변지역인 성틀봉과 중봉 기슭에서 지형 조건, 덮개돌의 돌감, 채석의 노동력 등을 고려하여 23개소의 채석장을 확인하였다(사진 96). 당시 사람들은 채석하는 과정에 바위의 절리면을 최대한 이용하였던 것으로 밝혀졌다. 떼기를 베푼 방법으로는 6가지가 제시되었다.[173] 그리고 떼기를 베푼 지점의 형태는 채석 방법과 암석의 굳기에 따라 차이가 있었던 것으로 밝혀졌다.

요남과 요북, 길림, 서북한지역의 덮개돌 특징 가운데 하나는 길이와 너비의 상관관계를 조사한 결과 1 : 1에서 2 : 1 범위에 집중되어 있으며, 특히 1.5 : 1의 중심축에 밀집한다는 것이다.[174] 이렇게 덮개돌의 길이와 너비가 일정한 비율을 가지고 있다는 것은 어떤 목적과 의도를 가지고 크기를 결정하였던 것으로 해석된다. 덮개돌에서 조사된 길이와 너비의 이러한 상관관계는 안정감을 추구하고 있는 건축에서 널리 알려진 1.618의 황금 비율과 비교된다.[175] 여기서의 황금비율은 어떤 구조물이 균형을 이루어 가장 안정감을 주는 조화스러운 일정한 비율이다. 이것은 고대 이집트의 건축에서 이용되어 오다가 그리스에까지 알려진 것으로 지중해를 중심으로 한 고대국가에서는 비교적 널리 통용되어 왔다. 또한 직사각형의 구조물에서 두 변의 비율이 황금분할되면 가장 안정된 모습을 이루게 된다. 이것은 고인돌의 덮개돌에서 평면 생김새를 보면 긴 네모꼴이나 긴 타원형이 많은 것과도 서로

---

173. 떼기를 베푼 방법으로는
    1. 채석하려는 바위의 양쪽 끝에 타격을 하는 방법. 주로 작은 바위를 채석할 때 이용.
    2. 큰 바위의 가운데 부분 한 곳에 타격을 하는 방법. 큰 돌을 얻을 때 이용.
    3. 큰 바위의 가운데 부분 2곳에 타격을 하는 방법.
    4. 큰 바위 절리면의 모서리에 V자 모양 홈을 판 다음 쐐기를 박아 떼어내는 방법.
    5. 채석할 큰 바위의 절리면을 이용하여 양쪽 끝과 가운데 등 3곳에 타격을 하는 방법. 비교적 큰 돌을 얻을 때 이용.
    6. 4~5곳에 작은 구멍을 파고 쐐기를 박은 다음 타격을 하여 채석하는 방법 등이 있다.
    이상균, 2000. 「위 글」. 14~16쪽.
174. 하문식, 2001. 「東北亞細亞 고인돌의 試論的 比較 硏究 — 韓半島와 中國 東北地域」 『白山學報』59. 8~9쪽.
175. 김용운·김용국. 1996. 『도형 이야기』. 우성. 63~65쪽 : 로버트 롤러 지음·박태섭 옮김. 1997. 『기하학의 신비』. 안그라픽스. 44~64쪽.

연관시켜 볼 수 있을 것이다.[176]

한편 대동강 유역의 고인돌 조사에서 채석장에 관한 보고가 있어 축조 과정을 이해하는데 참고가 된다. 당시 사람들은 큰 돌을 구할 때 운반 문제를 많이 고려하였기 때문에 채석장은 유적의 근처에 있었을 가능성이 많다. 채석장이 확인된 곳(유적)으로는 상원 회골, 연탄 오덕리와 성매리, 은천 만경동, 은율 관산리, 용강 석천산 등이 있다. 이 가운데 오덕리와 만경동의 채석장에는 큰 돌을 채석한 여러 흔적이 있고 회골, 관산리, 석천산, 성매리에는 큰 바위에서 일정 크기의 돌을 구하기 위하여 채석에 필요한 구멍을 팠던 흔적이 남아 있다.

오덕리 유적의 채석장은 황주천의 언저리에 있는데, '큰개'와 '천랑'이라고 부르는 벼랑 중턱에 채석을 위하여 판 구멍이 일정한 간격으로 있다. 또한 '용바위' 근처에는 덮개돌 크기와 비슷한 큰 돌이 곳곳에 흩어져 있다. 이곳에서 채석한 큰 돌은 강을 따라 고인돌의 축조 지역까지 옮겼던 것으로 보인다. 겨울에는 강물이 얼어 그 위로 옮겼을 것이고 강물이 많은 여름에는 뗏목을 이용하였을 것이다. 만경동 유적은 마을 입구에 큰 바위가 있는데 이곳의 암질(화강암)과 같은 것이 주변에 분포한 고인돌의 덮개돌이나 굄돌에 이용된 것으로 조사되었다. 또한 채석장의 큰 바위에는 채석 과정에 팠던 것으로 여겨지는 구멍(15×5×5cm)이 일정한 간격으로(15cm) 7m에 걸쳐 34개가 조사되었다. 이 구멍의 형태를 자세히 보면 아래쪽으로 갈수록 쐐기모양처럼 좁다.

이처럼 대동강유역에서 조사·확인된 채석장은 거의 대부분 고인돌 유적과 가까이 있을 뿐만 아니라 운반에 따른 주변의 지형과도 밀접한 연관이 있다.

2) 덮개돌과 굄돌의 운반

고인돌의 축조에 필요한 큰 돌을 채석한 다음 할 일은 운반이다. 이와 관련하여 여러 민족지(民族誌) 자료를 통해 운반의 방법, 소요 노동력 등을 추정해 볼 수 있다.

---

176. 오대양, 2007, 「한강 본류 유역 고인돌 유적의 성격」 『白山學報』 79, 62~63쪽.

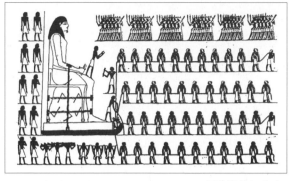

그림 63. Djehoutihotep
무덤 벽화에 있는 큰
돌 운반모습

큰 돌의 운반 방법에 관하여는 민족지적인 여러 자료와 몇 가지 실험고고학적 연구 결과가 있다.[177] 큰 돌 밑에 나무를 넣어 옮기는 지렛대식, 옮길 돌을 삼이나 칡으로 묶고 통나무를 끼워넣어 여러 사람들이 어깨에 메고 옮기는 목도식, 지렛대 위에 돌을 얹어 앞과 옆에서 끄는 끌기식, 강물이나 바닷물을 이용하여 뗏목으로 옮기는 뗏목식, 겨울철에 눈이나 미끄러운 얼음을 이용하는 나무썰매식 등이 있다. 하지만 목도식은 작업을 할 수 있는 공간이 상당히 제한되어 있기에 많은 사람들이 참여할 수 없어 큰 돌을 운반하기 어렵다. 여러 방법 가운데 요남지역에서는 지렛대식이나 추운 겨울철에 미끄러울 때 나무썰매 같은 것이 이용되었을 가능성이 높다는 견해가 있다.[178] 이러한 근거로는 이 지역의 많은 고인돌 유적이 강 옆이나 평지 그리고 구릉지대에 위치하고 있다는 입지 조건을 들고 있다. 그리고 북한지역에서는 강물을 이용하여 뗏목으로 옮기는 방법이 사용되었다는 보고가 있다.[179]

이밖에도 고대 이집트에서 큰 돌을 옮기는 운반 과정이 묘사된 Prince Djehoutihotep 무덤벽화나(그림 63) Nineveh의 Sennacherib 궁전에 있는 뗏목을 이용하여 석상(石像)을 옮기는 모습 등이 소개되었다.[180] 무덤벽화에서는 나무썰매 위에 석상을 올려 놓고 끈으로 묶은 다음 90여 명이 끌고 있어 앞에서 설명한 끌기식 방법을 이해하는데 도움이 된다(사진 97).

177. 손진태는 지렛대식·목도식·끌기식의 방법을 제시하였고(손진태, 1948. 「앞 글」, 29~30쪽), Hawkins는 지렛대식과 끌기식의 혼합 방법을 설명하고 있다(Hawkins, G. S., 1965. *Stonehenge Decoded*, pp.63~73). 그리고 Coles는 이러한 방법들을 종합적으로 언급하고 있다(Coles, J., 1979. *Experimental Archaeology*, pp.234~236).

178. 曲傳麟, 1982. 「앞 글」, 25쪽.

179. 석광준, 1979. 「앞 글」, 112~113쪽.

180. 정의도, 1999. 「프랑스」『한국 지석묘(고인돌)유적 종합 조사·연구』, 69쪽 : 유태용, 2003. 『韓國 支石墓 研究』, 주류성, 160~162쪽.

사진 97. 1900년대 초의 큰 돌 운반 모습(인도네시아 니아스 섬)

다음으로는 이렇게 마련된 큰 돌을 옮기는데 필요한 노동력 문제가 남아 있다. 노동력의 동원 문제는 실험고고학 연구 방법론에서 일찍부터 여러 견해가 있어 왔다. 큰 돌을 옮기는데 필요한 노동력에 관하여는 스톤헨지를 가지고 연구한 Atkinson, Hawkins를[181] 비롯하여 Coles,[182] Wernick,[183] Mohen[184] 등의 연구 결과가 있지만, 대부분 거리의 개념에 대한 분석 자료가 없는 것이 하나의 문제점으로 지적될 수 있다.

Atkinson은 스톤헨지의 연구를 통하여 32톤 되는 큰 돌을 끈으로 묶어 끌어 옮기는데 600~700명이 필요하고, 50톤 되는 돌을 올려 놓는 데에는 200명이 필요하다고 밝혔다. Coles는 한 사람이 100kg 쯤의 돌을 움직일 수 있으므로 50톤 무게의 돌은 500명의 힘이 필요한 것으로 해석하였지만 Atkinson처럼 거리의 개념이 무시되었다.

Hawkins는 Atkinson과 마찬가지로 스톤헨지를 통하여 연구를 하였는데 돌을 옮기고 다루는 방법, 세우는데 든 노동력 등 종합적인 연구를 한 점이 돋보인다. 그는 1톤의 돌을 16명이 하루에 1마일(1.6km)쯤 옮길 수 있다는 실험 결과를 보고하였다. Wernick은 1톤의 돌을 1마일 움직이는데 20명이 필요하다고 주장하였다. Mohen은 프랑스 중서부 지방에 만들어진 후기 신석기 때의 돌널무덤을 가지고 실험하였는데 둥근 통나무와 밧줄로 32톤의 큰 돌을 옮기는데 200명이 필요하다

181. Atkinson, R. J. C., 1961. "Neolithic Engineering" Antiquity 35, p.293 : Hawkins, G.S., 1965. op.cit., pp.62~74.

182. Coles, J., 1979. op. cit., p.82.

183. Wernick, R., 1973. The Monument Builders, p.125.

184. J. P. Mohen, 1980. "La construction des dolmens et menhirs au Néolithique" Dossiers de L'archéologie 46, p.66.

고 밝혔지만 거리의 개념이 없다. 그리고
이러한 연구 결과를 가지고 이융조·임세
권·최몽룡·지건길 등이 시론적인 입장에
서 추론한 것이 있다.[185]

사진 98. 고인돌 축조를 위해 큰 돌을 옮기는 모습(전남 진도)

우리나라에서도 실험고고학의 방법에
의하여 고인돌의 덮개돌을 옮기는데 필요
한 노동력을 연구한 결과가 있다.[186] 이 연
구에 따르면 바둑판 고인돌의 축조를 위하여 먼저 6.8톤쯤 되는 덮개돌을 준비하
여 끌기식으로 150m 옮기는데 73명이 필요하였던 것으로 밝혀졌다. 이것은 한 사
람이 100kg쯤 옮길 수 있다는 것을 의미
한다(사진 98).

고조선 지역의 고인돌 축조에 있어 덮
개돌이나 굄돌의 운반 방법과 관련된 몇
가지를 살펴보고자 한다.

덮개돌의 가장자리나 옆면에 홈이 파여
있는 경우다. 덮개돌에 홈이 조사된 고인
돌은 해성 석목성(그림 64), 와방점 대자, 대
석교 석붕욕, 환인 광복촌 등이 있다.[187] 석
붕욕 고인돌은 덮개돌의 남쪽과 북쪽에서
홈이 조사되었다. 남쪽에는 너비 10cm, 깊

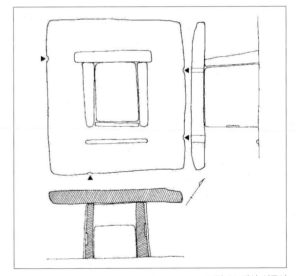

그림 64. 해성 석목성
고인돌의 평·단면도:
덮개돌 가장자리에 홈
이 있음

185. 이융조, 1975. 「양평 앙덕리 고인돌 발굴 보고」 『韓國史硏究』11, 81~82쪽 : 임세권, 1976. 「韓半島 고인
    돌의 綜合的 檢討」 『白山學報』20, 89~92쪽 : 최몽룡, 1977. 『羅州寶山里支石墓發掘調査報告書』, 13쪽
    : 지건길, 1983. 「앞 글」 1~3쪽.
186. 최성락·한성욱, 1989. 「支石墓 復元의 一例」 『全南文化財』2, 11~24쪽.
187. 陶炎, 1981. 「앞 글」 63쪽 : 許玉林, 1994. 「앞 책」 46~48쪽 : 宮本一夫, 1997. 「中國東北地方の支石墓」
    『東アジアにわける支石墓の總合的硏究』, 九州大學 文學部 考古學硏究室, 16쪽 : 하문식, 2014. 「앞
    글」 19쪽.

이 5㎝ 크기의 홈이 3줄 있고 북쪽에는 희미하게 2줄이 있다. 대자 고인돌은 덮개돌의 동남쪽 가장자리에 1줄의 홈이 있고 북쪽에도 곧게 간 2줄의 홈이 조사되었다. 또한 석목성 고인돌의 덮개돌을 보면 동쪽에 2곳, 남쪽과 서쪽에 각각 1곳씩 홈이 파여 있다.

덮개돌의 가장자리에 파여 있는 이러한 홈(줄)은 채석을 한 다음 축조할 자리까지 운반을 할 때 끈으로 묶기 위하여 만든 것으로 해석된다. 사실 몇 톤에서 몇 십 톤 되는 큰 돌을 옮기기 위하여 고인돌 사회에서 이용된 운반 수단은 끈으로 묶은 다음 통나무를 이용하는 끌기식으로 하였을 것이다.[188] 끌기식은 둥근 통나무를 바닥에 깔고 그 위에 끈으로 묶은 채석한 큰 돌을 놓고 앞에서 끌고가는 것으로 고인돌 축조에서는 보편적으로 많이 이용된 방법이다. 최근 이러한 끌기식과 관련 있는 유구가 진안 여의곡 유적에서 조사되어 시사하는 점이 많다.[189] 이러한 끌기식의 운반 과정에 큰 돌을 끈으로 잘 묶어 옮기는 것은 운반의 효율성을 위하여 중요한 한 과정이었다. 또한 이 홈은 탁자식 고인돌에서 주로 찾아지고 있으므로 덮개돌을 굄돌 위에 끌어 올려 얹을 때 효율적으로 하기 위하여 만든 것으로도 해석할 수 있다. 그런 점에서 본다면 이러한 홈은 덮개돌의 운반에 대한 복원의 한 과정을 살펴볼 수 있는 자료라고 판단된다.

탁자식의 경우 굄돌의 가장자리(위쪽)에 홈이 파여진 것이 있다. 이것은 덮개돌의 홈과는 약간 차이가 있는데 모두 가장자리에 홈줄이 아니고 홈구멍이 파여 있는 모습이다(사진 99). 조사된 유적은 유하 태평구 11호를 비롯하여 연탄 도동 10호, 상원 장리 2호와 번동리, 강동 문흥리 2호와 송석리, 성천 군자구 1호, 신양 와동 등이다.[190]

이들 굄돌에서 조사된 홈구멍을 자세히 보면 무덤방의 바깥으로 홈의 가장자리

188. 손진태, 1948. 「앞 글」. 29~30쪽.

189. 이종철, 2003. 「支石墓 上石運搬에 대한 試論」 『韓國考古學報』50, 33~34쪽.

190. 王洪峰, 1993a. 「앞 글」, 4~6쪽 : 석광준, 2002b. 『각지 고인돌 무덤 조사 발굴 보고』, 백산자료원, 179쪽 ; 258쪽.

사진 99. 강동 문흥리
와 상원 장리 고인돌
의 굄돌에 있는 홈

가 많이 닳아 매끈함을 알 수 있다. 이것은 큰 바위에서 굄돌을 채석한 다음 이동시
킬 때 여기에 끈을 묶었기 때문으로 보인다. 굄돌에 있는 이러한 홈 구멍도 덮개돌
의 홈줄처럼 돌의 운반과 관련있는 자료이므로 복원 과정의 이해에 도움이 된다.

2. 고인돌의 축조 과정

고인돌의 축조는 대형의 구조물을 만드는 것이기 때문에 미리 계획된 과정에 따
라 해당 단계의 문제 해결을 위한 여러 방법이 이용되었다. 이러한 방법에는 택지
와 단(壇) 시설, 고인돌의 안정을 위한 수평 문제, 덮개돌과 굄돌 관계, 굄돌과 막음
돌 관계, 축조의 기초 홈 등과 관련한 것들이 있었을 것이다.

1) 택지와 단 시설

지금까지 조사된 자료를 보면 고인돌을 축조할 때에는 주변 지세가 중요한 요
인으로 작용한 것 같다. 개석식보다 탁자식 고인돌의 경우, 대부분 위치나 그 방
향을 결정할 때 유적 주변의 자연 지세가 최대한 고려되었던 것으로 생각된다. 특
히 제단의 기능을 가진 것으로 해석되는 몇 기의 고인돌은 무엇보다 주변 지세를
고려하여 어디에서나 쉽게 바라다 볼 수 있는 좀 높다란 곳에 있는 것이 공통점
이다.

요남이나 북한지역의 고인돌 유적에서는 축조할 곳에 미리 단(壇)을 만들어 주변

의 다른 곳보다 좀 높다랗게 한 다음 고인돌을 건립한 유적이 몇 곳 조사되었다.[191] 이렇게 단을 만든 다음 축조한 것은 조망을 좋게 하여 어디서나 바라 보이도록 한 것으로 여겨져 축조할 때 주변의 지세에 얼마나 많은 관심을 가졌는가 짐작해 볼 수 있다. 이런 유적으로는 대석교 석붕욕, 장하 백점자, 금현 소관둔, 은율 관산리 1호, 강동 문흥리 고인돌 등이 있다.

단을 만든 다음 축조된 고인돌은 모두 탁자식이며, 유적의 주변 지세는 좀 높다란 구릉지대나 산마루이다. 그리고 축조 방법에 있어 굄돌이 안쪽으로 기운 점, 덮개돌이 비교적 큰 것 등으로 보아 고인돌의 축조 기술이 어느 정도 발전한 단계에서 나타나는 것으로 판단된다.

이렇게 고인돌을 축조한 것은 그 기능과 관계있는 것으로 보인다. 요남이나 북한지역의 대부분 고인돌이 1차적으로는 무덤의 기능을 가지고 있지만, 이렇게 인위적으로 만든 단 위에 있는 것은 멀리서도 바라볼 수 있도록 조망이 좋아 무덤 이외의 상징적인 기능도 함께 지니고 있었던 것 같다.

2) 수평 문제

탁자식 고인돌의 축조에서 중요한 것은 덮개돌을 지탱하는 것이다. 이를 위하여는 무엇보다 덮개돌이 쓰러지거나 내려앉지 않게 균형을 유지하여야 한다. 탁자식 고인돌에서 덮개돌을 편평하게 다듬어 두께가 일정하게 한 것이 수평과 관련있다는 견해가 있다.[192] 또한 덮개돌을 받치고 있는 굄돌의 역할이 쓰러지지 않도록 지탱하는 것이기 때문에 굄돌의 서있는 모습과 자리 등이 중요하다.[193]

고조선지역의 탁자식 고인돌에서 조사된 수평 문제 해결을 위한 장치로 먼저 덮개돌과 굄돌 사이에 끼워져 있는 쐐기돌을 들 수 있다(사진 100). 이런 것이 조사된

191. 이 문제는 田村晃一 (1996. 「앞 글」, 112~114쪽)이 처음으로 시사하였다.
192. 陳明達, 1953. 「앞 글」, 77쪽 : 서국태, 2005a. 「고조선의 중심지와 령역」 「남북 학자들이 함께 쓴 단군과 고조선 연구」, 지식산업사, 372~373쪽.
193. Wernick, R., 1973. op. cit., p.112.

고인돌은 무순 산용 1호, 유하 태평구 11호, 매하구 험수 10호, 안악 노암리, 용강 석천산 12호가 있다.[194]

사진 100. 무순 산용 1호 고인돌: 덮개돌의 수평을 위해 쐐기돌 이용

산용 1호 고인돌은 남쪽과 북쪽의 굄돌 높이를 서로 맞추기 위하여 남쪽에는 넓적한 굄돌 위에 길쭉한 돌을 2층으로 얹어 놓았고, 북쪽에는 3줄의 돌을 얹어 양쪽이 수평이 되게 하였다. 태평구 11호 고인돌은 동쪽 굄돌이 서쪽보다 낮기 때문에 수평을 유지하기 위하여 높이 15~18㎝가 되게 3층의 돌을 쌓았다. 험수 10호 고인돌의 굄돌을 보면 한 쪽은 아래에 큰 돌 1개를 놓고 그 위에 작은 돌 2개를 얹어 모두 3개의 돌이 굄돌 역할을 하며, 다른 쪽은 2개의 돌을 잇대어 놓았는데 이것도 양쪽의 수평 유지를 위하여 여러 돌을 가지고 굄돌이 되게 하였다. 노암리 고인돌은 굄돌과 막음돌을 세운 다음 틈 사이에 돌을 끼워 쐐기돌 역할을 하고 있으며, 석천산 12호 고인돌은 전체적으로 수평을 이루기 위하여 밑부분에 작은 쐐기돌을 끼워 놓았다.

수평 문제는 고인돌과 같은 큰 구조물의 유지를 위하여는 축조 과정에 반드시 고려되어야 할 것으로 당시 사회의 수준 높은 기술력을 알 수 있는 자료 가운데 하나다.

3) 덮개돌과 굄돌 관계

덮개돌과 굄돌의 관계를 알 수 있는 자료로는 굄돌의 손질 문제, 서로 맞추기 쉽도록 의도된 줄 긋기, 그렝이 기법 등이 있다.

탁자식 고인돌에서 굄돌이 덮개돌을 받치고 있을 때 쓰러지지 않고 위에서 누르는 하중을 잘 견디기 위하여는 먼저 굄돌이 서 있는 자리 및 그 상태가 중요하다.

---

194. 하문식, 1999a, 『앞 책』, 188쪽.

사진 101. 와방점 대자
고인돌의 무덤방 짜임
새 모습

굄돌이 위치한 거리의 비율 문제나 서로 맞닿는 부분의 상태(모습)는 반력 관계를 알 수 있는 자료이기도 하다. 고인돌의 안정감과 힘의 분산을 위하여 덮개돌과 맞닿는 굄돌의 끝 부분을 모나게 그냥 두기보다는 둥글게 손질하여 힘의 분산을 균형있게 한 유적이 있다. 대표적으로 와방점 대자, 장하 백점자, 보란점 석붕구, 상원 매미골 고인돌 등이 있다.

대자 고인돌은 현재 덮개돌과 양쪽 굄돌(동·서), 북쪽 마구리돌이 있다. 덮개돌을 비롯하여 고인돌 축조에 이용된 돌들은 전체적으로 손질이 상당히 많이 이루어진 모습이다.[195] 특히 굄돌의 윗부분은 모가 난 상태로 있는 것이 아니라 끝부분을 손질하여 둥그스름하게 만들어 덮개돌과 맞닿는 부분의 너비를 최소화하였는데 이것은 덮개돌의 힘 분산과 관련이 있는 것으로 해석된다(사진 101). 백점자 고인돌은 동쪽과 서쪽에 굄돌이 있는데 대자 고인돌처럼 굄돌의 위쪽 끝부분을 둥글게 손질하였다.[196] 손질 정도는 대자 고인돌 만큼 많이 되지 않았지만 안팎에서 손질한 점이 돋보인다. 매미골 고인돌은 현재 덮개돌은 없고 양쪽 굄돌만 남아 있다. 굄돌의 길이가 340㎝나 되어 서북한지역의 다른 탁자식 고인돌과 비교해 볼 때 덮개돌의 길이는 10m쯤 될 것으로 여겨져 이 지역에서는 가장 큰 고인돌이었던 것 같다.[197] 그런데 이 굄돌을 자세히 보면 위쪽 끝부분은 아주 많이 손질하여 매끈하며 그 생김새는 둥그스름한 모습이다. 매미골 고인돌이 대형이었다면 당시 사람들은 쓰러지지 않게 지탱시키기 위하여 축조에 필요한 여러 방법을 강구하였을 것이고, 그 가운데 하나가 반력과 힘의 분산을 위하여 이렇게 굄돌의 끝부분을 손질하였던 것으로 해석된다(사진 102). 이러한 힘의 분산은 현대적인 건축에도 폭넓게 이용되고 있

195. 許玉林, 1994. 『앞 책』, 13~15쪽.
196. 宮本一夫, 1997. 「앞 글」, 16쪽.
197. 하문식, 2002. 「앞 글」, 328쪽.

어 시사하는 점이 많다.

다음은 덮개돌과 굄돌을 서로 맞추기 위한 축조 방법 문제다. 탁자식의 경우 굄돌 위에 수십 톤 되는 무거운 덮개돌을 올려 놓아야 되는데 그 전제 조건은 쓰러지지 않고 유지되어야 한다. 그렇다면 고인돌의 전체적인 균형 유지를 위하여 굄돌

사진 102. 상원 매미골 고인돌의 굄돌: 위쪽이 둥그스름하게 손질됨.

위에 놓이는 덮개돌과의 거리 문제는 중요한 의미를 지닌다. 축조 과정에서 볼 때 덮개돌과 굄돌 사이의 거리 관계는 덮개돌의 무게를 고려한다면 미리 치밀한 계획을 가지고 체계적으로 이루어져야 할 것으로 판단된다.

이러한 관계를 알 수 있는 자료가 대석교 석붕욕 고인돌에서 조사되었다. 석붕욕 고인돌의 덮개돌 밑부분(돌방 안쪽)을 보면 북쪽 굄돌과 맞닿는 부분에 한 줄의 불그스름한 줄[紅色刻線]이 있다. 조사자는 이것을 서로 맞추기 쉽도록 축조 과정에서 새긴 것으로 해석하며, 고인돌 축조를 효과적으로 하기 위한 하나의 기호로 여기고 있다.[198]

한편 덮개돌은 축조 과정에서 대부분 위쪽이나 옆쪽은 많이 손질하였지만 밑쪽은 거의 하지 않아 채석 당시의 모습이 그대로 남아 있는 예가 많다. 이렇게 덮개돌의 밑쪽(돌방쪽)이 울퉁불퉁하면 탁자식의 경우 굄돌과 서로 맞출 때 많은 어려움이 뒤따르게 된다. 이렇게 울퉁불퉁한 돌의 서로 맞닿는 부분을 맞추기 위하여 그 생김새에 따라 조금 다듬은 다음 놓는 것을 건축에서는 그렝이 기법(공법)이라고 한다. 이러한 그렝이 공법이 한국 고대 건축에서 잘 반영된 것으로는 석가탑이 있다. 특히 강화 점골 고인돌은 이러한 굴곡을 잘 맞추어 축조한 것으로 밝혀져 주목된다(사진 103).[199]

점골 고인돌은 탁자식이지만, 현재 동쪽 굄돌과 북쪽 막음돌은 쓰러진 상태이고

198. 許玉林, 1994. 『앞 책』, 46쪽.
199. 우장문·김영창, 2008. 『세계유산 강화 고인돌』, 고인돌 사랑회, 30쪽.

사진 103. 강화 점골
고인돌: 그렝이기법의
사용

서쪽 굄돌은 동쪽으로 약간 기울어진 모습이다. 그런데 이 서쪽 굄돌의 윗부분과 덮개돌이 맞닿는 부분을 자세히 보면 굴곡 부분이 꽉 끼어있는 것을 알 수 있다. 이것은 축조 당시에 고인돌의 안정감을 유지시키기 위하여 의도적으로 맞춘 것임을 알 수 있다.

이처럼 고인돌 사회의 사람들은 대형 구조물을 축조할 때 현상 유지를 위하여 당시 사회에 알려진 여러 축조 방법을 최대한 활용하였음을 알 수 있다.

4) 굄돌과 막음돌 관계

고인돌 축조에서 굄돌과 막음돌의 관계를 알 수 있는 것은 굄돌에 파여져 있는 홈이다. 이것은 굄돌과 막음돌이 잘 맞추어져 무덤방이 완전 폐쇄된 공간으로 유지되어야만 균형이 이루어져 덮개돌이 쓰러지지 않는다는 것을 전제로 한다. 이렇게 굄돌에 홈이 파여져 있는 것은 안악 노암리 고인돌을 비롯하여 요남지역의 장하 백점자와 대황지, 해성 석목성, 개주 석붕산과 길림지역의 유하 태평구 11호, 대사탄 1호, 삼괴석 1호가 있다.[200]

이런 굄돌의 홈은 양쪽 굄돌을 세운 다음 덮개돌을 얹기에 앞서 그 자리에서 판 것으로 해석된다. 왜냐하면 돌방(무덤방)을 폐쇄시키기 위하여는 굄돌에 맞닿는 막음돌을 양쪽에 끼워 넣거나 기대어 놓아야 되는데 홈이 있는 이런 경우 끼울 때 홈의 위치와 크기가 중요하기 때문이다. 또한 굄돌에 홈이 있어 여기에 막음돌을 끼웠다는 것은 무덤방을 완전히 폐쇄시키기 위한 것도 있지만, 축조한 다음 필요한 경우에 다시 열기 위하여 이러한 구조를 만들었을 가능성이 있다. 이것은 탁자식 고인돌의 경우, 묻기가 한 번에 이루어진 것도 있지만 한 무덤방 안에 시간 차이를

200. 하문식, 1999a, 『앞 책』, 191쪽.

두고 많은 사람을 여러 차례 묻은 행위도 조사되고 있기 때문에 이 사실을 뒷받침 해주고 있다.[201]

5) 기초 홈 문제

고인돌의 축조 과정에 탁자식은 굄돌이 쓰러지지 않고 무거운 덮개돌의 하중을 견디도록 하기 위하여 세울 때 기초를 튼튼히 하여야 한다. 고인돌의 발굴 조사에 서 굄돌을 잘 세우기 위하여 기초 홈을 파고 특이한 방법으로 다짐을 한 것이 찾아 지고 있다. 이러한 기초 홈이 조사된 유적은 장하 백점자를 비롯하여 안악 노암리, 연탄 송신동 1·4·10호, 증산 용덕리 1호, 강동 문흥리 3호 등이 있다.[202]

백점자 고인돌을 보면, 축조 과정에 무덤방의 바닥돌을 먼저 놓고 굄돌을 세울 그 언저리에 기초 홈을 판 것으로 밝혀졌다.[203] 이것은 고인돌의 축조가 사전에 치밀 하게 계획되었으며, 이에 따라 체계적인 과정으로 이루어졌을 가능성을 시사한다.

서북한지역의 고인돌에서 조사된 기초 홈을 보면 그 너비는 25~80㎝로 다양함 을 알 수 있다. 이렇게 홈 너비가 다양한 것은 1차적으로 굄돌의 크기와 관련이 있 고 그 다음은 덮개돌의 무게에 따라 차이가 있는 것으로 해석된다. 왜냐하면 굄돌의 크기와 서 있는 상태는 덮개돌의 하중에 따라 결정되기 때문이다. 또한 기초 홈의 다짐은 진흙과 막돌을 섞어서 사용한 것이 가장 많고, 쐐기돌을 이용하거나 돌을 쌓 은 것도 있다. 특이한 것은 용덕리 고인돌의 경우 다짐 속에 조개껍질을 섞었던 것 으로 밝혀졌다. 이렇게 이용된 조가비는 다른 물질보다 접착력이 강하여 굄돌이 쓰 러지지 않고 축조 당시의 모습으로 똑바로 서있는데 큰 역할을 하였을 것이다.

6) 축조 관련 뒷이야기

요남지역의 고인돌 가운데에는 축조 과정과 관련된 설화가 전해지고 있어 당시

201. 지건길, 1983. 「앞 글」, 3쪽.
202. 하문식, 1999a. 『앞 책』, 284~285쪽.
203. 許玉林·許明綱, 1981. 「앞 글」, 188쪽.

사람들의 사고관을 엿볼 수 있다.

자연 숭배 관념과 관련된 이런 설화가 전하는 유적은 개주 석붕산·앙산촌, 와방점 유수방의 탁자식 고인돌인데 이들은 서로 가까운 거리에 있으며 다음과 같은 전설이 전하고 있다.[204]

> "이 일대에 삼소신녀(三霄神女)가 있었는데 어느 날 밤에 3곳에서 석붕(石棚·탁자식 고인돌)을 만들기로 하고, 먼저 만든 사람이 하늘에 올라간다고 약속을 하였다. 그래서 석붕산 위의 신녀는 먼저 다 만든 다음 천계(天界)로 가고 유수방과 앙산촌의 신녀는 한을 품고 작은 새로 변하여 울고 있다."

현재 석붕산 고인돌은 축조 당시의 모습으로 있지만, 유수방과 앙산촌 고인돌은 쓰러져 있어 이런 설화의 내용을 잘 반영하고 있다. 이 내용을 자세히 보면 탁자식 고인돌을 만든 집단이 천신(天神)과 관련이 있다는 것을 알 수 있다. 즉 고인돌을 보통 사람들이 아닌 천신이 신력(神力)으로 축조하였기에 '신석(神石)'·'선석(仙石)'으로 변한 다음 신화(神化)되었으며, 고인돌이 오늘날까지 숭배되고 있다는 사실을 뒷받침하여 주고 있다.

이와 비슷한 내용의 이야기는 해성 석목성, 와방점 대자, 장하 대황지 고인돌에도 전해온다.

또한 고인돌의 축조—특히 탁자식 고인돌—과정에 대한 설화 가운데에는 옛사람들이 축조 그 자체를 후세에게 재난을 없애고 안녕과 행복을 가져다 주기 위한 행위라고 여겼음을 보여주는 것이 많다. 그래서 조상들의 도덕 행위와 관련시켜 선량하고 공헌이 있는 집단이 고인돌을 축조하면 그대로 유지되고 그렇지 못한 집단이 세운 것은 곧바로 무너진다는 이야기가 전하여지고 있다.[205]

---

204. 許玉林, 1994. 『앞 책』 78쪽.
205. 許玉林, 1994. 『위 책』 79쪽.

Ⅴ. 고인돌의 구조

고인돌에 대한 조사가 이루어지면서부터 많은 연구자가 관심을 가진 것이 구조에 대한 것이다. 실제로 고인돌 연구의 대부분이 이것에 관한 것이고 지금까지 구조 문제가 상당히 폭넓게 논의되어 연구의 중심적인 역할을 하여 왔다.

고인돌의 구조는 그 형식에 따라서 약간의 차이는 있지만 몇 톤에서 몇십 톤에 이르는 덮개돌의 운반과 축조에 대한 1차적인 문제에서부터 무덤방의 구조에 대한 특징이나 속성까지 고인돌의 성격을 잘 반영하고 있으므로 나름대로 의미가 있다. 또한 축조에 따른 구조 문제는 당시 사람들이 가지고 있던 건축 방법이나 도량형과 밀접한 관련이 있을 것이다.[206]

여기에서는 고인돌의 상징적인 의미를 지닌 덮개돌과 무덤방을 중심으로 여러 가지 특징과 속성 관계를 통하여 고인돌의 구조에 대하여 살펴보고자 한다.

1. 덮개돌

덮개돌은 고인돌의 외형적인 모습을 나타내는 것으로 상징적인 중요성을 갖는다. 덮개돌은 외형적인 중요성 못지 않게 그 자체가 위엄을 갖고 있어, 일찍부터 많은 사람들이 고인돌에 대하여 관심을 갖게 되는 계기가 되었다. 당시 사람들은 덮개돌의 마련과 운반 등 축조에 따른 노동력 문제를 고려하여 덮개돌을 중요하게 여겼을 것이다. 요남이나 북한지역의 탁자식 고인돌 가운데에는 덮개돌이 유별나게 큰 것이 비교적 조망이 좋은 높은 곳에 자리하고 있어, 당시 사회의 건축·역학적인 기술 등 축조에 있어 여러 가지를 시사하고 있다.[207]

요남지역의 경우 탁자식 고인돌의 덮개돌은 다른 지역보다 유별나게 크고 굄돌

---

206. 김원룡, 1974. 『한국의 고분』, 세종대왕기념사업회, 44쪽 : Daniel, G., 1980. "Megalithic Monuments" *Scientific American* 243-1, p.76.

207. 하문식, 1999b. 「中國東北地區與朝鮮半島支石墓比較研究」『北方文物』3, 101~103쪽.

사진 104. 개주 석붕
산과 은율 관산리 고
인돌: 덮개돌의 처마
모습

과 잘 맞추어져 있어 멀리서 보면 마치 돌로 만든 탁자 모습을 하고 있다. 이런 점
에서 오래전부터 탁자식 고인돌[石棚]을 '탁석(卓石)'·'관석(冠石)'·'관면식(冠冕式)'이라
고 불렀다.[208] 또 탁자식 고인돌 가운데 덮개돌이 굄돌 밖으로 나와 처마를 이루고
있는 것이 있다. 특히 개주 석붕산 고인돌을 보면 덮개돌은 요남지역에서 가장 크
며, 사방 모두 굄돌 밖으로 나와 처마를 이루고 있는데 그 정도는 동쪽 170cm, 서
쪽 160cm, 남쪽 280cm, 북쪽 325cm이다. 이 고인돌은 사방으로 나온 처마와 큰
덮개돌이 조화를 이루어 웅장함과 위엄을 잘 보여주는 것은 물론, 축조 방법에서
당시 사회의 발달된 건축 기술을 엿볼 수 있게 한다(사진 104). 또한 와방점 대자 고
인돌은 덮개돌이 처마를 이룬 모습을 보다 시각적으로 나타내기 위하여 계단식 처
마를 만들어 주목된다.

   요북과 북한지역의 고인돌 축조에 이용된 덮개돌 가운데 그 모습이 마치 거북과
닮은 것이 있어 주목된다. 환인 광복촌 고인돌의 덮개돌은 타원형으로 가장자리에
많은 손질의 흔적이 있고 길이가 274㎝쯤 된다. 그리고 동쪽과 서쪽에는 작은 홈이
있다. 이렇게 덮개돌을 형상화한 것은 기능 변화에 따른 것으로 여겨진다. 고인돌
이 축조되던 초기에는 형식에 관계없이 묘표(墓表)나 무덤방의 보호 기능을 가졌던
것이 점차 믿음을 바탕으로 한 당시 사회의 장례 습속과 관련되었던 것으로 판단
된다. 덮개돌이 거북 모습을 지닌 것은 자세히 보면 채석한 다음 손질을 많이 한 자

208. 許玉林, 1994. 『앞 책』, 79쪽.

취가 뚜렷하게 보인다. 몇 예를 소개
하면 은천 우녕동 1지점 19호를 비롯
하여 성천 군자구 1호, 맹산 기양 3
호, 평원 원암리 고인돌 유적 등이
있다.[209] 이 가운데 우녕동 19호는 덮
개돌을 거북등처럼 길쭉한 모양으로
손질하였고 북쪽의 가운데 부분은 뾰
족하게 드러난 모습이다(그림 65).

　이렇게 덮개돌을 거북처럼 손질한
것은 거북이 지니는 상징적인 의미와
깊은 관련이 있다. 그 의미는 장수를
나타내는데 곧 고인돌의 영원성을 담
아낸 것으로 해석되며, 거북신앙의 분
포 지역과도 서로 연관이 있다.[210] 또

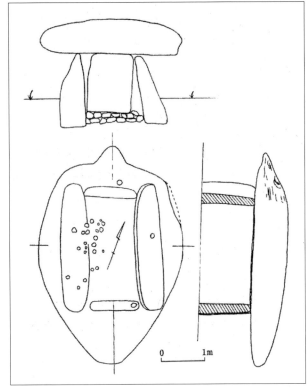

그림 65. 은천 우녕동
19호 고인돌의 덮개돌
모습

한 주변에 있는 고인돌 가운데에는 덮개돌이 거북을 닮은 모습이면 지명(地名)을 구
암(龜岩)이라 하며, 별칭으로 '거북바위'라고 부르기도 한다.

　고조선 지역 고인돌의 덮개돌 크기(길이)를 보면 지역마다 차이는 있지만, 대체적
으로 200~300㎝의 범위에 가장 많다. 또한 요남지역과 서북한지역에서는 덮개돌
이 500㎝ 이상되는 것이 30여 기나 조사되었다. 이러한 덮개돌의 길이는 고인돌의
축조 과정의 여러 문제와 연관이 있으며 고인돌사회의 기술 발전 단계를 살펴볼 수
있게 하는 자료이다.

209. 이밖에도 평양 구서리와 표대, 강남 신흥리, 신천 복우리, 증산 석다리 1호, 평원 용이리 5호·6호, 길주
　　　 문암리 1호, 상원 방울뫼 4호, 판교 지하리 4호 고인돌 등이 있다.
　　　 석광준, 2002a, 『앞 책』, 26~27쪽 ; 64쪽 ; 89쪽 ; 196쪽 ; 245~246쪽 ; 252~253쪽 ; 255쪽 ; 서국태,
　　　 2006, 「거북등형의 뚜껑돌을 가진 고인돌 무덤의 피장자에 대하여」 『조선고고연구』4, 2~6쪽 ; 우장문,
　　　 2011, 「황해남도 지역의 고인돌 고찰」 『고조선 단군학』25, 358~361쪽.
210. 주채혁, 1973, 「거북 信仰의 分布」 『月刊 文化財』3-8, 1~12쪽.

사진 105. 맹산 달천
1호 고인돌

덮개돌은 고인돌을 외형적으로 눈에 띄게 할 뿐만 아니라 무덤방을 보호하는 기능, 특히 탁자식 고인돌의 경우 무덤방을 이루는 역할까지도 함께 한다(사진 105). 이런 점에서 덮개돌의 길이는 무덤방의 길이와 밀접한 상관 관계가 있는 것으로 판단된다. 자료의 분석 결과 덮개돌과 무덤방의 길이는 일정한 상관성을 지니고 있음을 알 수 있다. 요남지역은 1 : 1~3 : 2 범위에, 북한지역은 1 : 1~3 : 1의 범위에 집중되어 있다.[211] 이것은 탁자식 고인돌의 경우 무덤방의 길이가 덮개돌의 길이에 의해 절대적으로 결정되기 때문에 일정한 비율을 지니는 것 같다. 그러나 덮개돌의 길이가 400cm 이상이 되면 무덤방의 길이는 덮개돌에 의하여 결정되는 것이 아니고 자체적으로 일정한 크기가 정해지는 것 같다. 요남지역 탁자식 고인돌의 경우 어느 정도까지는 덮개돌에 따라 무덤방의 크기가 결정되지만, 지나치게 크면 덮개돌과 상관없이 무덤방의 크기가 결정되어 처마를 이루게 되는 것으로 해석된다.

개석식의 덮개돌은 단순히 묘표(墓標)의 기능뿐만 아니라 무덤방을 보호 내지 폐쇄시키는 기능을 가진다. 덮개돌은 무덤방을 보호하면서 뚜껑돌이 없는 경우 무덤방을 이루는 기능도 한다. 이렇게 무덤방의 뚜껑돌이 없을 때 덮개돌의 크기(특히 길이)는 무덤방의 크기(길이)와 밀접한 관련이 있을 수밖에 없다. 북한지역에서 조사된 개석식의 경우 개천 묵방리 17호·20호와 평양 오산리 1-2호, 신계 지석리 등 매우 제한된 경우에만 뚜껑돌이 찾아지고 있으므로 거의 대부분 덮개돌이 무덤방을 덮는 기능을 하였던 것 같다.[212] 이러한 경우 무덤방의 폐쇄적인 속성 때문에 덮개돌

211. 하문식, 1997b. 『앞 책』, 156~157쪽.

212. 고인돌의 발굴 조사에서 뚜껑돌이 찾아지지 않는 것은 넓적한 나무조각으로 덮었을 가능성을 시사하고 있어 주목된다.
김재원·윤무병, 1967. 『앞 책』, 6쪽 : 이상길, 2003. 「慶南의 支石墓」 『지석묘 조사의 새로운 성과』, 116쪽.

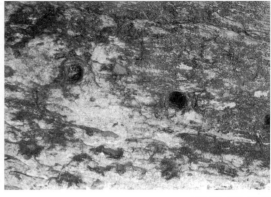

사진 106. 용강 석천산
고인돌 주변 채석장

의 크기는 무덤방에 따라 결정될 수밖에 없다.

덮개돌의 돌감은 일정하게 정하여진 것이 아니고, 고인돌 주변의 지질과 깊은 관계가 있으면서 유적 부근에서 쉽게 구할 수 있는 암질을 선택하였던 것 같다. 많이 이용된 돌감은 지역에 따라 차이가 나타나는데 요남지역은 대부분 화강암 계통이고, 요북은 화강암과 퇴적암이 섞여 있다. 그리고 길림은 화강암을 비롯하여 각력암·사암이 많으며, 북한은 화강암·석회암·점판암·편마암 등 비교적 다양한 것으로 조사되었다. 이 가운데 편마암은 그 속성으로 볼 때 층을 이루고 있어 다른 암질보다 큰 바위에서 크고 납작하게 떼어내기가 쉬워서 많이 이용되었던 것으로 여겨진다. 이러한 덮개돌의 돌감 선택에는 1차적으로 고인돌의 축조에 따른 노동력 문제가 고려되어 유적과 가까운 곳에서 가져왔을 가능성이 높다(사진 106). 북한지역의 고인돌 유적 옆에서는 덮개돌과 같은 큰 돌을 떼이낸 채석장이 조시 보고되었다.[213]

덮개돌이 놓인 긴 방향은 조사된 자료가 적어 방위 개념을 추론하기에 어려움이 많다. 제한적이지만, 조사된 자료를 보면 절대적으로 정해진 방향에 따라서 놓인 것은 아니고 주변의 산줄기나 물 흐름과 나란한 것으로 밝혀져 관심을 끈다. 이러한 사실은 당시 사회의 사람들이 축조 당시에 전통적으로 내려오는 절대적인 방위 개념을 가지고 있었다기보다는 고인돌 축조와 같은 역사를 할 때는 자연 지세를 최대한 고려하였던 것으로 이해된다. 자연 지세에 따른 방위 개념은 당시 사람들이

---

213. 석광준, 1979. 「앞 글」, 112~113쪽.

살림을 꾸리면서 자연에 크게 의존하였기 때문에 자연 숭배 사상과도 관련이 있을 것 같다.[214]

2. 무덤방

고인돌의 무덤방은 형식에 따라 큰 차이가 있다. 무덤방의 위치를 보면 탁자식은 지상에 있지만, 개석식은 거의가 지하에 자리한다. 그러나 요남지역 고인돌 가운데 이러한 보편적인 모습을 벗어난 것이 있어 주목된다. 보란점 벽류하 21호 고인돌은 그 형식이 개석식인데 무덤방이 지하가 아닌 지상에 만들어져 있다. 무덤방을 만든 모습을 보면 당시의 지표면 위에 돌을 쌓아 만들었다. 이와 같이 개석식에서 지상에 무덤방이 찾아진 것은 매우 드문 경우로 앞으로 다른 지역의 자료와 비교·검토해 볼 수 있을 것 같다.[215]

무덤방의 구조를 보면 탁자식은 크고 넓적한 돌을 가지고 만들었지만 개석식은 맨땅을 판 다음 넓적한 돌을 세워 돌널을 만든 것, 길쭉한 막돌을 쌓은 돌덧널, 구덩이 등 여러가지가 있다.

사진 107. 유하 대사탄 2호 고인돌: 굄돌을 잇대었음

탁자식 고인돌의 굄돌 모습에서 특이한 점이 찾아졌다. 몇몇 고인돌 가운데에서 굄돌이 지니는 속성(얇고 넓적함)에 따라 돌감을 구하기 어려울 때에는 잇대어 굄돌의 한 쪽 벽을 만든 경우가 조사되었다(사진 107). 길림지역에서 돌을 잇대어 굄돌의 한 쪽 벽을 만든 것은 유하 대화사 1호, 대사

---

214. 지건길, 1983. 「앞 글」, 5~6쪽 : 이은봉, 1984. 『韓國古代宗敎思想』, 집문당, 215~218쪽.

215. 무덤방이 어디에 위치하는가 하는 문제는 당시 사회의 묻기에 대한 기본 인식을 이해할 수 있는 자료이다. 지금까지 조사된 개석식 고인돌 가운데 무덤방이 이처럼 지상에 위치한 경우가 있었던 것으로 판단되지만, 사실은 발굴 보고서에 이에 대한 언급이 없는 실정이다.

무덤방의 위치 문제는 고인돌 형식의 선후 관계와도 밀접한 관련이 있는 자료라고 생각된다.

탄 1·2호, 험수 10호 등이 있다.[216] 또 개석식 고인돌인 보란점 쌍방 6호, 평양 오산리와 신계 지석리 담방 4호의 무덤방은 크고 넓적한 돌로 이루어져 있는데 긴 벽쪽은 돌을 잇대어서 만든 것이 조사되어 고인돌의 형식에 관계없이 이러한 축조 방법

사진 108. 증산 광제리 1호 고인돌

이 이용된 것으로 여겨진다. 한편 중화 어룡리 1호 고인돌은 탁자식인데, 긴 벽인 동북쪽은 일부분 판자돌을 세우고 그 옆의 나머지 벽은 돌을 쌓아 한 쪽 벽이 되게 하였다. 탁자식 고인돌의 긴 벽을 이렇게 판자돌과 막돌로 쌓은 것이 지금까지 조사된 예는 없다. 이것은 덮개돌의 길이가 2m밖에 되지 않은 점을 고려하면 판자돌을 구하기 어려워서가 아니라 고인돌의 형식 변화 과정에서 나타난 과도기적 현상이 아닐까 한다.

탁자식 고인돌의 축조 과정에 굄돌을 똑바로 세우지 않고 전체적인 안정감을 고려하여 안쪽으로 조금 기울어지게 세운 것이 요남이나 길림 그리고 북한지역에서는 보편적으로 찾아진다(사진 108).[217] 이것은 축조 기술의 발전에 따라 터득한 건축 역학의 한 원리로 해석된다. 이러한 안기울임이 조사된 요남지역의 고인돌을 보면 덮개돌이 비교적 큰 것이 많으며, 기운 정도는 조금씩 차이가 있다. 안기울임이 조사된 12기의 탁자식 고인돌을 보면 덮개돌의 길이가 300cm 이상 되는 것이 7기나 된다. 이것은 덮개돌의 크기가 클수록 안정감이 고려되어 안기울임이 되게 축조한 것으로 해석된다(사진 109). 기운 정도를 보

사진 109. 대석교 석붕욕 고인돌: 굄돌의 안기울임

216. 하문식, 1998a, 「앞 글」, 45쪽.
217. 석광준, 1979, 「앞 글」, 140~146쪽 : 宮本一夫, 1997, 「앞 글」, 15~16쪽.

면 거의가 5° 안팎이고 장하 백점자 고인돌이 15°로 가장 많이 기운 것으로 조사되었다. 길림지역에서 이러한 안기울임이 조사된 것은 대사탄 1호·백석구 2호·소사평 3호 등이 있지만, 기운 정도에 관하여는 정확한 자료가 없다. 북한지역에서는 은율 관산리 1호, 연탄 송신동 22호, 봉성 토성리 1호, 강동 문흥리 3호, 평양 구서리 고인돌에서 찾아졌다.

또 굄돌과 마구리돌이 잘 맞추어져 무덤방이 안정감을 이루면서 완전 폐쇄된 공간을 이루도록 서로 맞닿는 부분의 굄돌에 길쭉한 홈이 파여진 것이 조사되었다. 이러한 홈이 파인 것은 고조선 지역 뿐만 아니라 고창 도산리 고인돌에서도 조사되어 축조 방법에서 나타나는 보편적인 한 현상으로 이해된다(사진 110).[218] 특히 개주 석붕산 고인돌은 굄돌이 마구리돌은 물론 덮개돌과도 잘 맞물려 있어 고조선 지역 고인돌 가운데 가장 안정감을 이루고 있는 것으로 여겨진다.

개석식 고인돌의 무덤방 구조는 크게 구덩이·돌널·돌덧널 등으로 구분해 볼 수 있다. 이러한 여러 무덤방 구조 가운데 돌널과 돌덧널이 보편적으로 만들어진 것으로 분석되는데 이것은 북한지역의 집체무덤에서 널리 유행하였기 때문이다. 길림지역에서는 구덩 형식이 많아서 주목되는데 이 가운데에는 풍화 암반층이 여러 곳 조사되었다.[219] 봉성 동산 고인돌 유적은 개석식만 14기가 발굴되었는데 7기의 무덤방이 구덩이었다. 그런데 구덩이인 경우 모두 위쪽 가장자리의 둘레에 넓적한 돌들을 깔아 놓아 주목된다. 돌깔림의 모습을 보면 가장자리 둘레에 부분적으로 깐 것이 많아 무덤방 바로 위에 무거운 덮개돌을 놓을 때 가장자리가 파괴되는 것을 막기

사진 110. 고창 도산리 고인돌: 굄돌에 홈이 파여 있음

218. 王洪峰, 1993a, 「앞 글」, 3~7쪽 : 석광준, 1993, 「앞 글」, 3쪽 : 許玉林, 1994, 「앞 책」, 17쪽 ; 20쪽 ; 24쪽 ; 49쪽.

219. 김광철, 2009, 「길림지방 고인돌 무덤의 특성」 『조선고고연구』1, 32~33쪽.

위한 방법으로 한 것이 아닌가 생각
된다.[220] 그런 점에서 돌깔림이 개석
식 고인돌의 구조적인 한 특징으로
해석된다.

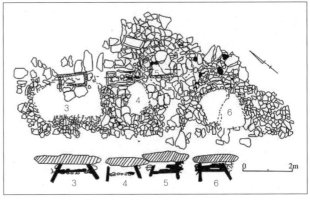

그림 66. 황주 긴동 고
인돌 무덤방

북한지역의 개석식 고인돌 가운
데에는 한 덮개돌 밑에서 무덤방이
2개 찾아진 것도 있다. 이렇게 무덤
방이 2개 찾아진 유적 가운데에서 황주 천진동 5호와 6호, 황주 극성동 11호는 집
체무덤이고, 황주 긴동 7호와 극성동 1호는 개별 고인돌이다(그림 66). 지금까지 고
인돌 옆에서 딸린 방이 조사된 예처럼, 하나의 덮개돌 밑에 무덤방이 2개 있는 것
도 당시 사회의 장례 습속과 관련이 있을 것이다.

개석식의 무덤방이 돌널일 때 그 주위에 돌을 쌓아 무덤방을 보호한 것이 조사
되었다. 이런 무덤방의 보호 시설은 황주 천진동 1호를 비롯하여 천진동 중학교 옆
2호, 극성동 6호·9호, 사리원 광성동 성문 1지점의 6호, 2지점의 4호 등에서 찾아
졌다.[221] 이것은 집체무덤에서 보편적으로 나타나는 구조적인 것으로 묻힌 사람과
의 관계, 축조 방식 등을 고려할 때 묻기와 관련이 있는 것 같다. 그런데 이와는 다
르게 개석식의 개별 무덤방을 지닌 고인돌이 신계 지석리, 개천 묵방리에서도 찾아
졌다. 그리고 상원 번동리 18호와 연탄 성매리 1~3호처럼[222] 탁자식 고인돌에서도
쓰러지지 않고 축조 당시의 모습이 유지되도록 굄돌과 막음돌 주변에 돌을 깔거나
쌓은 것이 조사되어 주목된다.

한편 개석식 고인돌 가운데 보란점 벽류하 유적의 15호·16호·24호와 봉성 동
산 19호 그리고 서산 1호에서는 무덤방 옆에서 딸린 방[副室]이 찾아졌다. 이것은

220. 하문식, 1998b. 「앞 글」, 55~56쪽.

221. 하문식, 1998d. 「앞 글」, 62쪽.

222. 성매리 1·2호 고인돌을 개석식으로 보는 견해도 있다(서국태, 2009. 「고인돌 무덤의 몇 가지 시설물에
     대한 재고찰」『조선고고연구』4, 2~3쪽).

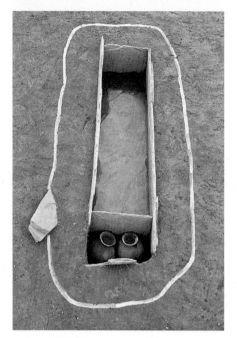

사진 111. 진주 옥방 8
지구 15호 돌널무덤의
딸린방

유적에 따라 그 구조가 조금씩 다르다. 벽류하 것은 모두 판판한 돌을 이용하여 만든 돌널이며, 동산과 서산 유적은 돌을 2~3층 쌓아서 돌덧널[小室·耳室]을 만들었다. 또 벽류하 15호와 16호는 무덤방과 잇대어 있으면서 바닥돌이 찾아졌지만, 24호는 덮개돌 바로 밑의 무덤방 옆에 조금 얕게 파 단(段)을 만들어 이층대(二層臺)를 이룬 곳에 위치하며 벽석만 조사되었다. 동산과 서산 유적은 벽류하 유적과 축조 방법만 다를 뿐 무덤방 바로 곁에 위치하고 있어 비교된다.[223] 이러한 딸린방에는 토기와 석기가 껴묻기되어 있었다. 무덤방에는 껴묻거리가 없거나 벽류하 24호와 서산 1호처럼 일부만 찾아져 딸린 방은 껴묻거리를 넣기 위한 것으로 해석된다. 이를 통해 고인돌 사회 사람들의 내세관을 이해할 수 있으며, 한반도 남부지역에서 찾아지고 있는 딸린 방과 비교된다(사진 111).[224]

길림지역의 동풍 용두산·대양 1호·조추구 2호·두가구 고인돌의 무덤방 가장자리에서는 나무테 흔적이나 의도적으로 만든 얕은 흙띠가 찾아졌다. 이것은 무덤방 안에서 주검을 화장하기 위하여 만든 구조물로 보인다.[225] 이러한 구조나 독특한 묻기 방법은 당시 사회의 장례 습속에 관하여 시사하는 점이 많으며, 현재로서는 길림 남부지역에서만 나타나는 것으로 판단된다.[226]

개석식 고인돌의 무덤방 구조 가운데 좀 특이한 것으로는 북한지역의 묵방형 고

223. 하문식, 1999a, 「앞 책」, 195쪽.
224. 하문식, 1988, 「앞 글」, 548~549쪽 : 이영문, 1993, 『全南地方 支石墓 社會의 硏究』, 한국교원대학교 박사학위논문, 273쪽.
    그런데 이런 것을 묻힌 사람의 신분과 연관시켜 주종(主從)관계로 해석한 것도 있다(김병모, 1985, 『韓國人의 발자취』, 정음사, 63~65쪽).
225. 王洪峰, 1993b, 「앞 글」, 252~253쪽.
226. 하문식, 1998c, 「앞 글」, 29~31쪽.

사진 112. 개천 묵방리 30호와 평양 석암 15호 고인돌의 무덤방: '묵방형 고인돌'

인돌이 있다. 이 무덤방의 구조를 보면, 양쪽의 긴 벽과 한 쪽의 짧은 벽 등 3벽은 벽돌 크기의 납작한 돌을 가지고 반듯하게 쌓았지만, 나머지 한 벽은 넓적한 돌을 세워 놓았다. 이처럼 3벽은 돌쌓기를 하고, 나머지 1벽은 넓적한 돌을 세워서 무덤방을 만든 것이 개천 묵방리 유적을 비롯하여 대동강 유역의 여러 고인돌에서 찾아지고 있어 축조 배경과 전파 문제 등을 이해하는데 도움이 된다(사진 112). 그런데 묵방리에서 조사된 고인돌은 있는 곳의 지세에 따라, 무덤방의 긴 방향과 넓적한 돌을 세워 놓은 방향이 서로 다르게 나타나 주목된다.[227] 산기슭에 있는 고인돌의 무덤방은 긴 방향이 동서쪽이고 넓적한 돌이 동쪽에 있으며, 들판에 있는 고인돌은 무덤방이 남북 방향이고 남쪽에 넓적한 돌이 있다. 이와 같이 주변 지세에 따라 고인돌 무덤방의 방향이 다른 것은 자연 지세를 최대한 고려하였다는 사실을 시사하여 준다.

무덤방의 긴 방향은 덮개돌과 마찬가지로 일정한 방향이 있었던 것은 아니고 고인돌 유적이 자리한 주변의 지세가 고려되어 산줄기나 강물의 흐름과 나란한 것으로 나타났다.[228] 요남을 비롯한 요북·길림·북한지역에서 조사된 무덤방의 긴 방향은 빈도의 차이는 있지만 여러 방향에 걸쳐 있는 것으로 밝혀졌다. 이들은 유적 주변의 강물 흐름이나 산줄기와 나란하였으며, 특히 요남이나 요북·북한지역의 고인돌 옆에는 샛강이 많이 있고 고인돌이 강 옆의 높다란 구릉지대나 산능선에 자리하

---

227. 리정남, 1991, 「앞 글」, 14~15쪽.
228. 지건길, 1983, 「앞 글」, 4~5쪽.

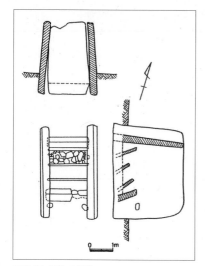

그림 67. 연탄 송신동
22호 고인돌 무덤방
칸 나누기

고 있어 자연 지세와 밀접한 관계가 있었을 것으로 여겨진다. 봉성 동산 5호와 길림 조추구 고인돌의 무덤방 바닥을 보면, 주변의 지세에 따라 높낮이의 차이가 나타나 당시 사람들이 가졌던 주변의 지세에 대한 한 모습을 이해할 수 있다.

북한지역 고인돌에서 찾아지는 특징의 하나는 무덤방을 여러 칸으로 나눈 것이다. 이러한 무덤방의 칸 나누기는 고인돌의 형식과는 관계가 없지만, 탁자식에서 훨씬 많이 나타난다.[229] 무덤방은 모두 3칸이나 4칸으로 나누었으며, 바닥은 여러 가지다.[230] 송신동 유적에서 찾아진 3기를 보면, 31호는 바닥에 넓적한 돌을 1장 깔아 무덤칸 사이를 연결시키고 있지만, 나머지 20호와 22호는 바닥 처리를 따로 하여 독립적인 의미를 지니고 있다(그림 67). 또한 22호는 사람뼈가 여러 개체 찾아져 집단 무덤의 성격을 지닌 것 같다.

이러한 칸 나누기는 일정한 묘역을 형성하여 여러 기의 고인돌이 한 곳에 집단적으로 있는 집체 무덤과 비교된다.[231] 하나의 무덤 영역에 여러 기의 무덤방이 있어 서로간에 친연성이 강한 점, 무덤방의 크기로 보아 대부분 바로펴묻기보다는 굽혀묻기나 두벌묻기를 하였을 가능성은 공통점으로 여겨진다. 그러나 무덤방의 칸 나누기는 주로 탁자식에서 나타나고, 집체 무덤은 개석식에서 조사되어 1차적으로 이런 구조적인 차이가 고인돌의 형식에 따라 나타나는 하나의 차이점으로 해석된다. 하지만 개석식인 평촌 9호의 경우는 집체무덤을 이루고 있으면서 무덤방도 칸 나누기된 독특한 것으로 주목된다. 무덤방 구조의 이런 특징은 축조와 관련한 문화나 축조 집단(주민)의 차이에 의한 것이라기보다 당시에 유행한 장례 습속과 관련이 있는 것 같다.

고인돌의 무덤방 바닥을 처리한 방법 가운데 특이한 것으로 북한지역에서 맨바

229. 하문식, 1998d, 「앞 글」, 63~65쪽.

230. 차달만, 1999, 「칸막이를 한 오덕형 고인돌 무덤에 대하여」, 『조선고고연구』3, 11~13쪽.

231. 장호수, 1995, 「청동기시대와 문화」 『북한 선사문화 연구』, 243~244쪽.

닦을 다진 다음 잔돌이나 조약돌을 깔거나 진흙 같은 것을 먼저 놓고 그 위에 넓적한 돌을 깐 고인돌이 많이 조사되었다.[232] 고인돌의 형식에 따른 바닥 처리는 탁자식의 경우 넓적한 돌을 깐 것이, 개석식은 맨바닥이 높은 비율을 차지하였다.[233] 동풍 조추구 1·2호와 은천 약사동 고인돌에서는 바닥에 숯을 깐 것이 조사되어 주목된다. 이렇게 바닥에 숯이 깔려 있는 것이 불탄 흙과 같이 찾아지고 있어 묻기의 일종인 화장과 직접적인 관련이 있는 것으로 보이며 무덤방의 배수 문제와도 연관시켜 볼 수 있을 것 같다.[234]

고조선 지역의 고인돌에서는 주변에 돌을 쌓아 묘역을 이루고 있는 것이 찾아지고 있는데, 특히 이러한 묘역 가운데에는 고인돌이 1기만 있는 독립적인 것도 있지만 여러 기 있는 것도 조사되었다.[235]

묘역을 이룬 고인돌은 탁자식과 개석식에서 모두 찾아진다. 탁자식에서는 무덤 수가 1기만 있어 '개별 무덤'을 이룬 것이 대부분이지만, 상원 왁새봉 유적처럼 한 묘역에 5기가 있는 독특한 것도 찾아졌다. 개석식의 경우에는 개별 무덤도 있지만 한 묘역에 여러 기의 무덤이 있는 '집체무덤'도 있다(사진 113). 묘역은 대부분 강돌이나 막돌을 쌓은 돌무지이지만, 평원 원암리 7호·8호나 상원 귀일리 2호처럼 돌을 쌓아 놓은 것도 있다. 그리고 묘역의 가장자리는 큰 돌을 놓아 구획을 지워 놓았고 무덤방 가까이에는 돌을 쌓은 정도가 촘촘하지만 무덤방에서 멀어지면 점차 돌이 드

사진 113. 황주 천진동 4호 고인돌의 묘역

<hr />

232. 하문식, 1998d. 「앞 글」, 68쪽.
233. 이러한 바닥 처리 관계를 전남지역의 자료와 비교해 볼 때 맨바닥의 비율은 전남지역이 33.7%, 요남·요북·길림·한반도 북부는 28.3%로 나타나 전남지역이 좀 높은 것으로 밝혀졌다.
    이영문, 1993. 「앞 책」, 132~134쪽.
234. 金旭東, 1991. 「앞 글」, 12~16쪽 ; 라명관, 1988. 「앞 글」, 47쪽.
235. 하문식, 1998d. 「앞 글」, 56~58쪽.

문드문 놓여 있는 모습이다. 증산 용덕리 5호는 묘역을 돌로써 구획하지 않고 고인돌 주변에 진흙을 깐 다음 다져 놓은 점이 특이하다. 같은 묘역에 여러 기의 고인돌이 있는 것은 무덤의 속성상 서로 친연관계를 지니고 있는 것으로 해석된다. 이러한 친연관계는 핏줄을 바탕으로 한 가족관계일 가능성이 높으며, 가족 단위의 공동 무덤(묘역)이 아닐까 생각된다.[236]

한편 고인돌을 기능적인 측면에서 무덤으로 이해할 때 다른 것과 구별되게 일정한 범위가 필요하다. 이런 경우 덮개돌은 지상에 있는 구조물이기 때문에 무덤방이 구획되어야 할 것이다. 이런 예가 증산 어룡리 유적에서 조사되었다. 7호 고인돌은 개석식인데 무덤방에서 일정한 거리(1.5~1.9m)를 두고 무덤을 구획한 돌이 한 줄로 나란히 깔려 있어 주목된다.[237] 이것은 구조적인 관점에서 묘역과는 다르고 무덤방 그 자체의 구획으로 이해된다.

길림지역 고인돌 가운데 구조적인 측면에서 조추구 2호가 주목된다. 이 고인돌은 덮개돌이 없으며, 무덤방은 생토를 파 만든 구덩이고 양끝에는 넓적한 돌이 2개 세워져 있다. 이 넓적한 돌은 전체 높이의 약 2/3쯤은 묻혀 있고 나머지 1/3은 드러나 있는데 그 높이는 25cm, 53cm로 차이가 있다. 그리고 길이는 100cm, 130cm이며 서로의 사이 간격은 116cm이다. 두께는 차이가 크며, 두꺼운 쪽이 얇은 쪽보다 2.5배쯤 된다. 이 고인돌의 넓적한 돌이 드러난 높이나 두께 등을 고려하여 볼 때 이 돌의 기능이 주목된다. 무덤방의 양 끝에 서있는 넓적한 돌은 탁자식 고인돌의 굄돌로 해석된다. 그렇다면 이 조추구 2호 고인돌은 탁자식 고인돌의 구조적인 변화 과정을 시사하여 주는 한 자료가 아닐까 여겨진다.[238]

---

236. 고인돌의 공동무덤 성격에 관하여는 일찍이 윤무병교수가 지적하였다(김원룡 외, 1977. 『靑銅器時代와 그 文化』 40쪽).
그 후 고인돌에 묻힌 사람의 성격과 그 신분 문제를 분석한 연구에서 지배자의 가족묘로 해석한 것이 있으며(최몽룡, 1981. 「全南地方 支石墓社會와 階級의 發生」 『韓國史研究』 35, 1~14쪽), 또 묘역의 범위 설정을 고려하여 가족의 공동무덤으로 여긴 것도 있다(하문식, 1988. 「앞 글」 563~564쪽).

237. 최응선, 2010. 「앞 글」 37~38쪽.

238. 金旭東, 1991. 「앞 글」 13쪽.

VI. 고인돌의 기능

고인돌의 기능에 관하여는 이른 시기부터 여러 의견들이 있어 왔다. 발굴조사가 이루어지기 전에는 주로 전통 신앙과 관련시켜 제단이나 무덤으로 이해하여 왔고, 그 이후에는 거의가 선사시대 무덤의 한 양식으로 해석하였다. 그러다가 근래에 고인돌의 성격 문제를 거론하면서 무덤과 제단의 기능으로 구분된다는 연구 결과가 발표되고 있다.

1. 고인돌의 기능에 대한 인식

고인돌의 기능 문제에 대해서는 탁자식 고인돌[石棚]을 중심으로 일찍부터 다양한 의견들이 제시되어 왔다. 특히 요남지역의 고인돌은 조사가 시작된 시점부터 그 성격에 관하여 여러 견해가 있었다.

요남지역을 중심으로 한 중국 동북지역에서는 『三國志 : 魏書』의 「公孫度條」에 나오는 "…延里社生大石…"에서 '社'는 토지신을 의미하므로 토지신을 제사지내는 곳이라는 견해가 제시되었다.[239] 또한 『白虎通 : 社稷』에는 "…封土立社, 示有土 也…"라는 기록이 있다. 여기서 '土'를 '⊥'와 같은 뜻으로 해석하면서, 땅 위에 돌을 세워 놓은 것을 의미하며 토신(土神)이나 사신(社神)에게 제사를 지내는 곳이라고 해석한 연구 결과가 있다.[240]

이와 같이 신을 제사지내고 받드는[敬奉] 곳에는 큰 돌을 세워 놓았으므로 이것이 탁자식 고인돌일 가능성을 상정해 볼 수 있다. 이처럼 고인돌에 대한 발굴조사가 이루어지기 전에는 주로 옛기록과 관련시켜 기능과 성격을 제사와 연관시킨 것이 대부분이었다.

---

239. 肖兵, 1980, 「앞 글」, 65~66쪽.
240. 武家昌, 1994, 「앞 글」, 14~15쪽.

한반도의 경우는 1800년대 말 외국 사람들이 우리나라의 여러 곳을 다니면서 고인돌을 조사하기 시작할 때부터 많은 논의가 있어 왔다. 그 당시에는 발굴조사가 실시되지 않았기 때문에 전통적인 신앙과 고인돌의 입지 조건을 고려하여 제단의 기능을 지닌 것으로 보는 견해가 많았다. 또한 이 시기에 유적을 답사하고 고인돌의 일부분이 흙으로 덮여 있다는 사실에 근거하여 무덤으로 해석한 견해가 있다.[241] 그러나 우리의 전통 신앙에서 토지신의 제단이 대부분 평지에 있는 것과 연관시키면서 낮은 구릉이나 평지에 있는 고인돌을 지신(地神)을 제사지내던 제단의 기능을 한 것이라는 연구 결과도 제시되었다.[242] 한편 고인돌을 종교적 숭배물 또는 제단, 무덤의 돌방이 밖으로 드러난 것, 집터의 한 유형 등으로 구분하여 설명하면서 무덤일 가능성을 더 강조한 의견도 있다.[243]

국립박물관에서 1962년부터 1967년까지 제천 황석리 고인돌 유적을 비롯하여 전국의 중요한 고인돌을 발굴하였다. 이 가운데 황석리 13호 고인돌에서 거의 완전한 사람뼈가 찾아져 주요 기능이 무덤임을 알게 되었으며, 이후에는 일반적으로 무덤으로만 해석하는 경향이었다. 그러다가 고인돌 조사와 연구가 활발하게 진행됨에 따라 고인돌의 입지 조건, 굄돌의 위치나 형태로 보아 무덤방을 이룰 수 없는 탁자식 고인돌의 존재, 무덤방이 없는 초대형의 바둑판 고인돌 등 다양한 사례를 검토하여 제단 고인돌로 해석한 연구도 있다.[244]

고인돌의 기능에 대한 여러 견해를 정리하면 다음과 같이 구분할 수 있다.[245]

첫째, 신비한 상징의 대상인 동시에 종교나 기념적인 성격을 지닌 종교 제사 기

241. H.B.Hulbert, 1906. *The Passing of Korea*, Yonsei Press, p.295.
242. H.G.Underwood, 1910. *The Religion of Eastern Asia*, Yonsei Press, pp.101~102.
243. 손진태, 1948. 「앞 글」, 9~39쪽.
244. 이융조·하문식, 1989. 「한국 고인돌의 다른 유형에 관한 연구」, 『東方學志』63, 46~50쪽 : 이영문, 2002. 『앞 책』, 217~236쪽.
245. 曲傳麟, 1982. 「앞 글」, 26~27쪽 : 許玉林, 1985. 「앞 글」, 17~18쪽 : 하문식, 1992. 「中國 東北地域 고인돌 硏究의 成果와 現況」, 『白山學報』39, 16~18쪽 ; 2000b. 「中國 東北地區 고인돌의 機能 問題와 築造」, 『先史와 古代』15, 184~185쪽.

념물.

둘째, 선사시대 사람들이 집단적으로 공공활동을 하였던 집회장소의 역할.

셋째, 무덤의 기능.

넷째, 선조들의 제사를 지낸 장소

이러한 몇가지 점을 고려해 보면 고인돌은 축조 당시에 제단이나 무덤처럼 각기 다른 기능을 하였거나 또는 동시에 두 역할을 하였던 것 같다. 그리고 축조된 다음 점차 사회적인 환경의 변화에 따라 제단으로 그 기능이 변화된 고인돌도 있다.

2. 종교 제사의 제단 기능

고인돌이 축조되기 시작한 당시 사회는 급격하게 변하고 있던 주변 환경에 적응하기 위하여 공동체 사회의 결속력을 다지기 위한 노력이 절대적으로 필요하였다. 집단체 나름의 거족적인 노동력으로 추진할 수 있는 여러 일들 가운데 효과적인 것이 상징적인 기념물을 만드는 것이었을 가능성이 많다. 이러한 기념물 가운데 고인돌의 축조는 집단적인 협동심으로 추진할 수 있는 좋은 대상이 되었을 것이다.[246]

사람들은 일찍부터 고인돌에 관심을 가지면서 신비함을 상징하는 제단이 고인돌이라고 여기며, 옛사람들이 이러한 제단을 숭배하면서 종교적인 행사를 거행하였다고 믿었다. 이런 의미에서 고인돌은 천지일월(天地日月)을 상징하는 것으로 보았다. 따라서 큰 것은 태양 또는 하늘, 작은 것은 달 또는 땅을 의미한다고 생각하고 있었다.[247]

요남지역의 고인돌 유적을 보면, 탁자식이 한 곳에 짝을 이루고 있으면서 대석붕(大石棚), 소석붕(小石棚)이라고 불리는 것이 있다. 이렇게 짝을 이루고 있는 고인돌의 입지 조건은 대부분 1기가 좀 높다란 곳에 있으면서 서로 일정한 거리를 유지하

---

246. Renfrew, C., 1979. *op. cit.* pp.132~140.

247. 陶炎, 1981. 「앞 글」, 63쪽.

사진 114. 와방점 대자
고인돌

고 있다. 이렇게 분포하는 고인돌은 무덤
보다 제단의 성격을 지닌 것 같다(사진 114).

이렇게 상징적인 제단의 기능을 가진
고인돌은 입지 조건, 분포 상황 그리고 외
형적인 크기에서 다른 고인돌과 비교된다.
먼저 어디에서나 쉽게 바라볼 수 있도록
비교적 조망이 좋은 주변보다 높은 자리에
위치하면서 밖으로는 웅장함을 나타낸다. 이러한 입지 조건은 당시 사람들의 세계
관과 관련이 있을 것으로 여겨진다. 고인돌의 숭배와 같은 독특한 의례를 거행함에
있어 신성스럽게 여기고 치성을 드리는 공간을 폐쇄된 지역에 확보하는 것보다는
어디에서나, 누구에게나 인식될 수 있는 곳을 골랐을 가능성이 많다. 이것은 신성
한 숭배의 공간을 주변 사람들에게 미리 알려 경건함을 갖게 하기 위한 것으로 해
석된다.

또한 한 곳에 여러 기의 고인돌이 분포하기보다는 일정한 범위에 독립적으로 1
기만 있는 경우가 대부분이며, 2기 이상이 있을 경우에는 다른 고인돌과 떨어져 있
거나 규모가 월등하게 큰 모습을 하고 있어 외형적인 특징을 보여준다. 이런 유적
은 개주 석붕산, 와방점 대자, 대석교 석붕욕, 해성 석목성 1호, 금현 소관둔 남쪽
고인돌 등이 대표적이다(사진 115).

사진 115. 금현 소관둔
남쪽 고인돌

북한지역의 탁자식 고인돌 가운데 서해
바다와 가까운 산마루나 능선 위에서 무덤
이외의 기능을 가진 것으로 해석되는 것이
찾아지고 있다. 이런 고인돌은 요남지역처
럼 입지 조건이나 분포 상황에서 다른 것
과 차이를 보이고 있다. 어디에서나 사람
들이 쉽게 바라볼 수 있도록 주변보다 높
은 곳에 위치하면서, 굄돌 위에 큰 덮개돌

사진 116. 배천 용동리
1·2호 고인돌

이 얹혀 있어 외형적으로 웅장함을 나타내고 있다. 또한 고인돌이 1기만 독립적으로 분포하고 있다. 이러한 몇 가지 특징을 지닌 고인돌은 자연의 힘에 크게 의존하였던 당시 사회의 사람들이 의식을 거행하던 제단의 기능을 가지고 있었을 가능성이 높다. 은율 관산리와 운산리·배천 용동리·용강 석천산 고인돌이 여기에 해당하는 것으로 보인다(사진 116). 그리고 이 고인돌 가운데에는 무덤방에서 껴묻거리가 찾아지는 것도 있어, 무덤으로써의 기능도 함께 가지고 있었던 것 같다.

서북한지역의 이들 고인돌들은 서해 바다에 인접한 요동반도의 해성 석목성, 개주 석붕산, 장하 대황지 탁자식 고인돌과 둥글게 분포하고 있어 주목된다. 더구나 요동반도의 이러한 탁자식 고인돌이 이웃의 다른 것과 입지 조건에서 차이점을 보이는 점, 껴묻거리가 찾아지고 있는 점 등은 북한지역의 탁자식과 비슷하여 시사하는 것이 많다.[248]

고인돌의 입지 조건과 기능 문제에 대하여 최근 여러 사람들이 관심을 가지면서 종합적인 연구가 이루어지고 있으며, 제단과 무덤의 복합적인 기능을 거론하고 있어 주목되고 있다.[249]

---

248. 김정배, 1996a, 「앞 글」, 86~90쪽.
249. 許玉林, 1994, 『앞 책』, 76~77쪽.

3. 무덤의 기능

대부분의 고인돌은 조사 결과 무덤의 기능을 가지고 있는 것으로 알려져 있다. 지금까지 조사된 개석식·바둑판 고인돌에는 거의가 주검이 묻힌 것으로 밝혀졌으며, 탁자식 가운데에는 무덤과 제단의 기능을 복합적으로 했을 가능성을 보이는 것도 있다.

고인돌의 기능을 무덤으로 해석하는 증거로는

첫째, 무덤의 직접적인 증거 자료인 사람뼈가 출토된다는 점

둘째, 한 곳에 고인돌이 떼를 이루고 분포한다는 점

셋째, 고인돌의 축조 과정에 묻은 껴묻거리가 찾아진다는 점 등이 있다.

요남지역에서 발굴조사된 고인돌 가운데 장하 양둔, 개주 화가와보, 보란점 쌍방 유적 등 상당히 많은 곳에서 사람뼈가 찾아졌다. 특히 이 지역의 고인돌에서 찾아지는 사람뼈는 대부분 화장을 하였기 때문에 작고 부스러기가 많다. 그리고 요북이나 길림지역의 개석식 고인돌에서도 화장한 사람뼈들이 무덤방 안에서 출토되고 있어 무덤의 기능을 잘 보여주고 있다.

다음은 요남지역의 고인돌 분포 관계를 보면, 탁자식이 한 곳에 떼를 이루면서 여러 기가 자리하고 있는 유적이 많다. 이 가운데 수암 백가보자(11기), 보란점 소둔(10기)과 석붕구(4기), 개주 하북(7기), 무순 하협심(4기) 유적이 대표적이다. 또한 무순 산용, 보란점 쌍방, 수암 백가보자유적은 개석식과 탁자식 고인돌이 한 곳에 같이 자리하고 있다. 만약 고인돌이 제단 역할만 하는 것이라면 군이 한 곳에 같은 형식으로 여러 기를 만든다거나 형식의 차이를 두어 복수로 축조를 할 필요는 없었을 것이다. 따라서 이러한 사실들도 고인돌이 무덤으로써의 기능을 가지고 있었음을 반증하는 자료가 될 수 있을 것이다.

한편 탁자식 고인돌의 무덤방에서 껴묻거리가 찾아진 대표적인 유적으로는 개주 화가와보, 와방점 화동광, 보란점 쌍방 2호, 장하 백점자와 대황지, 신빈 동구,

상원 방울뫼와 장리 고인돌 등이 있다. 이들 고인돌에서 토기와 석기도 출토되었지만, 대부분은 조각들이기 때문에 장례 습속에 따른 제의의 한 흔적으로 여겨진다.

북한지역의 고인돌도 다른 지역처럼 사람뼈가 많이 찾아져 그 주된 기능이 무덤이었던 것 같다. 일부 탁자식의 무덤방을 칸 나누기 한 점이나, 개석식에서 묘역이 설정되어 한 묘역 안에 여러 기가 함께 있는 점 등은 무덤으로써 고인돌이 가지는 성격을 뚜렷하게 보여주고 있다. 그리고 이 지역의 고인돌들 가운데 사람들이 별칭으로 부르는 것이 있다. 은천 약사동 고인돌은 '석전장', 개천 묵방리 고인돌은 '되무덤'·'대무덤'이라고 한다. 이러한 되무덤[胡墳]은 도무덤[都墳]이 잘못 전달된 것이며, 이 도무덤은 여러 사람이 함께 묻힌 어울무덤으로 여겨진다.[250] 도무덤이라고 부르는 고인돌은 기능 뿐만 아니라 그 성격을 가늠하는데 참고가 된다.

4. 숭배와 관련된 몇 가지

현재까지 고인돌 숭배나 제의행위가 이루어지고 있는 와방점 대자, 개주 석붕산, 신빈 선인당 고인돌을 중심으로 몇 가지 특징을 살펴볼 수 있다(사진 117).

대자와 석붕산 고인돌은 옛날부터 유적이 묘우(廟宇)나 절 안에 같이 있으면서 숭배의 대상이 되었지만, 지금은 고인돌만 남아서 사람들이 위(爲)하고 있다. 하지만 선인당 고인돌은 종교 시설은 설치되지 않고 현재와 같이 옛부터 주변에 사당이 있었던 것 같다. 현재까지의 조사 결과로 보면 숭배의 대상이 되고 있는 고인돌 유적에는 축조된 다음 후대에 묘우나 절과 같은 종교 시설이 설치되었던 것 같다.

석붕산 유적은 고인돌을 중심으로 사당(九聖祠)과 전각(聖母殿)이 설치되어 숭배되어 오다가 훗날 사찰(古雲寺)로 변하게 되었다. 1938년(康德 5年)에 세워진 비석에는 석붕산 고인돌의 위치와 외형적인 모습, 종교 시설로 변하여 숭배의 대상이 된 사실, 주변의 조망 관계, 보수한 내용 등이 상당히 자세히 기록되어 있다. 대자 유적

---

250. 손진태, 1948. 「앞 글」, 18~26쪽.

사진 117. 개주 석붕산, 와방점 대자, 그리고 신빈 선인당 고인돌: 지금도 제의행위가 있음

은 고인돌과 신상이 자리한 정전(正殿)을 비롯하여 배전(配殿)·종루(鐘樓) 등이 갖추어진 묘우가 자리하고 있었다. 그러다가 1974년 묘우와 담장이 없어지고 고인돌과 종루만 남아 있었는데 최근 주변을 또 다시 훼손하여 고인돌의 주변 경관이 변화된 상태다. 옛기록에 의하면 길이 8.5m, 너비 6m의 정전은 3벽과 기둥틀[梁架]에 채색 벽화가 있었고 그 안에 고인돌과 신상이 함께 자리하였다. 건륭(乾隆) 연간인 18세기(1735~1795년)에 세워진 묘우의 동쪽에는 돌로 만든 길이 2.3m 되는 네모꼴의 종루가 있는데 이 종루의 서쪽 꼭대기에 태산사(太山寺)라는 글씨가 있다. 그리고 선인당 고인돌은 바로 옆에 선계(仙界)의 여러 인물을 모신 사당이 위치하고 있다. 이 사당은 문화대혁명 때 파괴된 것을 1978년 개축하여 사용하다가 1999년 5월에 현대식 건물로 재개축하였다. 사당 안에는 제물이 놓인 제단과 그 뒤쪽의 벽에 삼도선(三道仙)에서 중요한 역할을 하는 선계의 인물들(15명?)이 그려져 있다(사진 118). 제단에는 여러 신상을 비롯하여 제물로 향, 술, 과자류, 과일 등이 차려져 있는 모습이다. 또한 사당의 천정에는 보와 기둥에 상량 때 매달아 놓은 것으로 보이는 붉은 천이 그대로 매여 있다.

이처럼 이들 고인돌은 후대에 들어와 사람들의 숭배 대상이 되면서 당시의 믿음 체계와 융화되어 새로운 시설이 설치되었는데 그 중심은 고인돌이었던 것 같다. 특

히 대자 유적을 보면 묘우의 중심이 되는 정전 안에 신상과 고인돌이 함께 자리하고 있었다는 사실은 이런 것을 뒷받침한다.

선인당 유적은 바로 옆에 독립된 건물로 사당을 세워 놓고 고인돌과 함께 전통적인 숭배의식을 행하고 있어 앞의 경우와는 약간 차이가 있다. 특히 고인돌 앞의 판판한 돌에서 직접 돼지를 해체하여 머리·과일·만두를 제물로 마련하여 치성을 드리는 행위는 지금도 마을 사람들이 숭배를 위하여 행하고 있는 의식의 모습을 잘 보여주는 것 같다.

숭배를 행하는 고인돌이 탁자식이기에 독립된 공간(돌방)이 마련되어 있으므로 이곳에 제의와 관련있는 여러 자료들이 모셔져 있다. 대자와 석붕산 고인돌은 후대에 제단을 마련하여 그 위에 목주(木主), 토제품, 향로 등을 놓아 두었다. 또한 마을 사람들이 숭배의 대상으로 여기고 있는 신상을 채색한 그림이 고인돌의 굄돌이나 마구리돌에 그려져 있다. 대자 고인돌의 돌방 안에는 채색한 그림과 신상 대좌(神像臺座)가 있었다고 전해오지만 현재는 없다.[251] 석붕산 고인돌의 돌방에는 제단이 마련되어 있고 그 앞쪽에 나무지장왕보살(南無地藏王菩薩)의 그림이 놓여 있다. 이렇게 고인돌 숭배의 의식이 지속적으로 이루어지고 있는 것은 방법의 차이는 있지만, 다른 지역에서도 조사되고 있다.

---

251. 1998년 8월 15일 현지를 답사한 결과 돌방 안에 채색의 흔적은 찾아볼 수 없었고, 마을 사람들에 따르면 지금도 종이에 원문(願文)을 적어 제의 행위를 행하는 과정에 붙인다고 한다.

사진 119. 개주 석붕산
고인돌에 있는 신위
(神位)

석붕산 고인돌의 주변에는 최근까지 마을 사람들이 여러 신위를 모셔 놓고 제의를 행한 흔적이 남아 있다. 이곳에 있는 신위는 모두가 짐승을 대상으로 신격화 하였는데 이것은 오래 살다보면 신으로 변한다는 전통적인 개념이 적용된 것으로 여겨진다. 여러 신위 가운데 대표적인 것은 여우(狐狸)를 신격화한 호선(胡仙), 족제비(黃鼠狼)의 황선(黃仙), 뱀(蛇)의 상선(常仙), 이무기(蟒)의 망선(蟒仙)이 있다(사진 119). 이 가운데 이무기나 뱀을 신격화하여 신위를 만들어 숭배의 대상으로 하였다는 점이 좀 특이하다. 이곳은 제의를 행하는 날을 미리 정하지 않고 주로 집안에 좋지 않은 일이 생기면 고인돌에 와서 안녕을 기원하는 제사를 지낸다고 한다. 그런데 좀 특이한 점은 대부분 공통된 관심사로 이곳을 찾고 있음에도 특별히 어떤 한 신위에 여러 사람들이 제의를 지내지 않고 각각 독립된 신위에 개인적으로 행한다는 사실이다.[252]

목주는 현재 대자와 석붕산 고인돌 유적에 있는데 그 내용은 글씨가 흐려서 정확하게 알 수 없지만, 마을 사람들에 따르면 지극히 개인사와 관련있는 편안함이나 무사함과 관련된 것이라고 한다.

대자 고인돌의 제단 위에는 목주와 함께 흙으로 빚어 만든 토제품이 나란히 있다(사진120). 이 토제품은 돼지(?)를 형상화한 것 같은데 그 역할은 제의를 거행할

---

252. 하문식, 2008a, 「앞 글」, 115~116쪽.

때마다 제물을 실물로 준비를 하게 되면 여러 가지의 번잡스러움이 생기기 때문에 이것을 줄이기 위하여 반영구적인 토제품을 마련한 것 같다. 현재 이 토제품은 완전하지 않고 머리와 꼬리 쪽이 부분적으로 깨어진 상태인데 자세히 관찰하여 보면 의도적인 깨뜨림이 있었던 것 같다. 그렇다면 이

사진 120. 와방점 대자 고인돌에 있는 목주 (木主)

것은 숭배 의식을 행하는 과정에 일어났던 행위와 관련이 있는 것으로 해석된다.[253]

　석붕산 고인돌의 마구리돌에는 현재 '나무지장왕보살'이라고 쓰여진 글씨와 그림이 그려진 것이 붙어 있다. 이것은 고인돌의 숭배 의식인 토착신앙이 불교라는 종교와 한데 어우러진 모습을 보여주는 하나의 자료가 아닐까 한다. 특히 고인돌이 자리한 바로 이곳에 '고운사'라는 사찰이 건립되어 오랫동안 종교 장소로 이용되었기 때문에 불교와는 깊은 관계가 있는 것 같다. 그리고 대자 고인돌에도 종루로 이용되었던 석각에 '태산사'라는 글씨가 쓰여 있어 종교와의 관련성을 시사한다.

　한편 숭배와 관련있는 고인돌에서 찾아지는 또다른 하나의 특징은 모두 별칭을 가지고 있다는 점이다. 대자와 석붕산 고인돌은 '석묘자' 또는 '석붕묘'라고 부르는데 이것은 모두 묘우와 관련이 있기 때문이다. 특히 대자 유적은 고인돌 그 자체를 오랫동안 묘우로 이용하여 왔기에 주변 사람들은 '석묘자'보다 '석붕묘'라고 더 많이 부르고 있다. 선인당 고인돌은 '비래석', '선인당'이라고 부른다. '선인당'은 그 자체가 신격화된 것으로 마을 사람들이 고인돌을 중심으로 사당이 있는 이곳을 통칭하여 그렇게 부르고 있다. 이렇게 별칭이 있는 고인돌은 축조 과정이나 오랜 기간동안 전해 내려오는 여러 가지 사실들을 함께 지니고 있어 고인돌의 숭배와도 관련이 있는 것으로 해석된다.

---

253. 이것을 전통 제의와 관련있는 것이라고 하는 견해가 제시되었다(遼寧省 文物考古硏究所, 方殿春·張克擧 님).

Ⅶ. 고인돌의 형식

고고학 연구에 있어서 분석 대상이 되는 자료의 속성에 따른 형식 분류를 하고
있는데 고인돌 연구도 이러한 분류 방법에 따라 많은 연구가 진행되어 왔다. 고인
돌은 고고학 자료 가운데 형식 분류가 많이 이루어진 대표적인 유적이다. 형식 분
류에 있어 고인돌의 여러 속성이 1차적인 검토 대상이다. 분석 대상인 고인돌의 속
성은 크게 지상에 있는 것을 기준으로 먼저 분류하고 대개 무덤방 같은 지하의 자
료는 2차적인 형식 분류의 대상이 되고 있다.

고인돌의 형식 분류는 무덤방의 속성을 통일된 기준에 따라 체계적으로 분류하
여야 객관적인 연구 성과를 얻을 수 있다. 그러나 지금까지 이루어진 대부분의 형
식 분류는 연구자마다 나누는 기준이 주관적으로 적용되어 이루어진 것이 많다.

고조선 지역의 고인돌 형식 분류도 지역과 연구자마다 차이가 많으므로 지역별
로 형식을 분류한 것을 살펴볼 수 있다.

1. 요남과 요북, 길림 지역

이 지역의 고인돌에 대한 형식 분류와 연구는 일찍부터 진행되어 왔다. 분류의
기준은 먼저 지상에 드러난 상태에 따라 '地上石棚'·'地下石棚'으로 구분하였다.[254]
이 분류는 지상에 드러난 탁자식 고인돌[石棚] 뿐만 아니라 개석식이나 바둑판 고인
돌도 모두 포함된 것으로, 현재 석붕(石棚)이라는 용어를 중국 학계에서는 탁자식
고인돌에 제한하여 사용하고 있기 때문에 합리적인 분류라고 할 수 없다. 초기에
요남 지역에서 조사된 대불산(大佛山)의 탁자식 고인돌을 기준으로 구조적인 발전
단계에 따라 분류한 것이 있는데,[255] 최근 이 대불산의 탁자식을 자연적인 붕석(棚石)

---

254. 許玉林, 1985, 「앞 글」, 17~18쪽 ; 1994, 「앞 책」, 66~67쪽.
255. 鳥居龍藏, 1946, 「中國石棚之硏究」 『燕京學報』 31, 121~127쪽.

으로 해석하고 있어 문제로 지적된다.[256]

요령과 길림지역 고인돌의 형식 분류에 대한 기준과 그 결과를 보면, 대부분 탁자식[石棚]을 대상으로 한 것이지만, 연구 흐름과 관점은 알아볼 수 있다.

탁자식 고인돌은 외형에 따라 '環壁石棚'을 비롯하여, 굄돌이 여럿인 '多足石棚', 그리고 집 모습이 연상되는 '石屋'으로 분류한 것이 있다.[257] 또 굄돌이 덮개돌을 받치고 있는 전체적인 생김새가 관(冠)을 닮았기에「三國志」에는 '관석(冠石)'이라고 기록되어 있다.

고인돌의 외형적인 크기에 따라 '大石棚'과 '小石棚'으로 나눈 것이 있지만, 구체적인 분류 기준이나 그 예를 제시하지 않고 있는 것이 문제로 지적된다.[258] 고인돌에 이용된 돌감의 손질 정도에 따라 '제1유형'과 '제2유형'으로 분류한 것이 있다. 제1유형은 거의 손질되지 않은 자연석을 가지고 만든 탁자식이며, 제2유형은 손질하여 다듬은 돌감으로 만든 고인돌인데 요남 지역의 많은 탁자식이 여기에 속하는 것으로 분류하였다.[259]

굄돌의 모습과 축조, 발전 과정을 가지고 분류한 연구가 있다.[260] 이 분류 기준은 덮개돌과 굄돌이 맞닿는 사이의 길이(비율) 문제, 굄돌의 두께, 무덤방의 높낮이 등인데 '早期石棚'·'變形石棚'·'變形小石棚'으로 나누었다. 그리고 탁자식 고인돌이 '大石墓[개석식 고인돌]'와 '積石塚[돌무지 무덤]'으로 변화·발전한다는 것이다.

──────────────────────

256. 大佛山 고인돌에 대하여 구조적인 측면에서 굄돌이 자연석이기 때문에 이른 시기의 것으로 해석을 하여 왔다(徐知良, 1958. 「中國的巨石文化與石棺墓介紹」『人文雜志』2, 55~70쪽 : 王洪峰, 1993b. 「앞 글」, 249쪽 : 孫福海·靳維勤, 1995. 「앞 글」, 629쪽).
그러나 최근 덮개돌[天井石]과 굄돌[石柱]이 자연석이기 때문에 대불산 고인돌은 인위적으로 만든 것이 아니고 자연적인 "棚石"이라는 주장이 제시되었다. 더구나 이와같은 것이 해성(海城) 접문향(接文鄕) 접문후산(接文後山)에서도 조사되었으며, 마을 사람들도 이것을 "石棚"이라 부른다고 한다(許玉林, 1994. 「앞 책」, 67쪽).

257. 肖兵, 1980. 「앞 글」, 64~65쪽.

258. 陶炎, 1981. 「앞 글」, 62~63쪽.

259. 曲傳麟, 1982. 「앞 글」, 23~25쪽.

260. 陳大爲, 1991. 「앞 글」, 82~87쪽.

표 1. 중국 동북지역 고인돌의 형식 분류(陳大爲 견해)

구분 ＼ 분류	早期 石棚	變形石棚	變形小石棚
유적 지세	작은 산마루	작은 산마루	구릉이나 평지
고인돌 방향	남쪽	동쪽	동서쪽
덮개돌 평면 모습	긴 네모꼴	네모꼴	네모꼴
무덤방 평면 모습	긴 네모꼴	네모꼴	네모꼴
무덤방 높이	높음	높음	낮음
처마 관계	매우 길다	비교적 짧다	짧거나 없음
굄돌 두께	두텁다(30cm쯤)	두텁다	얇다
시 기	금석병용기	청동기시대 초기	청동기시대 중기
대표적인 유적	해성 석목성	대석교 석붕욕	장하 백점자 수암 흥륭

이 분류의 특징은 고인돌의 발전 변화에 따른 과정으로 개석식과 돌무지 무덤을 설정한 것이다. 실제로 보란점 소둔 유적을 보면 탁자식 고인돌을 비롯하여 개석식과 돌무지 무덤이 한 곳에 같이 있어 시사하는 점이 많다.[261]

탁자식 고인돌의 크기, 덮개돌과 굄돌의 형태학적 특징, 축조 방법, 유적 지세 등을 고려하여 大石棚·中石棚·小石棚으로 분류한 연구가 있다.[262] 요남지역의 탁자식 고인돌을 형식 분류한 것 가운데 이것이 널리 이용되고 있다.

이 분류는 외형적인 모습에 따라 기준을 정한 것이 문제가 있기는 하지만 고인돌의 높이, 덮개돌의 크기 등 객관적인 기준도 몇 가지 제시하고 있다. 대석붕은 유적 주위의 조망이 좋으면서 물줄기가 옆에 있는 곳에 위치하고, 소석붕은 한 곳에 개석식 고인돌(大石盖墓)과 같이 있는 것이 대부분이다.

탁자식 고인돌이 지면에 드러난 정도에 따라 형식을 분류한 것이 있다.[263] 이 연구의 분류 기준에 의하면 무덤방(굄돌 기준)이 땅 위에 완전히 드러난 Ⅰ형식(大石棚),

---

261. 하문식, 1992. 「앞 글」, 15쪽.

262. 許玉林·許明綱, 1981. 「앞 글」, 188∼190쪽 ; 許玉林, 1985. 「앞 글」, 17∼20쪽 ; 1994. 「앞 책」, 66∼69쪽.

263. 武家昌, 1994. 「앞 글」, 13∼17쪽.

표 2. 중국 동북지역 고인돌의 형식 분류(許玉林 견해)

구분 / 분류		大石棚	中石棚	小石棚
고인돌의 특징	고인돌 크 기	비교적 큼	大石棚과 小石棚 중간	비교적 작음
	고인돌 높 이	2m쯤	1.5m 안팎	1m 안팎
	돌감의 손질 정도	많이 하였음	약간 손질	거의 손질 안됨
	덮개돌과 굄돌의 맞물림	정교함	틈이 많음	
덮개돌	길이와 너 비	4~5m	2~3m	2m
	생김새	납작한 긴 네모꼴	네모꼴	긴 네모꼴이거나 불규칙
	처 마	큰 처마	사방이 비슷하게 나왔음	처마 없음
굄 돌	생김새	사다리꼴	네모꼴	긴 네모꼴
	서있는 모 습	안쪽으로 기울었음	안쪽으로 조금 기울었음	곧게 서 있음
막 음 돌		양쪽 굄돌 밖에 기대어 있음	양쪽 굄돌에 기대어 있음	양쪽 굄돌에 끼어 있음
바 닥 돌		크고 납작한 것		거의 없음
방 향		대부분 남쪽		
유적 지세		주변보다 높다란 곳	대지 위나 산 아래	낮은 대지나 평지
연 대		中石棚과 비슷	3,100~3,500년 전	2,500~3,000년 전
대표적인 유적		개주 석붕산, 보란점 석붕구, 와방점 대자, 장하 대황지, 해성 석목성	금현 소관둔, 보란점 쌍방 2호, 장하 백점자	수암 흥륭 2호, 장하 대영산, 분방전, 개주 연운채, 화가와보, 보란점 소둔, 신빈 선인당

반쯤 드러난 Ⅱ형식(小石棚), 지면에 반쯤 드러나 있으면서 주변에 돌무지나 돌테[石框]가 있는 Ⅲ형식(小石棚)으로 나누고 있다.

표 3. 중국 동북지역 고인돌의 형식 분류(武家昌 견해)

구분＼분류	Ⅰ형식(大石棚)	Ⅱ형식(小石棚)	Ⅲ형식(小石棚)
유 적 지 세	작은 산마루	구릉이나 산마루	주로 산봉우리
고인돌 크기	비교적 큼	Ⅰ형식 보다 작음	매우 작음
돌 감 손 질	아주 많이 되었음	거의 손질되지 않음	손질되지 않음
덮 개 돌	크며 처마가 있음	좀 작고 처마도 약간	매우 작음
굄 돌		반쯤 땅 속에 묻힘	거의가 땅 속에 묻힘. 한 쪽 벽이 여러 개의 돌로 이루어짐
무덤방 모습	네모꼴	긴 네모꼴	
무덤방 바닥	넓적한 돌		2개 또는 여러 개
대표적인 유적	해성 석목성 개주 석붕산 장하 백점자	보란점 쌍방 2호	무순 산용 개원 조피둔

이 분류에서 Ⅰ형식은 조망이 좋은 곳에 주로 분포하는데 요남지역의 해성·장하·대석교·개주에 많고, Ⅱ형식도 요남지역에 많이 있다. Ⅲ형식은 대부분 산기슭이나 끝자락에 쌍을 이루고 있으며 요북지역의 산간지대나 길림 남부지역에 분포하고 있다. 이 형식 분류도 합리적이고 객관적인 기준을 설정하지 않았으며, 고인돌의 크기에 따라 나눈 것은 요남과 요북지역 탁자식의 일반적인 형식 분류의 범주를 크게 벗어나지 못한 것 같다.

다음은 무덤방이 지상에 있는 탁자식 고인돌의 무덤방 구조에 따라 형식을 분류한 연구가 있다.[264] 이 형식 분류는 무덤방의 구조를 먼저 A형, B형, C형, D형으로 1차 분류를 한 다음, 다시 A형과 B형은 굄돌의 서 있는 모습(기운 정도), 굄돌과 막음

264. 王洪峰, 1993b, 「앞 글」, 245~249쪽.

돌의 맞물림에 따라 Ⅰ식·Ⅱ식·Ⅲ식으로 나누고 D형(棋盤式石棚)은 무덤방의 구조에 따라 Ⅰ식(石槨式)과 Ⅱ식(圍支石式)으로 다시 세분하였다. 분포 지역을 보면 A형은 요남지역에 많이 있고, B형은 요령지역과 길림 남부 그리고 한반도가 중심 지역이다. C형은 한반도의 북부지역에서 찾아지고, D형은 한반도 남부 고창지역에 분포하고 있다.[265]

표 4. 중국 동북지역 고인돌의 형식 분류(王洪峰 견해)

분류＼구분	무덤방 모습	세분	굄돌 모습	대표적인 유적
A형		Ⅰ식	굄돌이 곧게 서 있음	와방점 화동광 유하 태평구 14호
		Ⅱ식	굄돌이 기울었음	청원 낭두구 개주 석붕산
		Ⅲ식	굄돌에 홈이 파여 있음	해성 석목성
B형		Ⅰ식	굄돌이 곧게 서 있음	
		Ⅱ식	굄돌이 기울었음	대석교 석붕욕
		Ⅲ식	굄돌에 홈이 파여 있음	유하 대사탄 2호
C형	한 쪽 막음돌이 이중으로 겹세워 있음			연탄 송신동 10호
D형	무덤방을 이루고 있는 굄돌이 여러 개	Ⅰ식	여러 개의 넓적한 돌이 무덤방을 이룸(石槨式)	고창 죽림리 2327호
		Ⅱ식	기둥 모양의 굄돌이 덮개돌을 받치고 있음 (圍支石式)	고창 죽림리 2513호

이 분류를 보면 A형과 B형의 분류 방식에 문제점이 있는 것을 쉽게 알 수 있다. 무덤방을 이루는 굄돌과 막음돌의 형태는 고인돌의 구조적인 관점에서 결정되는

---

265. 한반도의 고인돌 자료 가운데 고창지역을 중심으로 분석한 것은 제한적인 자료의 활용 때문인 것으로 여겨진다.

요인인데, 이 형태에 따라 형식 분류의 기준을 정하는 것은 너무 자의적인 것으로 생각된다. 더구나 A형과 B형의 세부 기준인 굄돌의 서 있는 모습은 축조 과정에서 결정되는 것이기 때문에 문제가 있다. D형의 Ⅱ식은 무덤방이 지하에 있는 것이므로 탁자식 고인돌의 범주에 넣을 수 없는 것이다.[266]

한편 고인돌을 먼저 탁자식[石棚]과 개석식[大石盖墓]으로 구분한 다음, 탁자식은 자리한 곳의 지세, 높이, 덮개돌 길이와 손질 정도, 처마, 안기울임, 축조 상태를 기준으로 세분한 견해가 있다. 그리고 개석식은 무덤방의 구조에 따라 석개석판묘(石盖石板墓), 석개체석묘(石盖砌石墓), 석개토광묘(石盖土壙墓), 석개점석묘(石盖墊石墓)로 분류하였다.[267]

개석식 고인돌에 대하여는 다시 지역에 따라 구분한 다음 무덤방 구조, 크기, 형

표 5. 중국 동북지역 고인돌의 형식 분류(王嗣洲 견해)

구분 ＼ 분류	제1류(대형 석붕묘)	제2류(중형 석붕묘)	제3류(소형 석붕묘)
유적 지세	높은 구릉이나 대지	평지나 낮은 지대	낮은 대지나 평지
분포 현황	단독	제1류와 제3류 사이	줄지어 분포
고인돌 높이	2m	1.3m	1m
덮개돌 길이	4~5m	2~3m	2m
돌감의 손질 정도	많이 하였음	약간 손질	거의 안됨
덮개돌과 굄돌의 맞물림	정교함	틈이 있음	
처마	큰 처마	있음	없음
굄돌의 모습	안기울임	조금 기울었음	곧게 서있음
무덤방			네모꼴
대표적인 유적	해성 석목성 개주 석붕산 수암 흥륭 장하 대황지	보란점 대자 금현 소관둔	개주 연운채 장하 분방전 보란점 쌍방

266. 김선기, 1997, 「高敞地域 柱形支石을 갖는 支石墓에 對하여」 『湖南考古學報』 5, 163~186쪽.
267. 王嗣洲, 1996, 「試論遼東半島石棚墓與大石盖墓的關係」 『考古』 2, 73~74쪽.

태에 따라 세분하였다.[268] 지역은 봉성 동산 유적과 보란점 벽류하 유적 등 요령지역을 A구역, 동풍 매하와 횡도하 유역, 요원 고고촌, 화전 서황산둔, 공주령 후산유적 등 길림지역을 B구역으로 구분하였다. 무덤방은 크게 구덩이, 돌널, 돌덧널 등으로 분류한 다음 무덤방의 바닥, 널길, 형태에 따라 나누었다.

이밖에도 고인돌의 외형적인 크기에 따라 형식을 분류한 연구가 있다.[269] 그리고 개석식 고인돌인 대석개묘(大石盖墓)를 탁자식 고인돌인 석붕(石棚)과 구분하면서 '未露地面的石棚', '棋盤式石棚' 또는 '第一式石棚'으로 분류하기도 하였다.[270] 개석식을 제1식 석붕이라고 할 때 '第二式石棚'은 탁자식일 것이다. 또 덮개돌 밑의 무덤방에 따라 '石盖 石槨墓', '石盖 石棺墓', '石盖 土壙墓'로 나누기도 한다.[271] 이러한 분류는 한반도의 고인돌 형식 분류 기준에서 무덤방의 구조에 따라 나누는 것과 비교된다.

2. 북한지역

북한에서는 광복 이후 일제 강점기에 왜곡·변형된 역사와 문화를 바로잡기 위하여 여러 분야에 걸쳐 조사와 연구를 진행하였다. 고인돌 연구에서는 일본 학자들이 제시한 북방식과 남방식의 형식 분류가 잘못이라는 인식을 가지고 있었다.

북한지역의 고인돌 형식 분류는 먼저 모습이 밖으로 드러난 상태와 그 특성에 따라 '고인돌'과 '변형 고인돌'로 나누었다.[272] 고인돌은 탁자식('탁상식'·'북방식')이며,

268. 王嗣洲, 1998, 「論中國東北地區大石盖墓」 『考古』2, 53〜56쪽.
269. 徐知良, 1958, 「앞 글」, 55〜70쪽 : 孫福海·靳維勤, 1995, 「앞 글」, 629〜630쪽.
270. 許玉林·許明綱, 1981, 「앞 글」, 189〜190쪽.
  최근 중국 학계의 大石盖墓 에 대한 여러 문제를 언급한 연구가 있다.
  오강원, 2011, 「中國 考古學界의 大石盖墓에 대한 批判的 檢討와 새로운 提案」 『고조선 단군학』25, 309〜335쪽.
271. 許玉林, 1991, 「앞 글」, 71〜79쪽.
272. 도유호, 1959, 「앞 글」, 27〜30쪽.

변형 고인돌은 바둑판('기반식'·'남방식') 고인돌이다. 그리고 고인돌의 특성을 고려하고 문화의 전파에 따른 발전 법칙을 적용하여 고인돌에서 변형 고인돌로 발전한 것으로 추론하였다. 이런 추론 과정에는 고인돌이 전파된 다른 문화 요소와 결합하여 새로운 형식(변형 고인돌)이 만들어졌고, 두 형식은 일정 기간 동안 같이 있다가 변형 고인돌만 남게 되었다는 변증법의 기본 원리가 적용되었다.[273]

이러한 견해는 발굴 조사에 따른 자료의 증가와 고인돌에 대한 새로운 인식으로 다시 무덤방 구조에 따라 세분하여 3가지로 분류하였다. 제1유형은 전형(탁자식) 고인돌이며, 제2유형은 변형 고인돌에서 하나의 덮개돌 밑에 무덤방이 하나 있는 것이다. 그리고 제3유형은 묘역(대체로 돌무지 시설) 안에 무덤방이 여러 기 있는 형식이다.[274]

1970년대 초부터 연탄·황주 등지를 중심으로 한 평안·황해지역에 분포하는 고인돌 유적에 대한 집중적인 발굴 조사가 이루어져 새로운 자료를 많이 얻게 되었다. 이러한 조사와 연구 성과를 바탕으로 고인돌의 형식을 새롭게 분류하였다. 먼저 묘역 시설의 있고 없음에 따라 형식을 크게 나누고 이것을 다시 세분하였다.[275] 이 형식 분류에서 기준이 되는 것은 묘역 시설이며, 고인돌이 지상 무덤이라는 전제 아래 분류를 하였다.

묘역 시설이 있는 것 가운데 제1유형은 돌무지로 큰 묘역을 이룬 것이고, 제2유형은 돌무지나 흙더미의 조잡한 묘역을 지닌 것이다. 그리고 탁자식 고인돌의 형식을 구분한 제3유형과 제4유형은 굄돌의 형태와 손질 정도, 무덤방의 구조가 기준이 되었다. 제3유형은 묘역이 없으면서 굄돌이 둥그스름하게 손질되었고 무덤방의 바닥에 강돌을 깐 것이며, 제4유형은 굄돌이 사다리꼴이고 무덤방의 막음돌이 나들이 문의 기능을 한 것이다.

이러한 형식 분류를 통하여 그 변천 과정을 보면, 축조 기술의 발전에 따라 제1

273. 장호수, 1995, 「앞 글」, 235~236쪽.
274. 황기덕, 1965, 「무덤을 통하여 본 우리나라 청동기시대의 사회 관계」, 『고고민속』4, 8~9쪽.
275. 석광준, 1974a, 「앞 글」, 106~118쪽.

유형에서 제4유형으로 변화하였다는 의견이다. 이러한 형식의 발전 과정은 기존의 견해가 완전히 거꾸로 바뀐 것으로 북한 학계의 고인돌 연구에서 하나의 전환점이 되었다.

축조 기술에 따른 고인돌의 형식 분류가 있고 난 다음, 연탄 오덕리·황주 침촌리 등지의 고인돌 유적에 대한 발굴 결과 보다 구체적인 자료가 제시되면서 심화된 연구가 이루어져 형식 분류가 더욱 구체화되었다.[276] 먼저 탁자식이 집중 분포하고 있는 연탄 오덕리와 개석식이 집체무덤을 이루고 있는 황주 침촌리의 지명을 따라 '오덕형 고인돌'과 '침촌형 고인돌'로 나누었다. 그리고 오덕형 고인돌은 다시 3가지 유형으로(오덕형 제1유형~제3유형), 침촌리 고인돌은 5가지 유형(침촌형 제1유형~제5유형)으로 세분하였다.

그러나 이와 같은 형식 분류와 선후 관계를 설정함에 있어 고인돌에서 찾아진 껴묻거리나 유적의 입지 조건에 따른 축조 순서 등을 고려하여 종합적으로 해석하기보다는, 고인돌의 외형적인 구조에서 찾아지는 특징을 건축학적인 발전 단계에 따라 해석을 하고 있어 문제점으로 지적될 수 있겠다.

한편 북한 학계에서는 1990년대에 들어와 평양을 중심으로 한 대동강 유역과 그 언저리의 고인돌을 대규모 조사·발굴하였다. 이러한 자료에 근거하여 고인돌의 형식을 분류하면서 새로운 분류 체계를 제시하였다. 집합식 무덤인 침촌형은 무덤방의 짜임새와 수에 따라 4가지로 구분하였고, 개별 무덤인 오덕형은 무덤방의 문돌 형식에 따라 3가지로 분류하였다. 그리고 굄돌 없이 무덤방이 지하에 있는 묵방형은 무덤방의 짧은 벽에 따라 2가지로 구분하였다.[277] 이러한 고인돌의 형식 분류는 뒤이어 묵방형 고인돌을 보다 세분하여 3가지로 분류하였다. 이런 분류는 묵방형 고인돌 무덤방의 짧은 벽 형태에 따라 나누었다. 묵방형 고인돌의 제1형은 무덤방의 짧은 벽에 1~2개의 판돌을 세워 문돌의 역할을 한 것이고, 제2형은 짧은 벽

---

276. 석광준, 1979, 「앞 글」, 147~182쪽.
277. 석광준, 1996, 「평양 일대 고인돌 무덤의 변천에 대하여」 『조선고고연구』3, 17~20쪽.

1. 산 자와 죽은 자의 꿈이 이루어지는 곳 ▪ 고인돌 **195**

의 한 쪽 구석에 판자돌을 놓거나 돌을 쌓아 놓은 것이고, 제3형은 무덤방의 4벽을 전부 쌓은 것으로 나누었다. 고인돌의 조사 결과 제1형의 유적으로는 강동 문흥리 4호, 순안 석암 야영소 3·6·7·8호 그리고 묵방리 17·20·27·31호가 있고, 제2형은 묵방리 25·30호와 순안 석암 야영소 1·2·10호가 있다. 제3형은 순안 석암 야영소 17·18·19호와 숙천 검산리 2호가 해당된다.

이러한 고인돌의 형식 분류 자료를 토대로 묵방형의 형식을 보면 순안 석암 야영소 유적이 주목된다. 이곳에는 제1형~제3형이 모두 분포하고 있어 고인돌(무덤방)의 변천 과정을 이해하는데 도움이 된다. 특히 무덤방의 변화에 따른 시기 구분은 물론 껴묻거리를 통한 묵방형 고인돌의 성격을 알 수 있다.

그러나 2000년대에 들어와 북한 학계의 고인돌 형식 분류는 1990년대에 있었던 활발한 조사와 연구 결과에 따라 새로운 견해가 제시되었다.[278] 형식 분류는 기존의 자료와 새로운 발굴 성과에 따라 크게 침촌형, 오덕형, 묵방형, 석천산형, 용악산형 등 5개로 나누고 있다. 고인돌의 발굴에서 새로운 무덤방의 구조가 조사되면서 석천산형과 용악산형이 첨가되었다. 석천산형은 무덤방에 아무런 시설을 하지 않고 구덩이[土壙]을 그대로 이용한 것이며, 용악산형은 평양 만경대 구역의 용악산 기슭에서 조사된 고인돌을 바탕으로 형식을 설정한 것이다.

만경대 구역에는 120여 기의 고인돌이 분포하고 있는데 주로 용악산 남쪽 기슭인 만경대동과 삼흥동에 집중 분포한다. 용악산형은 덮개돌 밑에 2~8개의 굄돌이 괴어 있으며, 무덤방은 그 안의 지하에 있는 것으로 바둑판 고인돌의 구조와 비교된다(사진 121). 만경대 2·26호와 원로리 13호 고인돌이 대표적이다. 또한 만경대 구역에서 발굴한 김일성 종합대학의 고고학강좌 팀은 용악산형을 2가지로 구분하였다.[279] 첫째는 덮개돌 밑에 막돌을 쌓은 보강 시설이 있는 것이고, 둘째는 덮개돌

278. 서국태, 2005a. 「앞 글」, 352~362쪽 ; 2008. 「고인돌 무덤의 분류에서 제기되는 몇 가지 문제」『조선고고연구』4, 2~6쪽.

279. 남일룡, 2005. 「평양 일대에서 새로 발굴된 고인돌 무덤과 그 의의」『남북 학자들이 함께 쓴 단군과 고조선 연구』, 지식산업사, 610~611쪽.

밑에 아무런 시설도 없는 것으로 서로 구분한다.

고인돌의 형식 분류 결과를 보면, 그 기준이 여러 속성에 따른 체계적이고 통일된 것이 아니고 연구자마다 주관적인 기준의 속성에 의하여 이루어진 것이 많다. 그러므로 여기에서는 형식 분류를

사진 121. 평양 만경대
고인돌: '용악산형'

단순화하면서 앞으로 보다 심화된 연구가 이루어질 때까지 잠정적인 의미에서, 크게 고인돌의 외형적인 모습에 따라 탁자식과 개석식 그리고 바둑판식으로 분류하고자 한다.

탁자식 고인돌은 무덤방이 지상에 드러나고 넓적한 돌로 만들어져 그 양식이 간단하지만, 개석식 고인돌은 무덤방이 지하에 있고 그 모습이 여러 가지이다. 특히 개석식이 집중적으로 조사된 봉성 동산 유적과 황주 침촌리 고인돌 유적을 보면, 다양한 무덤방의 구조를 알 수 있다. 탁자식과 개석식 고인돌은 먼저 축조 과정에 차이가 많다. 탁자식은 외형적인 모습이 단순하지만 무덤방이 지상에 축조되므로 그 과정이 어렵고 중요하다. 그러나 개석식은 축조 과정보다 1차적으로 고인돌을 만들 때 필요한 덮개돌의 운반 문제가 더 중요하였을 것이다.

요남지역의 고인돌 연구에 있어 최근까지 개석식[大石盖墓]보다는 탁자식에 대한 조사와 연구가 보편화 되어 탁자식이 훨씬 많이 보고 되었다. 그러나 요북지역은 최근 조사된 탁자식 고인돌 유적 근처에 개석식이 있다는 보고가 상당히 많이 있어 앞으로 조사가 진행되면 크게 늘어날 가능성이 많다.[280]

요남지역의 탁자식 고인돌 가운데 규모가 큰 것('大石棚'으로 분류되는 것)은 대부분 유적이 자리한 곳이 낮은 산마루나 높다란 구릉지대에 있고, 요동반도를 중심으로 한 바닷가와 가까운 곳에 분포하고 있다. 이러한 집중 분포 현상을 일부에서는 고

---

280. 하문식, 2014. 「앞 글」, 27~28쪽.

인돌의 성격이나 사회의 발전 단계와 연관시켜 해석하고 있지만,[281] 아직까지 그러한 해석을 뒷받침해 줄 뚜렷한 껴묻거리나 축조 과정의 특징이 찾아진 것은 아니다. 고인돌의 성격(기능)을 무덤뿐만 아니라 제단과 같은 상징적인 기능을 가진 것으로 이해한다면 유적의 입지 조건과 관련시켜 해석할 필요성이 있을 것 같다.

고인돌의 형식에 따른 각 지역의 특징을 보면, 먼저 요남지역은 무덤방의 구조에 있어서 개석식에서만 딸린 방이 찾아졌다. 이것은 개석식 고인돌의 무덤방 위치가 지하에 있는 속성과 관련이 있는 것으로 보인다. 또 껴묻거리 가운데 비파형 동검을 비롯한 청동 유물은 탁자식보다 개석식 고인돌에서 더 많이 찾아지고 있다.[282] 이러한 것이 고인돌의 축조 연대와 관련 있는지, 아니면 축조 집단의 특성 때문인지는 그 예가 적어 해석에 어려움이 있지만, 지금까지 조사된 것을 보면 형식에 따른 하나의 특징으로 볼 수 있다.

요북지역의 탁자식과 개석식 고인돌에서는 무덤방 주변에 돌무지 시설이 있는 특이 구조가 찾아져 주목된다. 이것은 요남지역의 고인돌이 요북지역으로 확산되는 과정에 나타나는 구조적인 변화 과정으로 해석된다.

길림지역 고인돌의 형식에서 나타나는 특징은 개석식에서 찾아볼 수 있다. 개석식의 무덤방은 크기가 큰 편에 속하고 그 안에서 많은 사람뼈가 찾아지는 것이 하나의 특징이다. 특히 개석식에서 두드러지게 찾아지는 화장은 이 지역에서 보편적으로 유행했던 장례 습속이었던 것 같다.[283]

북한지역의 고인돌 형식에 따른 특징(차이)을 보면 탁자식에서는 무덤방의 칸 나누기가 찾아지고, 개석식은 한 묘역 안에 무덤방이 여러 기 있는 집체무덤이 조사되었는데 이런 독특한 구조는 이 지역에만 있는 것이다. 그리고 다른 지역에 비하여 개석식의 무덤방에 돌널이 많은 것도 하나의 특징이다.

---

281. 許玉林. 1994. 「앞 책」, 69~79쪽.
282. 비파형 동검 출토 관련 자료를 가지고 고조선의 성격을 연구한 결과 가운데. 고인돌에서 비파형 동검이 찾아지지 않는다는 단정적인 견해는 수정되어야 한다(이종욱, 1993. 「古朝鮮史研究」, 一潮閣, 113쪽).
283. 王洪峰. 1993b. 「앞 글」, 252~253쪽.

탁자식과 개석식 고인돌의 선후 관계 문제는 지금까지 의견이 통일되지 못한 실정인데, 북한 학계에서 주장하는 침촌형의 집체무덤(침촌형 제1유형)에서 오덕형 고인돌로의 발전 문제는 축조에 따른 건축학적인 발전이나 사회 발전 단계의 분석도 중요하지만 껴묻거리가 먼저 비교 검토되어야 할 것으로 판단된다. 또한 평양 근처의 만경대 구역에서 조사된 굄돌이 있는 특이 구조는 바둑판 고인돌의 분포 범위를 새롭게 해석하는 계기가 될 것이다.

Ⅷ. 고인돌의 껴묻거리

고인돌은 축조 과정에 소요된 많은 노동력에 비하여 껴묻거리가 적게 찾아지고 있어 그 성격을 밝히는데 어려움이 많다. 하지만 장례 습속과 관련된 것들은 전통성과 보수성이 강하므로 새로운 문화가 들어와도 쉽게 변화가 일어나지 않기 때문에 무덤으로써의 고인돌에서 나온 껴묻거리는 당시 사회를 이해하는데 좋은 자료가 된다.

고인돌의 무덤방 안팎에서 찾아지고 있는 유물은 출토 장소에 따라 그 성격에 차이가 있다. 무덤방 안에서 출토되는 껴묻거리는 대부분 의례(儀禮)에 쓰인 것으로 묻힌 사람과 직접적인 관계가 있으며, 껴묻기 위한 것이다. 그러나 실생활에 쓰던 것들은 무덤방의 주변에서 발견되고 있는데, 이것은 묻힌 사람의 죽음에 대한 애도의 표시인 장송용(葬送用)이나 고인돌 축조에 따른 제의 행위와 관련이 있는 것으로 해석된다.[284]

고인돌에서 찾아지는 껴묻거리는 대부분 토기와 간석기이고 청동기는 드물며, 가끔 꾸미개와 짐승뼈 등이 있다.

토기는 완형보다 조각들이 많이 발견되고 있는데 거의가 민무늬 토기나 이와 관련있는 팽이형 토기·구멍무늬 토기·붉은 간토기 등이며 간혹 빗살무늬 토기나 타날문 토기가 조사되기도 한다.

석기는 토기에 비하여 그 종류가 다양한데 화살촉을 비롯하여 돌검·돌칼·돌도끼·갈돌·가락바퀴 등이 발견되고 있다. 화살촉은 그 형태가 슴베가 있는 것과 없는 것으로 나누어지는데 기능의 차이가 있었을 것 같다. 돌검은 화살촉보다 발견되는 빈도가 낮으며, 살림살이에 사용한 실용적인 것도 있지만 껴묻기 위해 일부러 의기화(儀器化)시킨 것이 가끔 찾아진다. 돌검은 소유하고 있다는 그 자체가 신분이나 사회적 지위의 상징물이 될 수 있기 때문에 고인돌에 묻힌 사람의 신분 관계와 관련이 있는 것 같다. 돌칼은 대부분 무덤방 주변에서 발견되고 있으며, 돌도끼는

---

284. 平郡達哉, 2013, 『무덤 자료로 본 청동기시대 사회』, 서경문화사, 66~68쪽.

지역에 따라 간돌도끼·달도끼·별도끼 등이 출토된다. 특히 북한지역에서는 팽이형 토기 문화와 관계있는 달도끼·별도끼가 발견된다.

청동기는 비파형 동검·비파형 투겁창·청동 화살촉·청동 방울·청동 꾸미개 등이 있으며, 가끔 검자루 맞춤돌[劍把頭飾]이 발굴되기도 한다.

비파형 동검은 청동기시대의 표지적인 유물로 요남지역과 한반도 남해안의 개석식 고인돌에서 주로 발견되어 지역적인 분포 특징을 보여준다. 이것은 한반도의 남부와 요령지역의 점이지대인 북한의 고인돌 성격이나 그 시기를 설정하는데 있어 시사하는 점이 많다. 청동 화살촉은 북한의 은천 약사동과 평양 구서리, 한반도 남부지역의 보성 덕치리·김해 무계리에서 출토되었는데 재가공한 것도 있다.

이밖에도 곱은 옥이나 대롱구슬 등의 치레걸이와 짐승뼈(사슴뼈·소뼈 등)·다슬기 등이 발견되었다.

발굴 조사 결과, 고인돌의 축조에 든 노동력과 비교할 때 껴묻거리가 보잘 것 없이 빈약하자 묻힌 사람의 신분에 관하여도 여러 의견들이 제시되고 있다.[285] 이렇게 껴묻거리가 적게 출토되는 것은 고조선 지역 고인돌 뿐만 아니라 유럽·인도 지역에서도 마찬가지 현상이다.[286] 큰돌문화(Megalithic Culture)에서 이러한 현상이 보편적으로 나타나는 이유가 무엇인가 주목된다.

1. 토기류

토기의 종류는 단지·항아리·깊은 바리·바리·잔·제기 등이 있다.[287] 서북한 지

---

285. James A. Brown, 1981. "The Search for rank in Prehistoric burials", *The Archaeology of Death*, Cambridge Univ. Press, pp.27~28 : 임병태, 1996. 『韓國 靑銅器文化의 硏究』 學硏文化社, 79쪽.

286. Renfrew, C., 1979. *op. cit.,* p.122 ; 1983. "The Social Archaeology of Megalithic Monuments" *Scientific American* 249-5, p.130 : Daniel, G., 1980. *op. cit.,* pp.67~68 : Mehta, R.N.·George, K. M., 1978. *Megaliths at Machad and Pazhayannur, Talppally Taluka, Trichur District, Kerala State* M. S. Univ. Archaeology Series No. 15, pp.10~29.

287. 토기의 이러한 분류는 발굴 보고서나 연구 논문 그리고 『한국고고학개정용어집』(1984. 한국고고미술연구소, 80쪽)을 참고하였다.

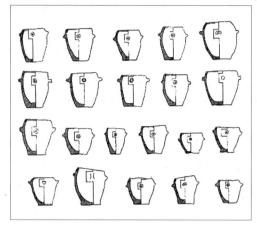

그림 68. 신빈 용두산
출토 토기: 명기

역에서는 이 지역의 대표적인 팽이형 토기가 찾아졌다. 깊은 바리는 탁자식 고인돌에서, 단지와 항아리는 개석식 고인돌에서 주로 출토되었다.

다른 지역보다 비교적 여러 가지의 많은 토기가 찾아진 요북지역은 단지가 대부분이지만 드물게는 솥[陶鬲]도 출토되었다. 바탕흙은 모래질이 많이 섞인 찰흙이고, 색깔은 갈색 또는 회갈색을 띠고 있다. 만든 방법은 거의가 손으로 빚어 만들었는데 그릇의 크기가 상당히 작기 때문에 이러한 수법이 이용된 것 같다. 토기의 겉면을 보면 대부분 많이 손질하여 다듬은 흔적이 곳곳에서 보이고 일부 토기는 갈았음이 관찰된다. 그리고 겉면에는 아무런 무늬가 없는 민무늬 토기로 이 지역에서 같은 시기에 조사된 토기와 큰 차이는 없다. 이것은 토기의 바탕흙과도 관련이 있지만 제작 방법상의 행위로 보인다. 몸통에는 거의 대부분 손잡이가 붙어 있는데 그 생김새는 다리 모양[橋狀耳]보다 젖꼭지[乳釘] 모양이 더 많았다. 바닥은 편평하면서 일부는 아래쪽이 오목하게 조금 들어간 모습도 있다.

용두산 고인돌에서 출토된 완형의 토기를 보면 대부분 그 크기가 10~15㎝ 안팎으로 상당히 작은 편에 속하며, 다른 유적에서 출토된 당시의 토기와 비교하여 보아도 일상 생활에 사용하기에는 적당하지 않다. 따라서 용두산이나 하협심 고인돌에 껴묻기된 토기는 실제 살림살이에 이용된 것이 아니라 일부러 껴묻기 위하여 만들었던 명기(冥器)로 해석된다(그림 68).[288]

1) 단지

요남지역에서 단지가 찾아진 고인돌은 보란점 쌍방, 개주 화가와보, 봉성 동산

즉 요남이나 요북, 길림지역의 토기 가운데 「罐」은 항아리, 「壺」는 단지, 「筒形罐」은 깊은 바리, 「豆」는 제기로 옮겼고, 분류에 따른 기준은 「한국고고학개정용어집」을 따랐다.

288. 하문식, 2008b. 「앞 글」, 248~250쪽.

과 서산 유적이 있다.

바탕흙은 고운 모래가 많으며, 동산 유적 것은 다른 지역의 단지보다 활석 가루가 많이 섞인 것이 특징이다. 토기 겉면의 색깔은 검은색이나 흑갈색 계통이며, 가끔 붉은색·황갈색도 보인다. 만든 방법은 쌍방 유적의 것을 보면 손으로 만들었고, 두께가 0.3~0.4cm쯤 되는 것이 몇 점 있다.

외형적인 특징은 목과 몸통 부분의 경계가 뚜렷한 점인데, 목 부분은 모두 몸통에서 약간 꺾인 상태다. 그리고 몸통은 전체적인 크기에 비하여 배가 부른 모습이며, 입술은 쌍방 6호와 서산 1호에서 찾아진 것을 제외하고는 모두 바깥으로 조금 벌어져 있다. 목 부분은 짧은 목이 많아 고인돌에 껴묻기된 단지는 상대적으로 짧은 목을 많이 가졌던 것 같다.

또 요남지역 단지의 밑부분은 납작밑이 보편적으로 유행하였고, 쌍방과 서산유적에서만 제한적으로 밑부분에 굽이 있다. 쌍방 2호에서 찾아진 단지에는 몸통에 대칭되는 꼭지가 붙어 있는데 이것이 요남지역 고인돌 출토 단지에서는 유일한 것이며, 새긴 무늬도 다른 유적에서 찾아지지 않는 그물무늬, 점무늬 등이 있다. 이런 몇 가지 점에서 쌍방 고인돌의 단지는 다른 고인돌에서는 별로 나타나지 않는 지역적인 특색을 가진 것으로 생각된다.

단지에 새겨진 무늬는 그물무늬·점무늬·휘인 반달모양 덧띠무늬·묶음 줄무늬·세모꼴 덧띠무늬·줄무늬 등 여러 가지가 있다. 이 가운데 묶음 줄무늬가 가장 많이 이용되었다. 무늬를 새긴 위치를 보면 몸통이 대부분이고, 목과 어깨에도 가끔씩 있다.[289] 그리고 무늬를 한 가지만 새긴 것이 아니라 두 가지를 섞어서 새긴 것도 있다(그림 69).

손잡이가 있는 단지는 개석식 고인돌에서만 찾아졌다. 그것의 위치를 보면 몸통의 가운데나 약간 위쪽이다. 손잡이는 띠 모양과 다리 모양으로 나누어지며,

그림 69. 고인돌 출토 단지: 보란점 쌍방, 개주 화가와보, 봉성 동산

---

289. 단지에 무늬를 새긴 위치가 여러 곳인 것은 미송리형 토기의 특징을 지니고 있기 때문이다.

대부분 몸통의 양쪽에 1개씩 짝을 이루고 있다. 다리 모양 손잡이는 대체적으로 몸통의 약간 위쪽에 있는 점이 차이가 난다. 또한 무늬와의 관계를 보면 띠 모양 손잡이가 있는 단지의 무늬는 묶음 줄무늬가 새겨져 있는데 이것은 미송리형 토기에서 찾아지는 특징과 관계가 있다.[290]

또 동산 6호에서 찾아진 단지의 목 부분에는 작은 구멍이 4개 뚫려 있다. 이렇게 무덤에서 찾아진 토기에 구멍이 뚫린 것이 동굴무덤인 본계 장가보 A동굴, 본계 정가 돌널무덤, 대련 윤가촌 12호 돌덧널무덤에서 조사되었다.[291] 고인돌이 무덤이라는 점에서 이 단지는 껴묻기할 때 당시 사회에 널리 통용되던 제의의 한 방법으로 구멍을 뚫은 것으로 보인다.

길림지역의 보산촌 동산 고인돌에서 출토된 단지는 높이가 11cm밖에 되지 않아 실생활용품으로 사용하기 어려웠던 것 같다. 이 토기는 당시 사람들이 껴묻거리로 이용하기 위하여 일부러 만든 명기로 여겨진다.[292]

2) 깊은 바리

요남지역의 탁자식과 개석식 고인돌에서 찾아지고 있다. 이 깊은 바리는 생김새가 원통형이며, 바닥이 대체로 깊은 점이 특징이다. 바탕흙은 고운 모래질 흙에다 활석 가루를 섞었다. 겉면의 색깔은 갈색 계통인데 화동광 고인돌에서 찾아진 것은 쥐회색이다. 아가리는 곧은 것이 많으며, 몸통의 크기는 입지름과 비슷하지만 화가와보 1호·3호에서 찾아진 것은 몸통 부분이 불룩한 모습이다.

깊은 바리는 입술 부분에 덧띠가 붙어 있는 점이 다른 토기들과 비교해 볼 때 두드러진다. 이 덧띠 때문에 입술은 상당히 두터운 모습을 하고 있으며 그것을 붙인 방법은 두 가지로 나누어진다. 하나는 입술을 바깥으로 접은 다음 겹싼 것이고, 다

290. 李恭篤·高美璇. 1995. 「앞 글」, 57~59쪽.
291. 조중공동고고학발굴대. 1966. 「앞 책」, 116~117쪽 : 遼寧省文物考古研究所·本溪市博物館. 1994. 「앞 책」, 186쪽 : 本溪市 博物館 엮음. 2011. 「本溪文物集粹」, 48쪽.
292. 하문식. 1998a. 「앞 글」, 49~50쪽.

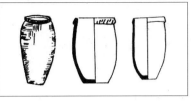

그림 70. 고인돌 출토 깊은 바리: 와방점 화동광, 개주 화가와보, 보란점 쌍방

른 하나는 입술에 덧붙이는 방법이다. 바닥은 모두 납작한 모습의 평평밑이며, 쌍방 6호 것은 납작밑이면서 밑 부분의 가운데가 오목하게 들어간 모습이다(그림 70).

깊은 바리의 덧띠에는 무늬를 새겨놓은 것이 있다. 이러한 무늬는 화동광과 화가와보 고인돌에서 찾아진 깊은 바리에서만 조사되었으며, 무늬는 그은 빗금무늬이다. 그리고 바리의 크기(높이)는 모두 15cm가 넘어 상당히 깊은 편이다.

이러한 깊은 바리가 요남지역 고인돌에서만 찾아져 지역적인 특징을 잘 보여주고 있다. 또한 요남지역 고인돌에서 찾아진 토기 가운데에는 깊은 바리의 조각들도 많이 있다. 이런 것이 발견된 유적은 와방점 유수방, 장하 대황지·양둔, 화가와보 4호 등인데 이렇게 넓게 분포하는 것으로 미루어 요남지역 고인돌에서 깊은 바리가 시사하는 점이 많다.

3) 항아리

요남지역의 화동광과 동산 고인돌에서 출토된 항아리의 바탕흙은 고운 모래질 흙과 활석 가루를 섞은 것인데, 단지나 깊은 바리보다 활석 가루가 더 많이 섞인 점이 특징이다. 겉면의 색깔은 검은색 계통이지만, 화동광에서 조사된 것은 홍갈색을 띠고 있다. 생김새의 공통점은 입술이 바깥으로 벌어진 점, 짧은 목을 지닌 점, 몸통은 배가 부른 점 등이다. 또 바닥 부분은 전부 납작밑이고 깊은 바리처럼 들린 바닥은 없었다. 손잡이는 몸통 부분에 붙어 있었는데 종류는 다리 모양과 닭벼슬[鷄冠] 모양 등 2가지가 있다. 붙어 있는 모습은 몸통 양쪽에 짝을 이루고 있다(그림 71).

그림 71. 고인돌 출토 항아리: 봉성 동산, 와방점 화동광

항아리의 크기는 높이가 15cm쯤 되는 것이 많아 작은 편인데, 이런 크기로 보아 껴묻을 목적으로 만들었다고 해석하는 것이 합리적일 것 같다.[293]

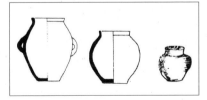

---

293. 길림지역의 고인돌에서도 작은 토기가 찾아졌는데, 껴묻기 위하여 만든 명기로 해석하고 있다(金旭東, 1991, 「앞 글」, 17~18쪽).

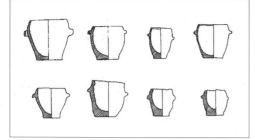

그림 72. 신빈 용두산
2호 고인돌 출토 항
아리

요북지역의 용두산 2호 고인돌에서는 여러 가지 항아리가 출토되었다. 이들 항아리는 아가리 모습, 몸통 부분, 손잡이의 생김새와 달린 개수에 따라 크게 6가지로 구분된다. 그 종류는 ① 벌어진 아가리에 손잡이가 4개인 배 부른 항아리[侈口四耳鼓腹罐], ② 벌어진 아가리에 손잡이가 2개인 항아리[侈口双耳罐], ③ 오므라든 아가리의 겹입술 항아리[敛口疊唇罐], ④ 손잡이가 4개인 오므라든 아가리의 항아리[四耳敛口罐], ⑤ 손잡이가 2개인 오므라든 아가리의 항아리[双耳敛口罐], ⑥ 손잡이가 없는 항아리[无耳罐] 등이다(그림 72).

이 가운데 겹입술이 있는 항아리가 주목된다. 모두 7점이 발굴되었는데 크기가 10cm 안팎으로 매우 작은 편에 속한다. 이렇게 겹입술을 가진 토기는 요남지역의 고인돌에서 주로 찾아지는 겹입술 깊은 바리[疊唇筒形罐]와는 크기나 생김새에 있어서 많은 차이가 있다. 이러한 차이점은 고인돌이 요남지역에서 요북지역으로 영향을 미칠 때 규모나 구조적인 변화가 일어나듯이 껴묻기된 유물에도 일정한 변화가 있었던 것으로 해석된다.[294] 이것은 고인돌의 시기 문제, 전파 관계, 축조 배경 등을 고려하여 검토되어야 할 것으로 판단된다.

사진 122. 본계 상보
돌널무덤과 껴묻거리

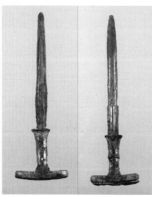

294. 하문식, 2014, 「앞 글」, 33쪽.

용두산 고인돌에서 출토된 겹입술 항아리는 혼하와 같은 물줄기인 태자하 유역의 본계 상보(本溪 上堡) 유적의 토기와 비교된다(사진 122). 상보 유적은 청동검이 출토된 무덤이며, 출토 유물로 볼 때 혼하 유역의 고인돌과 비슷한 점이 많다.[295] 지리적으로 서로 인접하여 있고 비교되는 껴묻거리가 비슷한 시기에 해당하는 이들 유적은 혼하 유역의 기원전 8~3세기 무덤의 변천 과정을 이해하는데 중요한 위치를 차지한다.

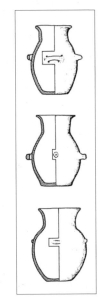

그림 73. 환인 망강루
돌무지무덤 출토 단지

또한 용두산 고인돌의 토기 가운데 손잡이가 4개인 단지[四耳侈口脣沿壺]는 여러 관점에서 요북지역의 고인돌 성격을 시사하는 중요한 의미를 지니고 있다. 손잡이가 4개인 단지는 환인 망강루 돌무지무덤에서 찾아진 것과 비슷하여 혼강 유역의 늦은 시기 고인돌이 고구려의 토대 문화가 되었을 가능성을 시사하고 있다.[296] 따라서 고구려의 기층문화에 대한 하나의 실마리가 될 수 있는 것이 혼강 유역의 돌무지 고인돌로 해석된다.[297] 그러므로 이 토기들은 그 성격과 시기, 변화 과정 등 여러 관점에서 이해할 필요가 있다(그림 73).

길림지역의 조추구 3호에서 찾아진 항아리 가운데에는 아가리가 밖으로 벌어지고 평평밑이면서 장식용의 띠손잡이가 붙어 있는 것이 있는데 이 항아리의 안팎에는 붉은 칠을 발라서 주목된다.

4) 팽이형 토기

팽이형 토기는 생김새가 팽이 모습과 비슷하며 밑바닥이 좁고, 접혀진 아가리 부분에 평행의 빗금무늬가 새겨진 것이 특징이다. 바탕흙은 찰흙에 고운 모래가 많이 섞이고 가끔 석면·운모 등의 비짐이 들어간다. 청동기시대의 여러 토기 가운데 이른 시기에 속하는 이 팽이형 토기가 북한지역의 고인돌에서 널리 출토되고

295. 魏海波·梁志龍, 1998. 「遼寧本溪上堡青銅短劍墓」 『文物』6, 18~22쪽.

296. 李新全, 2008. 『앞 책』, 146쪽.

297. 하문식, 2010b. 「渾江유역의 적석형 고인돌 연구」 『先史와 古代』32, 199~200쪽.

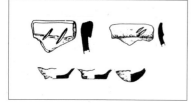

그림 74. 고인돌 출토 팽이형 토기: 안악 노암리, 연탄 평촌, 황주 천진동

있다.[298]

팽이형 토기는 고인돌의 형식과 관계없이 탁자식과 개석식에서 모두 출토되고 있으며, 지금까지는 고인돌에서 완형이 찾아지지 않아 전체적인 토기의 성격을 이해하는데 어려움이 있지만, 찾아진 몇몇 토기의 특징을 가지고 서로의 시기나 문화 성격을 가늠해 볼 수 있다.

고인돌에서는 대부분 입술과 밑부분의 조각들이 찾아졌는데, 입술 부분은 대부분 접혀진 상태로 두툼하며 1~3줄의 빗금무늬가 평행으로 새겨져 있다. 이 빗금무늬는 한 쪽으로만 새긴 것이 특징이고, 사이 간격은 조금씩 차이가 있는데 황주 천진동 6호에서 찾아진 것이 비교적 촘촘한 간격으로 있다. 또한 안악 노암리 등에서는 변형 팽이형 토기의 납작밑이 찾아졌다(그림 74). 이런 사실들로 미루어 팽이형 토기의 변천 과정이 오랜 만큼 고인돌의 축조 역시 상당한 기간 동안 계속되었음을 알 수 있다.

5) 미송리형 토기

미송리형 토기는 비파형 동검, 비파형 투겁창과 함께 고조선의 표지(標識) 유물이다. 최근까지도 고조선에 대하여 제기되는 여러 문제들—강역, 중심지, 문화양상 등—을 언급할 때 이 토기의 역사적 의미가 거론되고 있다.

미송리형 토기는 1959년 압록강 옆의 의주 미송리 동굴유적에서 발굴된 토기 가운데 표주박의 위와 아래쪽을 잘라버린 모양의 단지에서 기원하였다. 단지 모습은 양쪽에 손잡이가 달렸으며, 몸통 가운데가 부르다가 위쪽으로 올라가면서 오므라든다. 토기를 만든 바탕흙은 고운 모래와 운모이며, 겉면은 갈아서 매끈한 느낌을 준다. 이 토기의 특징 가운데 하나인 묶음 줄무늬가 몸통과 목 부분에 있고 몸통

298. 황기덕, 1966, 「앞 글」, 13~14쪽 : 한영희, 1983, 「角形 土器考」『韓國考古學報』14·15, 77~88쪽 : 최종모·김권중·홍주희, 2006, 「각형토기 문화유형의 연구」『야외고고학』1, 73~114쪽 : 배진성, 2007, 『無文土器文化의 成立과 階層社會』, 59~80쪽, 서경문화사.

에는 1쌍의 다리 모양 손잡이나 초생달 모양의 띠무늬가 있다.

이러한 생김새와 특징에 따라 '박수장경병(薄手長頸甁)', '현문호(弦紋壺)', '곡경호(曲頸壺)', '쌍방—미송리 도호(雙房—美松里陶壺)', '평저표형 장경호(平底瓢形長頸壺)' 등 여러 가지로 불려지고 있다.[299] 근래에 들어와 북한 학계에서는 토기의 생김새와 여러 특징들을 고려하여 조롱박형 단지라는 새로운 이름을 붙였다. 이 조롱박형 단지는 그동안 '미송리형 단지', '묵방형 단지', '남양형 단지'라고 하던 것을 모두 포함하고 있다.

미송리형 토기가 출토된 범위를 보면, 대동강 유역의 이북인 서북지역에서 요하이동의 개원과 청원 이남 지역에서 집중적으로 발견되고 있어 매우 넓은 편이다. 즉 남쪽으로는 평안지역이고 북쪽으로는 철령지역 까지이다. 그리고 이 토기는 고인돌을 비롯하여 집터, 동굴 무덤, 돌널무덤, 돌무지 무덤 그리고 유물 포함층 등에서 찾아지고 있다.[300]

① 미송리형 토기의 연구 경향

압록강의 샛강인 한천이 흐르는 석회암 지대의 미송리 동굴유적 위층에서 이 토기가 발굴된 후 생김새, 무늬, 손잡이에 따라 크게 3가지 특징이 제시되었다.[301] 첫째는 지금까지 알려진 여러 특징을 잘 간직한 전형적인 미송리형 토기로 갈색이고 몸통에 묶음 줄무늬, 다리 모양 손잡이 등이 있다. 둘째는 토기의 몸통에 꼭지와 초생달 모양 띠무늬가 1쌍씩 붙어 있는 것이다. 셋째는 꼭지형 손잡이가 돋아 있는 것이다.

299. 임병태, 1986. 「韓國無文土器의 硏究」 『韓國史學』7, 96~99쪽 : 정한덕, 1990. 「美松里土器의 生成」 『東北アジアの考古學』1(天池), 87~90쪽 : 송호정, 1991. 「遼東地域靑銅器文化와 美松里型土器에 관한 考察」 『韓國史論』24, 27~34쪽 : 徐光輝, 1992. 「論雙房—美松里陶壺」 『東北亞 古代文化의 源流와 展開』, 93~94쪽 : 蘭新建·李曉鐘, 1993. 「遼寧地區商周時期陶壺硏究」 『靑果集』, 262~271쪽.

300. 정한덕, 1990. 「위 글」, 94~112쪽 : 李恭篤·高美璇, 1995. 「앞 글」, 54~57쪽.

301. 김용간, 1961. 「미송리 동굴 유적 발굴 중간 보고 (1)(2)」 『문화유산』1·2, 45~57쪽 ; 23~33쪽 ; 1963. 「미송리 동굴유적 발굴보고」 『고고학 자료집』3, 1~19쪽.

이렇게 발굴조사에서 기존의 토기와는 전혀 다른 특이한 모습을 지닌 토기가 출토되었음에도 관련 조사나 연구는 부분적으로 이루어져 왔다. 근래에 들어 미송리형 토기에 관한 연구는 여러 관점에서 다양한 의견이 제시되고 있다. 특히 토기의 명칭과 쓰임새, 형식 분류, 출토 범위, 주변 문화와의 관계, 고조선과의 관련 문제 등을 중심으로 주제가 설정되어 많은 연구가 진행되었다.

이 토기를 비파형 동검과 연관시켜 고조선의 표지유물로 해석하거나 발굴보고의 내용을 재해석하여 청동기 문화층인 미송리 동굴유적의 위층을 세분한 것도 있다.[302] 그리고 미송리형 토기의 출토 범위를 동북지역에서도 구분하여 시공간적 개념을 검토한 연구결과도 있으며,[303] 출토되는 유구를 중심으로 그 성격을 분석한 견해도 있다.[304] 또한 보란점 쌍방 고인돌에서 출토된 미송리형 토기를 중심으로 입술에 덧띠가 있는 깊은 바리, 비파형 동검 등을 가지고 쌍방문화(쌍방 유형, 쌍방 관련 문화)라고 설정한 견해가 있다.[305]

북한 학계에서는 대동강 문화권의 설정에 있어 중요한 의미가 있는 고조선의 실체를 언급할 때 전기 고조선의 대표적인 유물로 미송리형 토기를 제시하고 있으며,[306] 1980년대 후반 종합적인 의견이 제시되었다.[307] 먼저 미송리형 토기의 변천 과정을 밝히기 위해서 용천 신암리 유적의 자료에 근거하여 생김새, 묶음 줄무늬, 손잡이, 초생달 모양의 띠무늬 등에 따라 3가지로 구분하였다. 이런 구분에 의하여 동북지역의 대표적인 유적인 이도하자, 갑방, 대화방 돌널무덤들을 비교 검토 하

302. 황기덕, 1989a, 「비파형 단검문화의 미송리류형–1.미송리류형의 유적유물과 그 년대」 『조선고고연구』3, 2~9쪽.

303. 정한덕, 1996, 「美松里型土器形成期に於ける若干の問題」 『東北アジアの考古學』2 (槿域), 205~231쪽.

304. 조유전, 1995, 「美松里式土器出土 집자리에 관한 一考察」 『亞細亞古文化』, 131~157쪽 : 하문식, 1997a, 「앞 글」, 33~54쪽 ; 2000c, 「고인돌出土 美松里形土器(弦文壺) 研究」 『白山學報』56, 55~69쪽.

305. 吳世恩, 2004, 「關于雙房文化的 兩個 問題」 『北方文物』2, 19~28쪽 : 趙賓福 지음·禹枝南 옮김, 2011, 『中國東北 先史文化 研究』, 도서출판 考古, 207~219쪽.

306. 하문식, 2006, 「대동강 문화론에서 본 북한 학계의 연구 경향」 『단군학 연구』14, 28쪽.

307. 황기덕, 1989a, 「앞 글」, 2~9쪽 ; 1989b, 「비파형 단검문화의 미송리류형–2. 미송리 류형 유물 갖춤새의 특징」 『조선고고연구』4, 2~7쪽.

였다. 이 토기가 사용된 연대는 기원전 13세기부터 기원전 9세기까지로 분석하였다. 기원을 타두(砣頭) 돌무지 무덤으로 판단하고 미송리형 토기와 같이 출토되는 비파형 동검과 창, 부채꼴 청동도끼 등의 청동기에 대한 연관성을 살폈다. 그런데 여기에서는 미송리형 토기의 분포와 특징에 따른 문화상(文化相)의 성격과 변화에 대한 것이 없다. 이후 앞에서 언급한 미송리형 토기의 형식과 연대를 좀 더 자세히 분석하면서 동북지역의 관련 유적을 포함하여 검토한 연구 성과가 제시되었다.[308]

고조선의 '도기'에 미송리형 토기를 포함하여 대동강 유역에서 '도기'가 발생하였다는 견해가 있다.[309] 이것은 앞에서 언급한 것처럼 대동강 문화권의 설정에 따른 것으로 다른 자료와 비교해 볼 때 여러 가지의 불합리적인 사실이 나타나고 있다. 고조선의 도기에 유적과 유물의 성격이 논란이 되고 있는 강동 순창리 문선당과 글바위 돌널무덤 출토 토기를 포함시킨 것이다.

한편 미송리형 토기는 기존의 의견에 새로 발굴된 여러 자료가 모아져 '조롱박형 단지'라는 이름을 가지게 되었다. 이 연구에서는 기존 청동기시대의 문화상을 규정하는데 이용된 팽이형 토기를 확대 해석하여 조롱박형 단지의 근원을 밝히는 기준으로 삼고 있다. 기존에 조사된 남경 유적과 표대 유적, 고연리와 소정리 유적에서 찾아진 토기의 일부를 조롱박형 단지로 인식하는 연구 결과도 있다.[310] 대표적으로 석탄리 7호 집터의 목 긴단지를 1유형 조롱박형 단지로 해석하고 있다. 특히 기존에는 쌍방 고인돌 출토 미송리형 토기를 초기로 인식히고 있었는데[311] 2000년대 초반에는 이 사실을 부정하고 있다. 그 이유는 초기 조롱박형 단지가 동북지역(특히 요남지역)에서 만들어졌다면 대동강문화의 연원이 평양 일대라는 의견이 비합리적이기 때문이다.

308. 로성철, 1993. 「미송리형 단지의 변천과 그 년대에 대하여」 『조선고고연구』 4. 29~33쪽.

309. 김영진, 1996. 「고조선의 도기에 대하여」 『조선고고연구』 3. 12~16쪽 ; 1999. 「대동강류역에서의 도기문화의 발생발전」 『조선고고연구』 1. 33~36쪽.

310. 김광철, 2002. 「조롱박형 단지의 연원」 『조선고고연구』 4. 20~23쪽.

311. 로성철, 1993. 「앞 글」. 32쪽.

사진 123. 개천 묵방리
고인돌 출토 미송리형
토기: '묵방리형 토기'

초기 고조선의 중심지가 대동강 유역의 평양이라는 북한 학계의 견해를 보다 심층적으로 분석하는 과정에 미송리형 토기(조롱박형 단지)를 언급한 연구가 있다.[312] 이 연구에서는 이 토기의 생김새에 따라 조롱박형 단지라고 부르는 것이 보다 합리적이고 고조선의 중심지 규명에 중요한 자료의 하나라고 주장하였다. 주로 무늬에 따라 크게 3가지 유형으로 구분하였는데 1유형은 전형적인 미송리형 토기로 몸통의 위쪽에 가로 방향으로 묶음 줄무늬가 있으며, 2유형은 묵방리형 토기로 몸통의 윗부분에 묶음 줄무늬와 그은무늬, 지그재그무늬가 있다(사진 123). 3유형은 남양형 단지로 묶음 줄무늬와 삼각무늬가 있다. 이런 구분에 따라 1유형으로 표대 유적 32호 집터와 석탄리 유적 7호와 15호 집터에서 출토된 토기를 들고 있다. 이것은 북한에서 출토된 조롱박형 단지를 동북지역의 관련 토기와 비교하면서 그 기원지를 평양지역으로 주장하지만 동북지역 관련 자료를 자의적으로 해석한 측면도 있다.

최근에는 미송리형 토기에 새겨진 무늬를 고조선 시기의 장식무늬로 확대 해석한 연구 결과가 제시되었다.[313] 주로 기하학 무늬를 구분하였는데, 긴 평행직선무늬, 짧은 평행직선무늬, 톱날무늬, 삼각형무늬, 마름모 및 사각형무늬, 번개무늬, 그물무늬, 물결무늬, 노끈무늬, 동물무늬 등으로 나누었다. 이 가운데 미송리형 토기(조롱박형 단지)에는 거의가 긴 평행직선무늬와 톱날무늬가 새겨져 있다. 이것은 근래에 발굴된 여러 선사시대 유물의 외형적인 특징을 살펴보는데 참고가 된다.

미송리형 토기를 '현문호'라고 부르고 있는 중국 학계에서도 몇몇 의견이 제시되었다. 먼저 쌍방 고인돌에서 이 토기가 출토되자 용어와 시기, 그리고 기원문제에 대한 것이 주요 관심사가 되었다. 미송리형 토기를 출토 유적과 연관시켜 '쌍방–미송리 도호'라고 하면서 형식은 5가지로 분류하였다. 이 가운데 A, B 형식은 조기에

312. 서국태, 2005b. 「조롱박형 단지를 통하여 본 고조선–문화의 발원지·중심지」 『남북학자들이 함께 쓴 단군과 고조선 연구』, 지식산업사, 595~601쪽.

313. 로철수, 2008. 「고조선 장식무늬의 류형에 대하여(1)」 『조선고고연구』4, 18~21쪽 ; 2009. 「고조선 장식무늬의 류형에 대하여(2)」 『조선고고연구』2, 5~8쪽.

해당하며 요동 산지나 그 남쪽에서 기원하였다는 견해다. 사용 시기는 기원전 10세기에서 4, 5세기로 판단하였다.[314] 이 견해는 쌍방 유적과 태자하 유역의 관련 토기를 참고한 것으로 당시의 돌널무덤에서 출토된 자료가 빠져 있어 아쉬움이 있다.

태자하 유역의 본계 산성자 C동굴과 장가보 A동굴 출토 미송리형 토기를 '현문호'라고 하면서, 출토된 유구—동굴무덤, 돌무지, 개석식 고인돌, 돌널무덤—에 따라 그 성격을 검토한 연구 결과가 있다.[315] 여기서 주목되는 것은 이 토기의 기원 문제에 대하여 요남지구의 타두 돌무지보다 산성자 C동굴, 장가보 A지점을 언급하였는데, 이 지역이나 그 주변에 대한 조사와 결과의 검토는 일부에 지나지 않아 앞으로 얼마든지 변화될 가능성이 있다.

고조선의 연구에 있어 미송리형 토기의 중요성을 인식하고 여러 견해를 분석·정리한 연구가 있다. 먼저 출토 유적과 동반 유물을 크게 지역별(혼하~태자하, 요하의 중상류지역)로 구분한 다음, 출토 유구에 따라 정리하였다.[316] 특히 이 토기가 집중적으로 출토되고 있는 돌널무덤을 3가지로 구분하여 그 성격을 살펴보았으며 또한 출토 유적을 3단계로 구분하기도 하였다. 연대 설정은 태자하 유역의 마성자 문화와 관련시켜 기원전 11세기 말~6세기 초 까지로 하였다. 그런데 논지의 전개에 있어 부분적으로 자의적인 판단을 하기도 하였다. 대표적으로 미송리형 토기가 출토된 봉성 동산 개석식 고인돌을 기원전 12~13세기로 해석하고 있지만 객관적인 근거의 제시는 문제로 남는다. 형식 분류에서도 몸통을 처진 것과 둥근 것으로 구분하였는데 기준이 모호하다. 북한지역의 자료 정리에서 현재 남양형 토기로 부르고 있는 이유, 그 토대가 된 표대 유적, 남양리 유적, 남경 유적 등에 대한 성격 분석이 필요한 것으로 판단된다.

또 다른 자료는 미송리형 토기의 전반적인 사실—분포 지역, 연대, 담당 주민, 주변 문화와의 관계, 형식 분류—에 대해 언급하고 있는 것이다. 여기에서는 주변

314. 徐光輝, 1992, 「앞 글」, 93~94쪽.
315. 李恭篤·高美璇, 1995, 「앞 글」, 54~63쪽.
316. 김미경, 2006, 「美松里型土器의 변천과 성격에 대하여」 『韓國考古學報』60, 38~87쪽.

문화와의 관계에서 서단산문화와 미송리형 토기문화를 관련시키고 있어 주목된다. 그러나 논지 전개에 따라 두 문화와의 관련성을 뚜렷하게 정리하지 않고, 비슷함, 영향을 준 것 등으로 그 가능성을 시사하고 있다. 이 토기를 만들고 쓴 주민 집단은 예(濊) 또는 예맥(濊貊) 계통으로 파악하고 있다. 기원 문제는 다른 연구자들의 견해를 참고한 다음 마성자문화와의 관련성을 제시하였고 연대는 기원전 12세기~5, 4세기로 보고 있다. 북한지역의 자료 분석에서 남경, 대평리, 표대 유적에서 출토된 이 토기를 변형 미송리형으로 구분한 점이 기존의 연구 성과와 차이가 있다. 미송리형 토기의 출토 유구는 돌널무덤, 돌무지무덤, 살림살이 유적, 고인돌(支石墓), 대석개묘(大石盖墓) 등으로 파악하고 있는데, 여기서 고인돌과 대석개묘를 구분한 것을 보면 고인돌은 탁자식으로 보인다.[317]

② 고인돌 출토 미송리형 토기

요남과 요북·북한지역의 고인돌에서 발견된 토기 가운데 미송리형 토기로 분류할 수 있는 단지가 있다. 요남에서는 보란점 쌍방 6호, 봉성 동산 7호와 9호 그리고 서산 1호에서 찾아졌으며, 요북 지역은 본계 대편지 1·7·8·10·13·15호에서 출토되었다. 북한지역에서는 북창 대평리 2호에서 발견되었고, 개천 묵방리 24호에서는 미송리형 토기와 같은 유형의 '묵방리형 토기'가 조사되었다.

사진 124. 보란점 쌍방과 봉성 동산 고인돌 출토 미송리형 토기

317. 송호정, 2007, 「미송리형 토기 문화에 대한 재고찰」, 『한국고대사연구』 45, 5~37쪽.

고인돌에서 미송리형 토기가 찾아진 것은 대부분 개석식이다. 이 토기는 출토된 고인돌마다 조금씩 차이가 있다. 먼저 입술을 보면 쌍방과 서산 1호에서 찾아진 것은 안쪽으로 조금 오므라들었지만, 동산 7호와 9호 것은 바깥으로 약간 벌어졌다(사진 124). 바닥도 쌍방과 서산 1호의 것이 굽을 지니고 있지만, 동산 7호와 9호 그리고 대평리 것은 납작밑이다(그림 75). 두께는 모두 비교적 얇

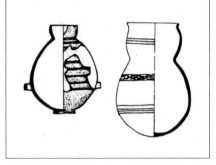

그림 75. 봉성 서산과 북창 대평리 고인돌 출토 미송리형 토기

은 편으로 0.3cm 안팎이고, 몸통 부분은 배가 부른데 쌍방에서 찾아진 1점은 계란처럼 좀 길쭉한 느낌을 준다. 대평리 것은 목 부분의 아가리가 바깥으로 조금 벌어졌으며, 손잡이가 없는 점이 특징이다. 손잡이는 요남지역 것은 모두 띠 모양이 1쌍씩 있으며,[318] 묵방리 것은 다리 모양으로 차이가 있다. 대편지 것은 다리 모양 가로 손잡이와 반달 모양 손잡이가 서로 쌍을 이루고 있다. 그리고 7호 고인돌에서는 2점의 토기가 출토되었는데, 1점은 묶음 줄무늬만 있고 다른 토기는 묶음 줄무늬가 없고 다리 모양 가로 손잡이와 반달 모양 손잡이가 서로 1쌍씩 있다. 이렇게 손잡이와 묶음 줄무늬가 한 토기에 같이 있지 않고 따로 나뉘어 있는 모습이 특이하다. 이와 같은 예는 지금까지 조사된 적이 없어 그 정확한 의미를 파악하기에는 어려움이 있다.

미송리형 토기의 특성을 잘 나타내 주는 무늬는 덧띠무늬와 줄무늬기 있다. 덧띠무늬는 쌍방 고인돌에서 찾아졌는데, 하나는 초생달처럼 가늘게 휘인 반달모양이고 다른 것은 세모꼴이다. 줄무늬는 3~4줄을 한 묶음으로 한 것이 주로 목과 몸통 부분에 있으며, 동산 9호와 서산 1호에서 찾아진 것은 토기 전체에 걸쳐 9곳에 있다. 대편지의 토기에는 1점을 제외하고 묶음 줄무늬가 모두 있으며, 1·10·15호의 것에는 물결무늬도 함께 있어 다른 토기들과 비교된다(사진 125). 미송리형 토기에서 물결무늬와 묶음 줄무늬가 섞여 있는 대표적인 토기로 서풍 성신촌과 소방대

<hr />

318. 쌍방 6호 출토 토기 가운데 1점은 현재 손잡이가 1개 있지만 처음에는 1쌍이었던 것 같다.

사진 125. 본계 대편지
고인돌 출토 미송리형
토기

유적에서 나온 것이 있지만, 이들은 돌널무덤에서 출토된 것으로 유구의 성격에서
약간 차이가 있다. 이렇게 복합무늬가 새겨진 것에 대하여는 현재 뚜렷한 의미가
찾아지지 않았지만, 이 토기의 변화 과정을 시사하고 있는 것으로 보인다. 대평리
것은 목과 몸통에 3~5줄의 묶음 줄무늬가 있지만, 묵방리 것은 몸통에 평행 줄무
늬가 양쪽에 있고 그 사이에 W자 모양의 무늬가 새겨져 있어 좋은 대조를 보이고
있다(사진 126).

한편 대편지 고인돌의 미송리형 토기는 다른 지역에서 출토된 토기보다 크기가
비교적 작은 편에 속한다. 이처럼 무덤에 껴묻기된 작은 토기는 실제 살림살이에
이용하였다기보다 껴묻기 위하여 일부러 만들었던 명기였을 가능성이 많다.

이런 몇 가지 특징으로 보면 요남이나 요북지역의 고인돌에서 찾아진 미송리형

사진 126. 서풍 소방
대·동산 돌널무덤과
평양 남경 집터 출토
미송리형 토기

토기는 띠 모양 손잡이가 있고 몸통 부분이 부른 점 그리고 줄무늬가 토기 전체에 있는 점으로 보아 초기 형식인 본계 장가보 A동굴 34호나 묘후산 산성자동굴에서 찾아진 것보다는 발전된 것으로 해석된다.[319] 그리고 목이 짧고 손잡이가 몸통의 밑쪽에 있으며 줄무늬가 전체에 있는 점 등으로 보아 의주 미송리 동굴에서 찾아진 것보다 조금 이른 시기의 것으로 여겨진다.[320] 또 동산과 서산의 미송리형 토기는 쌍방 6호 고인돌과 이도하자 돌널무덤에서 찾아진 것보다는 약간 이른 시기에 해당된다. 그 이유는 이도하자나 쌍방 유적에서는 청동기가 찾아졌지만, 동산과 서산 유적에서는 석기와 토기만 찾아졌기 때문이다.[321]

쌍방 6호 고인돌의 연대는 이 토기와 깊은 바리에서 찾아지는 몇 가지 특징이 상마석 상층의 토기와 비슷하므로[322] 기원전 15~14세기에 해당되는 것으로 해석할 수 있으며, 동산 7호·9호와 서산 1호 고인돌은 쌍방 6호보다 조금 이른 시기로 이해된다.

319. 李恭篤·高美璇, 1995. 「앞 글」, 57~59쪽.
320. 로성철, 1993. 「앞 글」, 31~32쪽.
321. 하문식, 1997b. 「앞 책」, 208쪽.
322. 宮本一夫, 1991. 「遼東半島周代竝行土器の變遷−上馬石貝塚AB地區む中心に−」 『考古學雜誌』 76-4, 81~82쪽.

2. 석기류

고조선 지역의 고인돌에서 찾아진 석기는 여러 종류이며, 특히 북한지역에서는 돌창·달도끼·별도끼·반달돌칼 등 팽이형 토기 문화와 관계가 있는 것이 출토되고 있다.

1) 돌도끼

간돌도끼는 요남지역을 비롯하여 길림·북한지역에서 찾아졌다. 찾아진 고인돌의 형식을 보면 탁자식과 개석식이 섞여 있지만 개석식이 더 많다. 생김새는 날쪽이 머리쪽보다 넓은 긴 네모꼴이며, 동산 유적에서 조사된 것은 대부분 사다리꼴을 이루고 있다(그림 76).

돌감은 화강암을 비롯하여 사문암, 편암, 석회암, 옥돌 등 여러 가지가 이용되었다. 옥돌을 감으로 한 돌도끼는 벽류하 23호와 화가와보 1호에서 찾아졌는데 이 것은 고인돌에서 그렇게 흔하게 찾아지는 것이 아니며, 돌끌도 옥돌을 감으로 한 것이 있다. 그리고 동산 유적에서 조사된 것은 대부분 석회암을 돌감으로 사용하였는데 이것은 당시 사람들이 주변에서 쉽게 구할 수 있었기 때문에 널리 이용되었던 것 같다. 도끼의 날은 양쪽을 손질하여 비스듬한 안팎날을 만들었다.

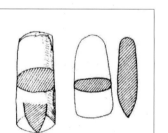

그림 76. 고인돌 출토 돌도끼: 연탄 송신동, 연탄 평촌, 은천 약사동

화동광 고인돌에서는 녹색의 별도끼가 찾아져 주목된다. 탁자식 고인돌에서 이 것이 찾아졌다는 것은 요남과 서북한 지역의 관련성을 짐작해 볼 수 있게 한다.[323]

길림지역에서는 보산촌 동산에서만 1점 찾아졌는데, 곧은 안팎날이고 전체적인 생김새는 사다리꼴이다.

북한지역에서는 간돌도끼와 별도끼[星形石斧]·

---

323. 甲元眞之, 1982, 「中國東北地方の支石墓」 『森貞次郎博士古稀記念古文化論集』, 239~240쪽.

달도끼[多頭石斧]가 찾아졌다. 고인돌의 형식에 따른 출토 상황을 보면, 개석식에서는 평촌 10호에서만 찾아졌고 나머지는 탁자식 고인돌로 밝혀져 탁자식에 널리 껴묻기되었던 것 같다. 돌도끼를 만든 돌감은 섬록암과 차돌이 섞여 있지만 섬록암이 많다. 생김새는 거의가 날쪽이 머리쪽보다 넓은 긴 네모꼴이며, 단면은 타원형이 대부분이다. 날은 안팎날의 조개날이다.

별도끼는 탁자식인 송신동 5호, 상원 용곡리와 장리 그리고 왁새봉, 봉성 토성리에서 찾아졌다. 송신동 것은 미완성품으로 반쯤 깨어졌으며, 여러 가닥의 가지를 만들기 위하여 홈을 낸 자국이 있고 가운데에는 구멍(지름 2~3cm)이 파여 있다. 이러한 별도끼가 요남지역의 화동광에서도 찾아져 비교된다. 용덕리 7호에서 찾아진 달도끼는 화강암을 돌감으로 이용하였다. 전체의 1/5쯤 되는 조각이 찾아졌는데 가운데 구멍(지름 13cm)이 뚫려 있으며, 이런 것이 팽이형 토기와 관련되는 유적에서 많이 발견되고 있다.

한편 별도끼와 달도끼의 쓰임새에 관해 무기의 기능, 지휘봉 등의 설이 있지만 그 크기나 생김새로 보아 실제 사용하였다기보다는 상징적인 의미가 더 강한 것으로 여겨진다.

2) 화살촉

화살촉은 고인돌의 껴묻거리 가운데 많이 찾아지는 것이지만, 요남과 요북, 길림지역에서는 드물다.

요남지역에서는 양둔 고인돌의 굄돌 바로 옆에서 납작한 버들잎 모양 간 화살촉이 찾아졌을 뿐이다. 그리고 길림에서는 갈아서 만든 끝부분의 조각이 매하구 험수 17호 고인돌에서 찾아졌는데 전체적인 생김새는 알 수 없다.

북한지역의 고인돌에서 찾아진 화살촉의 형식은 슴베가 있는 것[有莖式]과 슴베가 없는 버들잎 모양[無莖式·柳葉形]으로 나눌 수 있으며, 돌감은 대부분 점판암이고 간혹 편암도 있다(사진 127). 형식에 따른 출토 관계에서 특징이 잘 나타나는 것은 송신동 31호이다. 이 고인돌에서는 모두 9점의 화살촉이 찾아졌는데 완전한 것 7점

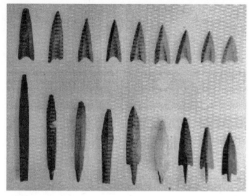

사진 127. 상원 장리
고인돌 출토 돌화살촉

가운데에는 슴베있는 것(뿌리나래활촉) 4점, 버들잎 모양이 3점으로 한 고인돌에 2가지 형식이 섞여 있다. 또 슴베있는 화살촉 가운데에는 슴베 부분이 1단 뿐만 아니라 2단으로 만들어진 것도 있으며, 이런 것이 석천산 고인돌에서도 찾아져 비교된다. 그러나 석천산의 화살촉 슴베 끝은 연필 깎듯이 뭉툭하게 다듬어 송신동 31호 것보다 정교하지 못하다. 이렇게 한 고인돌에서 여러 형식의 화살촉이 찾아진 것은 송신동 31호 이외에도 평양 석암 야영소 3호와 구서리, 상원 장리(지석동) 유적 등이 있다. 이 것은 시기에 따른 화살촉의 형태 변화보다 당시 살림살이 과정의 필요에 따라 제작되었을 가능성이 높은 것으로 해석된다. 아마도 이러한 화살촉의 기능은 전투, 사냥 등 실생활에 활용되었을 것 같다.

버들잎 모양 화살촉 가운데 송신동 31호 것은 슴베 끝부분이 뾰족한 것도 있으며, 긴동 5호 것은 몸통 부분이 슴베보다 약간 넓어 통통하다. 그리고 송신동 10호 것은 전체적인 균형을 잘 이루고 있으며, 돌검과 같이 찾아졌다.

한편 화살촉의 단면은 마름모꼴과 렌즈 모양이 섞여 있지만, 대부분 등날을 이루고 있어 마름모꼴이며 슴베있는 화살촉은 슴베 부분이 렌즈 모양도 있다.

3) 돌창

돌창은 팽이형 토기 문화권에서 널리 찾아지고 있는 대표적인 석기이다.[324] 지금까지는 대부분 돌검의 한 형식[石劍의 有莖式]으로 분류하고 있으나,[325] 형태와 쓰임

324. 윤무병, 1975. 「無文土器 型式 分類 試攷」『震檀學報』39, 13~14쪽 : 한영희, 1983. 「앞 글」, 97~102쪽 : 이영문, 1993. 『앞 책』, 145~146쪽 : 지건길, 1993. 「韓半島 고인돌 文化의 源流와 展開」『馬韓·百濟文化』13, 94~95쪽.

325. 간돌검을 형식 분류한 연구에서 지금까지는 대부분 돌창을 포함시키고 있다. 이 문제에 관하여는 다음 논문에 연구사가 잘 정리되어 있다.
김구군, 1996. 「韓國式 石劍의 研究」『湖巖美術館 研究論文集』1, 28~33쪽 참조.

새에 차이가 있다. 돌검은 손잡이와 몸통이 서로 연결되어 있지만, 돌창은 몸통만 있고 손잡이 부분이 없는 대신 슴베가 있다. 그러나 이 슴베가 자체적으로 독립된 기능을 가진 것이 아니고 다른 대상에 끼워서 사용하는 부차적인 기능을 가지고 있으므로 돌검의 손잡이(자루) 부분과는 다르다(그림 77).

그림 77. 고인돌 출토 돌창: 연탄 평촌, 황주 천진동, 황주 긴동

북한지역의 고인돌에서 돌창이 찾아진 곳은 긴동 3호, 묵방리 33호, 성문 1지점 5호 등이다.

돌창의 외형적인 모습을 보면 긴동 3호 것만 슴베 부분이 좀 긴 편이고 나머지는 짧다. 그런데 이 긴동 3호 것은 함평 월봉리 고인돌에서 찾아진 것과 비슷하다.[326] 몸통 부분은 묵방리 33호를 제외하고는 대부분 등날이 만들어지지 않아 단면은 렌즈 모양이다. 슴베는 돌창의 전체적인 특징을 구분지을 만큼 짧은 점이 돋보인다. 슴베의 단면은 6각형과 장방형이 섞여 있으며, 홈이 파여 있는 것이 하나의 특징이다. 이것은 돌창을 그 자체로 쓸 수 없는 점을 보완하기 위한 것으로, 자루에 끼워서 사용할 때 효율적으로 이용하기 위해 처음부터 만든 것이며, 홈은 한 쪽에만 있는 것도 있지만 대부분은 양쪽에 있다.

돌창의 돌감은 점판암과 석회암이 섞여 있지만 거의가 점판암이다. 그리고 날 부분은 묵방리 33호처럼 살림살이에 이용할 수 있을 만큼 예리한 것도 있지만, 성문 1지점 5호 고인돌에서 찾아진 것은 무디어 껴묻기 위하여 만든 것으로 여겨진다.

4) 돌검

돌검은 북한지역의 송신동 10호에서 찾아져, 비슷한 석기인 돌창과 비교된다.

---

326. 이영문, 1993. 『앞 책』, 145쪽.

무덤방 안에서 돌화살촉과 함께 찾아진 돌검은 2점 가운데 1점만 완전하다. 편암을 돌감으로 하였으며, 몸통 부분은 돌창과 비슷하여 서로의 연관성을 시사하여 주고 있다. 몸통 부분의 끝쪽 일부와 손잡이에만 등날이 있으며, 서로를 구분짓는 검코가 뚜렷하다. 그리고 손잡이 부분은 양쪽이 완만한 호(弧)를 이루고 있다. 단면은 몸통이 마름모꼴이고, 손잡이 부분은 6각형이다.

이처럼 북한지역의 고인돌에서는 드물게 돌검이 찾아져 주목되는데, 비슷한 석기인 돌창과의 형태에 따른 구분 문제, 고인돌의 형식별 출토 상황 등은 앞으로 보다 많은 자료가 모아져야 종합적인 검토가 가능할 것으로 기대된다.[327]

5) 돌칼

돌칼은 요남과 북한지역 고인돌의 무덤방 안팎에서 찾아졌다. 고인돌에서 출토된 돌칼은 당시 사회의 성격을 밝히는데 도움이 된다. 돌칼의 1차적인 쓰임새를 농경과 연관시킬 때 고인돌 사회의 농경관계를 이해할 수 있는 자료이다.

요남지역 고인돌에서 찾아진 돌칼은 등과 날쪽이 호형을 이루는 것이 많고, 가끔 한 쪽만 둥근 것도 있다. 그리고 구멍을 2개 뚫은 것이 대부분이며, 이용된 돌감은 석회암과 편암이다.

북한지역의 고인돌에서 출토된 석기 가운데 효과적으로 널리 쓰였던 것 같으며, 극성동과 묵방리 고인돌 유적에서 찾아졌다. 편암이 돌감인 반달돌칼은 등이 조금 휘인 모습이고 구멍이 2개 뚫려 있다. 반달돌칼이 찾아진 고인돌은 개석식이며, 무덤방의 구조로 보아 축조 기술이 상당히 발전된 모습을 보여 주고 있다. 이런 점에서 반달돌칼이 찾아진 고인돌의 시기는 이른 시기에 해당하지는 않는 것 같다.

6) 가락바퀴

가락바퀴는 요남지역을 비롯하여 요북·길림·북한지역에서 모두 찾아졌으며,

---

327. 지건길, 1993, 「앞 글」, 94~95쪽.

요남에서는 토기의 조각을 가지고 만든 것도
있다(그림 78).

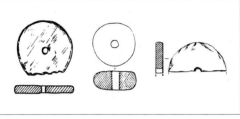

그림 78. 고인돌 출토
가락바퀴: 황주 극성
동, 동풍 조추구, 무순
하협심

요남지역의 경우 봉성 동산 고인돌에서 집중
적으로 출토되었으며, 탁자식과 개석식 고인돌
에서 모두 발견되었다. 이용된 돌감은 혈암, 편마암, 석회암 등이며 생김새는 둥글
고 납작한 모습이다. 가운데 구멍을 뚫은 모습은 양쪽보다 한 쪽에서 뚫은 것이
많다. 동산 6호에서는 토기의 밑바닥을 이용하여 가락바퀴를 만들었는데 그 생김
새는 아래쪽이 평평하고 위쪽은 좀 오목한 꼴이다.

요북지역은 산용 5호와 하협심 2호 고인돌에서 출토되었다. 하협심 것은 완전
한 것으로 생김새는 둥근꼴과 주판알 모양이며, 산용 것은 깨어진 조각이다. 가운
데에 뚫려져 있는 구멍은 양쪽에서 뚫은 것 같다.

길림지역은 동풍 조추구 2·3호 고인돌에서 찾아졌는데, 조추구 2호 것에는 가
운데의 구멍에 불탄 원형의 나무 막대기 흔적이 있다. 이것은 당시의 살림살이 연
모를 직접 껴묻기한 것 같다. 이러한 살림살이 연모가 껴묻기되어 무덤에 있다는
그 자체가 바로 내세를 위한 것으로 보인다.[328]

북한지역에서는 안악 노암리와 황주 극성동 고인돌에서 찾아졌는데 그 모습은
가운데 구멍이 뚫려 있고 가장자리는 매끈한 상태이다.

선사시대 직물에 관한 것을 알려주는 이 가락비퀴가 고인돌에서 찾아지는 것은
이것을 주로 사용한 사람들이 여성이라고 할 때 무덤의 주인공을 해석하는데 도움
이 된다.[329]

---

328. 하문식, 1988. 「앞 글」, 552쪽.

329. Lorenz Rahmstorf, 2015. "An Introduction to the investigation of archaeological textile tools", *Tools,
Textiles and Contexts*, Oxbow Books, pp.15~16.

3. 청동기

고조선 지역의 고인돌에서 찾아진 청동기는 비파형 동검을 비롯하여 비파형 청동 투겁창, 세형 동검, 청동 화살촉, 청동 꾸미개(고리, 팔찌, 치레걸이), 청동 단추, 청동 방울 그리고 거푸집 등이 있다. 이런 청동기의 출토 상황은 지역에 따라 조금씩 차이가 있다. 즉 요남지역에서는 비파형 동검·청동 꾸미개·거푸집이 발견되었고, 요북지역은 청동 방울·청동 고리, 길림지역에서는 청동 단추·청동 고리·청동 팔찌 그리고 서북한지역에서는 비파형 청동 투겁창·세형 동검·청동 화살촉·청동 치레걸이·거푸집 등이 찾아졌다. 고조선 연구에 있어서 중심지와 사회 관계 그리고 영역 문제 등을 논의할 때 고고학 자료 가운데 청동기는 다른 어떤 자료보다도 그 중요성이 강조되어 왔다.[330]

1) 청동 무기

청동 무기에는 비파형 동검을 비롯하여 세형 동검, 비파형 청동 투겁창, 청동 화살촉, 놋비수 등이 있다.

① 비파형 동검

비파형 동검은 요남지역의 보란점 쌍방 6호·수암 백가보자 12호·개주 패방 고인돌에서 찾아졌다(사진 128). 현재 동검의 전체적인 생김새를 알 수 있는 것은 쌍방 6호 뿐이며, 나머지는 파손되었다.

쌍방 것은 검날의 양쪽에 있는 마디끝[節尖]이 검끝과 매우 가까이 있고, 마디끝 아래쪽은 좀 밋밋하다. 검끝에서 마디끝까지 등대 단면은 6각형이고 슴베 부분은 원형이다. 이 동검은 이런 고졸한 느낌과 특징으로 보아 초기 동검의 성격이 강

---

330. 이청규, 1993, 「청동기를 통해 본 고조선」 『國史館論叢』 42, 1~31쪽.

하다.[331] 패방 고인돌의 동검은 검끝이 부러져 현재 남은 길이는 20.2㎝이다. 날
이 비교적 넓은 편이며, 많이 휘인 모습이다. 등대의 단면은 6각형이고, 슴베
부분은 4각형이다.[332] 이 동검은 마디끝의 위치가 검끝 쪽으로 있고 날의 너비
와 휘인 정도를 보아 전형적인 비파형 동검에 속할 가능성이 높다.[333] 백가보자
12호에서 찾아진 동검은 가운데의 등대가 뚜렷하고 자루 부분은 잘 남아있지
만 검끝과 양쪽의 날 부분은 파괴되어 없다. 등대의 단면은 6각형이고, 슴베
부분은 원형이다.

사진 128. 보란점 쌍방
과 개주 패방 고인돌
출토 비파형 동검

　　이러한 비파형 동검의 등대 부분의 단면과 마디끝의 위치를 보면 몇 가지
특징이 있다. 등대 단면은 6각형이나 원형에 가까운 8각형 등이 있으며, 6각
형인 동검의 경우 대부분 등대 돌기가 있는데 이른 시기의 비파형 동검에서
나타나는 하나의 특징이다.[334] 그리고 검날의 양쪽에 있는 마디끝의 위치에 따라
비파형 동검의 시기를 결정한 연구가 있는데, 검끝에 가까이 있을수록 이른 시기
의 동검으로 해석하고 있다.[335] 이에 따르면 쌍방 6호 동검 등은 모두 검끝 쪽에 마
디끝이 있어 시기를 해석하는데 도움이 된다. 이런 점에서 요남지역의 고인돌에서
발견된 비파형 동검 3점은 모두 이른 시기의 것으로 해석되며, 그 형태가 뚜렷한
쌍방 6호 것은 초기에 해당하는 것 같다.[336]

　　한편 이 동검이 찾아진 고인돌의 형식은 모두 개석식인데 이것은 비파형 동검
문화를 이룩한 사람들의 무덤 형식을 가늠할 수 있는 자료이다.

331. 靳楓毅. 1982. 「論中國東北地區含曲刃青銅短劍的文化遺存(上)」 『考古學報』 4, 402～404쪽 ; 박진욱.
　　　1987. 「비파형단검문화의 발원지와 창조자에 대하여」 『비파형단검문화에 관한 연구』 22～23쪽.
332. 孫福海·靳維勤. 1995. 「앞 글」 628쪽.
333. 최근 다른 관점에서 쌍방 동검에 대한 의견을 제시한 것이 있다.
　　　王成生. 2003. 「東北亞地區短鋌曲刃青銅短劍的年代與族屬」 『遼寧考古文集』 204～208쪽.
334. 이영문. 1998. 「韓國 琵琶形銅劍 文化에 대한 考察」 『韓國考古學報』 38, 67～70쪽.
335. 김정학. 1983. 「青銅器의 展開」 『韓國史論』 13, 112～117쪽 ; 박진욱. 1987. 「앞 글」 6～17쪽.
336. 김정배. 1999. 「中國 東北地域 支石墓 研究」 『國史館論叢』 85, 20～21쪽 ; 2000. 「東北亞의 琵琶形銅劍
　　　文化에 대한 綜合的 研究」 『國史館論叢』 88, 28～31쪽 ; 석광준. 1999. 「중국 동북지방 대석개석관묘의
　　　성격에 대하여」 『조선고고연구』 4, 5～11쪽.

② 비파형 청동 투겁창

비파형 청동 투겁창은 상원 방울뫼 5호 고인돌에서 발견되었다. 이 투겁창은 북한지역의 고인돌에서는 처음 찾아졌지만, 전남지역의 보성 봉룡리와 여수 적량동 고인돌에서 출토되었다(사진 129).[337] 그리고 최근 평양 표대 10호와 덕천 남양리 16호 집터에서 조사되었다.[338]

방울뫼 고인돌에서 찾아진 투겁창은 거의 완전하며, 몸통과 투겁의 길이가 균형을 이루고 있다(사진 130). 이 투겁창은 창끝에서 내려온 가운데에 돌기부가 있으며, 피홈은 끝쪽에 있다.[339] 이 비파형 투겁창을 만든 거푸집에 관하여 북한 학자들은 창끝 부분이나 날의 곡선 형태 등을 볼 때 활석보다는 찰흙 거푸집으로 만들었을 가능성을 시사하고 있다.[340] 투겁 부분에 있는 구멍은 자루를 고정시키기 위한 것으로 해석되며, 다른 유적 출토품에도 이런 것이 있다.

북한 학계에서는 고인돌과 집터에서 발굴된 비파형 투겁창의 성분 분석을 하였다.[341]

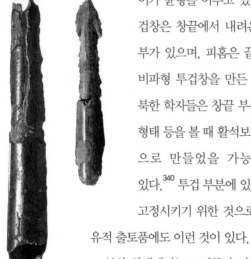

사진 129. 여수 적량동과 보성 봉룡리 고인돌 출토 비파형 청동 투겁창

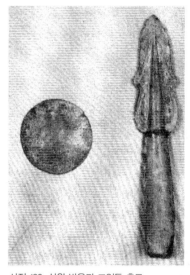

사진 130. 상원 방울뫼 고인돌 출토 청동 단추와 비파형 청동 투겁창

337. 서성훈·성낙준, 1984. 『高興 長水堤 支石墓 研究』, 21쪽 : 이영문·정기진, 1993. 『麗川 積良洞 상적 支石墓』, 54~55쪽.

338. 강승남, 1995. 「고조선 시기의 청동 및 철 가공 기술」 『조선고고연구』2, 21~25쪽.

339. 이청규의 분류 기준에는 A1식이고, 이건무의 분류로는 Ⅱ류에 속한다.
이청규, 1982. 「細形銅劍의 型式 分類 및 그 變遷에 對하여」 『韓國考古學報』13, 22쪽 : 이건무, 1992a. 『韓國의 遼寧式 銅劍文化』 『韓國의 靑銅器文化』, 국립중앙박물관·국립광주박물관 엮음, 128쪽.

340. 강승남, 1995. 「앞 글」, 23쪽.

341. 강승남, 1995. 「위 글」, 21~25쪽 : 석광준, 2002a. 「앞 책」, 309쪽.

표 6. 북한지역 출토 비파형 투겁창 성분 분석표(%)

성분 유적	구리	주석	납	기타
상원 방울뫼 5호 고인돌	80.9	6.5	10.1	2.5
덕천 남양 16호 집터	86.8	6.2	5.2	1.8
평양 표대 10호 집터	92.7	4.7	0.05	2.55

위의 표에서 보면 고인돌 출토품이 집터 유물보다 구리의 함량은 적고, 상대적으로 납의 함량은 제일 많은 것으로 밝혀졌다. 그리고 주석 함량을 보면 고인돌 유물은 남양 16호 집터 출토품과 비슷하다.[342]

청동의 합금 기술에서 구리와 주석, 납의 합금 비율은 청동의 경도와 색깔에 큰 영향을 미친다.[343] 합금을 할 때 주석이 10% 정도면 적황색을 띠고 30%이면 백색이 된다. 그리고 주석의 함량이 많으면 경도는 커지지만 부러지기 쉬워 연모로서의 실용성은 적어지지만, 광택을 내기 좋아 꾸미개를 만드는데 많이 이용되었다. 초기 청동기일수록 주석의 함량이 많은 것으로 나타나는데, 합금에서 주석은 구리의 경도를 높이는데 중요하며 28%일 때 경도가 가장 높다.

방울뫼의 비파형 투겁창은 다른 청동기와 비교할 때 주석의 함량이 많은 편은 아니며,[344] 집터 출토품과 비슷하여 청동기의 종류에 따라 합금의 성분 차이가 있는 것이 아닌가 판단된다.

한편 한국 청동기의 기원에 있어 아연의 포함 문제가 활발하게 논의되어 왔다.[345] 지금까지 한국 청동기의 기원 문제와 아연의 합금은 서로 밀접한 관련이 있었으며,

---

342. 방울뫼 출토품의 성분 분석에서 기타 2.5%에는 비소 0.2, 안티몬 0.05, 비스무트 0.07, 철 0.03, 니켈 0.06, 코발트 0.08(%)이 포함되어 있다(강승남, 1995. 「위 글」, 22쪽).

343. 전상운, 1980. 「韓國 古代 金屬 技術의 科學史的 硏究」『傳統科學』1, 13~15쪽 : 강승남, 1990a. 「우리나라 고대 청동 가공기술에 관한 연구」『조선고고연구』3, 34~38쪽 ; 1990b. 「기원전 1000년기 후반기 우리나라 청동 야금기술의 특징에 대하여」『조선고고연구』4, 31~36쪽.

344. 강승남, 1990b. 「위 글」, 32쪽.

345. 이형구, 1983. 「靑銅器文化의 비교 : 중국」『韓國史論』13, 441~445쪽 : 최주·김수철·馬淵久夫·平尾良光, 1986. 「옛 韓國 靑銅器에 대한 小考」『대한금속학회지』24-4, 540~546쪽 : 김정배, 1996b. 「韓國 靑銅遺物의 金屬學的 分析」『韓國史研究』94, 1~22쪽.

1960년대 중반 아연이 합금되었다는 견해가 제시되었다.[346] 그러나 근래에 이러한 견해에 대하여 부정적인 의견이 제시되었고,[347] 방울뫼 고인돌 출토 비파형 투겁창의 성분 분석에서도 아연의 합금에 관한 것이 없어 의문시되고 있다. 하지만 청동기의 합금에 아연 포함 사실을 구체적으로 제시한 자료가 있어 주목된다.[348]

청동기의 성분 분석에 따른 기원과 계통의 문제는 앞으로 많은 자료 검토를 필요로 하며, 청동기와 출토 유구에 대한 주변지역과의 비교 연구가 필수적이라고 판단된다.

③ 세형 동검

고인돌에서 세형 동검이 찾아진 곳은 평양 오산리와 성천 백원리 유적이 있다. 이밖에 중·남부지역의 양평 상자포리, 영암 장천리와 순천 평중리, 김해 내동 고인돌 유적에서 발견되기도 하였다.

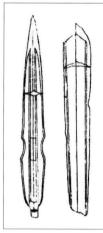

그림 79. 성천 백원리 고인돌 출토 세형동검과 놋비수

동검이 출토된 고인돌의 형식은 차이가 있다. 오산리는 개석식에서, 백원리는 탁자식에서 발견되었으며, 유적의 고인돌 군집 정도는 두 유적 모두 여러 기가 한 곳에 모여있는 양상이다(그림 79). 공반 유물은 서로 차이가 뚜렷한데 오산리 고인돌에서는 간돌검과 화살촉, 대롱구슬이 발견되었지만, 백원리에서는 청동 장식품과 놋비수 등의 청동기와 팽이형 토기 조각이 나왔다. 이처럼 백원리 고인돌은 다양한 청동기가 껴묻기되어 있었던 것으로 밝혀져 묻힌 사람의 사회적 지위나 청동 유물의 성격과 연대 문제, 공반 유물과의 관계 등을 이해하는데 중요하다.[349]

오산리 것은 어임이 없고 등대에 마디도 없지만, 백원리 것은 어임이 있어

346. 최상준, 1966. 「우리나라 원시시대 및 고대의 쇠붙이 유물 분석」, 『고고민속』3, 43~44쪽.
347. 이형구, 1983. 「앞 글」, 443~445쪽 ; 1993. 「化學分析을 通해 본 渤海 沿岸 靑銅文化의 起源 問題」, 『馬韓·百濟文化』13, 279~280쪽 : 최주 등, 1986. 「앞 글」, 540~542쪽 : 강승남, 1995. 「앞 글」, 22쪽.
348. 이건무, 1992b. 「韓國 靑銅器의 製作技術」, 『韓國의 靑銅器文化』, 138~139쪽.
349. 박진욱, 1996. 「고조선의 좁은놋단검문화에 대한 재고찰」, 『조선고고연구』2, 5~6쪽.

형태에 있어서 차이가 있다.

고인돌에서 세형동검이 출토되었다는 것은 고인돌이 축조된 시기의 한국 청동기문화 성격을 이해하는데 도움이 되며, 아울러 청동기를 주조한 당시의 사회 성격을 밝히는 자료가 될 것으로 여겨진다.

④ 청동 화살촉

청동 화살촉은 은천 약사동과 평양 구서리 고인돌에서 발견되었다.

약사동 것은 슴베가 있는 것으로 몸통의 끝부분과 양쪽 날의 일부가 깨어져 나간 것 이외에는 대체로 완전하다. 2단인 슴베 부분이 좀 긴 것 같고 날 부분은 예리한 편에 속한다. 화살촉의 가운데 등날이 있고, 그 양쪽 옆에는 홈이 파여 있다. 단면은 몸통 부분이 마름모꼴이고 슴베쪽은 둥근꼴이다.

구서리 것은 밑부분이 깨진 삼릉촉이다. 단면은 몸통이 3각형이고 뿌리 쪽은 6각형이다.

청동 화살촉이 나온 곳은 이밖에도 김해 무계리와 보성 덕치리 15호 고인돌이 있을 뿐 매우 제한적이다.[350] 특히 덕치리 것은 동검의 조각을 재가공한 것으로 2차 전용품이다.

고조선 지역의 고인돌에서 청동 유물이 찾아진 경우는 개석식이 많은데 약사동 고인돌은 탁자식으로 밝혀져 주목되며, 고인돌의 형식에 따라 출토 청동기의 차이점이 있는 것 같다.

이밖에도 청동 무기인 놋비수가 성천 백원리 고인돌에서 발견되었다.

2) 청동 연모

청동 연모에는 청동 끌과 청동 송곳이 있다.

---

350. 김원룡, 1963, 「金海 茂溪里 支石墓의 出土品」 『東亞文化』 1, 152~153쪽 : 윤덕향, 1988, 「德峙里 신기 支石墓」 『住岩댐 水沒地域文化遺蹟發掘調査報告書』 III, 91쪽.

끌은 은천 우녕동 19호 고인돌에서, 송곳은 상원 장리 1호에서 발견되었다. 출토된 고인돌은 모두 탁자식이며, 유적의 군집 정도는 여러 기의 고인돌이 밀집된 분포 양상이다. 끌과 송곳은 녹이 많으며, 길이는 6.6cm와 8cm로 짧은 편이다. 그리고 단면은 모두 네모꼴이다.

장리 고인돌에서는 청동 끌 이외에도 청동 방울, 청동 교예 장식품 등의 청동 의기가 함께 출토되었다.

3) 청동 꾸미개

청동 꾸미개 종류로는 청동 단추를 비롯하여 청동 치레걸이, 청동 고리, 청동 팔찌 등이 있다.

① 청동 단추

청동 단추는 상원 방울뫼 4호와 성천 백원리, 길림의 보산촌 동산 고인돌에서 발견되었다. 동산 고인돌에서는 한꺼번에 9점이 찾아졌으며 나머지는 1점씩 출토되었다. 청동 단추가 출토된 고인돌의 형식을 보면 방울뫼와 백원리는 탁자식이고, 동산은 개석식이다.

청동 단추의 크기는 지름이 3~4cm, 두께는 1cm 안팎으로 서로 비슷하다. 외형적인 형태는 둥근꼴로 윗면이 볼록한 모습인데 방울뫼 것은 고리가 있어 실생활에 이용된 것 같으며, 백원리 것은 가운데 구멍이 뚫려(지름 0.6cm) 있어서 달아매었던 것 같다. 또한 동산 것은 모두 가운데에 가로질러 홈이 있다.

방울뫼 출토 청동 단추는 성분 분석 결과 주석의 함량(15%)이 비파형 투겁창보다 2배나 높은 것으로 밝혀졌는데, 이것은 청동의 강도를 높여주고 광택을 내기 좋은 흰색에 가깝게 하기 위한 것으로 해석된다.[351] 그리고 이 청동 단추는 겉면이 비교

---

351. 방울뫼 출토 청동 단추의 성분 함량은 구리 76.0, 주석 15.0, 납 7.0, 비소 0.6~1.0, 안티몬 0.06~0.1, 비스무트 0.06~0.1, 철 0.05, 니켈 0.02, 코발트 0.08(%)로 밝혀졌다(강승남, 1995. 「앞 글」, 22쪽).

적 매끈하고 기포 흔적이 없는 것으로 보아 활석 거푸집으로 주조되었을 가능성이 높다.[352]

② 청동 치레걸이

청동 치레걸이는 요남지역의 개주 패방, 요북지역의 신빈 용두산, 서북한지역의 사리원 광성동 성문 1지점 고인돌에서 찾아졌다.

패방 것은 형태가 엄지 손톱 모양이며, 가운데가 비어 있다. 정연하지 못하고 거칠게 만들어져 주조 제품은 아닌 것 같다. 용두산 유적에서는 타래무늬의 청동 귀걸이, 청동 고리가 찾아졌다. 광성동 4호의 치레걸이는 끈을 끼울 수 있는 구멍이 뚫려 있는 일부분만 발견되었다. 이러한 청동 치레걸이는 만든 수법이나 쓰임새 등으로 볼 때 초기 청동 제품이었을 가능성이 많으며, 일정하게 규격화된 형태는 없다.

이밖에도 길림 조추구 2호 고인돌에서는 청동 고리와 청동 팔찌가 함께 발견되었다. 청동 고리는 둥근 형태이며 정연하지 못하다. 그리고 청동 팔찌는 청동 고리보다 좀 큰 편이며, 군데군데 오목하게 들어간 곳이 많아 울퉁불퉁하다.

4) 청동 의기

청동 의기로는 상원 장리, 신빈 용두산, 무순 하협심, 환인 광복촌 고인돌에서 청동 방울이[353] 찾아졌고, 청동 교예 장식품이 장리에서 발견되었다. 고인돌에서 이런 의기가 출토된 경우는 매우 드물며, 일반적으로 청동 의기는 후기 청동기문화 단계의 유적에서 찾아지고 있어 고인돌의 연대 문제는 물론 당시 사회의 성격을 가늠하는데 도움이 된다.

장리에서는 모양이 같은 청동 방울 2점이 출토되었는데, 겉면에 삼각무늬와 길

---

352. 강승남, 1995, 「위 글」, 23쪽.
353. 여기서 청동 방울이라고 하는 것은 지금까지 일반적으로 銅鐸, 小銅鐸, 馬鐸, 청동 방울, 종방울, 동종 방울로 불려지는 것이다. 크기에 따라 동탁과 마탁으로 구분하기도 하지만, 고인돌에서 출토된 것은 현재까지 모두 작고 울림통 안에 추가 달려있어 청동 방울이라고 부르는 것이 좋을 것 같다.

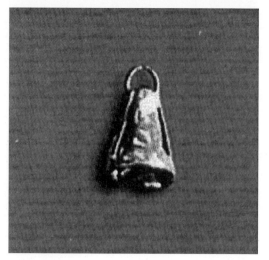

사진 131. 상원 장리와
신빈 용두산 고인돌
출토 청동방울

쭉한 구멍이 4개 있다. 용두산(5점)과 하협심에서 찾아진 것은 외형적으로 차이가
있다. 하협심 것은 방울 위쪽의 고리가 약간 안쪽에 붙어있기 때문에 정면에서 보
면 사다리꼴에 가까운 모습이다. 이런 것이 경주 조양동 유적에서 출토되었는데 윗
부분만 비슷하며 아래쪽은 다른 모습으로 차이가 있다.[354] 하지만 용두산 것은 모두
고리가 몸통의 가장자리 바로 옆에 붙어있기 때문에 몸통과 고리가 하나로 일체된
느낌이며 정면이 삼각형이다. 이런 것이 조사된 자료가 그렇게 많지 않으며, 주조
한 거푸집에 따라 이렇게 된 것으로 보인다(사진 131).

　청동 방울의 크기(높이)를 보면 하협심 것은 2.8㎝이고, 용두산 것은 3~4㎝로 상
당히 작은 편에 속한다. 이러한 크기는 한반도에서 찾아진 청동 방울보다도 작은
것으로 혼강 유역의 고인돌에 껴묻기된 것은 앞에서 설명한 토기처럼 실생활에 사
용되지 않았던 의기일 가능성이 높다. 그 이유는 크기 뿐만 아니라 방울이 모두 달
려있지 않다는 것이다.

　청동 방울의 형식에 대한 여러 견해를 종합해 보면, 울림통의 벌어진 모습, 꼭지
의 형태, 매다는 구멍, 울림통 아래쪽의 돌대 등으로 구분한다.[355]

354. 국립중앙박물관·국립광주박물관 엮음, 1992. 『韓國의 靑銅器文化』, 108쪽.
355. 국립중앙박물관·국립광주박물관 엮음, 1992. 『위 책』, 108쪽.

청동 방울을 정면에서 바라보면 울림통이 있는 위쪽이 좁고 아래쪽은 비교적 넓은 삼각형의 형태를 지니고 있다. 위에서 바라본 평면은 타원형과 마름모꼴이 섞여 있다. 또한 울림통의 끝자락(맨아래쪽)은 대부분 오목한 것과 편평한 것이 섞여 있는데 마름모꼴은 하협심과 용두산 2·3호에서 모두 찾아졌다. 외형적으로 볼 때 어깨와 몸통 부분(울림통)은 경계가 뚜렷한 것(용두산 2호)도 있지만 구분이 되지 않는 것(장리)도 있다. 또한 윗부분에 매달 수 있도록 고리가 있는 것도 있지만 없는 청동 방울도 찾아져 이것의 쓰임새를 짐작해 볼 수 있다. 이처럼 걸개가 없다는 점은 울림통에 방울이 없는 것과 비교된다.

청동 방울의 외형적인 생김새로 시기를 구분한 자료에 따르면[356] 몸통 부분이 마름모꼴인 하협심 고인돌 출토품이 용두산 것보다는 약간 이른 시기에 해당하는 것으로 여겨진다.

한편 울림통의 겉면은 대부분 무늬가 없는 민무늬이지만, 장리 고인돌의 청동 방울은 겉면에 삼각무늬가 새겨져 있다. 이 기하무늬는 쓰임새의 관점에서 볼 때 교예 장식품과 관련이 있을 것으로 해석된다. 또한 이 무늬는 번개무늬를 형상화한 것으로 보는 견해도 있다.[357] 이처럼 독특한 무늬는 희소성의 관점에서 볼 때 누구나 만들 수 없고 당시 사회에서 일정한 지위가 있는 사람만이 이것을 주조하거나 가질 수 있었던 것으로 판단된다.

이러한 청동 방울이 껴묻기된 고인돌에 묻힌 사람은 누구일까? 청동 방울은 일상적인 살림살이에 이용되는 것이 아니고 당시 사회에서 집단 공동체가 제의와 같은 특수한 목적이나 행위를 할 때 사용하던 의례용 청동기의 하나였다. 이것을 사용한 사람은 당시 사회에서 매우 제한된 계층이었고 사회적 신분 관계에서 보면 제의 행위와 직접적인 연관이 있었을 것이다. 그렇다면 당시 사회에서 특수한 행위를 할 때 사용하던 의례용 청동기가 껴묻기된 이러한 고인돌에 묻힌 사람의 신분 관계

---

356. 윤무병, 1991. 『韓國 靑銅器文化의 硏究』, 예경산업사, 114~115쪽.
357. 최응선, 1996. 「앞 글」, 28~29쪽.

사진 132. 상원 장리
고인돌 출토 청동교예
장식품

나 직업을 유추해 볼 수 있을 것이다.

지금까지 청동기시대의 유적에서 청동 방울이 출토된 곳은 나진 초도를[358] 비롯하여 북청 토성리,[359] 금야 유적(거푸집)과[360] 서풍 서차구(西豊 西岔溝), 요양 북가자(遼陽 北家子),[361] 객좌 노야묘(喀左 老爺廟),[362] 건평 고산자(建平 孤山子)와 유수 임자(榆樹林子)[363] 유적 등이 있다. 형태적인 관점에서 보면 고인돌 출토품과 직접적인 관련은 많지 않은 것으로 여겨지지만, 특별한 의미를 지닌 청동 방울이 출토된 무덤은 당시 사회에서 상징성을 나름대로 가지고 있었을 것이다.

청동 교예 장식품은 두 사람이 바퀴 위에서 둥근 고리를 쥐고 재주를 부리는 모습을 형상화한 주조품으로 상당히 수준 높은 제작 기술을 소유한 집단에 의하여 만들어진 것 같다(사진 132). 다시 말하여 장리 고인돌을 축조한 사회는 전문 장인 집단의 존재 가능성을 충분히 시사하고 있다.[364]

5) 거푸집

청동 도끼 거푸집이 쌍방 6호와 벽류하 21호 고인돌에서 발견되었고, 연탄 송신

358. 고고학 및 민속학 연구소, 1956. 「나진초도 원시유적 발굴보고」.

359. 김용간·안영준, 1986. 「함경남도, 량강도 일대에서 새로 알려진 청동기 시대 유물에 대한 고찰」 『조선고고연구』1, 24～29쪽.

360. 서국태, 1965. 「영흥읍 유적에 관한 보고」 『고고민속』2, 35～45쪽.

361. 肖景全·張波·李榮發, 2005. 「新賓旺淸門鎭龍頭山大石盖墓」 『遼寧省考古學會第5屆年會學術論文集』, 16쪽.

362. 劉大志·柴貴民, 1993. 「喀左老爺廟鄕靑銅短劍墓」 『遼海文物學刊』2, 18～21쪽.

363. 李殿福, 1991. 「建平孤山子·榆樹林子靑銅時代墓葬」 『遼海文物學刊』2, 1～9쪽.

364. Lynne Goldstein, 1981. "One–dimensional archaeology & multi–dimensional people : spatial organization & mortuary analysis", The Archaeology of Death, Cambridge Univ. Press, p.54.

동에서는 동검을 제작한 흙 거푸집이 조사되었다.

사진 133. 보란점 쌍방 6호 고인돌 출토 거푸집

쌍방 6호의 거푸집은 2조각이 한 쌍이며, 활석에 흑연이 섞여 있다. 형태는 사다리꼴이고 서로 합하면 주물을 부어 넣는 구멍이 생긴다. 위·아래쪽에는 선과 기호를 새겨 놓았다. 거푸집에 새겨진 도끼를 보면 날 쪽이 길고 허리가 잘록한 부채꼴이며, 몸체는 투겁이고 위쪽에 13줄의 볼록한 줄이 있다(사진 133).

벽류하 21호 거푸집은 2조각이 한 쌍을 이루는 것이지만 부서진 한 쪽만 찾아졌다. 거푸집의 앞과 뒤쪽에 모두 도끼가 새겨져 있다. 주물을 부어 넣던 구멍과 합하였을 때 끈으로 묶었던 자취가 남아 있다. 송신동에서 출토된 거푸집은 흙을 빚어 구워서 만들었으며 많이 파괴되어 그 크기를 알 수 없다. 지금까지 비파형 동검 문화권에서 조사된 거푸집의 재질은 활석이 대부분이고 가끔 편암이 있었다. 하지만 이렇게 흙으로 거푸집을 만든 것은 중원지역에서 주로 조사되고 있어 비교된다.[365]

거푸집을 합할 때 쉽고 정확하게 하기 위하여 만들어 놓은 기호(줄, *)나 끈으로 묶었던 흔적은 당시 사람들의 지혜를 엿볼 수 있는 자료이다. 그리고 청동기의 제작에 밑바탕이 되는 거푸집을 고인돌에 껴묻기하였다는 점에서 당시 청동기 제작의 보편화 정도 또는 이 고인돌에 묻힌 사람의 신분 관계나 직업을 추측해 볼 수도 있을 것 같다.[366]

4. 철기

요북지역의 고인돌에서 철기가 찾아져 관심을 끌고 있다. 철기는 용두산 2호 고

---

365. 이건무, 1992b, 「앞 글」, 140쪽.
366. 김정희, 1988, 「東北아시아 支石墓의 硏究」, 『崇實史學』 5, 116쪽.

인돌에서 안테나식 청동 손잡이 철검[觸角式銅柄鐵劍]을 비롯하여 쇠창[鐵戈], 쇠도끼[鐵斧]가 발굴되었고, 하협심 2호의 돌무지에서 쇠팽이[鐵钁]가 찾아졌다.

　　이런 철검은 무순·신빈·철령 지역에서 조사되고 있지만, 고인돌에서 발굴되었기 때문에 그 의미가 상당하다. 출토된 유적으로는 무순 어린이공원을 비롯하여 무순 와방촌(瓦房村), 동요(東遼), 채강(彩崗) 등이 있다.[367] 안테나식 검은 손잡이의 양쪽 끝부분이 둥근 고리로 이루어졌다. 이것은 유럽의 힐슈타트 문화에서 손잡이와 몸통이 한꺼번에 만들어지는 일주식(一鑄式) 검에서 발생한 것으로 알려져 있다.[368] 용두산 철검은 몸통의 가운데에 등날[脊]이 있고 가로 자른 면은 마름모꼴이다. 손잡이의 쌍고리는 없고 검신이 부분적으로 부러진 채로 출토되었다. 그런데 손잡이 부분의 안테나가 아래로 구부러져 만들어진 고리 부분이 용두산 2호의 철검에는 없다 (사진 134).

　　이처럼 철검의 손잡이 바깥면을 청동으로 처리한 점, 안테나 모양의 손잡이 부분이 안쪽으로 휘어져 고리가 없는 점 등으로 볼 때 이른 시기에 해당하지는 않을 것 같다. 이런 점에서 이것은 서풍 서차구에서 출토된 철검보다는 형식적으로 약간 늦은 기원전 3세기쯤 해당하는 것이 아닐까 해석된다. 또한 이런 철검이 돌무지 고인돌에 껴묻기되었다는 것은 묻힌 사람의 신분 관계는 물론 축조 시기와 배경 그리고 다음 시기 무덤과의 관련성 등 여러 복합적인 의

사진 134. 신빈 용두산 고인돌과 서풍 서차구 무덤 출토 철검

367. 李新全. 2008. 『앞 책』. 144~146쪽.
368. 국립중앙박물관·국립광주박물관 엮음. 1992. 『앞 책』. 71쪽.

미를 지니고 있는 것으로 해석된다. 이런 점에서 용두산 유적의 돌무지 고인돌은 요북지역 뿐만 아니라 혼강 유역의 늦은 시기 고인돌 성격을 이해하는데 중요한 자료가 된다.[369]

쇠창은 아래 부분이 부러져 없어졌으며, 가운데 등날이 있다. 몸통에는 2개의 구멍이 있으며, 철검과 함께 출토되어 주목된다. 쇠도끼는 장방형으로 쇠창과 같은 무덤방에서 출토되어 이곳에 묻힌 사람은 철기와 깊은 관련이 있을 것으로 보인다.

5. 꾸미개류

대롱구슬을 비롯하여 치레걸이·곱은 옥·뼈와 돌구슬·돌대롱·팔찌 등이 있다.

녹송석·공작람석·백석 등을 돌감으로 이용한 대롱구슬은 길림과 북한지역에서 찾아졌는데 길림지역은 동풍 타요촌, 보산촌, 조추구 2호 등 모두 개석식에서 발견되었으며 크기는 조금씩 다르다. 조추구 2호와 보산촌의 출토 모습을 보면, 녹송석과 공작람석이 번갈아 놓여 있어 끈으로 서로 꿰어 치레걸이로 이용한 것 같다. 이 대롱구슬은 북한지역과 한반도 남서해안의 고인돌에서 집중적으로 찾아지고 있는 대롱옥과 비교된다.[370]

북한지역은 사리원 광성동 성문 2지점 2호 고인돌을 비롯하여, 황주 천진동, 북창 대평리, 연산 공포리, 신양 평곡, 평양 표대와 오산리 등에서 출토되었다. 생김새는 원통 모양으로 가운데 구멍이 뚫려 있으며, 감은 여러 가지다. 대롱구슬 1~2점을 제외하고 다른 꾸미개 종류는 나오지 않아 처음부터 장례 습속에 따라 이렇게 극소수만 껴묻기 되었던 것 같아 한꺼번에 여러 점이 찾아지는 길림지역이나 전남의 남해안지역 고인돌과 좋은 비교가 된다.[371]

369. 하문식, 2010b. 「앞 글」, 198쪽 : 백종오·오대양, 2014. 「遼東地域 支石墓의 硏究成果 檢討」 「東아시아古代學」 34, 67~68쪽.

370. 이영문, 1993. 『앞 책』, 169~170쪽.

371. 이영문, 1993. 『위 책』, 169~170쪽.

치레걸이의 구슬은 요남과 요북, 북한지역에서 찾아졌다. 개주 패방 고인돌에서는 활석과 짐승뼈를 갈아서 만든 이런 구슬이 수십 점 조사되었고, 동산 유적에서는 녹송석을 손질한 것이 발굴되었다. 짐승뼈를 갈아서 지름 1cm쯤 되게 만든 뼈구슬이 탁자식인 송신동 31호의 2칸에서 여러 점 찾아졌고, 돌을 감으로 하여 둥글게 만든 구슬은 귀일리 2호에서 조사되었다. 또 귀일리 2호에서는 조개 껍질을 가지고 만든 팔찌도 찾아져 관심을 끈다. 돌 치레걸이가 무순 하협심 2호 고인돌에서 출토되었는데 정면이 삼각형이고 위쪽 부분에 작은 구멍이 뚫려 있다. 뚫어진 구멍으로 보아 끈에 매달아 치레걸이로 이용한 것 같다. 이것은 돌대롱을 여러 점 매달아 목걸이로 쓴 것과는 차이가 있어 특이하다. 지금까지 요남이나 길림 지역의 고인돌에서는 찾아진 예가 없다.

곱은 옥은 탁자식인 귀일리 2호, 대롱옥은 대평리 2호 고인돌에서 찾아졌으며, 푸른 색을 띠고 있다. 이런 색깔의 껴묻거리가 갖는 상징적인 의미가 중요하다. 이것은 꾸미개로써 가지는 쓰임새 뿐만 아니라 장례 의식에서 신앙·상징의 역할을 하는 것으로 보인다.[372] 장례 의식에서 푸른색이 가지는 의미는 생명의 색으로 영원을 상징한다. 무덤에 주검과 함께 이것을 껴묻기하였다는 것은 주검의 부패를 방지하고 죽은 사람을 재생시키려는 기능적인 의미로 해석된다.

길림의 동풍 보산촌 동산에서 찾아진 옥 꾸미개와 무순 하협심 2호와 용두산 고

사진 135. 신빈 용두산 고인돌 출토 여러 치레걸이

인돌의 돌대롱은 가장자리를 갈아 길쭉한 모양으로 만들었으며, 한 쪽에 구멍이 뚫려 있어 치레걸이로 사용하였던 것 같다(사진 135).

짐승의 사지뼈를 갈아서 만든 뼈대롱은 길림지역의 조추구 2호에서 1점이 찾아져 대롱구슬과 비교된다. 베개 모양인 뼈대롱은 가운데가 조금 움푹하며, 양끝을 갈았는데 이것도 대롱구슬처럼 치레걸이로 사용하였던 것 같다.

372. Eliade, M., 이은봉 옮김, 1979, 『宗教形態論』, 형설출판사, 472~474쪽.

6. 나머지

이밖에도 요남지역에서는 뼈송곳과 뼈바늘·짐승뼈가, 북한지역에서는 돌돈과 조개껍질이 발견되었다.

뼈송곳은 패방 고인돌에서 찾아졌는데 사슴뿔을 갈아서 만들었다. 끝이 매우 예리하며 길이는 7.6cm이다. 뼈바늘도 패방 고인돌에서 발견되었으며, 뼈송곳처럼 갈아서 만들었는데 부러진 상태로 찾아졌다.

짐승뼈는 금현 소관둔 북쪽 고인돌에서 발견되었지만, 정확한 보고 내용이 없어 짐승의 종(種)이나 출토 상황은 알 수 없다. 하지만 고인돌에서 이러한 짐승뼈가 찾아지는 것은 고인돌 사회의 제의(祭儀)와 관련이 있는 것으로 여겨진다.[373]

돌돈은 황주 신대동 2호 고인돌과 증산 용덕리 고인돌에서 출토되었다. 이것은 주로 팽이형 토기와 관련된 집터에서 찾아지며, 무덤에서는 드물게 조사된다. 크기는 지름 40~60㎝, 두께 2~3㎝로 상당히 큰 편에 속한다. 쓰임새에 관하여는 여러 견해가 있으며, 같이 출토된 석기(돌창, 화살촉, 대패날, 반달돌칼 등)와 암질이 같다. 같은 암질을 가지고 석기를 제작한 점에서 보면 집단간 교역의 징표로 여겨진다. 또한 무덤에서 출토되었다는 것은 고인돌 사회의 장례 의식과 관련있는 내세를 위한 증거가 될 수도 있다.

송신동 22호에서는 조개껍질이 찾아졌는데 지금까지 고인돌에서는 제천 황석리 2호와 9호에서 조사되었다. 이것은 고인돌 사회에 널리 쓰이던 장례 습속에 따라 껴묻기되었던 것으로 해석된다.[374]

---

373. 제천 황석리 고인돌에서는 사슴, 소과(科), 집돼지 뼈가 나왔으며(이융조·우종윤, 1988.「황석리 고인돌 문화의 묻기 방법에 관한 한 고찰」『博物館紀要』4), Britain의 큰돌무덤에서도 짐승뼈가 찾아졌다(Renfrew, C., 1979. op. cit., p.141).
한편 이러한 짐승(뼈)은 죽은 사람을 보내는데 쓰여지는 상징-제의의 동물로 보기도 한다(Heine-Geldern, R., 이광규 옮김. 1969.「메가리트問題」『文化財』4, 145~147쪽).

374. 이융조·우종윤, 1988.「위 글」. 17쪽.

IX. 고인돌의 장례 습속

1. 묻기

사람의 일생은 통과의례에 따라 여러 절차를 거치게 되며, 묻기[葬制]는 마지막 과정이다. 묻기는 당시 사회 발전 과정의 한 측면을 나타내주며, 다른 문화 요소보다도 강한 보수성과 전통성을 가지고 있으므로 쉽게 바뀌지 않는다. 선사시대 사람들은 살림살이를 해 나가는 과정에서 자연의 영향을 많이 받았으므로 언제나 죽음이 가까이 있었다. 그리고 죽음 그 자체의 두려움으로부터 벗어나기 위하여 주검의 처리 과정인 묻기에 대하여 그들 나름대로의 절차와 과정을 가졌을 것이다.

고인돌을 만들기 시작한 시점에는 앞 시기와 달리 보편화된 농경으로 식량 생산이 이루어지고 인구 밀도가 높아 죽음이 늘 가까이 있었다. 이러한 환경 변화에 적응하기 위하여 당시 사람들은 사회적 기능 유지의 차원에서 고인돌을 축조할 때 주변에 널리 퍼져 있던 일정한 장례 습속에 따라 의식을 치루었을 것이다.[375]

묻기 방법은 먼저 무덤방의 크기와 그 과정에 따라서 바로 펴묻기, 굽혀 묻기, 옮겨 묻기(두벌 묻기), 화장(火葬)으로 나눌 수 있다.

무덤방의 크기에 따른 묻기 방법은 다음과 같이 추정해 볼 수 있을 것 같다.[376] 어른을 기준으로 바로 펴묻기는 무덤방의 크기가 길이 160cm, 너비 50cm 이상이며, 굽혀 묻기는 길이 100~160cm, 너비 50cm 안팎 또는 길이 100cm 안팎, 너비 50cm 이상이면 가능할 것 같다. 그리고 두벌 묻기는 주검을 일정 기간 임시로 묻은 다음 뼈만 골라 다시 묻기를 하기 때문에 무덤방의 너비 보다는 길이가 더 중요하였던 것 같으며, 무덤방 크기는 길이 100~150cm, 너비 30cm 안팎이면 될 것 같다.

375. Heine – Geldern, R. 이광규 옮김. 1969. 「앞 글」, 145쪽 : Wernick, R. 1973. *op. cit.*, p.109 : 이융조. 1980. 「한국 고인돌 사회와 그 의식(儀式)」 『東方學志』23·24, 290~291쪽 참조.

376. 이영문(1993. 『앞 책』, 271쪽)의 선행 연구를 참고하여 크기를 약간 변형시켰음.

고조선 지역의 고인돌에서는 바로펴묻기, 굽혀묻기, 두벌묻기 등이 일반적으로 조사되고 있는데 주로 고인돌의 형식에 따라 무덤방의 크기가 결정되므로 위와 같은 분석 기준은 보다 많은 자료를 필요로 한다. 그리고 장례 습속의 하나인 화장이 상당히 유행한 것으로 여겨져 주목된다.[377]

주검을 처리하는 방법 가운데 하나인 화장이 중국 동북지방에서는 일찍부터 유행하였다. 주검을 보존하기 위한 하나의 수단으로 이용된 화장에 관한 기록은 『列子』·『墨子 : 節葬下』·『呂氏春秋』·『新唐書』에 나타나고 있다.[378] 그리고 고고학적 자료로는 신석기시대 유적인 황하 상류의 조하(洮河) 유역에 있는 감숙성 사와(寺窪) 유적과[379] 내몽골 소조달맹(昭烏達盟)의 석붕산 유적이 있다.[380] 사와 유적에서는 신석기시대의 공동묘지가 찾아졌는데 대부분 움무덤이며, 화장으로 주검을 처리하였다. 화장 무덤은 사람뼈를 넣은 토기를 똑바로 세우고 넓적한 사암을 덮었다. 석붕산 유적에서도 화장의 흔적이 찾아졌고, 은나라 때의 유적인 하남 정주 명공로(銘功路)에서도 조사되었다.[381]

화장이 동북지방에서는 신석기 후기부터 나타나기 시작하여 청동기시대에 들어오면 상당히 널리 보편화된 것 같다.[382] 고고학적 조사 결과, 화장의 방법과 과정이 체계적이고 능률적으로 이루어져 왔던 것으로 밝혀지고 있다.[383] 하지만 그 절차와 진행에 있어 많은 비용이 소요되므로[384] 보편적이었던 것은 아니고 특별한 경우에

377. 王洪峰, 1993b. 「앞 글」, 252~253쪽 : 하문식, 1998c. 「앞 글」, 20~31쪽.
378. 강인구, 1979. 「中國地域 火葬墓研究」『震檀學報』46·47, 85~87쪽 : 陳華文, 2007. 『喪葬史』, 上海文藝出版社, 163~168쪽.
379. 강인구, 1979. 「위 글」, 88쪽.
380. 內蒙古自治區昭烏達盟文物工作站, 1963. 「內蒙古昭烏達盟石羊石虎山新石器時代墓葬」『考古』10, 523~524쪽.
381. 馬金, 1956. 「鄭州市銘功路 西側的商代遺存」『文物參考資料』10.
382. 許玉林, 1994. 「앞 책」, 122쪽.
383. Gejvall, Nils-Gustaf, 1970. "Cremations", *Science in Archaeology*, Praeger Publishers, p.469 : 신숙정, 1994. 『우리나라 남해안 지방의 신석기문화 연구』, 學研文化社, 262~263쪽.
384. Mike Parker Pearson, 1999. *op. cit.*, pp.49~50.

이루어졌던 것으로 보인다.[385]

화장은 당시의 장례 습속과 밀접한 관련이 있으며, 영혼에 대한 숭배 심리·죽은 사람의 영혼에 대한 두려움·지리적인 환경 요인 등이 그 이유라는 견해가 있다.[386] 그리고 무덤방 안에서의 화장 행위는 뼈의 보존과 연관이 있지 않을까 생각된다. 무덤방 밖에서 화장을 하면 불에 탄 뼈는 잘 부서지기 때문에 옮기기가 상당히 어려웠을 것이므로 당시 사람들은 이곳에서 직접 화장을 하였을 것이다. 화장의 흔적이 조사된 길림지역 고인돌의 무덤방 가운데 두벌묻기의 무덤방보다 큰 것이 있어 이러한 사실을 뒷받침하여 준다. 동풍 조추구유적을 비롯하여 용두산·대양·두가구·삼리 고인돌에서는 무덤방 안에서 화장을 한 흔적이 찾아져 그 당시의 특이한 장례 습속을 알 수 있다.[387] 이들 무덤방 안에서는 불탄 재와 많은 양의 숯은 물론 덜 탄 나무조각을 비롯하여 화장에 필요한 나무를 쌓았던 나무테 흔적이 찾아지기도 하였다.

요남지역의 고인돌 가운데 불탄 뼈가 찾아진 것을 보면 탁자식이 많고 개석식은 봉성 동산 고인돌이 있다. 이것은 요남지역에서 조사된 고인돌의 상당 부분이 탁자식이기 때문에 절대적인 우위에서 나타나는 하나의 현상으로 여겨지며, 동산 유적의 경우 화장 흔적이 조사된 것은 2기뿐이지만 무덤방의 구조나 껴묻거리 등을 보면 커다란 차이가 없으므로 이 유적에서도 화장이 이용되었을 가능성은 높은 것으로 해석된다.

한편 개주 화가와보 5호에서는 머리뼈와 사지뼈, 갈비뼈 등이 발견되었는데, 출토 모습을 보면 무덤방 안에 흩어져 있거나 부서져 있어 한 번에 묻은 것이 아니고 몇 차례에 걸쳐 두벌 묻기를 하였던 것 같다. 또 막음돌 가운데 처음부터 덮개돌이

385. Tainter, 1978. "Mortuary practices and the study of prehistoric social system", *Advances in archaeological method and theory* 1, Academic press, p.126.

386. 木易, 1991. 「東北先秦火葬習俗試析」 『北方文物』1, 17〜21쪽.

387. 이런 독특한 화장 방법이 길림 남부지역에서 집중적으로 조사되어 주목되며, 앞으로 발굴 조사가 진행되면 특이한 화장 방법에 대한 보다 구체적인 사실이 밝혀지게 될 것으로 기대된다.
    金旭東, 1991. 「앞 글」, 20〜22쪽 : 王洪峰, 1993b. 「앞 글」, 253쪽.

나 굄돌과 맞물리지 않고 무덤방의 일부만 가리는 기능을 하였던 문돌이 조사되고 있기 때문에 이런 묻기의 가능성을 시사하고 있다.[388] 특히 보란점 쌍방 2호와 장하 백점자 고인돌의 무덤방에서는 사람뼈가 여러 군데 흩어져 있어 두벌묻기가 어느 정도 보편화되었던 것 같다.

요북지역에서 조사된 고인돌도 길림지역처럼 무덤방 안에서 직접 화장을 한 흔적이 조사되었다. 이처럼 무덤방 안에서 화장을 한 행위는 당시의 장례 습속과 관련이 있는 것으로 보인다. 신빈 용두산 2호와 3호 고인돌은 무덤방 안에서 화장을 한 다음 사람뼈를 부위별로 모아 무덤방의 일정한 곳에 놓는 독특한 묻기인 간골화장(揀骨火葬)이 있었다. 이러한 행위는 인근의 합달령 남부지역의 개석식 고인돌과 태자하 유역의 동굴무덤에서도 조사되어 비교된다.

길림지역의 개석식 고인돌에서도 화장의 흔적이 찾아졌으며, 동풍현 조추구·두가구·삼리 고인돌에서는 요북지역처럼 화장이 끝난 다음 사람뼈를 일정한 곳 – 이를테면 갈비뼈와 사지뼈는 가운데, 머리뼈는 주로 산마루쪽 – 에 쌓아 놓는 간골화장이 조사되었는데, 이러한 집단적인 성격의 화장과 장례 습속이 고조선 지역에서만 찾아지고 있어 이것이 문화나 지역적인 특징인지, 당시의 시대적인 상황에 따라 일시적으로 유행하였던 것인지는 앞으로의 연구가 있어야 할 것이다.

북한지역은 무덤방의 조사 결과, 요남이나 길림지역의 고인돌처럼 무덤방 안에서 화장을 한 것이 아니고 다른 곳에서 주검을 태운 다음 뼈만 가저와 묻기를 하였던 것 같다. 성문 1지점 고인돌의 무덤방은 바로펴묻기를 할 수 있는 크기인데도 화장을 하였음이 조사되었다.[389] 이와 같이 주검을 화장한 흔적이 찾아진 것은 광성동 성문 1지점 4호와 5호 이외에도 상원 귀일리 2호와 번동리, 왁새봉 등이 있다.

다음은 한 무덤방에 여러 사람을 묻기[多人葬]한 것이 신빈 용두산 유적에서 조사되었다. 2호 고인돌의 무덤방은 위층과 아래층으로 구분되며 2차에 걸쳐 묻기가

---

388. 王洪峰, 1993b, 「위 글」, 252쪽.
389. 김동일, 1988, 「앞 글」, 22~23쪽.

이루어진 것으로 밝혀졌다. 아래층에서 화장된 상태인 뼈를 가지고 분석한 결과, 묻힌 사람은 7명 정도로 보고되었다. 이러한 묻기는 조추구 2호와 3호, 대양 유적의 개석식 고인돌에서도 발굴된 자료가 있어 비교된다. 한 무덤방에 여러 사람을 같은 조건으로 묻었다는 것은 묻힌 사람 서로간의 관계를 살펴볼 수 있게 하는 자료가 아닐까 판단된다. 일반적인 관점에서 한 무덤방에 이렇게 여러 사람을 묻는 것은 그 속성으로 볼 때 서로 친연관계에 있었던 것으로 해석된다. 따라서 이것은 혈연을 바탕으로 한 가족관계일 가능성이 많으며, 가족 단위의 공동무덤으로 해석된다.[390]

이와 비교되는 자료는 서북한 지역에서 조사된 무덤방의 칸 나누기가 있다. 고인돌의 무덤방을 칸 나누기한 것은 연탄 평촌 9호를 비롯하여 석장골 1호, 송신동 20호·22호·31호, 상원 귀일리 2호와 번동리 11호에서 조사되었는데 무덤방의 구조적인 측면에서는 차이가 있지만 묻기에서는 용두산 2호와 비교된다. 이 가운데 평촌 9호와 번동리 11호는 개석식이고, 나머지는 모두 탁자식 고인돌이다. 이렇게 칸으로 나누어진 작은 무덤방 안에서는 대부분 사람뼈가 찾아지고 있어 딸린 방이 아닌 독립된 무덤방이었던 것 같으며, 묻힌 사람들은 서로 친연성이 강한 사람들이었던 것으로 여겨지며, 묻기에 따라 복장묘(複葬墓)로 해석하기도 한다.[391]

이렇게 고인돌의 무덤방에서 친연성이 찾아지는 예가 또 있는데, 덮개돌 밑에 무덤방이 2개 있는 것과 돌무지와 같은 일정한 묘역을 만든 다음 그 묘역 안에 여러 기의 무덤방을 만든 것이다.

고인돌 사회의 사람들은 당시의 장례 습속에 따라 묻힌 사람의 머리 방향에도 많은 관심을 가졌을 것이다. 고고학적 조사 결과에 의하면, 무덤의 축조 과정에서는 시기와 지역에 따라 절대적인 방위 개념이 있었다.[392] 즉 동쪽과 남쪽은 긍정적

390. 王嗣洲, 1998. 「앞 글」, 56쪽 : 하문식, 2008b. 「앞 글」, 256쪽.

391. 지건길, 1983. 「앞 글」, 3쪽.

392. 시베리아 지역의 신석기시대 무덤을 살펴 보면, 시기에 따라 이러한 방위 개념의 변화가 있었던 것 같다(김정배, 1973. 『韓國民族文化의 起源』, 고려대 출판부, 163~165쪽).

인 관념에서 희망·광명·생명을 상징하고, 서쪽과 북쪽은 부정적인 사고의 관념을 지녀 암흑·절망·죽음을 나타낸다고 한다.[393] 그러나 이러한 절대 개념의 방위도 변화되어 유적 주변의 자연 지세에 따라 결정되는 경우가 있다.

고인돌 유적이 떼를 이루고 있는 경우 덮개돌이나 무덤방의 긴 방향이 어떤 절대적인 방향보다는 유적 주변의 지세인 산줄기나 물흐름과 나란하게 자리한 것이 조사되고 있어 자연 지세에 따라 방향이 결정되었을 가능성이 많다.[394] 요남이나 요북, 북한지역의 고인돌도 거의가 유적 주변의 산이나 강 흐름과 나란하게 있으며, 특히 봉성 동산 고인돌은 무덤방 안의 껴묻거리 출토 상태를 보면 산기슭에 있는 고인돌에 묻힌 사람의 머리 방향은 모두 산마루쪽을 향한 것으로 해석된다.

길림지역에서 화장이 이루어진 고인돌의 무덤방은 머리뼈가 대부분 북쪽에 놓여 있지만, 나머지 고인돌의 무덤방은 산세의 흐름에 따라 산줄기와 나란히 있는 것으로 보고되어 요남처럼 유적 주변의 자연 지세와의 관련성을 뒷받침하고 있다.

2. 제의(祭儀)

사람들에게 보편적으로 찾아오는 죽음은 외경스럽게 인식되었고 사회·문화적인 환경에 의하여 여러 가지 의식이 치러졌다. 이러한 의식은 그 당시의 사회나 문화를 복원하는데 중요한 자료가 되고 있다. 고인돌이 많은 노동력에 의해 축조되었으므로 당시 사회 공동체 속에서 그에 따른 의식이 있었을 것이다.[395] 아마도 힘든 일을 마친 다음 고인돌 축조에 동원된 사람들을 위한 제연이나 향응이 있었을 것인데, 이런 풍습은 인도 앗삼지방에서 오늘날까지도 행하여지고 있다.[396]

393. 김원룡, 1966. 「新羅墓制에 關한 一考察」 『新羅伽耶文化』1, 1~10쪽.

394. 이융조, 1980. 「앞 글」, 290~292쪽 : 지건길, 1983. 「앞 글」, 4~6쪽.

395. 방선주, 1968. 「韓國巨石制의 諸問題」 『史學研究』20, 67~68쪽 : 이융조, 1980. 「위 글」, 304쪽 참조.

396. Ghosh, A. K., 1969. "The Dying Custom of Megalithic Burials in India" *Bulletin* 11, International Committee on Urgent Anthropological and Ethnological Research, p.15 : Heine - Geldern, R., 이광규 옮김, 1969. 「앞 글」, 145쪽.

고인돌 유적에서의 제의(祭儀) 흔적은 무덤방 옆에서 나오는 토기 조각들이나 짐 승뼈 등을 통해 알 수 있다. 요남과 요북지역의 고인돌 가운데 제의의 흔적으로 많은 토기 조각이 찾아진 유적이 여럿 있다.

표 7. 제의 흔적이 찾아진 고인돌의 몇 예

유 적	찾아진 곳	찾아진 토기의 정도	비 고
벽류하 24호	딸린 널	많은 토기 조각	복원 안됨·항아리 안에 새뼈
화가와보 1호	막음돌 옆	많은 토기 조각	화장(불탄 사람뼈)
동산 6호	무덤방 옆	20여점의 토기 조각	1개체분(복원 가능)· 의도적으로 깨뜨려 뿌림
동산 7호	무덤방 모퉁이	많은 토기 조각	1개체분(단지 모양)· 깨뜨려 뿌림
서산 1호	돌깔림	토기 조각	묘역
용두산 2·3호	무덤방	많은 토기 조각	의도적으로 깨뜨림

제한된 조사 자료이지만 토기를 의도적으로 깨뜨려 뿌린 것은 당시 장례 의식의 한 단면을 알려 주는 것이며, 한반도의 고인돌에서도 이런 것이 찾아지고 있다. 특히 토기를 의도적으로 깨뜨려 무덤방 주위에 뿌린 것은 고인돌 사회의 사람들이 죽음의 공포(위협)로 부터 벗어나기 위하여 무덤방에 묻힌 사람의 죽음을 사회적으로 공인시키는 행위로 해석되기도 한다.[397]

보란점 벽류하 24호에 껴묻기된 항아리 안에는 새뼈가 들어 있었고, 금현 소관 둔 북쪽 고인돌의 무덤방에서는 짐승뼈가 찾아졌다. 이것도 장례 의식의 한 자료이며 시사하는 점이 많다. 새는 하늘[天界]과 땅[地界]을 연결하는 영적인 존재를 의미하며, 옛 기록과 고고학적 조사 자료에서도 장례 의식과 관련있는 것으로 밝혀지고 있다. 『三國志 : 魏志 東夷傳』에 보면 변한에서는 죽은 사람과 같이 새털을 넣는 습속이 있었다.[398] 그리고 의주 미송리 동굴에서 찾아진 토기 속에도 새뼈가 들어 있었

397. 이상길, 1994, 「支石墓의 葬送儀禮」 『古文化』 45, 95~113쪽.
398. 「……以大鳥羽送死 其意欲死者飛揚……」 (『三國志 : 東夷傳』 「弁辰條」)

고,[399] 양평 앙덕리 고인돌의 무덤방에서는 새 모습을 새긴 자갈돌이 찾아지기도 하였다.[400]

이렇게 고인돌의 축조 과정에 있어 주검을 보호하기 위하여 화장을 하고 토기 조각을 뿌려 죽음을 사회적으로 인정시키며, 새뼈를 껴묻기하여 영적인 존재로 남기를 바랐던 것이 고조선 지역에서 고인돌을 만들었던 사람들의 바램이었던 것 같다.

신빈 동구 1호 고인돌의 무덤방 옆에서 찾아진 항아리 안에는 검은색 흙과 사람 치아 1점이 있었다. 고조선 시기의 고인돌에서 조사된 토기 안에 벽류하 24호와 같이 상징적인 유물이 조사된 것은 있지만 동구 유적처럼 주검의 일부가 들어있지는 않아 서로 차이가 있다. 이것도 독특한 장례 습속의 하나로 이해된다.

길림지역에서도 제의의 한 과정을 알 수 있는 자료가 조사되었다. 보산촌 동산 고인돌에서 찾아진 껴묻거리 가운데 실제 살림살이에 이용된 것이 아니라, 일부러 껴묻기 위하여 만들었던 것으로 해석되는 명기(단지)가 찾아졌다.[401] 그리고 조추구 3호에서 찾아진 안팎에 붉은 칠이 된 항아리는 장례 의식에 이용된 붉은색의 의미를 살펴볼 수 있는 자료이다.

고인돌이라는 무덤에서 이렇게 붉은색 토기가 찾아진 것은 무슨 의미가 있을까? 지금까지 고인돌의 무덤방에서는 붉은 간토기가 찾아진 것을 비롯하여, 붉은 흙이 뿌려지거나 붉은색 돌을 놓았던 흔적이 보고되었다. 이런 점에서 보면 붉은색의 의미는 장례 의식과 관계가 있을 것으로 해석된다.

붉은색이 장례의식의 한 수단으로 이용되고 있다는 뜻에서 다음과 같은 몇가지 의미를 지닌 것으로 해석된다.[402]

---

399. 김용간, 1961. 「앞 글」 27~28쪽.

400. 이융조, 1975. 「앞 글」 55~99쪽.

401. 金旭東, 1991. 「앞 글」 20쪽.

402. 이 문제에 대하여는 다음 글에 잘 정리되어 있다.
　　이융조, 1975. 「앞 글」 65쪽.

ㄱ. 현생과 내세를 연결하여 죽은 사람이 영생하도록 하는 것,

ㄴ. 악귀나 악령을 쫓아내기 위한 수단,

ㄷ. 붉은색은 피를 상징하므로 주검이 회색 빛으로 변하는 것을 막아 영원한 생명력을 지니게 하는 것,

ㄹ. 붉은색은 그 자체의 의미가 죽음을 상징.

붉은색은 고인돌 사회의 사람들이 죽은 사람을 위한 장례 의식에 이용하였으며, 죽음에 대하여 지녔던 사유의 한 모습으로 영생을 바라는 의미로 해석된다.[403] 아울러 살아있는 사람이 죽은 사람으로부터 예기치 않게 받게 될 위험을 멀리하여 주는 벽사(辟邪) 의미도 함께 지닌 것으로 여겨진다.[404] 이런 점에서 조추구 3호에서 찾아진 붉은색 토기는 영생을 바라던 고인돌 사회의 묻기에 대한 한 모습을 상징적으로 나타내 준다고 할 수 있다.

403. Mike Parker Pearson, 1999. op. cit., pp.143~144.
404. 이은봉, 1984. 『앞 책』, 219쪽.

X. 고인돌을 축조한 시기

고인돌의 축조 시기에 관해서는 지금까지 여러 의견이 제시되어 왔으나 뚜렷하게 통일된 연구 성과는 없다. 무엇보다 상당한 견해 차이를 보여 주는 이유는 절대연대 측정 자료가 부족하고 또한 고인돌에서 출토되는 껴묻거리 등에서 지역성이 강하게 나타나고 있으므로 절대적인 기준 설정에 여러 문제가 있기 때문이다.

이 연대 문제는 먼저 고인돌의 형식에 따른 선후 관계·껴묻거리에 대한 지역적 기초 연구·고인돌의 기원 문제 등이 기본적으로 해결된 다음에 가능할 것으로 여겨진다.[405]

요남지역의 고인돌 축조 연대에 대해서는 일찍부터 여러 견해가 있어 왔지만 상당한 차이를 보이고 있다. 이러한 여러 견해가 나오게 된 것은 고인돌에 대한 절대연대 측정 자료가 없고 껴묻거리가 아주 적었기 때문에, 유적 주변의 자료나 사회발전 단계와 관련시켜 연대를 설정한 것이 주된 요인이다. 연대 설정에 대한 이러한 문제를 해결하기 위한 하나의 방안으로 고인돌과 관련되는 자료—고인돌이 있는 곳의 유적 연대와 비교, 껴묻거리, 고인돌의 축조 기술 등—를 종합적으로 검토·분석하려는 연구가 이루어지고 있다.

요남지역의 고인돌은 있는 곳이 바로 살림살이 흔적이 찾아지는 유적인 경우가 많다. 이 유적에서 찾아진 토기나 석기들은 대부분 청동기시대의 것이지만 가끔 좀 이른 시기로 해석되는 유물이 발견된 것도 있어 고인돌의 연대를 이 시기와 거의 같거나 비슷하게 해석하고 있다. 장하 양둔 탁자식 고인돌은 많은 토기와 석기가 찾아지는 유적 위에 축조되었다. 이곳에서 찾아진 토기는 활석이 섞인 모래질의 붉은색과 홍갈색이 대부분이며, 가끔 흑갈색도 있다. 토기의 생김새는 겹입술의 깊은 바리와 항아리·단지 등이며 그물무늬·덧띠무늬·점무늬 등이 그어져 있다. 석기는

---

405. 하문식, 1992. 「앞 글」, 26~27쪽.

가장자리를 간단히 뗀 것과 끝이 납작하고 평평한 버들잎 모양의 화살촉이 찾아졌다. 이런 유물들은 장해 소주산 유적 상층에서 찾아진 토기·석기와 비슷하여 거의 같은 시기로 해석한다.[406] 따라서 양둔 고인돌은 소주산 유적 상층의 시기와 비슷하거나 약간 늦은 시기에 해당하는 것으로 이해하고 있다. 소주산 유적의 상층 연대는 같은 시기의 곽가촌 상층과 상마석 중층의 방사성 탄소연대 측정 자료로 보아 4,000 b.p. 안팎으로 추정하고 있다.[407]

탁자식 고인돌이 있는 장하 대황지·보란점 유둔·금현 소관둔·수암 백가보자·와방점 유수방 고인돌의 옆에서도 토기와 석기가 찾아졌다. 이곳에서는 거친 모래질의 민무늬 단지와 겹입술의 깊은 바리나 띠 모양 손잡이가 달린 토기 조각이 발견되었고, 석기는 납작하고 평평한 기운 날의 돌도끼·구멍뚫린 돌칼 등이 조사되었다. 이런 유물들은 상마석 상층에서 찾아진 토기·석기들과 비슷하여, 같은 시기로 해석된다.[408] 상마석 상층은 방사성 탄소연대 측정 결과 3170±150 b.p., 3130±100 b.p.로 밝혀져 교정 연대값이 1415±195 B.C.와 1370±160 B.C.가 되어 기원전 15~14세기에 해당하는 유적임이 밝혀졌다.[409]

이렇게 탁자식 고인돌이 위치한 곳의 유물 산포지에서 찾아진 자료를 보면, 요남지역의 고인돌은 기원전 20세기쯤 축조되었을 가능성이 있으므로 신석기 후기부터 고인돌이 축조되었던 것으로 보고 있다.[410]

고인돌의 무덤방 안에서는 껴묻거리가 많이 출토되지 않았다. 몇 곳의 예를 들면 쌍방 2호 탁자식에서는 짧은 목과 낮은 굽의 배부른 단지가 찾아졌는데 몸통에

---

406. 許玉林, 1994. 『앞 책』, 74쪽.
407. 소주산 상층과 같은 시기에 속하는 곽가촌 상층과 상마석 중층에서 얻어진 방사성탄소연대 측정값은 여러 개 있다(진소래, 1997. 「요동반도 신석기문화 연구」『韓國上古史學報』24, 110~112쪽 : 劉俊勇 지음·최무장 옮김, 1997. 『앞 책』, 61~65쪽).
    이들 측정값을 비교 분석한 결과 소주산 상층의 연대를 4,000b.p.로 보아도 무리는 없을 것 같다.
408. 許玉林, 1994. 『앞 책』, 74쪽.
409. 中國社會科學院 考古研究所엮음, 1983. 『中國考古學中碳十四年代數据集(1965-1981)』, 29쪽.
410. 대표적으로 許玉林·許明綱 등이 주장하고 있다(하문식, 1992. 「앞 글」, 27쪽 : 許玉林, 1996. 「對遼東半島石棚有關問題的探討」『環渤海考古國際學術討論會論文集』, 知識出版社, 120~131쪽).

는 그물무늬와 점무늬가 새겨져 있다. 이런 단지는 쌍타자유적 3기 문화층에서 찾아진 토기의 생김새·무늬와 비교된다.[411] 쌍타자 3기의 연대는 방사성 탄소 연대 측정 결과 3,135±90 b.p.로 밝혀졌고 교정 연대는 1,375±155 B.C.가 되어 기원전 14세기 안팎에 해당한다.[412] 화동광과 화가와보의 탁자식에서 찾아진 깊은 바리·목 달린 항아리·단지와 돌도끼·돌끌·구멍 뚫린 돌칼은 상마석유적 상층 출토 유물과 비슷한 점이 많아 같은 시기인 기원전 15~14세기로 해석하고 있다.[413]

이렇게 탁자식 고인돌의 무덤방에서 찾아진 껴묻거리를 보면, 요남지역의 고인돌은 이미 기원전 15세기경에 축조되고 있었음을 알 수 있다.

한편 요남지역 고인돌에서 청동기가 찾아진 것은 개석식이며, 대표적인 것은 쌍방 6호에 껴묻기된 비파형 동검이다. 이 비파형 동검은 마디 끝의 위치와 동검의 생김새를 볼 때 초기의 것으로 해석된다. 특히 같이 껴묻기된 토기인 깊은 바리의 생김새와 입술 부분 덧띠, 띠 모양 손잡이가 달린 단지 등은 상마석 유적 상층에서 찾아진 토기와 비교된다.[414] 그렇다면 쌍방 6호의 연대는 상마석 유적 상층과 비슷한 시기로 해석할 수 있으며, 기원전 15~14세기에 속하는 것으로 볼 수도 있다.

이런 자료를 보면 요남지역의 개석식 고인돌은 기원전 15~14세기경 축조되었으며, 초기 비파형 동검의 연대도 이 시기에 속하는 것 같다.

이와같은 기원전 15세기 전후의 고인돌 축조 연대가 요남지역 고인돌의 상한 연대는 아니며, 청동기가 출토되지 않은 초기의 탁자식 고인돌과 고인돌이 위치한 소재지의 유적 연대 등을 연결시켜 보면 초기 연대는 올라갈 가능성이 많다.[415]

요동반도를 중심으로 한 요남지역의 고인돌은 껴묻거리로 보아 청동기시대에 해당하는 것이 많아 본격적으로 널리 축조되었던 시기는 청동기시대로 이해되며,

---

411. 許玉林·許明綱, 1983a, 「앞 글」, 96쪽 : 許玉林, 1994, 『앞 책』, 75쪽.

412. 劉俊勇 지음·최무장 옮김, 1997, 『앞 책』, 65쪽 참조.

413. 許玉林, 1994, 『앞 책』, 75~76쪽.

414. 許明綱·許玉林, 1983b, 「앞 글」, 295쪽.

415. 임병태, 1996, 『앞 책』, 74~75쪽.

고조선 지역의 대표적인 무덤 가운데 하나가 고인돌이었던 것 같다.

현재의 조사 성과와 관련 자료를 가지고 요북지역의 고인돌 축조 시기를 판단하기에는 어려운 점이 여럿 있다. 지리적인 위치와 요남지역 고인돌이 길림 내륙지역보다 이른 시기에 해당하는 점, 이른 시기의 탁자식 고인돌이 요남지역에 주로 분포하는 점 등을 고려해 보면 요북지역의 고인돌은 약간 늦은 시기에 축조되었을 가능성이 많다. 특히 돌무지 고인돌의 짜임새, 껴묻거리로 볼 때 고구려의 기층문화와 비교되는 점이 많아 서로의 관련성도 시사하고 있다.

껴묻거리를 통한 상대적인 비교 관점에서 요북지역 고인돌의 축조 시기를 보면, 이른 시기에 해당하는 것은 신빈 동구와 무순 조가분 유적으로 여겨진다. 이들 연대는 길림지역과 비슷하거나 약간 이른 기원전 10세기 경으로 볼 수 있을 것이다. 하한 연대는 고인돌 출토 청동기나 철기를 통한 상대연대를 통해 검토할 수 있다. 따라서 하협심 고인돌보다는 청동기나 철기가 같이 찾아진 용두산 고인돌 유적을 의미있게 볼 수 있다. 용두산에서는 청동 방울과 안테나식 청동 손잡이 철검이 출토되었는데 이것은 다른 유적의 자료와 비교된다. 이러한 청동 방울이 출토된 유적으로는 건평 고산자와 유수임자, 객좌 노야묘, 요양 북가자, 서풍 서차구 등이 있는데, 용두산의 청동 방울은 건평 유수임자에서 찾아진 것과 견주어진다. 유수임자 유적에서는 비파형동검을 비롯하여 부채꼴 청동 도끼, 청동 방울 등이 발굴되었으며, 그 연대는 기원전 7~8세기 경으로 해석하고 있다. 그런데 용두산 유적은 청동기와 안테나식 철검이 같이 찾아졌기에 이것보다는 늦은 시기에 해당한다. 주변지역에서 이런 철검이 출토된 곳은 무순 와방촌과 어린이 공원, 동요, 채강, 서차구 유적 등이 있다. 철검의 특징을 가장 잘 보여주는 손잡이 부분을 보면, 안테나가 휘어져 만들어진 고리가 없어 이른 시기의 것은 아닌 것 같다. 그리고 바깥면을 청동으로 처리한 점을 보면 서차구 무덤보다는 조금 늦은 시기로 해석된다.[416]

416. 이종수, 2007. 「西岔溝 古墳群의 性格과 使用集團에 대하여」 『白山學報』 77, 110~111쪽.

이런 몇 가지 점에서 보면 용두산 고인돌은 서차구 무덤보다는 약간 늦게 축조된 기원전 3세기 경으로 보는 것이 타당할 것이다. 그리고 무순 산용과 하협심 고인돌은 용두산 유적보다는 약간 이른 시기에 축조되었을 가능성이 있다.

길림지역의 고인돌도 절대연대 측정이 이루어진 곳은 한 곳도 없으므로 껴묻거리를 중심으로 상대적인 연대를 살펴볼 수밖에 없다. 이 지역에서 고인돌이 많이 찾아진 합달령 남쪽의 산간지역과 높은 구릉지대는 지금까지의 조사·연구 결과 길림 중부지역의 대표적인 청동기문화로 알려진 서단산문화와는 다른 점이 있다.[417] 서단산문화는 주요 무덤이 돌널무덤이고 홑묻기가 성행하였으며, 목이 길고 밑쪽이 부른 항아리·부채꼴 모양 청동도끼가 대표적인 유물이다.[418] 그러나 길림지역의 고인돌에서 찾아진 토기는 바탕흙이 굵은 모래질이고 생김새는 항아리와 단지 위주이며, 무늬는 민무늬가 많지만 가끔 그은 무늬도 있다. 부분적으로 나타나는 현상이지만 제기가 찾아지고 높은 굽이나 판판한 손잡이가 나타나는 것은 요동반도와의 문화적인 접촉 가능성을 시사하여 주고 있다.[419] 하지만 다른 지역과 구별되는 큰 요소는 삼족기가 찾아지지 않는다는 점이다. 그리고 석기는 거의 대부분 간석기이며, 도끼를 비롯하여 화살촉·갈돌 등이 있다.

이렇게 토기와 석기에서 나타나는 특징 가운데 토기의 생김새·간석기 등은 고인돌이 집중적으로 조사된 길림 남부지역의 대표적인 보산(寶山)문화와 비교된다. 이 지역 고인돌의 대부분은 최근에 조사되었기 때문에 비교할 수 있는 자료가 많지 않으며, 축조 시기는 기원전 10세기 안팎으로 잠정적인 해석을 할 수 있을 것 같다.[420]

417. 董學增, 1984, 「關于西團山文化的新資料」, 『黑龍江文物叢刊』 4 : 王洪峰, 1985, 「앞 글」, 66쪽.
418. 金旭東, 1993, 「西團山文化辨析」, 『靑果集』, 285~290쪽 : 박상빈, 1998, 「西團山文化의 돌널무덤 연구」 『古文化』 51, 71~96쪽 : 오강원, 2008, 『서단산문화와 길림지역의 청동기 문화』, 學硏文化社, 315~324 쪽 : 이종수, 2009, 『松花江 유역 초기 철기문화와 夫餘의 문화 기원』, 주류성, 36~51쪽.
419. 王洪峰, 1993a, 「앞 글」, 7쪽.
420. 金旭東, 1991, 「앞 글」, 22쪽.

그리고 길림지역의 고인돌은 있는 곳의 주변 지세가 산간지역이고, 탁자식의 경우 대부분 작아 요남지역보다는 늦은 시기에 해당할 가능성이 많다. 그렇다면 중국 동북지방의 고인돌은 서쪽에서 동쪽으로, 남쪽에서 북쪽으로 발전해 갔을 가능성이 있다.[421]

북한지역 고인돌의 축조 시기에 관하여 여러 의견이 제시되고 있다. 북한 학계에서 제시된 고인돌의 연대는 시기에 따른 변화가 뚜렷하게 나타난다.

개석식 고인돌(침촌형)이 탁자식(오덕형)보다 먼저 축조되었으며, 침촌형은 기원전 2천년기 중엽부터 만들어지기 시작하여 기원전 7세기까지 계속 이어졌다는 것이다.[422] 오덕형 고인돌은 침촌형 가운데 묘역이 형성되어 집체무덤의 성격을 지닌 침촌형의 3유형 말기나 개별무덤인 침촌형 4유형의 초기에 해당한다는 의견이다. 이 시기는 기원전 10세기 경이며, 침촌형보다 늦은 기원전 6세기까지 축조되었다고 본다. 이런 연대 제시의 큰 틀은 고인돌에서 많이 찾아지고 있는 팽이형 토기와 밀접한 관련이 있으며, 이 연대와 연결시켜 시기를 추정하였다.

북한 연구자들이 제시하고 있는 고인돌의 형식에 따른 변화 과정은 껴묻거리의 비교 연구를 통한 선후 관계의 설정보다 외형적인 모습에서 찾아지는 굄돌의 안기울임·축조에 이용된 돌감의 손질 정도 등 건축·역학적인 측면과 축조에 필요한 노동력의 크기에 따른 사회 규모 등을 고려하여 결정하고 있다.

고인돌에서 찾아진 껴묻거리를 보면 이러한 형식 변화 관계를 뚜렷이 제시할 수 있는 객관적인 자료는 없다. 돌창을 보면 개석식 고인돌(긴동 3호와 5호, 천진동 1호와 4호 등)에서 많이 출토되지만, 그와 같은 것이 탁자식(송신동 31호 등)에서도 발견되고 있어 북한 학자들이 주장하고 있는 고인돌의 형식 변화에 따른 시기 구분은 여러 문제점이 있다.

421. 王洪峰, 1993a, 「앞 글」, 8쪽.
422. 석광준, 1979, 「앞 글」, 163~172쪽.

북한지역의 고인돌에서 많이 찾아지고 있는 화살촉의 유형 분류에 의하여 시기의 선후 관계나 상대적인 비교에 의한 시기 구분을 하고 있지만 이것 또한 문제점이 많이 나타나고 있다.[423] 화살촉의 유형 분류에 대한 의견도 통일되지 않은 상황이고, 화살촉이 다른 유물보다 다양한 유구에서 여러 가지 형식이 섞여서 함께 찾아지고 있어 시기 구분은 객관적이지 못하다. 탁자식인 송신동 31호에서는 버들잎 모양과 슴베있는 화살촉이 섞여서 찾아졌으며, 같은 탁자식인 석천산 고인돌에서도 슴베가 1단인 것과 2단인 것이 함께 발견되어 이러한 사실을 뒷받침한다.

여기에서는 껴묻거리 가운데 팽이형 토기와 묵방리형 토기를 중심으로 관련 자료를 비교 검토하고자 한다.

노암리·천진동 6호·평촌 10호의 팽이형 토기 아가리 부분은 평양 남경 유적의 1기 집터와 영변 구룡강 유적에서 출토된 접혀진 아가리에 새겨진 빗금무늬의 모습과 비교된다. 그리고 노암리 유적의 팽이형 토기 가운데 납작밑은 남경 유적의 2기 집터에서 조사된 토기와 비슷하다.

남경유적의 청동기시대 층은 집터의 유형과 팽이형 토기 등의 출토 유물에 따라 3시기로 구분된다.[424] 이 가운데 1기의 36호 집터에서 출토된 숯을 가지고 방사성 탄소연대 측정을 한 결과 2,890±70 b.p.로 밝혀졌으며, 이것을 다시 계산하면 기원전 13~9세기에 해당된다. 그리고 구룡강 유적도 방사성 탄소연대 측정 결과 2,740±70 b.p.로 나와, 다시 계산하면 기원전 11~8세기가 된다.[425]

이와 같이 남경과 구룡강 유적의 연대 측정 자료와 팽이형 토기가 나오는 북한지역의 탁자식과 개석식 고인돌 유적을 비교해 보면, 대략적으로 기원전 10세기 이전부터 고인돌이 만들어지고 있었던 것 같다.

늦은 시기로 해석되는 유적은 묵방리 고인돌이다. 묵방리의 개석식 고인돌은 무

---

423. 화살촉을 가지고 획일화된 연대 설정을 하는 문제점에 대하여 다음 논문에서 지적하고 있다. 지건길, 1993, 「앞 글」, 95~96쪽.

424. 김용간·석광준, 1984, 『남경유적에 관한 연구』, 78~82쪽.

425. 강형태·추연식·나경임, 1993, 「放射性炭素年代測定과 高精密補正方法」, 『韓國考古學報』30, 39쪽.

덤방의 구조에 있어 다른 것과 차이가 많다. 무덤방의 양쪽 긴 벽과 한 쪽의 짧은 벽은 벽돌 크기의 돌을 가지고 차곡차곡 정교하게 쌓았으며, 나머지 한 쪽 벽은 넓적한 돌을 가지고 막았는데 구조로 볼 때 이것은 상당히 발달된 것으로 여겨진다. 그리고 묵방리 24호에서는 미송리형 토기의 변형인 이른바 '묵방리형 토기'가 찾아졌다. 이 묵방리형 토기는 무늬와 고리 모양, 긴 목 등을 보면 미송리형 토기가 발달된 것으로 해석되며, 이것의 연대는 영변 세죽리 유적과 비교된다.

세죽리 유적의 제2문화층(집터)에서 묵방리형 토기의 조각들이 찾아졌고 그 바로 위쪽의 고대 문화층(제3문화층)에서는 명도전이 찾아졌다.[426] 이 명도전을 통하여 고대 문화층과 제2문화층의 연대 관계를 설정하여 볼 수 있는데, 고대 문화층은 명도전을 사용하던 기원전 3세기 경으로 해석된다. 그렇다면 묵방리 고인돌의 연대는 고대 문화층보다 조금 이른 시기로 추론할 수 있다.

이런 몇 가지 점에서 보면, 북한지역 고인돌은 기원전 10세기 이전부터 축조된 것으로 판단된다. 아울러 개석식 고인돌의 무덤방 구조에서 발달된 단계인 묵방형 고인돌의 연대는 기원전 3세기보다 약간 이른 시기로 여겨진다.

이처럼 고조선 지역의 고인돌 연대는 현재 잠정적인 결정을 할 수 밖에 없다.[427]

426. 김영우, 1964. 「세죽리유적 발굴중간보고(2)」 『고고민속』4, 40~50쪽.
427. 王仲殊, 2004. 「從東亞石棚(支石墓)的年代說到日本彌生時代開始于何時的問題」 『考古』5, 74~76쪽.

XI. 맺음말

고조선 시기에 축조된 여러 무덤 가운데 하나인 고인돌을 고고학적 관점에서 분석한 결과 다음과 같은 연구 성과가 있었다.

고인돌의 분포를 보면 지역마다 특히 집중적으로 분포하는 곳이 있는 것으로 밝혀졌다. 요남은 대련·영구지역의 벽류하, 대양하, 혼하 유역이고, 요북은 태자하와 혼강 유역의 신빈, 무순, 환인지역에 밀집되어 있었다. 길림은 합달령 남쪽과 장백산지 동쪽의 분수령 부근 휘발하 유역과 동풍현 지역의 매하, 횡도하 옆에서 주로 조사되었다. 북한지역은 황해도부터 함북지역까지 전역에 걸쳐 있으며, 평안도와 황해도의 황해 쪽에 집중 분포하고 있다.

지리적인 특징을 보면 지금까지 요서지역에서는 고인돌이 조사되지 않아 요하가 고인돌의 분포 경계가 되는 것으로 보이며, 요하 동쪽에서는 비파형동검과 그 분포권이 비슷하여 서로 문화의 동질성을 가진 것으로 여겨진다.

고인돌이 있는 곳의 지세를 보면 요남과 북한은 주로 구릉지대의 높다란 곳이나 강 옆의 평지에 있고, 요북이나 길림은 산끝자락이나 산 능선에 자리하고 있어 서로 차이를 보이고 있다. 또한 탁자식 고인돌의 크기를 보면 요남과 북한 것보다 요북이나 길림 것이 작다. 이러한 분포 관계와 규모의 차이로 보아 접근성과 축조의 용이성 등을 감안할 때 고인돌의 전파 과정과 연관시켜 볼 수 있어 시사하는 바가 큰 것으로 보인다.

아울러 고인돌의 분포에서 조사된 특이한 점은 축조할 장소를 미리 골랐다는 것이다. 이것은 무덤으로서 일정한 공간을 필요로 하는 여러 고인돌들이 떼를 지어 존재하기 때문에 이런 조건을 충족시켜 줄 수 있는 곳이 필요했기 때문인 것으로 보인다. 그리고 이런 장소의 선정 문제는 축조 집단의 성격을 이해하는데도 도움이 된다.

고인돌의 축조와 관련해서는 덮개돌의 채석, 덮개돌과 굄돌의 운반 방법, 축조 과정 등을 분석하였다.

채석장은 고인돌과 비교적 가까이 있는 것으로 밝혀졌으며, 대동강 유역의 상원 회골, 용강 석천산 그리고 연탄 오덕리와 성매리, 은율 관산리 유적에서 조사되었다. 특히 은천 만경동 유적에서는 채석 과정을 알 수 있는 홈 등이 조사되었다.

고조선 지역 고인돌의 덮개돌은 길이와 너비의 상관관계를 분석한 결과 대부분 1:1~2:1 사이에 속하며 1.5:1의 중심축에 밀집된 것으로 나타났다. 이것은 건축에서 널리 알려진 황금비율(1.68)과도 연관이 있는 것으로 추론된다.

덮개돌이나 굄돌의 운반을 위한 수단으로는 가장자리에 의도적으로 만든 홈이 조사되었다. 이것은 채석한 다음 고인돌을 축조할 자리까지 운반할 때 끈으로 묶기 위한 장치로 여겨져 당시의 모습을 복원하는데 도움이 된다.

고인돌의 축조 과정에 대한 것으로는 조망 문제를 고려하여 설치한 탁자식 고인돌의 단(段) 시설과 덮개돌의 수평 유지를 위한 쐐기돌의 사용이 조사되었다.

고인돌의 구조에서는 그 자체만으로도 상징적 의미가 있는 덮개돌이 중요하다. 요남지역에서 덮개돌이 처마를 이루고 있는 탁자식 고인돌을 '탁석', '관석', '관면식'이라고 부르는 것에서 알 수 있듯이 사람들의 눈에 가장 먼저 비치는 것이 덮개돌이기 때문이다. 또한 덮개돌을 거북 모양처럼 손질하여 이용한 것이 환인 광복촌, 은천 우녕동, 성천 구자구 유적에서 조사되었다. 이것은 거북이 지니는 장수, 영원성 등의 상징적인 의미와 관련이 있다.

무덤방의 구조는 고인돌의 형식과 연관이 있다. 탁자식은 판자돌을 가지고 만들었지만 개석식이나 바둑판 고인돌은 지하에 있기에 돌널, 돌덧널, 구덩이 등 여러 가지 구조의 무덤방이 있다. 그런데 보란점 벽류하 21호는 개석식이면서도 지상에 무덤방이 있어 특이한 것으로 해석된다. 독특한 무덤방 구조로는 서북한지역에서 조사된 묵방형 고인돌이 있다. 이 무덤방을 보면 3벽은 벽돌 크기의 납작한 돌을 쌓고 1벽은 넓적한 돌을 세워 놓은 구조인데 대동강 유역을 중심으로 집중 분포하고 있어 주목된다. 그리고 황주천 유역에서 주로 조사되고 있는 무덤방의 칸 나누기도 지역적인 특징을 보여준다.

고인돌의 기능은 탁자식에 대하여 일찍부터 여러 관점에서 논의가 있어 왔는데 제단과 무덤으로 나누어진다. 발굴조사가 활발하게 이루어짐에 따라 대부분 무덤으로 밝혀졌지만 토지신을 제사 지내는 제단의 기능이 있다는 견해가 제시되어 왔다. 요남지역의 대형 탁자식 고인돌인 개주 석붕산, 와방점 대자와 요북의 신빈 선인당 유적은 지금도 주변 마을 사람들이 전통적인 숭배 의식을 행하고 있다. 이 것은 큰 돌을 위(爲)하는 행위와 종교적인 숭배 행위가 결합된 것으로 해석된다.

고인돌의 껴묻거리는 축조 과정에 소요된 노동력에 비하여 많이 찾아지지는 않는다. 종류는 크게 토기류, 석기류, 청동기, 철기, 꾸미개류로 구분된다.

토기는 단지를 비롯하여 항아리, 깊은 바리, 바리, 잔, 제기 등 다양하게 찾아졌으며 북한에서는 지역적인 성격을 지닌 팽이형 토기가 출토되었다. 그리고 단지 가운데에는 고조선의 표지 유물인 미송리형 토기가 있어 주목된다.

고조선 지역의 고인돌에서 미송리형 토기가 출토된 곳은 보란점 쌍방을 비롯하여 봉성 동산과 서산, 본계 대편지, 북창 대평리, 개천 묵방리가 있고 그 밖의 여러 고인돌에서도 토기 조각이 찾아졌다. 미송리형 토기가 찾아진 이들 고인돌은 대부분 개석식이고 토기 각각의 생김새나 묶음 줄무늬, 손잡이 등은 조금씩 차이가 있다.

대편지 유적의 여러 고인돌에서 조사된 미송리형 토기는 손잡이와 묶음 줄무늬가 특이하다. 이 고인돌에서는 한 토기에 다리 모양 가로손잡이와 반달 모양 손잡이가 쌍을 이루고 있으며, 묶음 줄무늬노 물결무늬와 함께 있다. 이린 것이 다른 고인돌에서는 지금까지 찾아지지 않아 대편지 고인돌에서 나타나는 하나의 지역적인 특징으로 여겨진다.

요북지역의 용두산과 하협심 고인돌에서 출토된 완형의 토기는 대체적으로 높이가 10~15㎝ 밖에 되지 않아 일상 생활에 사용하기보다 무덤에 껴묻기 위하여 만든 명기로 보인다. 또한 용두산 고인돌에서 찾아진 손잡이가 4개인 단지[四耳侈口腎沿壺]는 환인 망강루 돌무지무덤에서 조사된 것과 비교되며, 혼강 유역의 늦은 시기에 축조된 고인돌이 고구려의 토대문화가 되었을 가능성을 시사한다.

석기는 토기보다 종류가 다양한 편으로 도끼, 화살촉, 돌칼, 돌검, 돌창, 가락바퀴 등이 출토되었다. 또한 지역적인 특색이 뚜렷한데 북한지역에서는 팽이형 토기 문화와 연관있는 달도끼, 별도끼, 돌창 등이 조사되었다.

청동기는 고조선의 표지 유물인 비파형 동검과 투겁창, 화살촉, 세형동검, 단추, 방울, 꾸미개, 거푸집 등이 발굴되었다. 출토 상황은 지역별로 조금씩 차이가 있는데 요남에서는 비파형 동검, 꾸미개, 거푸집이 찾아졌고 요북과 길림은 방울, 꾸미개, 단추 그리고 서북한은 투겁창, 세형동검, 화살촉, 교예 장식품 등이 조사되었다.

비파형 동검은 쌍방 6호, 백가보자 12호, 패방에서 출토되었는데 동검의 형태로 볼 때 상당히 이른 시기에 해당하는 것으로 여겨지며 고인돌의 축조 연대를 설정하는데 참고가 된다. 세형동검은 평양 오산리와 성천 백원리 고인돌에서 조사되었다. 고인돌의 형식은 개석식과 탁자식이 섞여 있으며, 백원리에서는 청동 장식품과 놋비수 등 다양한 청동기가 껴묻기 되어 있어 묻힌 사람의 신분을 이해하는데 참고가 된다.

청동 의기는 방울과 교예 장식품이 있는데 방울은 주로 용두산, 하협심, 광복촌 고인돌에서 찾아졌다. 이들 방울은 크기(높이)가 4cm 이하로 상당히 작고 울림통에 방울이 없어 명기로 해석된다. 그리고 청동 방울은 집단 공동체에서 제의 행위를 할 때 이용하는 의기의 하나이므로 이것이 껴묻기된 고인돌에 묻힌 사람의 사회적 신분이나 직업을 시사해준다.

고인돌에서는 드물게 철기가 요북지역의 용두산과 하협심 유적에서 찾아져 무덤의 성격은 물론 축조 연대를 설정하는데 도움이 된다. 용두산 2호 고인돌에서는 안테나식 청동 손잡이 철검이 출토되었는데 주변지역에서 출토된 것과 비교해 보면 손잡이가 청동인 점, 안테나 모양의 손잡이가 휘어져 고리가 없는 점으로 보아 이른 시기에 해당하는 것은 아닌 것 같다.

고조선 사회에서 주검을 처리한 장례 습속의 특징은 화장이다. 주검을 보존하기 위한 수단으로 이용된 화장은 고인돌에서 보편화된 묻기 방법이었다. 요북지역과 길림 동풍지역의 고인돌은 무덤방 안에서 직접 화장을 한 행위와 화장이 끝난 다음 사람뼈를 일정한 곳에 쌓아 놓는 간골화장의 독특한 묻기가 조사되어 주목된다. 화장과 더불어 한 곳에 여러 사람을 묻는[多人葬] 장례 습속도 유행하였다. 이 묻기는 용두산 2호 고인돌에서 조사되었다. 무덤방은 위층과 아래층으로 구분되며, 2차에 걸쳐 묻기를 하였는데 아래층에서 7사람의 뼈가 발굴되어 서북한지역의 복장묘(復葬墓)와 비교된다.

고조선 사람들이 잠든 고인돌을 축조한 시기는 절대연대 측정 자료가 없고 껴묻거리도 빈약하여 상대적인 연대를 설정할 수 밖에 없다.

요남지역의 고인돌 축조 시기는 껴묻거리 가운데 장하 대황지, 보란점 유둔, 금현 소관둔, 와방점 유수방 고인돌에서 찾아진 토기가 상마석 유적 상층과 비슷하여 같은 시기로 추론되며, 기원전 15세기에 해당되는 것 같다. 그리고 고인돌이 있는 곳에서 찾아진 유물의 비교를 통한 상대연대는 곽가촌 유적 상층이나 상마석 유적 중층과 같은 시기인 기원전 20세기로 추정하고 있다.

요북과 길림지역의 고인돌 축조 연대는 자료가 적어 비교가 어렵지만 현 단계에서는 기원전 10세기 안팎으로 추론할 수 있으며, 늦은 시기는 안테나식 청동 손잡이 철검이 출토된 용두산 고인돌의 경우 기원전 3세기 경으로 해석된다.

북한지역의 고인돌 축조 시기는 여러 견해가 있지만 팽이형 토기를 통한 비교 결과를 보면 기원전 10세기 이전으로 추론되고 하한 연대는 묵방리 고인돌을 보면 기원전 3세기 이전으로 잠정적인 결정을 할 수 있다.

고조선지역 고인돌 유적 자리

	유적명								
1	보란점 석붕구유적	17	수암 흥륭유적	34	유하 야저구유적	51	은천 약사동유적	68	용강 석천산유적
2	보란점 쌍방유적	18	수암 태노분유적	35	유하 통구유적	52	은천 정동리유적	69	강남 신흥리유적
3	보란점 벽류하유적	19	봉성 동산유적	36	유하 대사탄유적	53	은천 남산리유적	70	증산 용덕리유적
4	보란점 소둔유적	20	봉성 서산유적	37	유하 집안둔유적	54	은율 관산리유적	71	평원 원암리유적
5	외방점 대자유적	21	본계 대편지유적	38	매하구 험수유적	55	연탄 오덕리유적	72	평양 표대유적
6	외방점 화동광유적	22	청원 낭두구유적	39	매하구 백석구유적	56	연탄 성매리유적	73	평양 오산리유적
7	장하 백점자유적	23	신빈 선인당유적	40	동풍 소사평유적	57	봉산 토성리유적	74	평양 구서리유적
8	장하 대황지유적	24	신빈 동구유적	41	동풍 조추구유적	58	신계 지석리유적	75	강동 문흥리유적
9	장하 분방전유적	25	신빈 용두산유적	42	동풍 보산촌유적	59	상원 귀일리유적	76	강동 구빈리유적
10	개주 석붕산유적	26	무순 산용유적	43	동풍 용두산유적	60	상원 중리유적	77	성천 백원리유적
11	개주 화가와보유적	27	무순 조가분유적	44	동풍 대양유적	61	상원 왁새봉유적	78	신양 평곡유적
12	개주 연운채유적	28	무순 하협심유적	45	동풍 타요촌유적	62	상원 장리유적	79	북창 대평리유적
13	개주 패방유적	29	환인 풍가보자유적	46	동풍 두가구유적	63	상원 번동리유적	80	개천 묵방리유적
14	대석교 석붕욕유적	30	환인 광복촌유적	47	동풍 삼리유적	64	상원 방울뫼유적	81	김책 덕인리유적
15	해성 석목성유적	31	유하 태평구유적	48	길림 난기둔유적	65	중화 어룡리유적		
16	해성 패루유적	32	유하 삼괴석유적	49	통화 만발발자유적	66	황주 침촌리유적		
		33	유하 대화사유적	50	안악 노암리유적	67	사리원 광성동유적		

【참고문헌】

강인구, 1979. 「中國地域 火葬墓硏究」『震檀學報』46·47.

강인구, 1980. 「達城 辰泉洞의 支石墓」『韓國史硏究』28.

강승남, 1990a. 「우리나라 고대 청동 가공기술에 관한 연구」『조선고고연구』3.

강승남, 1990b. 「기원전 1000년기 후반기 우리나라 청동 야금기술의 특징에 대하여」『조선고고연구』4.

강승남, 1995. 「고조선 시기의 청동 및 철 가공 기술」『조선고고연구』2.

강형태·추연식·나경임, 1993. 「放射性炭素年代測定과 高精密補正方法」『韓國考古學報』30.

고고학 및 민속학 연구소, 1956. 『나진초도 원시유적 발굴보고』.

고창군·전주대 박물관·전주대 역사문화연구소, 1999. 『고창 지석묘군 상석 채굴지 지표조사보고서』.

국립중앙박물관·국립광주박물관 엮음, 1992. 『韓國의 靑銅器文化』.

김광명, 2003. 「토성리 고인돌 무덤」『조선고고연구』3.

김광철, 2002. 「조롱박형 단지의 연원」『조선고고연구』4.

김광철, 2007. 「남산리 고인돌 무덤 발굴 보고」『조선고고연구』3.

김광철, 2009. 「길림지방 고인돌 무덤의 특성」『조선고고연구』1.

김구군, 1996. 「韓國式 石劍의 硏究」『湖巖美術館 硏究論文集』1.

김기웅, 1961. 「평안남도 개천군 묵방리 고인돌 발굴 중간 보고」『문화유산』2.

김기웅, 1963. 「평안남도 개천군 묵방리 고인돌 발굴 중간 보고」『고고학자료집』3.

김동일, 1988. 「사리원시 광성동 고인돌 발굴에 대하여」『조선고고연구』4.

김동일, 1995. 「증산군 룡덕리 고인돌떼에 대하여」『조선고고연구』4.

김동일, 1996. 「별자리가 새겨진 고인돌 무덤에 대하여」『조선고고연구』3.

김동일, 2005. 「북두칠성 모양으로 배렬되여 있는 구서리 고인돌 무덤 발굴보고」『조선고고연구』3.

김미경, 2006. 「美松里型土器의 변천과 성격에 대하여」『韓國考古學報』60.

김병모, 1981. 「韓國 巨石文化 源流에 관한 연구(Ⅰ)」『韓國考古學報』10·11.

김병모, 1985. 『韓國人의 발자취』(정음사).

김선기, 1997. 「高敞地域 柱形支石을 갖는 支石墓에 對하여」『湖南考古學報』5.

김성철, 2009. 「만발발자 유적의 성격에 대하여」『조선고고연구』1.

김영우, 1964. 「세죽리유적 발굴중간보고(2)」『고고민속』4.

김영진, 1996. 「고조선의 도기에 대하여」『조선고고연구』3.

김영진, 1999. 「대동강류역에서의 도기문화의 발생발전」『조선고고연구』1.

김용간, 1961. 「미송리 동굴 유적 발굴 중간 보고 (1)(2)」『문화유산』1·2.

김용간, 1963. 「미송리 동굴유적 발굴보고」『고고학 자료집』3.

김용간·석광준, 1984. 『남경유적에 관한 연구』(과학백과사전출판사).

김용간·안영준, 1986. 「함경남도, 량강도 일대에서 새로 알려진 청동기 시대 유물에 대한 고찰」『조선고고연구』1.

김용운·김용국, 1996. 『도형 이야기』(우성).

김원룡, 1963. 「金海 茂溪里 支石墓의 出土品」『東亞文化』1.

김원룡, 1966. 「新羅墓制에 關한 一考察」『新羅伽耶文化』1.

김원룡, 1974. 『한국의 고분』(세종대왕기념사업회).

김원룡외, 1977. 『靑銅器時代와 그 文化』(三星文化文庫 9).

김재용, 1999. 「번동리 고인돌 무덤떼에 대하여」『조선고고연구』3.

김재원·윤무병, 1967. 『韓國 支石墓의 硏究』.

김정배, 1973. 『韓國民族文化의 起源』(고려대 출판부).

김정배, 1996a. 「韓國과 遼東半島의 支石墓」『先史와 古代』7.

김정배, 1996b. 「韓國 靑銅遺物의 金屬學的 分析」『韓國史硏究』94.

김정배, 1997. 『한국사』4(국사편찬위원회).

김정배, 1999. 「中國 東北地域 支石墓 硏究」『國史館論叢』85.

김정배, 2000. 「東北亞의 琵琶形銅劍文化에 대한 綜合的 硏究」『國史館論叢』88.

김정학, 1983. 「靑銅器의 展開」『韓國史論』13(국사편찬위원회).

김정희, 1988. 「東北아시아 支石墓의 硏究」『崇實史學』5.

남일룡, 2005. 「평양 일대에서 새로 발굴된 고인돌 무덤과 그 의의」『남북 학자들이 함께 쓴 단군과 고조선 연구』(지식산업사).

노혁진, 1986. 「積石附加支石墓의 形式과 分布」『翰林大學論文集 : 人文社會科學篇』.

도유호, 1959. 「조선 거석문화 연구」『문화유산』2.

라명관, 1988. 「약사동 고인돌 발굴 보고」『조선고고연구』2.

로성철, 1993. 「미송리형 단지의 변천과 그 년대에 대하여」『조선고고연구』4.

로철수, 2004. 「신계군 지석리 고인돌 무덤 발굴 보고」『조선고고연구』2.

로철수, 2007. 「성매리 고인돌 무덤 발굴 보고」『조선고고연구』2.

로철수, 2008. 「고조선 장식무늬의 류형에 대하여(1)」『조선고고연구』4.

로철수, 2009. 「고조선 장식무늬의 류형에 대하여(2)」 『조선고고연구』 2.

류병흥, 1995. 「단군 및 고조선 시기의 유적 유물 발굴 성과에 대하여」 『조선고고연구』 1.

리정남, 1985. 「묵방리 고인돌에 관한 몇가지 고찰」 『력사과학』 1.

리정남, 1991. 「묵방리 고인돌 발굴 보고」 『조선고고연구』 1.

리정남, 1999. 「대동강 류역은 좁은 놋단검 문화의 발상지」 『조선고고연구』 1.

리주현, 1997. 「새로 조사 발굴된 오산리 고인돌 무덤들에 대하여」 『조선고고연구』 3.

박상빈, 1998. 「西團山文化의 돌널무덤 연구」 『古文化』 51.

박진욱, 1987. 「비파형단검문화의 발원지와 창조자에 대하여」 『비파형단검문화에 관한 연구』.

박진욱, 1996. 「고조선의 좁은놋단검문화에 대한 재고찰」 『조선고고연구』 2.

박철, 2010. 「표대 유적에서 발굴된 고인돌 무덤」 『조선고고연구』 1.

박희현, 1984. 「한국의 고인돌문화에 대한 한 고찰」 『韓國史研究』 46.

방선주, 1968. 「韓國巨石制의 諸問題」 『史學研究』 20.

배진성, 2007. 『無文土器文化의 成立과 階層社會』 (서경문화사).

백종오·오대양, 2014. 「遼東地域 支石墓의 研究成果 檢討」 『東아시아 古代學』 34.

서국태, 1965. 「영흥읍 유적에 관한 보고」 『고고민속』 2.

서국태, 2005a. 「고조선의 중심지와 령역」 『남북 학자들이 함께 쓴 단군과 고조선 연구』 (지식산업사).

서국태, 2005b. 「조롱박형 단지를 통하여 본 고조선─문화의 발원지·중심지」 『남북 학자들이 함께 쓴 단군과
　　　　고조선 연구』 (지식산업사).

서국태, 2006. 「거북등형의 뚜껑돌을 가진 고인돌 무덤의 피장자에 대하여」 『조선고고연구』 4.

서국태, 2008. 「고인돌 무덤의 분류에서 제기되는 몇 가지 문제」 『조선고고연구』 4.

서국태, 2009. 「고인돌 무덤의 몇 가지 시설물에 대한 재고찰」 『조선고고연구』 4.

서성훈·성낙준, 1984. 『高興 長水堤 支石墓 研究』 (국립광주박물관).

석광준, 1973. 「북창유적의 돌상자무덤과 고인돌에 대하여」 『고고민속론문집』 5.

석광준, 1974a. 「오덕리 고인돌 발굴보고」 『고고학자료집』 4.

석광준, 1974b. 「북창군 대평리 유적 발굴보고」 『고고학자료집』 4.

석광준, 1979. 「우리나라 서북지방 고인돌에 관한 연구」 『고고민속론문집』 7.

석광준, 1990. 「평곡 고인돌 발굴보고」 『조선고고연구』 2.

석광준, 1991. 「문흥리 고인돌에 대하여」 『조선고고연구』 4.

석광준, 1993. 「로암리 고인돌에 대하여」 『조선고고연구』 1.

석광준, 1994. 「평양은 고대 문화의 중심지」 『조선고고연구』 1.

석광준, 1996. 「평양 일대 고인돌 무덤의 변천에 대하여」 『조선고고연구』3.

석광준, 1999. 「중국 동북지방 대석개석관묘의 성격에 대하여」 『조선고고연구』4.

석광준, 2002a. 『조선의 고인돌 무덤 연구』(중심).

석광준, 2002b. 『각지 고인돌 무덤 조사 발굴 보고』(백산자료원).

석광준·리선일, 2002. 「구빈리 고인돌 무덤에 대하여」 『조선고고연구』4.

석광준, 2009a. 『북부 조선 지역의 고인돌 무덤(1)』(진인진).

석광준, 2009b. 『북부 조선 지역의 고인돌 무덤(2)』(진인진).

성철, 2004. 「백원 로동자구 9호 고인돌 무덤 발굴 보고」 『조선고고연구』3.

성철, 2005. 「구서리 일대 고인돌 무덤 발굴보고」 『조선고고연구』4.

손진태, 1948. 「朝鮮 dolmen에 관한 硏究」 『朝鮮民族文化의 硏究』(을유문화사).

송호정, 1991. 「遼東地域靑銅器文化와 美松里型土器에 관한 考察」 『韓國史論』24.

송호정, 2007. 「미송리형 토기 문화에 대한 재고찰」 『한국고대사연구』45.

신숙정, 1994. 『우리나라 남해안 지방의 신석기문화 연구』(學硏文化社).

심철·김남일, 2009. 「황해남도 은천군 정동리일대 고인돌무덤 발굴보고」 『조선고고연구』3.

심철, 2015. 「번동리 11호 고인돌 무덤에 대한 재검토」 『조선고고연구』4.

아나스타샤 L. 수보티나, 2004. 「연해주의 선사문화와 한반도의 고인돌」 『동북아 청동기시대 문화연구』(주류성).

오강원, 2004. 「萬發撥子를 통하여 본 通化地域 先原史 文化의 展開와 初期 高句麗 文化의 形成過程」 『北
方史論叢』1.

오강원, 2008. 『서단산문화와 길림지역의 청동기 문화』(學硏文化社).

오강원, 2011. 「中國 考古學界의 大石盖墓에 대한 批判的 檢討와 새로운 提案」 『고조선 단군학』25.

오대양, 2007. 「한강 본류 유역 고인돌 유적의 성격」, 『白山學報』79.

우장문, 2011. 「황해남도 지역의 고인돌 고찰」 『고조선 단군학』25.

우장문·김영창, 2008. 『세계유산 강화 고인돌』(고인돌 사랑회).

유태용, 2003. 『韓國 支石墓 硏究』(주류성).

유태용, 2013. 「文獻資料에 나타난 古代人의 고인돌 認識」 『고조선 단군학』29.

윤덕향, 1988. 「德峙里 신기 支石墓」 『住岩댐 水沒地域文化遺蹟發掘調査報告書』Ⅲ.

윤무병, 1975. 「無文土器 型式 分類 試攷」 『震檀學報』39.

윤무병, 1991. 『韓國 靑銅器文化의 硏究』(예경산업사).

윤춘호, 1994. 「원암리 고인돌에 대하여」 『조선고고연구』4.

윤호필, 2009. 「靑銅器時代 墓域支石墓에 관한 硏究」 『慶南硏究』1.

이건무, 1992a. 「韓國의 遼寧式 銅劍文化」『韓國의 靑銅器文化』, 국립중앙박물관·국립광주박물관 엮음.

이건무, 1992b. 「韓國 靑銅器의 製作技術」『韓國의 靑銅器文化』, 국립중앙박물관·국립광주박물관 엮음.

이상균, 2000. 「고창 지석묘군 상석 채굴지의 제문제」『韓國上古史學報』32.

이상길, 1994. 「支石墓의 葬送儀禮」『古文化』45.

이상길, 2003. 「慶南의 支石墓」『지석묘 조사의 새로운 성과』.

이영문, 1993. 『全南地方 支石墓 社會의 研究』(한국교원대학교 박사학위논문).

이영문, 1998. 「韓國 琵琶形銅劍 文化에 대한 考察」『韓國考古學報』38.

이영문, 1999. 「中國 浙江地域의 支石墓」『文化史學』11·12·13.

이영문, 2002. 『韓國支石墓社會研究』(學研文化社).

이영문·정기진, 1993. 『麗川 積良洞 상적 支石墓』(전남대 박물관).

이융조, 1975. 「양평 앙덕리 고인돌 발굴 보고」『韓國史研究』11.

이융조, 1980. 「한국 고인돌 사회와 그 의식(儀式)」『東方學志』23·24.

이융조, 1981. 『한국의 선사문화 – 그 분석 연구』(探求堂).

이융조·우종윤, 1988. 「황석리 고인돌 문화의 묻기 방법에 관한 한 고찰」『博物館紀要』4.

이융조·하문식, 1989. 「한국 고인돌의 다른 유형에 관한 연구」『東方學志』63.

이은봉, 1984. 『韓國古代宗教思想』(集文堂).

이종수, 2007. 「西岔溝 古墳群의 性格과 使用集團에 대하여」『白山學報』77.

이종수, 2009. 『松花江 유역 초기 철기문화와 夫餘의 문화 기원』(주류성).

이종욱, 1993. 『古朝鮮史研究』(一潮閣).

이종철, 2003. 「支石墓 上石運搬에 대한 試論」『韓國考古學報』50.

이청규, 1982. 「細形銅劍의 型式 分類 및 그 變遷에 對하여」『韓國考古學報』13.

이청규, 1993. 「청동기를 통해 본 고조선」『國史館論叢』42.

이형구, 1983. 「靑銅器文化의 비교 : 중국」『韓國史論』13(국사편찬위원회).

이형구, 1993. 「化學分析을 通해 본 渤海 沿岸 靑銅器文化의 起源 問題」『馬韓·百濟文化』13.

임병태, 1986. 「韓國無文土器의 研究」『韓國史學』7.

임병태, 1996. 『韓國 靑銅器文化의 研究』(學研文化社).

임세권, 1976. 「韓半島 고인돌의 綜合的 檢討」『白山學報』20.

장철만, 1996. 「장리 고인돌 무덤에 대하여」『조선고고연구』4.

장철만, 2004. 「상원군 중리 고인돌 무덤떼 발굴 보고」『조선고고연구』3.

장호수, 1995. 「청동기시대와 문화」『북한 선사문화 연구』(백산자료원).

전상운, 1980. 「韓國 古代 金屬 技術의 科學史的 硏究」 『傳統科學』1.

전주농, 1963. 「평안남도 룡강군 석천산(石泉山) 동록의 고인돌」 『고고학자료집』3.

전수복, 1961. 「함경북도 김책군 덕인리 '고인돌' 정리 간략 보고」 『문화유산』3.

정의도, 1999. 「프랑스」 『한국 지석묘(고인돌)유적 종합 조사·연구』(문화재청·서울대 박물관).

정한덕, 1993. 「紀元前2千年期後期및 1千年期初 遼寧東部地方의 考古學」 『先史와 古代』5.

정한덕, 1990. 「美松里土器의 生成」 『東北アシアの考古學』1(天池), (깊은샘).

정한덕, 1996. 「美松里型土器形成期에 於ける若干의 問題」 『東北アシアの考古學』2(槿域), (깊은샘).

조유전, 1995. 「美松里式土器出土 집자리에 관한 一考察」 『亞細亞古文化』.

조중공동고고학발굴대, 1966. 『중국 동북지방의 유적 발굴보고 : 1963~1965』(사회과학원출판사).

주채혁, 1973. 「거북 信仰의 分布」 『月刊 文化財』3-8.

지건길, 1983. 「支石墓社會의 復元에 관한 一考察」 『梨大史學研究』13·14.

지건길, 1993. 「韓半島 고인돌 文化의 源流와 展開」 『馬韓·百濟文化』13.

지병목, 2005. 「高句麗 成立期의 考古學的 背景」 『고구려의 국가 형성』(고구려연구재단).

진소래, 1997. 「요동반도 신석기문화 연구」 『韓國上古史學報』24.

차달만, 1996. 「상원군 귀일리 2호 고인돌 무덤에 대하여」 『조선고고연구』3.

차달만, 1999. 「칸막이를 한 오덕형 고인돌 무덤에 대하여」 『조선고고연구』3.

차달만, 2000. 「강남군 신흥리 고인돌 무덤에 대하여」 『조선고고연구』4.

최몽룡, 1973. 「原始採石問題에 대한 小考」 『考古美術』119.

최몽룡, 1977. 『羅州寶山里支石墓發掘調査報告書』(전남대 박물관).

최몽룡, 1981. 「全南地方 支石墓社會와 階級의 發生」 『韓國史研究』35.

최복규, 1984. 『중도 고인돌 발굴 조사 보고』(강원대 박물관).

최상준, 1966. 「우리나라 원시시대 및 고대의 쇠붙이 유물 분석」 『고고민속』3.

최성락·한성욱, 1989. 「支石墓 復元의 一例」 『全南文化財』2.

최웅선, 1996. 「상원군 장리 고인돌 무덤을 통해 본 고조선 초기의 사회문화에 대하여」 『조선고고연구』3.

최응선, 2010. 「어룡리 고인돌 무덤 발굴 보고」 『조선고고연구』4.

최종모·김권중·홍주희, 2006. 「각형토기 문화유형의 연구」 『야외고고학』1.

최주·김수철·馬淵久夫·平尾良光, 1986. 「옛 韓國 靑銅器에 대한 小考」 『대한금속학회지』24-4.

하문식, 1988. 「금강과 남한강 유역의 고인돌 문화 비교 연구」 『孫寶基博士停年紀念考古人類論叢』.

하문식, 1992. 「中國 東北地域 고인돌 研究의 成果와 現況」 『白山學報』39.

하문식, 1997a. 「미송리유형토기 출토 동굴무덤의 한 연구」 『白山學報』48.

하문식, 1997b.『東北亞細亞 고인돌文化의 硏究』(숭실대 박사학위논문).

하문식, 1998a.「中國 吉林地域 고인돌 硏究」『韓國上古史學報』27.

하문식, 1998b.「中國 東北地域 고인돌의 分布와 構造」『古文化』51.

하문식, 1998c.「고인돌의 장제에 대한 연구(Ⅰ)」『白山學報』51.

하문식, 1998d.「북한지역 고인돌의 특이 구조에 대한 연구」『先史와 古代』10.

하문식, 1999a.『古朝鮮 地域의 고인돌 硏究』(백산자료원).

하문식, 1999b.「中國東北地區與朝鮮半島支石墓比較硏究」『北方文物』3.

하문식, 2000a.「中國 東北地方 고인돌의 한 硏究」『韓國先史考古學報』7.

하문식, 2000b.「中國 東北地區 고인돌의 機能 問題와 築造」『先史와 古代』15.

하문식, 2000c.「고인돌出土 美松里形土器(弦文壺) 硏究」『白山學報』56.

하문식, 2001.「東北亞細亞 고인돌의 試論的 比較 硏究 - 韓半島와 中國 東北地域」『白山學報』59.

하문식, 2002.「북한의 유적 답사와 고고학계 연구 동향」『白山學報』64.

하문식, 2004.「고조선 지역 고인돌 출토 청동기 연구」『동북아 청동기시대 문화연구』(주류성).

하문식, 2006.「대동강 문화론에서 본 북한 학계의 연구 경향」『단군학 연구』14.

하문식, 2008a.「고인돌의 숭배 의식에 대한 연구」『비교민속학』35.

하문식, 2008b.「渾河 유역 고인돌의 특이 구조와 성격」『東洋學』43.

하문식, 2010a.「太子河 유역 특이 고인돌에 대한 연구」『白山學報』86.

하문식, 2010b.「渾江 유역의 적석형 고인돌 연구」『先史와 古代』32.

하문식, 2011a.「대동강 유역의 고인돌 연구」『고조선 단군학』25.

하문식, 2011b.「고인돌 출토 청동 방울의 몇 예」『白山學報』89.

하문식, 2012.「미송리형 토기 : 연구 경향과 새로운 몇 자료」『고조선단군학』27.

하문식, 2014.「中國 遼北지역 고인돌의 성격」『先史와 古代』40.

한국고고미술연구소, 1984.『한국고고학개정용어집』.

한영희, 1983.「角形 土器考」『韓國考古學報』14·15.

한인덕·장철만, 2005.「장리 왁새봉 고인돌 무덤떼 발굴 보고」『조선고고연구』1.

한흥수, 1935.「朝鮮의 巨石文化 硏究」『震檀學報』3.

황기덕, 1959.「1958년 춘하기 어지돈 관개공사 구역 유적 정리 간략 보고(Ⅱ)」『문화유산』2.

황기덕, 1961.「황해북도 황주군 긴동 고인돌 발굴보고(Ⅰ)」『문화유산』3.

황기덕, 1963.「황해북도 황주군 심촌리 긴동 고인돌」『고고학 자료집』3.

황기덕, 1965.「무덤을 통하여 본 우리나라 청동기시대의 사회 관계」『고고민속』4.

황기덕, 1966. 「서부지방 팽이그릇 유적의 년대에 대하여」 『고고민속』 4.

황기덕·리원근, 1966. 「황주군 심촌리 청동기시대 유적 발굴보고」 『고고민속』 3.

황기덕, 1989a. 「비파형 단검문화의 미송리류형-1.미송리류형의 유적유물과 그 년대」 『조선고고연구』 3.

황기덕, 1989b. 「비파형 단검문화의 미송리류형-2. 미송리 류형 유물 갖춤새의 특징」 『조선고고연구』 4.

曲傳麟, 1982. 「遼東半島石棚性質初探」 『遼寧師範學報』 1.

靳楓毅, 1982. 「論中國東北地區含曲刃靑銅短劍的文化遺存(上)」 『考古學報』 4.

吉林省文物志編委會, 1987a. 『柳河縣 文物志』.

吉林省文物志編委會, 1987b. 『東豊縣文物志』.

金栢東, 1994. 「巨石建築系列中的浙南石棚」 『溫州文物』 7.

金旭東, 1991. 「1987年吉林東豊南部盖石墓調査與淸理」 『遼海文物學刊』 2.

金旭東, 1993. 「西團山文化辨析」 『靑果集』(知識出版社).

金旭東·安文榮·王志敏, 2001. 「高句麗早期遺存及起源-吉林通化万發撥子遺址發掘」 『1999年 中國重要考古發現』(文物出版社).

內蒙古自治區昭烏達盟文物工作站, 1963. 「內蒙古昭烏達盟石羊石虎山新石器時代墓葬」 『考古』 10.

陶炎, 1981. 「遼東半島的巨石文化」 『理論與實踐』 1.

董學增, 1984. 「關于西團山文化的新資料」 『黑龍江文物叢刊』 4.

蘭新建·李曉鐘, 1993. 「遼寧地區商周時期陶壺硏究」 『靑果集』(知識出版社).

馬金, 1956. 「鄭州市銘功路 西側的商代遺存」 『文物參考資料』 10.

木易, 1991. 「東北先秦火葬習俗試析」 『北方文物』 1.

武家昌, 1994. 「遼東半島石棚初探」 『北方文物』 4.

武家昌, 1997. 「撫順山龍石棚與積石墓」 『遼海文物學刊』 1.

方輝, 2000. 『明義士和他的藏品』(山東大學 出版社).

白雲翔, 2011. 「중국의 지석묘」 『中國支石墓』, 동북아시아 지석묘 5, 국립나주문화재연구소 엮음.

范恩實, 2010. 「遼東石棚淵源硏究」 『北方文物』 1.

本溪市 博物館 엮음, 2011. 『本溪文物集粹』.

徐家國, 1990. 「遼寧省撫順市渾河流域石棚調査」 『考古』 10.

徐光輝, 1992. 「論雙房-美松里陶壺」 『東北亞 古代文化의 源流와 展開』(圓光大 馬韓·百濟文化研究所).

徐知良, 1958. 「中國的巨石文化與石棺墓介紹」 『人文雜志』 2.

孫福海·靳維勤, 1995. 「石棚考略」 『考古』 7.

宋延英, 1987. 「遼東半島的石棚文化 - 析木城石棚」 『社會科學輯刊』 52.

旅順博物館, 1984.「遼寧大連新金縣碧流河大石蓋墓」『考古』8.

吳世恩, 2004.「關于雙房文化的 兩個 問題」『北方文物』2.

王嗣洲, 1996.「試論遼東半島石棚墓與大石盖墓的關係」『考古』2.

王嗣洲, 1998.「論中國東北地區大石盖墓」『考古』2.

王成生, 2003.「東北亞地區短鋌曲刃靑銅短劍的年代與族屬」『遼寧考古文集』.

王仲殊, 2004.「從東亞石棚(支石墓)的年代說到日本彌生時代開始於何時的問題」『考古』5.

王獻唐, 1957.「山東的歷史和文物」『文物參考資料』2.

王洪峰, 1985.「吉林海龍原始社會遺蹟調查」『博物館研究』2.

王洪峰, 1987.「吉林東豊縣南部古代遺蹟調查」『考古』6.

王洪峰, 1993a.「吉林南部石棚及相關問題」『遼海文物學刊』2.

王洪峰, 1993b.「石棚墓葬研究」『靑果集』(知識出版社).

遼寧省文物考古研究所·本溪市博物館, 1994.『馬城子 – 太子河上游洞穴遺存』(文物出版社).

遼寧省文物考古研究所·本溪市 博物館·本溪縣 文物管理所, 2010.「遼寧本溪縣新城子靑銅時代墓地」『考古』9.

遼寧省博物館, 1985.「遼東半島石棚的新發現」『考古』2.

遼東先史遺蹟發掘報告書刊行會, 2002.『文家屯』.

熊增瓏, 2007.「趙家墳石棚發掘簡報」『北方文物』2.

熊增瓏·陳山, 2004.「撫順縣趙家墳靑銅時代石棚」『中國考古學年鑑』.

熊增瓏 等, 2008.「撫順河夾心墓地發掘簡報」『遼寧省博物館刊』3.

劉大志·柴貴民, 1993.「喀左老爺廟鄉靑銅短劍墓」『遼海文物學刊』2.

俞天舒, 1990.「瑞安石棚墓初探」『溫州文物』5.

魏海波·梁志龍, 1998.「遼寧本溪上堡靑銅短劍墓」『文物』6.

李恭篤, 1989.「本溪地區三種原始文化的發現及研究」『遼海文物學刊』1.

李恭篤·高美璇, 1995.「遼東地區石築墓與弦紋壺有關問題研究」『遼海文物學刊』1.

李新全, 2008.『高句麗早期遺存及其起源研究』(吉林大學 博士學位論文).

李殿福, 1991.「建平孤山子·榆樹林子靑銅時代墓葬」『遼海文物學刊』2.

張德玉, 1992.「從東溝石棺墓葬文化特征看其族俗族种」『四平民族研究』1.

張維緖·鄭淑艷, 1991.「古代建築奇觀–世界最大的石棚」『歷史學習』2.

中國社會科學院 考古研究所엮음, 1983.『中國考古學中碳十四年代數据集(1965–1981)』(文物出版社).

陳光, 1989.「羊頭窪類型研究」『考古學文化論集』2.

陳大爲, 1991.「試論遼寧"石棚"的性質及其演變」『遼海文物學刊』1.

陳明達, 1953.「海城縣的巨石建築」『文物參考資料』10.

陳元甫, 1996.「中國浙江南部的石棚墓」『先史와 古代』7.

陳華文, 2007.『喪葬史』(上海文藝出版社).

肖景全, 2010.「新賓旺淸門鎭龍頭山大石蓋墓」『遼寧考古文集』2.

肖景全·張波·李榮發, 2005.「新賓旺淸門鎭龍頭山大石盖墓」『遼寧省考古學會第5届年會學術論文集』.

肖兵, 1980.「示與"大石文化"」『遼寧大學學報』2.

崔玉寬, 1997.「鳳城東山·西山大石盖墓1992年發掘簡報」『遼海文物學刊』2.

許玉林, 1985.「遼東半島石棚之研究」『北方文物』3.

許玉林, 1991.「遼東半島石棚と大石盖墓槪論」『九州考古學』66.

許玉林, 1993.「遼寧盖縣伙家窩堡石棚發掘簡報」『考古』9.

許玉林, 1994.『遼東半島石棚』(遼寧科學技術出版社).

許玉林, 1995.「遼寧省岫岩縣太老墳石棚發掘簡報」『北方文物』3.

許玉林, 1996.「對遼東半島石棚有關問題的探討」『環渤海考古國際學術討論會論文集』(知識出版社).

許玉林·崔玉寬, 1990.「鳳城東山大石盖墓發掘簡報」『遼海文物學刊』2.

許玉林·許明綱, 1980.「新金雙房石棚和石蓋石棺墓」『遼寧文物』1.

許玉林·許明綱, 1981.「遼東半島石棚綜述」『遼寧大學學報』1.

許玉林·許明綱, 1983a.「新金縣雙房石棚和石蓋石棺墓」『文物參考資料』7.

許玉林·許明綱, 1983b.「遼寧新金縣雙房石蓋石棺墓」『考古』4.

華玉冰, 2011.『中國東北地區石棚研究』(科學出版社).

華玉冰·王來柱, 2011.「新城子文化初步研究」『考古』6.

甲元眞之, 1982.「中國東北地方の支石墓」『森貞次郞博士古稀記念古文化論集』.

宮本一夫, 1991.「遼東半島周代竝行土器の變遷-上馬石貝塚AB地區む中心にー」『考古學雜誌』76-4.

宮本一夫, 1997.「中國東北地方の支石墓」『東アシアにわける支石墓の總合的研究』(九州大學 文學部 考古學研究室).

大貫靜夫, 1997.「遼寧省鳳城縣東山大石盖墓墓地考古勘測量」『東北亞考古學研究』(文物出版社).

三上次男, 1961.『滿鮮原始墳墓の研究』(吉川弘文館).

田村晃一, 1996.「遼東石棚考」『東北アシアの考古學』2(槿域), (깊은샘).

鳥居龍藏, 1946.「中國石棚之研究」『燕京學報』31.

平郡達哉, 2013.『무덤 자료로 본 청동기시대 사회』(서경문화사).

Atkinson, R.. J. C., 1961. "Neolithic Engineering" Antiquity 35.

Coles, J., 1979. *Experimental Archaeology*.

Daniel, G., 1980. "Megalithic Monuments" *Scientific American* 243-1.

Erasmus, C. F., 1977. "Monument Building:Stone Field Experiments" *Experimental Archaeology*, Ingersoll, J. E. · Yellen W. M. eds.

Flannery, K. V., 1976. *The Early Mesoamerican Village*, Academic Press.

Gautrand – Moser, C., Moser F., Amblard S., 1984. "Le dolmen de la pierre fade, commune de Saint – Étienne – des – Champs(Puy – de – Dôme)" *Bulletin de la Société Préhistorique Française* 81-3.

Gejvall, Nils–Gustaf, 1970. "Cremations", *Science in Archaeology*, Praeger Publishers.

Ghosh, A. K., 1969. "The Dying Custom of Megalithic Burials in India" *Bulletin* 11, International Committee on Urgent Anthropological and Ethnological Research.

Hassan, F. A., 1981. *Demographic Archaeology*, Academic Press.

Hawkins, G. S., 1965. *Stonehenge Decoded*.

H.B.Hulbert, 1906. *The Passing of Korea*, Yonsei Press.

H.G.Underwood, 1910. *The Religion of Eastern Asia*, Yonsei Press.

James A. Brown, 1981. "The Search for rank in Prehistoric burials", *The Archaeology of Death*, Cambridge Univ. Press.

Jean–Pierre Mohen, 1990. *The World of Megaliths*, Facts On File.

J. P. Mohen, 1980. "La construction des dolmens et menhirs au Néolithique" *Dossiers de L'archéologie* 46.

Lorenz Rahmstorf, 2015. "An Introduction to the investigation of archaeological textile tools", *Tools, Textiles and Contexts*, Oxbow Books.

Lynne Goldstein, 1981. "One–dimensional archaeology & multi–dimensional people : spatial organization & mortuary analysis", *The Archaeology of Death*, Cambridge Univ. Press.

Mehta, R.N.·George, K. M., 1978. *Megaliths at Machad and Pazhayannur, Talppally Taluka, Trichur District, Kerala State* M. S. Univ. Archaeology Series No. 15.

Mike Parker Pearson, 1999. *The Archaeology of Death and Burial*, Sutton Publishing.

Renfrew, C., 1979. *Before Civilization*, Cambridge Univ. Press.

Renfrew, C., 1983. "The Social Archaeology of Megalithic Monuments" *Scientific American* 249-5.

Roger Joussaume, 1985. *Des Dolmens Pour Les Morts*.

Service, E. R., 1971. *Primitive Social Organization*.

Tainter, 1978. "Mortuary practices and the study of prehistoric social system", *Advances in archaeological method and theory* 1, Academic press.

Wernick, R., 1973. *The Monument Builders*.

劉俊勇 지음·최무장 옮김, 1997. 『中國大連考古研究』(學硏文化社).

로버트 롤러 지음·박태섭 옮김, 1997. 『기하학의 신비』(안그라픽스).

마이크 파커 피어슨 지음·이희준 옮김, 2009. 『죽음의 고고학』(사회평론).

趙賓福 지음·禹枝南 옮김, 2011. 『中國東北 先史文化 硏究』(도서출판 考古).

Eliade, M., 이은봉 옮김, 1979. 『宗敎形態論』(형설출판사).

Heine—Geldern, R., 이광규 옮김, 1969. 「메가리트問題」『文化財』4.

『三國志：東夷傳』「弁辰條」

『白虎通：社稷』

2. 영혼의 안식을 주는 울타리

- 돌무지무덤

Ⅰ. 머리말

한국사에 있어 최초의 국가인 고조선이 차지하는 의의는 대단하다. 고조선이 지닌 역사적인 의미는 일찍부터 많은 관심의 대상이 되어 왔다. 하지만 문헌 사료가 아주 빈약한 현실 문제 때문에 고조선의 실체에 대하여는 그동안 논란이 끊임없이 제기되어 왔다. 고조선의 정체성에 대하여는 최근까지 강역, 중심지, 사회적 배경 등 여러 관점에서 상당히 많은 연구가 진행되어 왔지만, 아직까지 뚜렷한 성과는 그렇게 많지 않다.

이러한 시점에 고조선의 실체를 이해하기 위한 방법의 하나로 당시 사람들이 축조한 무덤을 분석하고 성격을 규명하는 것은 매우 의미있는 일이다. 고고학적 관점에서 볼 때 옛무덤은 당시 사회에서 행하여지던 장례 습속에 대한 절차와 과정을 알 수 있는 가장 좋은 자료이기 때문에 많은 주목을 받고 있다. 특히 사회가 점차 진화하면서 나타나는 특징들을 알기 위한 자료에는 여러 측면에서 접근이 가능하지만, 무엇보다 당시 사람들이 축조한 무덤에서 자세한 정보를 얻을 수 있다.

여기에서는 고조선 시기에 축조된 것으로 밝혀지고 있는 요남 지역 돌무지무덤[積石塚]에 대하여 지금까지 소개된 자료를 정리한 다음, 유적의 입지와 분포 관계, 무덤의 구조와 종류, 장례 습속, 유물과 축조 연대, 기원 문제 등을 살펴보고자 한다.

이 시기의 돌무지무덤은 고인돌과 함께 고조선의 사회상[社會相]을 이해하는데 중요한 의미를 지니고 있다. 그런 점에서 일제 강점기 일본 사람들에 의한 요남 지역의 유적 조사에 대해서는 여러 관점에서 분석할 필요가 있다. 주변 지역에 있는 유적 가운데 그들이 굳이 돌무지무덤을 집중적으로 조사한 배경은 식민지사관과 깊은 관련이 있을 것으로 여겨진다.

무엇보다 요남 지역에 밀집 분포하고 있는 이들 돌무지무덤의 축조 배경이나 기원문제 등이 규명되어야 고조선을 올바르게 이해할 수 있을 것이다.

Ⅱ. 돌무지무덤의 조사와 연구

여기서 소개하고 있는 요동반도 지역의 돌무지무덤에 대한 조사는 1900년대 초 일본의 중국 침략과 그 궤를 같이 하고 있다. 일본은 대륙 침략의 교두보를 마련하기 위하여 요충지대인 요동반도로의 진출을 꾀하면서 이 지역의 유적에 대한 조사를 상당히 일찍부터 체계적으로 진행하여 왔다.[1]

요남지역에서 처음 조사된 돌무지무덤은 1909년 '대련지역 고고유적 조사'의 일환으로 찾아진 노철산 유적이다. 이 유적은 1910년 6기의 돌무지무덤이 발굴조사되었는데 당시의 조사 수준을 가늠해 볼 수 있듯이 유구의 평면도나 단면도 등이 스케치한 수준에 지나지 않아 유적의 성격이나 연대 등을 알 수 없다(鳥居龍藏. 1910. 「老鐵山上の石塚」, 『南滿洲調査報告』참조). 이어 같은 해에 노철산 유적과 붙어있는 장군산 돌무지무덤 3기가 발굴되었다. 장군산 무덤의 발굴에서 조사된 두께가 매우 얇은 검은색 간토기는 요동반도와 산동 지역간의 문화 교류에 대한 여러 문제들을 시사하는 계기가 되었다.

1930년대 후반에 접어들면서 일본은 중국에 대한 지배를 본격화하는 동시에 보다 효율적인 통치를 위하여 정치·경제 뿐만 아니라 전분야에 대한 노골적인 식민정책을 수립하였다. 이 가운데 역사 왜곡을 주도한 학술분야의 대표적인 조직이 일본학술진흥회(日本學術振興會)이다.

이 조직은 1941년 요동반도 사전 유지와 묘장 발굴조사계획(遼東半島史前遺址墓葬 發掘調査計劃)을 세운 다음, 노철산에서 시작하여 영성자(사평산)에 이르는 구간의 바다(발해만)와 닿아있는 능선 지대에 대하여 정밀 지표조사를 실시하여 돌무지무덤의 분포도를 작성하였다(森修가 주도함). 이어서 이 분포도를 토대로 노철산 돌무지무덤 3기, 장군산 무덤 2기를 발굴 조사하였다. 또한 사평산 유적에 분포하고 있는

---

1. 아래의 내용은 이 글에서 참고한 조사 보고의 글(책)과 연구논문을 중심으로 필자가 서로 비교하면서 정리한 것이다. 각 주(註)는 서로 겹치는 부분이 많기 때문에 붙이지 않았으며 참고 논문(책)을 보면 도움이 될 것이다.

무덤을 조사한 다음에는 1호부터 60호까지 차례로 순번을 정하고 32호~39호까지 8기의 무덤을 발굴하게 되었다.

1942년에는 사평산 무덤의 동쪽에 있는 문가둔 돌무지무덤(동대산 무덤)을 1기 발굴하여 무덤의 독특한 구조는 물론 제의와 관련된 여러 자료를 찾았다.

1960년대에 들어와 조중공동고고학발굴대(朝中共同考古學發掘隊)가 조직되어 1963년부터 1964년까지 요동반도 끝자락의 여러 돌무지무덤을 조사하여 큰 성과를 얻었다. 1963년에는 루상 돌무지무덤을 시굴함과 동시에 장군산 돌무지무덤을 지표조사하여 20여 기의 무덤을 새로 찾았다. 다음해에는 루상, 장군산, 강상, 와룡천 유적을 발굴조사하였다. 이 조사는 국제적인 공동연구의 성격을 가지고 시작되었는데, 발굴 결과 밝혀진 특이한 무덤방 구조, 다양한 꺼묻거리, 독특한 묻기 등 여러 사실을 통하여 기존의 돌무지무덤에 대한 문화 성격을 새롭게 해석하는 계기가 됨과 동시에 고조선의 고고학적 성격 규명의 토대가 마련되었다.

1970년대에는 중요한 성격을 지닌 요남지역의 선사유적이 조사되기 시작하였다. 여순박물관에서는 1973년과 1975년에 장군산과 노철산 무덤 6기를 발굴하였고, 1977년에는 요령성박물관과 여순박물관에서 타두 돌무지무덤을 발굴하였다. 타두 유적에서는 하나의 묘역에 58기의 무덤칸이 찾아져 돌무지무덤에 묻힌 사람의 집단적인 성격을 새롭게 해석하는 계기가 되었다.

한편 1981년부터 1987년까지 7년간 대련시 문물관리위원회에서는 요남지역의 돌무지무덤에 대한 지표조사를 실시하였다. 이 시기에 여순구구의 강서진 서산(西山), 쌍도진 우군산(牛群山), 석선산(石線山), 서호저대산(西湖咀台山), 모아산(帽兒山)과 감정자구 남관령 악산(嶽山), 금주 칠정산향 태산(太山), 와방점시 횡산향 횡산(橫山), 동강향 성산(城山), 한묘 서남둔(韓廟 西南屯) 등지에서 돌무지무덤이 찾아졌다.

1991년에는 요령성 문물고고연구소, 길림대학 고고학계, 대련시 문물관리위원회에서 왕보산 돌무지무덤을 시굴조사하였고 다음해 발굴하였으며, 1991년과 2005년에는 토룡자 무덤이 발굴되었다.

이러한 돌무지무덤의 조사외에도 여러 관점에서 연구가 이루어져 왔다. 연구의 중심 내용은 주로 돌무지무덤의 구조와 껴묻거리의 분석과 비교, 홍산문화기의 요서(遼西) 돌무지무덤과 비교를 통한 무덤의 기원 문제, 고구려 초기 무덤과의 변화·발전 관계 등이다. 특히 최근에는 홍산문화 시기 돌무지무덤의 구조와 묻기, 연대 문제 등을 비교하여 같은 범주의 문화권으로 해석하기도 한다.

Ⅲ. 관련 유적의 대개

지금까지 조사된 고조선 시기의 돌무지무덤은 거의가 요동반도에서도 요남 지역에 밀집 분포하는 점이 특이하다(지도 참조). 이곳의 노철산, 사평산 돌무지무덤은 일제강점기부터 조사되기 시작하였으며, 1960년대 초 조·중 공동 고고학 발굴대에서 강상유적을 비롯하여 루상유적, 장군산유적 등을 발굴하였다. 이어서 중국의 동북지역 고고학 자료에 대한 중요성이 강조되자 1970년대 초부터 중국학자에 의하여 장군산, 타두, 토룡자, 왕보산 돌무지무덤 등이 조사되었다.

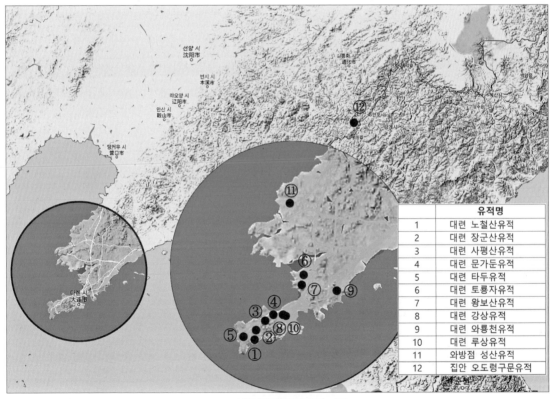

	유적명
1	대련 노철산유적
2	대련 장군산유적
3	대련 사평산유적
4	대련 문가둔유적
5	대련 타두유적
6	대련 토룡자유적
7	대련 왕보산유적
8	대련 강상유적
9	대련 와룡천유적
10	대련 루상유적
11	와방점 성산유적
12	집안 오도령구문유적

고조선지역 돌무지 무덤 자리

1. 대련 노철산 돌무지무덤[2]

대련시 여순구구(旅順口區) 철산향(鐵山鄕) 곽가촌(郭家村)의 동쪽에 자리하며, 여순반도의 남쪽 끝자락에 위치한다. 주변에는 신석기시대의 곽가촌 유적과 소주산(小珠山) 유적, 장군산(將軍山) 돌무지무덤이 있다. 실제로 장군산유적과 같은 산자락에 있기 때문에 이것에 포함시키기도 한다.

이 유적에는 40여 기의 돌무지무덤이 분포하며 매우 일찍부터 조사되었다. 1909년 일본인 도리이 류조[鳥居龍藏]가 처음 조사한 후 1941년에 일본인들이 다시 발굴하였고 1973·75년에는 중국 학자들이 발굴하였다.

이곳의 무덤은 산능선을 따라 분포하며 한 무덤에 무덤칸이 여럿인 것이 특징이다. 짜임새를 보면 먼저 바닥을 손질한 다음 지표 위에 주변의 막돌을 쌓아서 무덤칸의 벽을 만들고 바닥에도 막돌을 깔아 놓았다. 무덤칸의 위에는 60~100㎝ 크기의 손질되지 않은 넓적한 돌을 놓아 덮개돌로 이용하였고, 꼭대기 쪽에는 모난 돌도 있지만 가끔 자갈돌처럼 둥그스름한 돌을 쌓아 놓은 것도 있다. 무덤칸은 대개 일정한 방향이며, 평면은 네모꼴이나 긴 네모꼴이다. 돌무지무덤은 부분적으로 파괴가 많이 되었지만 길이가 7~20m쯤 되며, 현재 남아있는 높이는 약 1m 정도이다.

돌무지무덤의 무덤칸은 한 돌무지 안에 1줄로 배열한(1·2·5호) 것과 여러 줄로 만든(3·4·6호) 것으로 구분되는데 1줄이 더 많다. 1줄인 것은 대부분 동시에 만든 것이지만, 여러 줄인 것은 약간의 시간적 차이를 두고 여러 차례에 걸쳐 당시 사람들이 축조한 것으로 밝혀졌다.

여기에서는 대표적으로 1호와 4호 무덤을 중심으로 몇 가지를 살펴 보겠다.[3]

---

2. 旅大市文物管理組, 1978, 「旅順老鐵山積石墓」 『考古』2, 80~85쪽 ; 高芳·華陽·霍東峰, 2009a, 「老鐵山·將軍山 積石墓 淺析」 『內蒙古 文物考古』1, 69~75쪽 ; 王嗣洲, 2011, 「遼東半島積石塚研究」 『大連考古文集』1, 237~258쪽.

3. 1호 무덤에 대하여 일부에서는 장군산 적석총으로 보기도 한다. 그러나 발굴 보고의 글(旅大市文物管理組, 〈위 글〉)을 보면, 무덤 위치와 분포도(도 1)에서는 장군산 적석총에 있지만 본문과 도면(도 2)에서는 노철산 적석총으로 설명하고 있다. 따라서 여기에서는 본문 내용대로 노철산 적석총에 포함시켰다.

1호는 평면 생김새가 긴 네모꼴이고 크기는 14×5~5.6×0.8~2m이다(그림 1). 북서 40° 방향으로 6기의 무덤칸이 조사되었으며, 벽체의 윗부분은 이미 무너졌거나 파괴되었고 무덤칸의 덮개돌도 파괴된 것이 대부분이다. 사

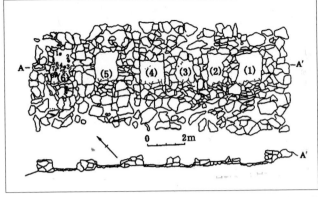

그림 1. 노철산 1호 돌무지무덤 평·단면도

용한 돌은 주위에서 쉽게 구할 수 있는 막돌이다. 무덤칸의 크기는 대체로 길이 172~240㎝, 너비 97~116㎝, 높이 60~98㎝이다. 껴묻거리는 무덤칸이 비교적 잘 남아있는 3호와 6호에서 석기(창끝, 가락바퀴, 자귀, 그물추)와 토기(항아리, 잔, 단지, 굽 접시, 토기 뚜껑, 세발토기, 손잡이 달린 토기, 보시기) 등이 조사되었다.

4호는 노철산 북봉우리의 북쪽 기슭에 위치하며, 평면이 네모꼴이고 남북 방향으로 무덤칸을 만들었다. 돌무지의 서쪽과 남쪽은 이미 파괴된 상태에서 발굴되었는데, 남아있는 돌무지의 크기는 9.2×8.1m이다. 남쪽으로 조금 경사지게 축조된 무덤칸은 9기가 2줄로 자리하고 있으며, 크기는 130~220×70~146×30~60㎝이다. 이 돌무지무덤은 가운데 부분에 동서 방향으로 낮은 담[墻]이 있어 무덤칸이 남쪽과 북쪽으로 나누어진다. 그리고 서로간에 축조 시기의 차이가 있는데 북쪽 무덤칸이 먼저 만들어진 다음에 남쪽 것이 이어서 축조된 것으로 해석된다. 껴묻거리는 1호 무덤에 비하여 아주 빈약한 편이다.

이 노철산유적에서 출토된 껴묻거리를 보면 토기가 대부분이고 석기와 꾸미개는 적은 편이다. 이런 자료를 좀 자세하게 살펴보면 토기는 크기가 작고 형태와 쓰인 정도를 보아 명기(冥器)일 가능성이 많고 손으로 빚은 것 같다. 그리고 가끔 두께가 매우 얇은 토기와 검은 간토기 잔도 있다. 색깔은 갈색이 대부분이지만 흑색, 홍색, 백색도 있으며 대체로 낮은 온도에서 만든 것 같다. 겉면은 민무늬가 많지만 줄무늬, 톱날무늬, 점무늬, 그물무늬, 평행선 무늬 등 상당히 다양하다. 또한 2호 무덤의 옆에서 조사된 작은 돌널에서는 돌구슬이 찾아졌다.

이 유적은 돌무지의 범위, 무덤방 사이의 거리와 짜임새를 보면 혈연을 바탕으로 한 가족무덤으로 해석되며, 주변의 사평산·문가둔 돌무지무덤과 비슷한 점이 많다.

한편 노철산 돌무지무덤에 껴묻기된 토기 가운데 검은 간토기 잔, 세발 대접[三環足盤]은 산동 용산문화 관련 유적에서 출토된 것과 서로 비교된다.[4] 이런 토기들은 산동 용산문화 후기에 해당하는 것으로 이 돌무지무덤이 축조된 시기에 이미 산동반도와의 교류 관계가 있었음을 시사하고 있어 주목된다. 그리고 축조 연대는 토기 비교를 통하여 크게 소주산 상층 문화기로 보는 견해와 쌍타자 1기 문화로 보는 의견이 있다. 노철산 1호 돌무지무덤의 단지를 보면 쌍타자 5호 집터와 우가촌 2호 집터에서 출토된 것과 비슷한 점이 많아 최근에는 쌍타자 1기 문화의 무덤 유형으로 해석한 연구가 있다.[5]

2. 대련 장군산 돌무지무덤[6]

대련시 여순구구 철산향 곽가촌의 동북쪽에 자리한 장군산의 꼭대기와 산능선에 40여 기의 돌무지무덤이 분포하며 후대에 도굴이나 파괴가 심한 편이다(사진 1). 1910년과 1941년 일본 사람들이 발굴하였고, 1964년에는 조중공동고고학발굴대가 1963년 조사한 20여 기의 돌무지무덤 가운데 장군산 동쪽 기슭에 있는 1호 무덤을 발굴하였다(사진 2·3). 그리고 1973·75년에도 중국 학자들이 발굴하였다.

이곳의 돌무지무덤은 주변 지형을 고려하여 먼저 무덤을 축조할 지역에 대한 바닥 손질을 한 다음, 지표에 막돌을 쌓아 무덤칸을 만들고 그 위에 돌을 쌓았다. 돌

4. 劉敦願, 1958. 「日照兩城鎭龍山文化遺址調査」 『考古學報』 1, 25쪽 : 山東省博物館, 1973. 「山東蓬萊紫荊山遺址試掘簡報」 『考古』 1, 12쪽.

5. 趙賓福, 2009. 『中國東北地區夏至戰國時期的考古學文化研究』, 科學出版社, 121~124쪽.

6. 조중공동고고학발굴대, 1966. 「장군산」 『중국 동북지방의 유적 발굴 보고 : 1963~1965』, 사회과학원출판사, 55~62쪽 : 中國社會科學院 考古研究所, 1996. 「將軍山」 『双砣子與崗上 - 遼東史前文化的發現和研究』, 57~66쪽 : 석광준, 2009. 『중국 동북지방의 고대 무덤(1)』, 조선고고학전서 21, 163~172쪽 : 高芳·華陽·霍東峰, 2009a. 「앞 글」, 69~75쪽.

무지의 쌓임을 보면 이곳의 무덤은 한 번에 만든 것이 아니고 여러 차례에 걸쳐 축조한 것으로 판단된다. 무덤칸은 긴 네모꼴의 움 모양이고 긴 방향은 동서쪽으로 줄을 이룬 모습이다.

사진 1. 장군산 돌무지무덤 유적 원경

1호 무덤(1964년 발굴)은 크고 작은 막돌을 쌓아 무덤칸을 3줄로 9기를 만들었다(그림 2). 무덤칸은 비교적 정연한 모습이며, 서로의 간격은 일정한 편이다. 무덤의 평면은 모가 줄어든 삼각형이고, 길이 12m, 너비 5.5~11m 크기다. 무덤칸의 벽은 부분적으로 무너진 것도 있지만 대체로 1m 안팎쯤 된다. 외형적인 모습을 보면 돌무지무덤의 가운데는 비교적 높고, 주변의 가장자리는 낮은 편이다. 바닥은 맨땅을 편평하게 정리하여 그대로 이용하였다. 그리고 각 무덤칸의 긴 방향을 보면 약간의 차이가 있음을 알 수 있다. 먼저 남쪽에 있는 4기의 무덤칸은 모두 남북쪽이지만, 가운데 줄의 3기는 동서쪽(2기)과 남북쪽(1기)으로 섞여 있고 북쪽 줄의 2기는 모두 동서쪽이다. 이렇게 한 묘역에 묻힌 사람의 머리 방향이 서로 다른 것은 무엇보다 당시의 장례 습속을 반영하는 것으로 여겨진다.

껴묻거리는 ㅂ과 ㅈ 무덤칸을 제외한 나머지에서 출토되었다. 대부분 토기이며,

사진 2. 장군산 1호 돌무지무덤

사진 3. 장군산 돌무지무덤 발굴 자리

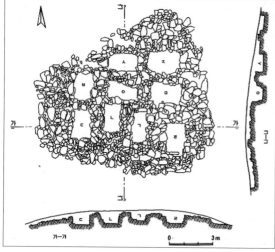

그림 2. 장군산 1호 돌
무지무덤 평·단면도

많은 조각들이 발굴되었는데 복원이 가능한 것도 있다. 토기는 단지, 항아리, 손잡이 달린 잔, 굽접시. 굽잔, 세발토기 등이고 표면에 무늬가 없는 것이 대부분이며 드물게 문살무늬, 평행무늬, 점줄무늬, 단추 모양의 장식이 있는 것도 조사되었다. 또 토기의 색깔을 보면 홍갈색이 가장 많고 검은색, 흰색, 붉은색, 회색 등으로 나누어지는데 검은색 토기는 두께가 1mm 정도로 매우 얇은 점이 돋보인다. 석기는 돌창 끝이 출토되었는데 끝 부분에 작은 구멍이 뚫려 있다. 옥 고리는 흰색의 옥돌을 아주 정교하게 갈아서 만들었는데 ㄹ무덤 칸에서 발굴되었다.

이 무덤은 요동지역의 다른 돌무지유적처럼 혈연을 기반으로 한 친족 관계의 사람들이 묻힌 것으로 보인다.

3. 대련 사평산 돌무지무덤[7]

대련시 감정자구 영성자에 있는 황룡미(黃龍尾) 반도의 사평산(남대산)에 위치한다 (사진 4). 이 산은 남북 방향으로 놓여 있으며, 가장 높은 북쪽(해발 192m)과 남쪽의 꼭

7. 澄田正一·秋山進午·岡村秀典, 1997. 「1941年四平山積石墓的調査」 『考古學文化論集』 4, 38~42쪽 : 석광준, 2009. 『위 책』 190~191쪽 : 華陽·霍東峰·付珺, 2009. 「四平山積石墓再認識」 『赤峰學院學報』 2, 10~14쪽 : 劉俊勇·黃子文, 2010. 「遼東半島四平山積石塚探討」 『遼寧師範大學學報(社會科學版)』 3.

대기가 연결되는 산능선과 서쪽의 기슭에 100여 기 이상의 돌무지무덤이 있다.[8] 지표조사에서 찾아진 무덤의 분포를 보면 남쪽 방향에 1~31호 무덤이 있는데 11호가 가장 높은 꼭대기에 있다. 그리고 북쪽 능선에 32~42호, 서쪽 기슭에 43~60호로 구분된 무덤이 있다. 또한 이들 무덤은 산

사진 4. 사평산 돌무지 무덤 유적 전경

중턱에서 산꼭대기 쪽으로, 산기슭에서 주능선으로 갈수록 무덤의 크기가 대형화하는 것으로 밝혀졌다. 발굴조사 결과, 산꼭대기에 있는 36호가 가장 크면서 껴묻거리도 많다.

사평산 돌무지무덤은 1941년과 1942년 일본학술진흥회에서 조사한 발해만 지역의 돌무지무덤 분포 조사 결과에 따라 북쪽 능선에 있는 32~39호를 발굴하였다. 발굴된 무덤 가운데 짜임새와 껴묻거리에서 두드러지는 특징을 보이는 35호와 36호가 대표적이다.

35호는 석회암반을 토대로 주변에 있는 돌(주로 석회암)을 쌓아서 묘역을 만들었는데, 비교적 정교하게 쌓아 그 모습이 돌 언덕[石丘] 같다. 크기는 길이 18.3m이고 높이가 5~7단 쌓은 곳은 1.2~1.5m, 2~4단 쌓은 것은 0.7m쯤 된다. 북쪽에서 남쪽으로 약간의 언덕이 있으며, 이곳의 지형에 따라 4곳으로 구분되는데 이것을 A~D구(區)라고 이름붙였다. 각 구의 크기와 생김새는 조금씩 차이가 있는데 A구와 C구는 남북 4.5m, 동서 5m이고, B구는 네모꼴로 길이 4.3m이다. D구는 C구의 남쪽 벽 바깥으로 연결되어 있는데 길이가 1.8m, 너비 4.3m로 다른 구보다 작은 편이다. 구 안에서는 각각 한 개체의 사람뼈가 발견되었으며, A구와 B구 , B구와 C구 사이의 공간에도 각 1개체의 사람뼈가 묻혀 있었다. 사람뼈는 각 구 내부에

---

8. 여기에는 사평산과 연결되어 있는 서쪽의 동대산(東大山) 유적, 동호로산(東葫蘆山) 유적, 장묘후산(張墓後山) 돌무지무덤을 포함한 것이다.

만들어진 무덤칸의 벽쪽에 가까이 놓여 있었으며, 순서(시기)는 A~C를 먼저 축조한 뒤에 D 그리고 구와 구 사이의 공간을 이용하여 무덤을 만든 것으로 해석된다.

여러 무덤칸 가운데 B구의 무덤칸을 보면 크기는 212×90×127㎝이고, 긴 네모꼴로 방향은 산능선과 나란하여 무덤의 축조 당시 주변의 지세가 고려된 것으로 여겨진다. 무덤칸의 안에는 넓적한 판자돌의 조각이 무질서하게 쌓여 있었는데 이것은 뚜껑돌이 깨진 것으로 해석된다. 무덤칸의 바닥에서는 1개체의 사람뼈가 찾아졌는데 남쪽에는 머리뼈 조각이, 북쪽에는 다리뼈가 놓여 있었다. 또한 껴묻거리도 주검의 부위에 따라 약간의 차이가 있다. 옥기(玉器)는 머리뼈 옆, 가락바퀴와 돌도끼는 다리뼈 쪽, 검은 간토기와 두께가 매우 얇은 토기는 머리와 다리 쪽에서 출토되었다.

36호는 북쪽 산꼭대기에 자리하며 35호와 북쪽으로 6.5m 떨어져 있다. 무덤의 기본 짜임새는 35호와 큰 차이가 없으며 전체 길이는 120m쯤 된다. 무덤칸의 배치와 주변의 가장자리를 보면 크게 24곳(A~X로 구분)으로 구분된다. 무덤칸이 서로 연결된 곳도 있지만 사이에 일정한 거리를 둔 곳도 발견된다.

요동반도의 돌무지무덤 가운데 상당히 큰 편에 속하는 36호는 24기의 네모꼴 무덤칸으로 이루어져 있다. 무덤칸의 벽은 2~7단쯤 쌓았고 바닥은 모난 석회암을 깔았다. 북쪽의 가장 높은 곳에 있는 P구는 길이가 6m쯤 되는 네모꼴로 무덤칸의 크기가 3.3×1.1×1.5m이다. 껴묻거리는 토기, 옥기, 석기, 조가비 연모 등이 찾아졌다.

36호 돌무지무덤에서 찾아진 몇 가지 껴묻거리는 나름대로 이 시기 요동반도의 유적 성격을 이해하는데 참고가 된다. 토기는 여러 가지가 조사되었는데 대부분 간 흔적이 보이며, 무늬는 문살무늬와 줄무늬가 있다. 토기의 색깔은 크게 검은 토기와 붉은 토기로 구분되며 생김새도 차이가 있다. 검은 토기는 모래가 섞이지 않은 아주 고운 찰흙을 가지고 만들었으며, 두께가 1~3㎜로 상당히 얇다. 그리고 바닥 쪽에는 물레를 사용한 흔적이 찾아져 주목된다. 형태를 보면 손잡이 달린 잔, 단지, 독, 접시, 세 발 단지, 동이, 세 발 달린 솥[鬲] 등이 있다. 붉은 토기는 두께가 두텁고 모두 손으로 빚어 만들었다. 독이 많고 단지, 굽 잔, 세 발 단지, 토기 받침 등이 조사되었다. 특히 Q구에서 출토된 돼지모양 세 발 단지[猪形鬲]는 당시 사회상(社會相)을 이해하는데 중요한 자료이다.

옥기는 주검의 허리 옆에서 옥벽, 옥잔, 가공되지 않은 옥 몸돌 등이 조사되었다.

한편 돌무지무덤 안에 무덤칸이 하나만 있는 독특한 것도 조사되었다. 37호가 대표적인데 이 무덤의 돌무지 크기는 8.5×5m이며, 무덤칸은 340×190㎝이다. 무덤칸의 뚜껑돌이 그대로 잘 보존되어 있었고, 껴묻거리는 토기와 옥기, 가락바퀴 등이 찾아졌으며 특히 옥을 가공하면서 자른 흔적이 잘 남아 있는 옥 덩어리가 출토되었다.

4. 대련 문가둔 돌무지무덤[9]

대련시 감정자구 영성자진 사평산 남쪽 기슭에 위치한다. 이곳의 동호로산, 동대산, 장묘후산의 능선에 돌무지무덤이 분포하며, 이 지역을 합하여 문가둔 돌무지무덤 유적이라고 한다. 돌무지무덤의 아래쪽에는 문가둔 유적이 있고 동쪽에 쌍타자 유적, 서쪽에 사평산 유적이 자리한다(사진 5).

동호로산에서는 16기의 돌무지무덤이 조사되었다. 서쪽에 1호~12호가 있고, 북쪽에는 13호와 14호가 분포한다. 무덤 사이의 거리는 일정하지 않은데 5~37m쯤 된다. 평면 생김새는 둥근꼴, 네모꼴, 타원

사진 5. 문가둔 동대산 돌무지무덤 유적 원경

9. 遼東先史遺蹟發掘報告書 刊行會 엮음, 2002, 『文家屯』, 66~78쪽 : 高芳·華陽·霍東峰, 2009b, 「文家屯 積石墓淺析」『博物館研究』3, 50~53쪽.

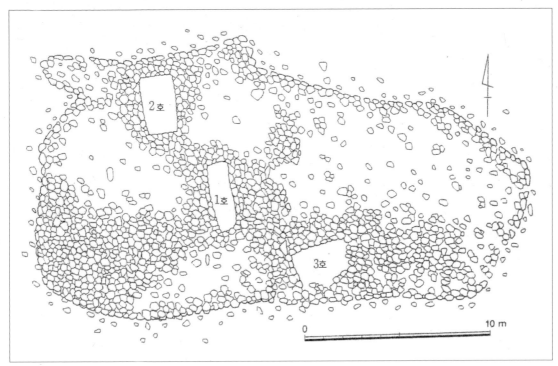

그림 3. 문가둔 동대
산 5호 돌무지무덤 평
면도

형 등 여러 가지다.

장묘후산은 동북—남서 방향으로 3개의 봉우리가 이어져 있는데, 여기에 20기
의 돌무지무덤이 자리한다. 이곳의 무덤은 동호로산이나 동대산에 비하여 규모가
상당히 작다.

동대산에는 6기의 무덤이 분포하며, 1942년 5호가 발굴조사되었다.

5호 돌무지무덤은 산꼭대기에 위치하며 보존 상태가 좋은 편이었다. 주변에 흩
어져 있는 모난 석회암을 암반 위에 쌓아올려 돌무지무덤을 만들었다. 크기는 동서
25.7m, 남북 13m쯤 되며 3기의 무덤칸이 자리하고 있다. 그런데 이 무덤의 축조
방법을 보면 먼저 길이 13m 되는 네모꼴의 돌무지에 2기(1·2호)의 무덤칸을 만든 다
음, 길이 12m 되는 돌무지를 동쪽에 덧붙여 1기의 무덤칸(3호)을 만들었다(그림 3).

1호 무덤칸은 넓적한 막돌을 쌓아 긴 네모꼴로 만들었는데, 크기는 270~300×
100×140cm이다. 바닥은 암반을 손질하였지만 움푹 파인 곳이 있어 북쪽에는 자갈
을 깔아 놓았다(사진 6).

사진 6. 문가둔 동대산 5호 돌무지무덤의 1호 무덤칸

사진 7. 문가둔 동대산 5호 돌무지무덤의 1호 무덤칸 토기 출토 모습

　무덤칸에서는 1개체분의 성인 사람뼈 조각이 찾아졌으며 남쪽에 치아가 집중되어 있어 머리 방향은 남쪽으로 여겨진다. 껴묻거리는 검은 간토기와 붉은 갈색 토기가 여러 점 출토되었는데 잔과 항아리이다(사진 7). 특히 검은 간토기는 두께가 1.2~1.5㎜로 매우 얇으며, 산동 용산문화 계통의 토기와 비교된다. 이밖에도 돌가락바퀴, 뼈대롱구슬, 돌화살촉과 여러 짐승뼈(꿩, 산토끼, 사슴) 등이 발굴되었다.

　2호 무덤칸은 비교적 잘 남은 돌무지 속에 자리하고 있었다(사진 8·9). 암반 위에 막돌을 거의 수직으로 쌓았는데 크기는 260×150×120㎝이다. 무덤칸의 바닥 가

사진 8. 문가둔 동대산 5호 돌무지무덤의 2호 무덤칸(발굴 전)

사진 9. 문가둔 동대산 5호 돌무지무덤의 2호 무덤칸

사진 10. 문가둔 동대산 5호 돌무지무덤의 2호 무덤칸 사람뼈 출토 모습

운데에 정강이뼈와 뒤팔뼈가 놓여 있었고 (사진 10), 그 옆에 항아리와 단지, 외날 옥도끼가 있었다. 또 동쪽 벽과 가운데에서 치아가 찾아졌고 무덤칸의 벽돌 사이에는 토기조각과 피뿔고둥, 꽃사슴뼈 등이 있었다.

토기는 고운 뻘흙과 모래질 찰흙을 바탕흙으로 이용하여 잔, 제기, 뚜껑, 단지 등을 만들었다. 고운 뻘흙으로 만든 검은 간토기는 두께가 매우 얇고 잘 갈아 광택이 난다. 다리뼈와 이빨이 출토된 꽃사슴뼈와 피뿔고둥은 돌무지무덤을 축조할 당시 일종의 제의 행위가 있었음을 시사한다.

3호 무덤칸은 거북 등 모양의 돌무지 속에 있었다. 크기는 460×120~160×100cm이며, 5호 돌무지무덤의 무덤칸 가운데 가장 큰 편이다(사진 11).

무덤칸의 남서쪽 모서리에는 묻힌 사람의 치아 3점과 긴 뼈조각이 놓여 있었고 그 주변에서 작은 옥구슬, 옥 장식품 조각, 옥아벽(玉牙璧), 옥도끼 등 여러 가지의 옥 제품과 항아리 등이 찾아졌다. 그리고 산토끼와 개구리 뼈, 뿔조개, 대합 등도 출토되었다. 껴묻거리는 대부분 무덤칸의 바닥에 놓여 있었다.

사진 11. 문가둔 동대산 5호 돌무지무덤의 3호 무덤칸

동대산 돌무지무덤은 1기만 발굴되었지만 비슷한 시기의 노철산, 사평산 무덤 등 주변의 자료와 비교하면 무덤칸은 일정한 규칙성을 지니고 있지는 않은 것 같다. 무덤칸에서는 산동 용산문화 관련 유적에서 많이 출토되고 있는 두께가 매우 얇은 검은 간토기가 출토되어, 노철산과 장군산 돌무지무덤처럼 산동지역과의 교류 가능성을 시사한다. 이 돌무지무덤은 여러 정황으로 볼 때 약 500m쯤 떨어진 문가둔

유적에 터전을 잡고 살던 사람들이 축조한 것으로 해석된다.

5. 대련 타두 돌무지무덤[10]

대련시 여순구구 철산진(鐵山鎭) 우가촌 (于家村)의 바닷가 옆에 자리한다(사진 12). 주변지역의 돌무지무덤이 대부분 산기슭이나 능선에 위치하는 입지 조건과는 좀 다르게 발해와 황해가 만나는 바닷가를 향해 뻗은 작은 반도의 평평한 대지에 자리한 점이 특이하다. 이곳 사람들은 유적이 위치한 곳을 숫돌머리[砬頭]라고 부른다. 이 유적은 1977년 요령성박물관과 여순박물관이 공동으로 발굴하였으며, 58기의 무덤칸이 찾아졌다(사진 13).

사진 12. 타두 돌무지 무덤 유적 근경

무덤은 이곳의 지형이 평면 3각형인 점을 고려하였으며, 긴 방향은 동서쪽이다. 무덤칸의 벽은 바닷가 주변에 있는 큰 돌을 이용하여 쌓았는데 대부분 3~4층이고 6호의 벽은 7층이다. 그리고 바닥은 거의 바다 자갈돌을 깔았으며, 드물게는 판자돌이 놓인 것도 있다.

사진 13. 타두 돌무지 무덤 유적 발굴 자리

무덤칸의 평면 모습은 네모꼴, 긴 네모꼴, 타원형이고 일정한 기준에 따라 줄을

10. 旅順博物館·遼寧省博物館, 1983, 「大連于家砬頭積石墓址」 『文物』 9, 39~50쪽 ; 張翠敏, 2009, 「于家村 砬頭積石墓地再認識」 『東北史地』 1, 42~48쪽 ; 張志成, 2011, 「大連地區積石墓淺見」 『大連考古文集』 1, 232~236쪽.

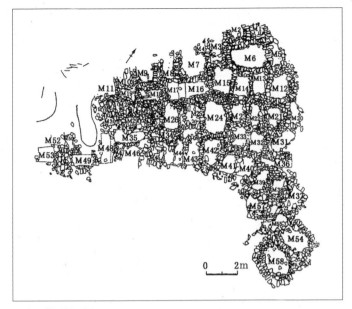

그림 4. 타두 돌무지무
덤 평면도

지어 축조한 것으로 여겨진다
(그림 4). 특히 24호 무덤칸을
중심으로 축조되었는데, 구조
와 꺼묻거리로 볼 때 바깥쪽으
로 갈수록 시기적으로 늦으며
동쪽이 서남쪽보다 이른 것으
로 해석된다. 무덤칸 위에는
묘표의 기능으로 돌을 놓았는
데 이것은 고인돌의 구조와 비
교된다.[11]

6호 무덤칸은 북쪽 끝에 위
치하며, 비교적 무덤칸의 벽이 잘 남아 있다. 무덤칸은 모가 죽은 긴 네모꼴이고,
크기는 385×200×110㎝며, 긴 방향은 동서쪽이다. 바닥에는 바다 자갈돌을 깔았
고 그 위에서 사람뼈 4개체가 찾아졌다. 꺼묻거리는 부러진 청동 낚시바늘 1점이
발굴되었다.

24호 무덤칸은 무덤의 가운데 자리하며, 평면은 모가 죽은 긴 네모꼴이다. 무덤
칸의 크기는 390×290×60㎝이다. 무덤칸의 벽은 주변에서 구하기 쉬운 막돌과
구운 흙덩어리를 쌓았고 바닥에는 작은 바다 자갈돌을 깔았다. 조사 결과 이곳에
묻힌 사람은 17명으로 밝혀졌는데, 모두 바로펴묻기하였으며 어른이 14명이고 어
린 아이가 3명이다. 머리 방향은 동쪽(7명)과 서쪽(10명)으로 나누어져 있다.

58호 무덤칸은 묘역의 동남쪽 끝에 위치하며, 무덤칸의 평면은 타원형이고 크
기는 340×220×30~90㎝이다. 바닥은 바다 자갈을 깔았고 그 위에서 사람뼈 5개
체가 조사되었다. 여기에서 조사된 주검의 3개체는 서쪽으로, 2개체는 동쪽으로

11. 황기덕, 1963. 「황해북도 황주군 심촌리 긴동 고인돌」 『고고학 자료집』3, 56~63쪽 : 하문식, 2004. "A
    Study of the Dolmens of North Korea – focused on the peculiar structure–" 『文化史學』21, 52~53쪽 : 윤
    호필, 2009. 「靑銅器時代 墓域支石墓에 관한 연구」 『경남연구』1, 1~20쪽.

묻혀 있어 방향이 일정하지 않았다.

한편 이 유적의 묻기는 한 무덤칸에 2~21개체(54호)의 주검을 여러 차례에 걸쳐 묻은 어울무덤이 유행하였고 주검이 서로 겹치거나 엇갈려 있다. 그리고 사람뼈는 무덤칸의 가운데에 집중되어 있었으며 대부분 바로펴묻기를 하였고, 요남지역의 다른 돌무지무덤과는 달리 별다른 규칙성은 없었다. 화장을 하지 않은 점이 주목된다. 묻은 방법은 먼저 주검을 무덤칸에 넣고 작은 자갈돌을 덮은 다음 그 위에 재흙(灰土)을 다시 덮었으며, 또 다른 주검을 묻기 위하여 자갈돌을 치우고 그 위에 묻는 특이한 장례 습속이 유행하였다. 묻기에 있어서도 시기 차이가 있는 것으로 파악되는데 순서에 따라 주검을 포개어 묻은 것 같다. 이런 점에서 어른과 어린 아이가 함께 묻혀 있거나 머리 방향이 다른 점 등으로 보아 가족무덤 또는 혈연을 바탕으로 한 공동체 무덤으로 해석된다.

껴묻거리는 석기, 토기, 청동기 그리고 꾸미개가 조사되었다. 놓인 자리는 대부분 주검의 머리와 발끝인 무덤칸의 양쪽 가장자리이고, 꾸미개는 가슴이나 목 부분에서 찾아졌다.

석기는 도끼, 끌, 대패날, 달도끼, 창끝, 가락바퀴, 돌칼 등이 발굴되었다. 도끼는 조개날, 날을 비뚤게 만든 것 등이 있다. 달도끼는 8호 무덤칸에서 출토되었는데 지름 11㎝쯤 된다.

토기는 단지, 항아리, 접시, 잔, 굽접시, 바리 등 여러 가지가 있다. 단지는 아가리와 목의 모습에 따라 여러 가지로 구분되며, 미송리형 토기가 출토되어 주목된다. 미송리형 토기는 많은 조각들이 찾아졌는데 10점은 토기의 모습을 알 수 있다.[12] 편평한 밑굽, 목이 있는 점, 몸통에 있는 묶음식 줄무늬 등이 다른 토기와 차이가 있는 특징이다. 이런 특징에 따라 이 토기를 구분하면 민무늬의 단지, 무늬있는 단지, 손잡이 있는 단지 등 3가지로 구분된다.

---

12. 발굴 조사 후 첫 보고의 글에서는 5점으로 소개하였지만, 그 후 유물을 다시 정리한 결과 10점으로 밝혀졌다.

청동기는 화살촉, 단추, 낚시 바늘, 고리 등이 발굴되었다. 화살촉은 24호 무덤 칸에서 2점이 출토되었는데 모두 슴베가 있는 것이다. 꾸미개는 돌과 흙으로 만든 구슬이 있다.

타두 돌무지무덤은 요동지역의 다른 무덤과 비교하면 화장을 하지 않은 점, 일정한 시간 차이를 두고 계속 묻기를 한 점, 이 시기의 대표적인 미송리형 토기가 출토된 점 등이 특징으로 여겨진다.

6. 대련 토룡자 돌무지무덤[13]

대련시 금주구 칠정산향(七頂山鄕)의 요동반도 남쪽 끝인 발해만 동쪽 지역에 위치한다. 주변의 지세를 보면 동쪽은 칠정산, 북쪽은 묘산(廟山), 서쪽은 노호산(老虎山)이 있고 남쪽에는 구릉지대가 있다(사진 14). 무덤은 묘산에서 남쪽으로 뻗어내린 길이 1km, 너비 20~40m쯤 되는 나지막한 구릉에 있으며, 무덤은 서로 약 40~150m의 거리를 두고 분포한다. 그런데 6호와 7호 돌무지무덤의 거리는 약

사진 14. 토룡자 돌무지무덤 전경

400m쯤 되므로 그 사이에 있던 3~4기가 이미 파괴되어 없어졌을 가능성이 많다. 1990년(1호)과 2005년(2~7호)에 7기의 무덤을 발굴하였다.

1호 무덤은 이 유적의 북쪽 끝에 자리하며, 평면이 반원형으로 동쪽이 반듯한 모습이다. 크기는 길이 17m, 너비 12m쯤 되고 주변 지세에 따라 동·서·북쪽으로

13. 吉林大學考古系·遼寧省文物考古研究所·旅順博物館·金州博物館, 1992, 「金州廟山靑銅時代遺址」, 『遼海文物學刊』1, 22~24쪽 ; 華玉冰·王琺·陳國慶, 1996, 「遼寧大連市土龍積石墓地1號積石塚」『考古』 3, 4~7쪽 ; 王嗣洲, 2011, 「앞 글」, 238~244쪽 ; 吳靑雲, 2008a, 「遼寧大連市土龍子靑銅時代積石塚群發掘」『考古』9, 3~10쪽 ; 2008b, 「大連土龍子積石墓」『大連文物』28, 39~45쪽.

무덤칸이 구획된다. 동쪽에는 6기의 무덤칸이 12×5m 범위에 분포되어 있으며, 크기는 1.8~2×0.8~1.2×0.4~0.6m이고 긴 방향이 동서쪽이다. 무덤칸 안에는 막돌이 채워져 있었고 바닥은 대부분 판자돌을 1~2층 깔았다. 서쪽은 무덤칸이 주로 평탄한 동쪽 부분으로 치우쳐 8기가 있는데 그 범위는 8.5×7m쯤 된다. 무덤칸의 축조 모습을 보면 비탈면인 서·남·북벽은 1~5층 정도 불규칙하게 쌓았고, 동벽은 지형을 최대한 활용하였다. 북쪽은 파괴가 심한 편이며, 6×5m 안에서 3기의 무덤칸이 조사되었다.

이들 여러 무덤칸에서 사람뼈가 찾아진 것은 11기이고 주로 2개체가 많아 어울무덤이었던 것 같다. 묻기는 두벌묻기와 화장이 섞여 있으며, 무덤방에서 직접 화장한 흔적도 찾아졌다.

껴묻거리는 대부분 토기 조각들인데 의도적으로 파쇄하였을 가능성도 있다. 토기는 비교적 모래가 많이 섞인 흑회색이고 단지와 항아리이다. 민무늬가 대부분이지만 가끔 점줄무늬·그물무늬·물결무늬 등이 있다. 무덤의 축조는 동쪽에서 시작하여 서쪽·북쪽 순으로 이루어진 것으로 해석되며, 시기는 4호와 비슷한 것으로 여겨진다.

4호 무덤은 길이 21.25m, 너비 4~4.5m이며 남북쪽으로 7기의 무덤칸이 자리하는데 거리는 1.4~3m쯤 된다(사진 15). 무덤칸은 긴 네모꼴이고 방향은 동서쪽이다. 특이한 점은 무덤칸 사이(3~4호/4~5호/5~6호)에 서로 구분이 되게 규칙적으로 쌓은 돌담이 조사되었다. 또한 7기의 무덤칸은 주변에 쌓은 돌무지에 따라 크게 4곳(1~3호/4호/5호/6~7호)으로 구획이 된다. 이들 무덤칸은 한 줄로 축조되었지만 같은 시기에 만들어진 것이 아니고 북쪽의 1호부터 남쪽(7호)으로 이어진 것 같다(사진 16). 이와 같이 무덤칸이 서로 구분되도록 축

사진 15. 토룡자 4호 돌무지무덤

사진 16. 토룡자 4호 돌무지무덤의 4호 무덤칸

조한 것은 묻힌 사람의 관계, 시기 문제, 집단의 성격 등 여러 면에서 시사하는 점이 많다.

무덤칸은 크기가 거의 180~200×50~70×40~60㎝이며, 모든 칸에서는 사람뼈조각(손가락뼈·갈비뼈·머리뼈)이 많이 찾아졌는데 묻힌 사람은 10여 명 정도 된다. 묻기는 화장이나 두벌묻기를 한 것으로 판단된다(사진 17).

껴묻거리는 대부분의 무덤칸에서 토기조각이 발굴되었고, 2호와 7호에서는 조가비로 만든 구슬이 출토되었다. 이들 토기조각은 쌍타자 3기 문화에 해당하는 것으로 해석된다.

6호는 길이 15.8m, 너비 2m 안에 긴 방향이 동서쪽인 9기의 무덤칸이 자리하며, 평면은 긴 네모꼴이다. 대체로 남북쪽의 벽은 남아 있지만 동서쪽은 파괴가 아주 심한 편이다. 무덤칸의 구조는 4호와 비슷하다. 여기에서도 무덤칸의 일정한 구분을 위하여 돌을 쌓은 담이 조사되었다. 9기의 무덤칸에서 1~2호/3호/4~6호/7~9호가 크게 구분된다. 이러한 무덤칸은 축조에 있어 시기적인 차이가 있는데 1호와 2호가 가장 먼저 만들어졌고 그 다음 3호, 4~6호 순이었던 것 같다.

사진 17. 토룡자 4호 돌무지무덤(발굴조사 후)

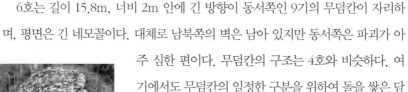

무덤칸마다 토기조각과 사람뼈조각이 찾아졌고, 2호와 3호에서 조가비로 만든 구슬과 진주조개가 발굴되었다. 무덤칸의 토기조각과 사람뼈조각은 불을 먹은 흔적이 뚜렷하다. 특히 8호에서는 바닥의 판자돌에 사람뼈가 붙어있는 것으로 보아 무덤칸 안에서 화장 행위가 있었던 것 같다.

7. 대련 왕보산 돌무지무덤[14]

이 유적은 대련시 금주구 후석회요촌(後
石灰窯村)의 왕보산 능선에 자리한다(사진
18). 왕보산의 꼭대기는 해발 46.8m인데
바다와 인접하기에 해발 고도가 그렇게 높
지 않다. 왕보산은 발해만의 언저리에 자

사진 18. 왕보산 돌무
지무덤 유적 원경

리한 금주만 서쪽 끝에 독립적으로 우뚝 솟아 있으므로 주변의 조망이 좋다. 독립
된 능선은 길이 500m, 너비 300m쯤 되며 남북 방향으로 길다랗게 뻗어 있다. 유
적 주변을 보면 북쪽에 태산이 있고 동·서·남쪽은 바다와 닿아 있다.

돌무지무덤은 산능선을 따라 남북 방향으로 자리하며 14기가 조사되었다(사진
19). 무덤의 분포 관계를 자세히 살펴보면 크게 3곳으로 구분된다. 가장 남쪽 산능
선의 높은 곳에 있는 무덤떼[1群]는 긴 방향이 남북쪽이고 1~3, 11~14호가 해당
된다. 산능선의 가운데 자리하며 긴 방향이 동서쪽인 무덤[2群]은 4~6, 9, 10호가
있다. 그리고 북쪽의 비교적 낮은 곳에 7, 8호가 있다[3群]. 이 무덤 가운데 1992년
5~8호를 발굴하였다. 왕보산 돌무지무덤
은 요남지역의 다른 무덤보다 파괴가 심한
편으로 덮개돌은 이미 없어진 상태였고 자
갈돌이 더미를 이루고 있었다.

5호의 자리는 북쪽으로 8m쯤 떨어진 6
호 주변이며 제일 작은 편이다. 무덤칸 위
쪽으로 돌더미가 쌓여 있었고 그 아래에서
벽이 확인되었다. 크기는 200×80×42㎝

사진 19. 왕보산 돌무
지무덤의 무덤칸

14. 王冰·萬慶, 1996. 「遼寧大連市王寶山積石墓試掘簡報」 『考古』3, 1~3쪽 : 張志成, 2011. 「앞 글」,
241~244쪽 : 中日考古合作硏究測量組, 1997. 「遼寧省大連市金州區王山頭積石塚考古測量調査」 『東北
亞考古學硏究』, 68~83쪽.

이며, 긴 방향은 동서쪽이고 조사 결과 당시의 지표 위에 돌을 쌓아서 축조한 것으로 밝혀졌다. 4벽은 모두 크기가 다른 돌을 쌓아서 만들었는데 정연하지 못하였다. 바닥에는 황색의 찰흙과 바다 자갈을 5~15㎝ 두께쯤 깔았다. 껴묻거리는 아주 작은 토기조각 뿐이다.

7호는 6호에서 북쪽으로 100m쯤 떨어진 산등성이의 돌출된 곳에 자리하며 근대에 군사 시설이 만들어지면서 부분적으로 파괴되었다.

무덤의 축조는 옛 지표에 드러나 있는 돌을 바닥으로 하고 주변에 있는 석회암을 쌓아 벽을 만들었다. 무덤의 윗부분에는 흑회색의 막돌과 흙이 퇴적되어 있다. 무덤칸은 320×190×40㎝이며, 긴 방향은 동서쪽이다. 껴묻거리는 무덤칸과 돌무지에서 토기조각이 많이 발굴되었고 독의 입술 부분에 해당하는 같은 조각이 동·서·가운데쪽에서 찾아졌다. 불탄 사람뼈가 무덤칸의 동북과 서남쪽에서 집중적으로 출토되어 주목된다.

왕보산 무덤은 토룡자나 타두 돌무지무덤과는 다르게 하나의 돌무지 안에 1기의 무덤방(칸)이 있는 것도 있지만, 다른 형식도 섞여 있다. 이런 무덤 구조가 장례 습속에 따른 것인지 무덤의 발전 과정에 나타나는 형식인지는 앞으로 비교 자료가 더 있어야 해석할 수 있다.

한편 5호와 7호 돌무지무덤에서는 껴묻거리가 다른 지점의 무덤보다 상당히 적은 편이지만 토기조각으로 볼 때 쌍타자 3기에 해당하는 것으로 해석된다. 또한 이곳의 무덤 인근에서는 같은 시기의 집터가 조사되었다.

8. 대련 강상 돌무지무덤[15]

이 유적은 대련시 감정자구(甘井子區) 영성자향(營城子鄕) 후목성(後牧城)역에서 북

15. 조중공동고고학발굴대, 1966. 「강상」 『앞 책』, 63~89쪽 : 中國社會科學院 考古硏究所, 1996. 「崗上」 『앞 책』, 67~97쪽 : 석광준, 2009. 『앞 책』, 200~231쪽.

사진 20. 강상 돌무지무덤 유적 원경

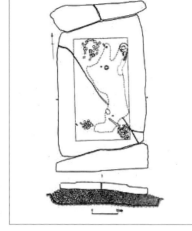

그림 5. 강상 돌무지무덤 7호 무덤칸 평·단면도

쪽으로 400m 떨어진 언덕 위에 있다(사진 20). 여기서 동남쪽으로 450m쯤 가면 루상 돌무지무덤이 자리하고 바닷가 쪽에는 쌍타자유적이 있다. 1964년 조중공동고고학발굴대에서 조사하였다.

　무덤은 동서 길이가 약 100m쯤 되는 구릉지대에 동서 28m, 남북 20m 되게 묘

사진 21. 강상 돌무지무덤 유적의 무덤칸

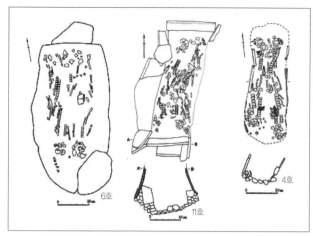

그림 6. 강상 돌무지무덤 4·6·11호 무덤칸 평·단면도

역을 만들었다. 무덤 가운데에는 검은색 흙이 섞인 자갈돌이 1.5m 쌓여 있었고 평면은 모가 없는 긴 네모꼴이다. 묘역에서는 23기의 무덤칸이 조사되었는데 돌담을 보면 크게 동쪽, 가운데, 서쪽 등 3구역으로 구분된다. 그리고 서쪽에는 보축하여 덧붙여진 무덤이 있다. 동쪽에는 강상

유적에서 중심이 되는 7호 무덤칸이 있으며(그림 5). 이것을 중심으로 부채살 모습처럼 긴 방향이 남북쪽인 16기의 무덤칸이 조사되었다. 가운데에는 돌담에 따라 구분되는 5기가 있고 서쪽에서는 1기의 작은 무덤칸이 조사되었다(사진 21).

일정한 간격과 질서에 따라 자리한 무덤칸은 9호와 23호가 서로 겹쳤고 안에는 불의 영향을 받은 자갈과 판자돌 조각이 쌓여 있었다. 무덤칸을 만든 재료와 구조에 따라 크게 5가지로 나누어진다(그림 6). 먼저 바닥에 큰 돌을 깐 무덤칸(6, 7, 19호),

사진 22. 강상 돌무지무덤 1호 무덤칸 바닥

사진 23. 강상 돌무지무덤 4호 무덤칸

사진 24. 강상 돌무지무덤 7호 무덤 뚜껑돌

사진 25. 강상 돌무지무덤 7호 무덤 바닥

판자돌을 사용하여 벽을 쌓은 것(4, 5, 11, 14, 15호), 불탄 흙을 바닥에 깐 것(1, 10호), 자갈
돌을 바닥에 깐 것(8, 9, 12, 13, 16~18, 20~23호), 움(23호) 등이다(사진 22·23, 27·28).

　　7호 무덤칸은 바닥을 파고(20~30㎝) 그 위에 30㎝ 되게 자갈돌을 깐 다음 판자돌
을 놓았는데 다른 것과 비교해 보면 가장 크다(310×170×10~15㎝). 그리고 판자돌의
가운데에 1㎝쯤 볼록 튀어 나온 길이 170㎝, 너비 104㎝ 되는 대면(臺面)을 만들어
불탄 사람뼈와 유리질의 돌덩어리, 껴묻거리를 놓았다(사진 24·25). 6호와 19호는 뚜
껑돌에 불탄 흔적이 있으며 많이 깨어졌다. 1호와 10호는 불탄 흙 속에서 짚이나

사진 27. 강상 돌무지무덤 19호 무덤 바닥

사진 28. 강상 돌무지무덤 23호 무덤칸

사진 26. 강상 돌무지
무덤 18호 무덤 비파
형동검 출토 모습

식물 줄기가 조사되었다.

묻기를 보면, 먼저 2, 12, 23호를 제외한 나머지 무덤칸에서 조사된 사람뼈는 화장을 한 것으로 이해되며 모두 144개체의 사람뼈가 확인된다. 묻기를 자세히 보면 3호와 20호에서는 각각 2기의 사람뼈가 조사되었지만 19호는 22기가 발굴되었다.

또한 묻힌 사람은 유아부터 성인까지로 확인되고, 화장의 상태를 보면 묻힌 사람이나 껴묻거리에 따라 차이가 있음을 알 수 있다.

껴묻거리는 15호와 22호를 제외한 나머지 무덤칸에서 찾아졌는데 종류와 수량에 있어 주변 지역의 다른 돌무지무덤과 차이가 있다. 그리고 화장의 영향을 받아 청동기는 그을리거나 녹은 것이 많으며, 무덤칸을 덮은 흙(돌) 속에서도 조사되었다.

껴묻거리는 크게 청동기, 석기, 토기로 나누어 볼 수 있다. 청동기는 비파형동검을 비롯하여 창끝, 화살촉, 고리모양 팔찌, 구리 비녀, 고리 꾸미개, 방형의 꾸미개 그리고 불에 탄 청동이 녹은 덩어리 등이 있다. 비파형동검은 모두 6점이 출토되었는데(4, 6, 9, 13, 18, 19호) 3점만 본래의 모습이고 나머지는 불의 영향으로 변형된 모습이다(사진 26). 돌기부와 등대, 마디끝으로 볼 때 서로의 차이는 없는 것 같다. 청동 창끝은 5호 무덤칸에서 출토되었는데 불의 영향으로 밑부분만 남았다. 화살촉은 2점이 조사되었으며 단면은 마름모꼴이다. 고리모양 청동기는 7호에서 출토되었고, 불의 영향으로 온전하지 않지만 고리가 있고 네모난 돌기에 구멍이 있다. 청동 팔찌는 14호에서 발견되었는데 2줄의 홈과 1쌍의 3각형 무늬가 있다.

석기는 화살촉, 검자루 맞춤돌, 거푸집, 가락바퀴, 구슬 등이 출토되었다. 화살촉은 6호 무덤칸에서 12점이 조사된 것을 비롯하여 모두 30점이 찾아졌다. 슴베는 없고 밑끝이 오므라든 모습이다. 검자루 맞춤돌은 13호와 19호에서 발굴되었는데 베개와 반달모양이다. 거푸집은 6호 무덤칸에서 4점이 찾아졌으며, 도끼, 끌, 꾸미개, 송곳 등 9개의 주형(鑄型)이 있다. 가락바퀴의 감은 편암이고 3, 4, 20호에서 조사되었다.

뼈연모는 낚시와 송곳, 비녀, 구슬 등이 있고 3호에서 사슴뿔과 돼지 이빨이 출토되었다.

토기는 다른 유적과 비교해 볼 때 그렇게 많지는 않으며 15개체쯤 되는데 10점이 복원되었다. 겉면의 색깔은 갈색, 회갈색, 붉은 갈색이고 형태는 단지, 대접, 굽접시 등이다. 만든 방법은 손으로 빚었으며 겉면은 갈았다. 간혹 무늬를 새긴 것도 있고 여러 가지 손잡이가 달렸다. 단지는 목, 어깨 모습, 밑부분, 아가리의 형태에 따라 크게 5가지로 나누어진다.

한편 무덤칸을 덮은 돌무지에서 토기와 석기 그리고 오수전이 찾아진 것으로 미루어 이 무덤이 본래의 모습을 그대로 유지하고 있는 것은 아닌 것 같다.

강상무덤은 그 규모나 축조 방법, 묻기, 껴묻거리 등으로 볼 때 화장과 함께 딸려묻기[殉葬]를 하였을 가능성도 있다. 그리고 혈연을 기반으로 한 집단의 공동무덤이거나 어느 정도 세력을 지닌 사람들이 묻힌 것으로 볼 수 있다. 축조 시기는 무덤의 구조나 껴묻거리로 볼 때 크게 차이는 없지만 2~3차례에 걸쳐 만든 것으로 판단된다.

9. 대련 와룡천 돌무지무덤[16]

대련시 동가구향(董家溝鄕) 와룡천촌(臥龍泉村)에 위치한다. 1964년 조중공동고고학발굴대에서 조사하였다. 유적의 바로 옆에 작은 하천이 있어 홍수에 의하여 파괴가 많이 되었다. 입지 조건에서 보면 요동지역에서 조사된 다른 돌무지무덤과는 달리 산능선이나 꼭대기에 자리한 것이 아니라 주변보다 조금 낮은 곳에 축조되었다.

---

16. 조중공동고고학발굴대, 1966. 「와룡천」 『위 책』, 63~89쪽 : 中國社會科學院 考古硏究所, 1996. 「臥龍泉」
　　『위 책』, 112~118쪽 : 석광준, 2009. 『위 책』, 192~199쪽.

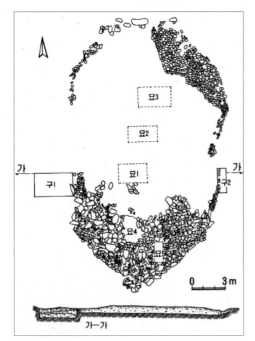

그림 7. 와룡천 돌무지
무덤 평·단면도

그래서 다른 유적보다 보존이 되지 못하였다. 이 무덤의 크기는 남북 22m, 동서 14m이며 평면은 타원형이다. 돌을 쌓아 무덤칸을 만든 모습을 보면 가운데는 가장자리에 비하여 상당히 두텁고 그 높이는 50㎝쯤 된다.

묘역에서는 남북쪽으로 자리한 5기의 무덤칸이 조사되었는데 4기는 바닥에 판자돌을 깔았고 1기는 맨바닥을 그대로 이용하였다(그림 7). 이 유적은 잘 남아 있는 4호 무덤칸만 발굴되었고 나머지는 부분적으로 파괴된 것을 수습하였다. 무덤칸의 배치 모습을 보면 1호가 가운데에 있고 2·3호는 1.6~1.8m의 사이를 두고 북쪽에 자리하며, 4·5호는 1m 간격으로 남쪽에 있다.

발굴된 4호 무덤칸은 북쪽 벽만 파괴되었으며 대체로 제 모습을 지니고 있다. 벽은 주변에서 구하기 쉬운 돌을 쌓아서 만들었고 바닥은 맨바닥이다. 평면은 일정한 꼴이 아니다. 무덤칸 안의 쌓임층에는 작은 돌조각이 많았고 깊이는 0.2~0.3m쯤 된다. 묻힌 사람은 화장을 하였기 때문에 뼈가 부서져 조각만 찾아졌다. 껴묻거리는 흰색 돌을 가지고 만든 구슬이 23점 찾아졌는데 그 쓰임새는 치레걸이로 해석된다.

1~3호 무덤칸은 바닥에 판자돌을 깔았고 묻힌 사람은 화장을 하였으며, 긴 방향이 동서쪽이다. 껴묻거리는 비파형동검(1점)을 비롯하여 청동의 검자루(1점), 숫돌, 돌 가락바퀴 등이다.

5호는 다른 무덤칸과 마찬가지로 화장을 하였다. 비파형동검(1점), 검자루(1점), 청동 도끼(1점), 청동 단추(2점), 청동 말갖춤새(2점), 검자루 끝장식(1점)이 찾아졌다. 껴묻거리가 다른 무덤칸보다 많은 편이며 대부분 청동기이므로 묻힌 사람의 지위를 이해하는데 도움이 된다.

와룡천 돌무지무덤에서는 무덤칸을 덮고 있던 봉토에서도 많은 유물이 찾아졌다. 토기는 단지, 보시기, 굽접시, 손잡이 등이 있고, 석기는 청동 도끼 거푸집, 돌화살촉, 가락바퀴가 출토되었다.

이 유적은 앞에서 언급한 것처럼 주변의 돌무지무덤과 입지조건이 다르고 당시의 표지 유물인 비파형동검이 여러 점 조사되어 주목된다. 또한 토기는 크기나 만든 방법, 손질 상태로 볼 때 명기로 여겨진다.

10. 대련 루상 돌무지무덤[17]

대련시 감정자구 영성자현 후목성역 북쪽에 위치한다(사진 29). 강상유적으로부터 동남쪽으로 450m쯤 떨어져 있다. 돌무지무덤이 있는 곳을 '루상'이라고 하며,

사진 29. 루상 돌무지무덤 전경(발굴 전)

17. 조중공동고고학발굴대. 1966. 「루상」 『위 책』. 90∼100쪽 : 中國社會科學院 考古硏究所. 1996. 「樓上」 『위 책』. 98∼111쪽 : 석광준. 2009. 『위 책』. 232∼249쪽.

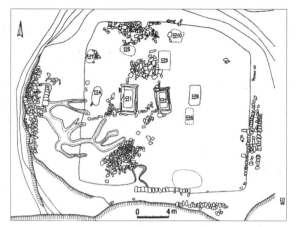

그림 8. 루상 돌무지
무덤 평·단면도

현재 동서 34m, 남북 24.2m, 높이 6.8m 쯤 되는 언덕 위에 자리한다. 무덤칸은 편평한 대지 위에 축조하였고 흙과 자갈을 덮었다(그림 8).

이 유적은 1958년 학생들이 흙을 채취하면서 3기의 무덤칸을 발견하여 1960년 여순박물관에서 조사하였고, 1964년 조·중공동고고학발굴대가 발굴하였다. 발굴은 이미 밝혀진 3기(1~3호)를 1960년에 하였고 1964년에는 4~10호 무덤칸을 조사하였다. 무덤칸은 짜임새와 사용된 돌에 따라 크게 3가지로 구분된다(사진 31).

첫 번째(1~3호)는 무덤의 가운데 자리하며, 무덤칸의 바닥, 벽은 모두 넓적한 판자돌을 가지고 만들었다. 1호의 크기는 320×205㎝이고 성인 남자와 다른 사람뼈가 나와 부부어울무덤으로 보인다. 바닥에는 숯(3㎝쯤)이 깔려 있고 화장을 하였다. 껴묻거리는 비파형동검을 비롯하여 청동 단추와 손칼, 구멍이 뚫린 꾸미개 등의 청동기와 흙가락바퀴와 구슬 등이 있다(사진 32). 3호는 구조가 1호와 비슷하며 많은 유물이 찾아졌다. 비파형동검, 검자루, 청동 도끼와 끌, 손칼, 송곳, 방울, 단추 등

사진 31. 루상 돌무지 무덤의 돌 담장(서쪽, 남쪽)

사진 32. 루상 돌무지
무덤의 1호 무덤칸 뚜
껑돌과 바닥

의 다양한 청동기와 옥구슬, 조가비와 마노로 만든 치레걸이 등이 나왔다.

두 번째(4·9호)는 무덤칸에 판자돌을 깔았는데 파괴가 많이 되었다. 9호는 넓적한 판자돌(270×160×5㎝)을 1장 바닥에 깔고 주검을 화장한 다음 이곳에 놓았다(사진 34). 최소한 13개체의 사람뼈가 찾아졌는데 머리 방향은 남쪽과 북쪽이 섞여 있어 주목된다. 청동 화살촉과 단추, 팔찌 그리고 돌화살촉과 구슬, 숫돌, 마노구슬 등이 출토되었다.

세 번째(5~8호, 10호)는 무덤칸의 바닥에 강돌을 깐 것으로 크기가 비교적 작다(사진 33). 6호는 15개체의 화장된 사람이 묻힌 것으로 파악되며, 성인은 8사람이고 어린 아이가 7사람이었다. 무덤칸의 쌓임층에서 붉은 색의 자갈이 조사되었는데 묻기와 관련 있는 것으로 여겨진다. 비파형동검과 단지가 조사되었다.

사진 33. 루상 돌무지무덤 8호 무덤칸

사진 34. 루상 돌무지무덤 9호 무덤칸 바닥

사진 30. 루상 돌무지
무덤 전경(발굴 후)

　　루상유적은 대부분 한 무덤칸에 여러 사람을 묻기[多人葬]한 것과 여러 차례에 걸쳐 묻은[多次葬] 장례 습속이 유행한 시기에 만들어졌고, 껴묻거리와 무덤칸이 화장의 영향을 받았다(사진 30).

11. 와방점 성산 돌무지무덤[18]

　　와방점시 동강진(東崗鎭) 대구리촌(大溝里村)에서 북쪽으로 200m쯤 떨어진 성산 석성(城山 石城)의 동남쪽 기슭에 위치한다. 주변에는 집자리가 조사된 성산 유적이 있다.

　　2기의 돌무지무덤이 있었는데 흙 채취와 개간으로 파괴되었으며, 그 가운데 1기는 반쯤 남아 있어 그 대개를 알 수 있다. 무너진 단면을 보면, 무덤은 먼저 약간 편평한 대지 위에 네모꼴의 구덩이를 여러 개 파 무덤칸을 만들었다. 그리고 주검을 이 구덩에 넣고 흙으로 채운 다음 위쪽에는 덮개돌을 덮은 것으로 밝혀졌다.

　　껴묻거리는 비교적 큰 외날 돌도끼와 둥근 석기, 돌가락바퀴, 단지와 항아리 등이 찾아졌다.

18. 許明綱, 1990. 「大連古代石築墓葬硏究」 『博物館硏究』2.

12. 집안 오도령구문 돌무지무덤[19]

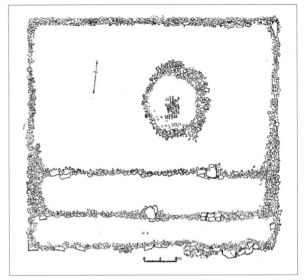

그림 9. 오도령구문 돌
무지무덤 평면도

이 유적은 집안현(集安縣) 태평향(太平
鄕) 오도령구문(五道嶺溝門)의 남쪽 산기
슭에 자리한다. 1978년 도로공사를 하
면서 산중턱의 남쪽 비탈에서 여러 종
류의 청동기가 발견되어 긴급 수습조사
를 하였다.

청동기가 찾아진 곳은 부분적으로
파괴된 네모꼴의 방단계단[方壇階梯] 돌
무지무덤의 큰 바위 사이다. 마을 사람들은 이곳을 "창석류(淌石流)라고 부른다.

돌무지무덤은 동북쪽이 높고 서남쪽이 낮은 지형 조건에 만들었는데, 3층의 계
단이 있으며 큰 돌들이 곳곳에 남아 있다. 계단은 무덤의 윗부분에 있는 돌이 아래
쪽으로 흘러내리는 것을 방지하기 위한 것으로 해석된다. 무덤의 크기는 한 변이
14m이고, 계단 높이는 1.3~1.85m쯤 되지만 0.8m 남아 있다(그림 9).

무덤방은 서쪽에서 8m 되는 곳에 타원형의 돌무지 형태로 만들었는데 여기에
서 동검을 비롯해 도끼, 투겁창, 거울, 검집 등 세형동검 문화 단계의 청동기 11점
과 철기 2점이 찾아졌다.

13. 그 밖에

요동반도의 끝자락인 요남지역에서는 앞에서 설명한 돌무지무덤 이외에도 여러
곳에서 많은 유적이 조사되었다.[20]

19. 集安縣文物保管所, 1981. 「集安發現靑銅短劍墓」『考古』5, 467~468쪽.
20. 中國國家文物局 엮음, 2008. 『中國文物地圖集 : 遼寧分冊』上 참조 : 王闖, 2014. 「試論我國東北地區史
前時期的積石塚墓」『第八屆紅山文化高峰論壇論文集』, 212~213쪽.

발굴조사는 되지 않았지만 그 내용을 소개하면 다음과 같다.

유적	위치	지세	무덤 수(기)	분포와 구조	출토 유물
대산(臺山) 돌무지무덤	대련 여순구구 쌍도만진		2	무덤 높이 약 2m	
서호취(西湖嘴) 돌무지무덤	대련 여순구구 쌍도만진	대산(大山) 꼭대기와 산능선	8~9	남북으로 자리 무덤 높이 1~2m	
소전자(小甸子) 돌무지무덤	대련 여순구구 쌍도만진		5~6	무덤 높이 1m쯤	
대전자(大甸子) 돌무지무덤	대련 여순구구 쌍도만진		2		
금가(金家) 돌무지무덤	대련 여순구구 쌍도만진		12	무덤 높이 1m쯤	돌자귀, 모래질 갈색 항아리와 단지, 제기, 청동 치레걸이
쌍도(雙島) 돌무지무덤	대련 여순구구 쌍도만진	대산 꼭대기	1		돌칼, 돌검, 모래질 홍 갈색 토기조각
우가동북 (于家東北) 돌무지무덤	대련 여순구구 철산가도		15		
대장구(對莊溝) 돌무지무덤	대련 여순구구 철산가도			평면이 네모꼴과 긴네모꼴	모래질 갈색 토기조각
백강자(栢崗子) 돌무지무덤	대련 여순구구 철산가도		100		모래질 갈색 토기조각
우군산(牛群山) 돌무지무덤	대련 여순구구	우군산 능선	10		
서강(西崗) 돌무지무덤	대련 서강구	열사산(烈士山) 능선	6	무덤 길이 수십 m	얇은 검은 간토기(제기, 단지, 뚜껑), 모래질의 붉은 토기(항아리, 접시, 제기), 돌도끼, 돌칼, 돌자귀, 돌끌
악산(岳山) 돌무지무덤	대련 감정자구 남관령가도	악산 능선	20		항아리, 제기, 잔

IV. 무덤의 자리와 분포

요남지역의 돌무지무덤은 그 위치와 분포 관계를 볼 때 나름대로의 기준이 있었던 것으로 판단된다. 먼저 당시 사람들은 무덤을 축조할 자리를 선택할 때 무엇보다 주변의 지세를 고려한 점이 주목된다.

이른 시기의 돌무지무덤은 바닷가와 가까이 있는 산능선이나 꼭대기에 몇 기에서 수십 기까지 줄을 지어가면서 축조되었다(사진 35). 이것은 당시 사람들의 활동 범위와 밀접한 관계가 있는데, 이런 지세는 생활에 있어 중요한 의미를 지닌 것 같다. 늘 바다와 더불어 살아왔을 뿐만 아니라 그 중요성을 인식하고 있던 당시 사람들의 살림살이가 돌무지무덤의 자리 선택에 영향을 주었을 것이다. 시기와 지역적인 차이는 있으나 이와 관련된 자료가 남해안 지역의 신석기시대 무덤에서 조사되었다. 특히 통영 욕지도와 연대도 조개더미 유적은 축조 과정에 있어 먼저 자리할 곳의 주변 지세를 최대한 고려한 것으로 판단된다(사진 36). 이 지역의 신석기시대 무덤은 바다가 잘 내려다 보이는 높다란 곳을 선택하였고, 특히 묻힌 사람이 바다를 바라볼 수 있도록 머리를 옆쪽으로 돌려 놓은 점이 특이하다.[21] 이런 사실은

사진 35. 사평산과 타두 유적 : 바닷가와 인접한 모습

21. 국립진주박물관, 1989, 『欲知島』; 1993, 『煙臺島』: 신숙정, 1994, 『우리나라 남해안 지방의 신석기문화 연구』, 256~264쪽.

사진 36. 통영 연대도
신석기시대 무덤 전경

바닷가 옆의 산꼭대기에서 본 조망 문제와 무덤에서 조사된 고기잡이 연모, 조가비 등을 살펴보면 쉽게 이해가 된다.

한편 요남지역의 이른 시기 돌무지무덤은 바닷가 근처의 산능선이나 산꼭대기에 자리하지만, 시간이 지나면서 강상이나 루상유적처럼 점차 바다 가까이에서 내륙의 평지에 있는 독립된 구릉 위에 축조되는 양상이 나타난다. 이것은 무덤의 자리를 선택하는데 있어 변화가 있었다는 것을 의미한다. 이렇게 무덤 축조 장소 주변의 환경이 변하게 된 이유는 직업의 전문화, 잉여 생산물 등 사회의 복잡성(복합사회)과 연관이 있는 것 같다.

요남지역의 돌무지무덤이 자리한 곳을 자세히 보면 유적 주변의 자연 지세와 관련이 있는데, 특히 산능선에 축조하는 경우를 보면 무덤의 긴 방향은 일정하게 정하여진 것이 아니고 산줄기의 흐름과 나란함을 알 수 있다. 이런 예로 노철산 유적은 산흐름에 따라 남북 방향이고, 장군산 유적은 서북—동남 방향으로 밝혀졌다(사진 37). 이것은 당시 사람들이 무덤을 축조할 때 어떤 절대적인 방향의 개념을 가졌다기보다 돌무지무덤의 축조와 같은 역사(役事)를 할 때 산흐름과 같은 주변의 자연 지세를 최대한 고려한 것으로 이해된다. 돌무지무덤의 축조에 있어 이런 방향

사진 37. 왕보산과 장군산 돌무지무덤 : 능선을 따라 축조된 모습

사진 38. 와룡천 유적
: 낮은 지대에 무덤을
축조

문제는 자연에 절대적으로 의존하였던 당시 사람들의 생활이나 자연에 대하여 지니고 있던 자연 숭배 사상과도 관련이 있을 것으로 이해된다. 이것은 돌무지무덤과 비슷한 시기나 그 이후에 축조된 고인돌에서도 조사되고 있으므로 당시 사회상을 이해하는데 중요한 자료가 된다.[22]

돌무지무덤이 축조된 자리에 대한 또 다른 자료 가운데 하나는 와룡천유적이 있는 곳의 주변 지세이다(사진 38). 요남지역의 다른 돌무지무덤 유적이 위치한 곳의 지세를 보면 주변에서 가장 높다란 곳을 선택하여 축조했지만, 이 무덤은 다른 것과 반대로 의도적인 관점에서 낮은 곳을 골랐던 것 같다. 이에 관한 이유는 아직까지 비교할 수 있는 자료가 조사되지 않아 해석하기에 어려움이 많지만 축조 시기와 관련이 있지 않을까 한다. 또한 산능선이나 꼭대기에 축조된 비교적 이른 시기의 돌무지무덤은 높은 곳으로 갈수록 크기가 대형화되고 대부분 껴묻거리가 다양하면서 풍부한 것이 주목된다(사진 39). 이런 예는 사평산 36호 무덤이 해당된다.[23] 하지만 예외적인 경우도 있는데 집안 오도령구문 무덤은 유적의 위치가 요남지역의 돌무지무덤과는 다르게 내륙지역의 산기슭에 자리하면서 축조 시기도 상당히 늦다. 현재까지의 조사 자료를 보면 이 무덤처럼 늦은 시기에 해당하는 돌무지무덤이 없

22. 지건길, 1983. 「支石墓社會의 復元에 관한 一考察」 『梨大史學硏究』13·14, 5~6쪽 : 이은봉, 1984. 『韓國 古代宗敎思想』, 215~218쪽 : 하문식, 1999. 『古朝鮮 地域의 고인돌 硏究』, 185~186쪽.

23. 華陽·霍東峰·付珺, 2009. 「앞 글」, 10~14쪽.

사진 39. 사평산 유적
: 높은 산꼭대기에 무덤을 축조한 모습

어 유적의 입지나 시기 등을 비교하기 어려운 것이 사실이다. 그러나 오도령구문 무덤은 요남지역과는 달리 내륙에 위치하고 있기 때문에 지역적인 차이를 감안할 때 무덤의 변천 과정에 나타나는 하나의 특이한 것으로 여겨진다.

요남지역에 분포하고 있는 돌무지무덤은 이것을 축조한 것으로 해석되는 당시 사람들이 살던 집터가 주변에서 발굴되고 있어 주목된다(사진 40). 대표적인 몇 예를 들면 노철산 무덤·장군산 무덤과 곽가촌 집터, 토룡자 무덤과 묘산 집터, 타두 무덤과 양두와·우가촌 집터, 왕보산 무덤과 태산 집터 등이다. 이 가운데에서도 노철산과 장군산·습가둔 북산의 돌무지무덤은 곽가촌 유적과 1~2km 거리를 두고 활 모양으로 분포하며, 사평산·동대산·동호로산·장묘후산 무덤은 곽가촌 유적과 같은 시기의 집터인 문가둔 유적을 500m 안팎 거리에서 서남—동북 방향으로 둘러싸고 있어 주목된다.[24]

24. 欒豊實, 2006. 「論遼西和遼東南部史前的積石塚」 『紅山文化硏究 - 2004年 紅山文化國際學術硏討論

이처럼 무덤과 살림터가 같은 공간의 범위에 있다는 것은 축조자나 묻힌 사람의 활동 공간을 이해하는데 참고가 된다. 이것은 당시 사람들의 공간 활용(이용)에 관하여 시사하는 점이 있다.

한편 이 글에서 언급하고 있는 돌무지무덤은 제한적인 자료에 대한 분석이기에

사진 40. 곽가촌 주변 모습 : 이곳을 중심으로 여러 돌무지무덤과 집터 유적이 분포

전체적인 분포 관계를 살펴보는데 한계가 있다. 그러나 몇몇 자료를 기준으로 고조선 시기의 돌무지무덤의 지역적인 분포 관계를 보면 뚜렷한 특징이 나타난다. 무엇보다 무덤의 대부분이 요남지역에서도 여순지역의 바닷가 언저리 산자락에 집중되어 있다는 점이다. 현재까지 조사된 무덤보다 발굴자료가 훨씬 적기는 하지만 이 지역에서 돌무지무덤이 일정한 시기에 많이 축조된 배경은 무엇일까? 이 문제는 무덤의 기원이나 발전과도 밀접한 관련이 있을 것이다.

이 시점에서 요남지역의 돌무지무덤은 조금 늦게 나타나는 고인돌·돌널무덤과 더불어 고조선 사람들의 집단 규모, 사유관은 물론 정착 배경과 연관되어 있는 것으로 해석된다.

文集』, 550〜564쪽 : 徐昭峰·李浩然, 2014, 「紅山文化積石塚與遼東半島積石塚關係辨析」 『第八屆紅山文化高峰論壇論文集』, 201〜202쪽.

Ⅴ. 무덤의 구조와 종류

돌무지무덤에서 무덤방(무덤칸)은 다른 무덤보다 대체로 잘 보존되어 있기 때문에 발굴조사에서 여러 특징들이 밝혀지고 있다. 요남지역에서 조사된 돌무지무덤의 축조 과정을 살펴보면 당시 사람들의 무덤에 대한 인식을 이해할 수 있다.

이 지역의 지질 환경은 석회암이 널리 분포하고 있으며, 주변의 지표에 많은 돌들이 있다. 돌무지무덤의 축조에 이용된 돌은 대부분 주변에서 쉽게 구할 수 있는 것과 가까운 바닷가에 많은 자갈돌이나 강돌을 이용하였다.

발굴조사 결과 밝혀진 무덤의 축조 과정을 보면, 먼저 산기슭이나 능선에 있는 경우에는 지표면의 기복이 심하기 때문에 무덤 자리를 편평하게 정리한 다음 대부분 그 자리에 곧바로 모난돌을 쌓거나 판자돌을 세워서 만들었다. 특히 타두나 동

사진 41. 왕보산 돌무지무덤 : 지상에 그대로 돌을 쌓아 만들었음

대산 5호 무덤은 바위인 맨바닥을 그대로 이용한 점이 주목된다. 이렇게 축조한 대표적인 유적은 노철산, 장군산, 왕보산 무덤 등이다(사진 41). 무덤 축조에 옛 지표면을 그대로 이용한 것은 무덤방(칸)을 만든 후 그 주변과 위쪽에 돌무지를 만들었기에 무덤방이 어느 정도 보호될 수 있었기 때문으로 해석된다. 하지만 성산 돌무지무덤은 무덤방을 축조하기 위하여 지표에서 일정한 깊이를 판 것으로 밝혀져 앞의 경우와는 약간의 차이가 있다. 이 문제는 당시 사람들의 주검의 처리에 대한 인식과도 관련이 있는 것으로 여겨진다.

무덤의 평면 모습(묘역)은 네모꼴, 긴 네모꼴, 둥근꼴, 긴 타원형 등 상당히 여러 가지다. 이렇게 묘역이 일정하지 않은 것은 무덤이 자리한 곳의 지세 조건과 밀접한 관련이 있는 것으로 해석된다. 다시 말하여 무덤으로서 일정한 영역을 필요로 하기 때문에 그것에 알맞게 무덤의 모양을 만든 것으로 여겨진다. 대체적으로 긴 네모꼴이 가장 많지만 요남지역에서는 지형에 따라 공통적인 것이 찾아지는데 돌출한 대지에는 타원형이 많고 구릉지대는 주로 네모꼴이나 둥근꼴이 조사되었다. 이러한 무덤의 평면 모습은 한 묘역에 무덤칸이 여러 줄로 이루어진 경우에도 지세나 무덤 자리의 범위와 깊은 관계가 있는 것 같다.[25] 그리고 묘역을 만든 방법을 보면 가장자리는 비교적 잘 손질된 큰 돌을 놓아 구획하였고, 무덤칸 쪽으로는 촘촘하게 작은 돌을 쌓거나 놓았다. 이렇게 묘역을 축조한 것은 노철산 1호와 사평산 1호 무덤이 대표적이다.

이 글에서 분석한 돌무지무덤은 하나의 돌무지 속에 무덤칸이 1기(基) 있는 것도 있지만 여러 기 있는 것도 있다(사진 42). 대부분의 돌무지무덤은 한 묘역에 여러 기가 있지만, 사평산 무덤은 여러 기가 있는 것과 1기만 있는 것이 같은 유적에서 함께 조사되어 주목된다. 한 묘역에 1기의 무덤칸만 있는 경우 유적의 입지 조건과 관련이 있는 것으로 밝혀졌다. 왕보산이나 사평산 무덤은 산능선에 자리하고 있기 때문에 묘역의 범위에 절대적인 제약이 있었던 것 같다.

---

25. 徐光輝, 2011, 「遼東石溝墓葬的類型及相互關係」 『大連考古文集』 1, 274∼275쪽.

사진 42. 왕보산 돌무
지무덤의 무덤방 : 독
립된 것과 연결된 무
덤칸

사진 43. 사평산 35호
돌무지무덤의 발굴
자리

또한 당시 사람들은 축조 과정에 있어 이렇게 무덤칸이 많은 경우에도 기준에 따라 질서있게 만들었는데, 무엇보다 무덤에서 중심이 되는 무덤칸은 묘역의 가운데 위치한다(사진 43). 중심이 되는 이런 무덤칸은 같은 묘역의 다른 것보다 축조 상태나 규모, 자리한 곳, 껴묻거리를 볼 때 차이가 있다. 이런 예는 사평산 무덤 36호, 강상 무덤 7호가 있다. 강상 무덤의 경우를 보면 7호 무덤칸을 중심으로 부채살처럼 16기의 무덤칸이 자리하며(그림 10), 사평산유적의 36호는 무덤의 길이가 120m쯤 되어 요남지역에서는 대형에 해당한다. 그리고 이 유적에서 가장 높은 위치에 자리하고 있어 우월성을 지니고 있으며, 무덤칸과 껴묻거리로 볼 때 특이함을 알 수 있다. 따라서 돌무지무덤이 축조될 당시는 사회적으로 어느 정도 계층화가 이루어진 것으로 해석된다.[26]

무덤칸에 있어 또 다른 특이점은 규칙적으로 돌담을 쌓아 무덤칸을 일정하게 서로 구획한 것으로 토룡자 4호를 비롯하여 문가둔 동대산 5호, 노철산 1호, 타두 무덤 등에서 조사되었다. 토룡자 4호 무덤은 길

26. Boehm, Christopher, 1993. "Egalitarian Behavior and Reverse dominance hierarchy", *Current Anthropology* 34-3, pp.227~254.

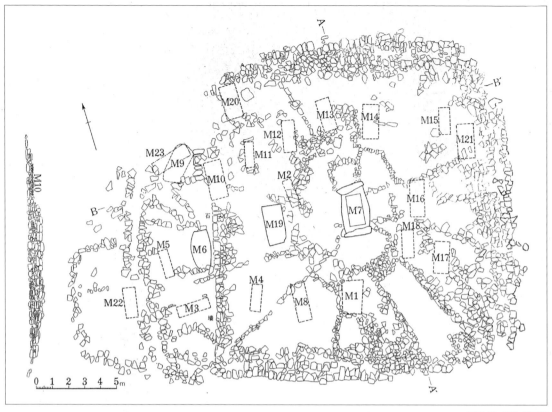

그림 10. 강상 돌무지
무덤 무덤칸 배치 모습

사진 44. 왕보산 돌무
지무덤의 무덤방 바닥
: 강 자갈을 깔아놓은
모습

이가 21.25m이고 7기의 무덤칸이 찾아졌다(그림 11). 그리고 이들 무덤칸은 주변의
돌담 시설에 의하여 4곳으로 나누어진다. 이것은 묻힌 사람들의 관계, 집단의 성
격, 축조 시기 등 여러 부분에서 시사하는 점이 많다. 또한 4호 무덤의 3호 무덤칸
에서는 뚜껑돌로 판단되는 판자돌을 덮은
것이 조사되었는데 이것은 주변에서 조사
되고 있는 돌널무덤과 관련이 있는 것으로
해석된다. 이렇게 묘역을 구획한 것은 앞
에서 설명한 무덤칸의 중심이 되는 자료와
함께 돌무지무덤을 축조한 당시 사회의 배
경을 이해하는데 하나의 참고자료가 된다.
무엇보다 이것은 당시 사회가 어느 정도

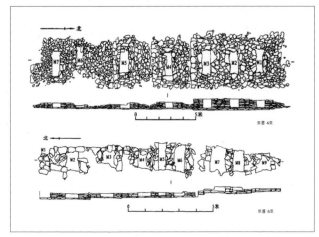

그림 11. 토룡자 4·6호
돌무지무덤 무덤칸 배
치 모습

분화되어 계층화가 이루어졌다는
것을 의미하며, 한편으로는 집단화
의 세력화가 된 것으로 여겨진다.

루상유적의 3호 무덤칸의 바닥
에서는 약 3㎝쯤 되는 숯층이 찾아
졌다. 무덤에서(특히 바닥에) 숯이 발
견된 것은 화장(火葬)이 이루어졌을
경우나 배수 문제를 고려한 것으로

해석된다. 이런 숯층은 역사시대의 무덤은(사진 45) 물론 고인돌에서도 조사되었는
데 관련 유적은 길림지역의 동풍 조추구 1·2호와 은천 약사동이 있다.[27]

한편 요남지역의 돌무지무덤은 한 곳에 수십 기의 무덤칸(방)이 축조되어 많은
사람들이 묻힌 것으로 밝혀지고 있다. 이것은 당시의 사회상을 보여주는 하나의 자
료인데 집단공동무덤일 가능성이 많다.

지금까지 돌무지무덤의 형식 분류에 대해 요남지역의 여러 자료를 중심으로 비
교적 많은 연구가 진행되어 왔다. 잘 알고 있듯이 고고학에 있어 형식 분류는 객관

사진 45. 용인 공세동
고려고분 바닥의 숯층
모습

적인 결과를 얻는 것이 중요하므로 이것을
위하여는 무엇보다 통일된 기준에 따라 연
구가 체계적으로 이루어져야 한다.

여기에서는 대표적인 몇몇 연구 성과를
분석하고 그것을 바탕으로 새로운 관점에
서의 대안을 제시하고자 한다.

먼저 기존의 연구 성과를 보면, 크게 무
덤칸(방)의 구조를 분류 기준으로 설정한

27. 金旭東, 1991, 「1987年吉林東豊南部盖石墓調査與淸理」『遼海文物學刊』2, 12~16쪽 ; 라명관, 1988, 「약
사동 고인돌 발굴보고」『조선고고연구』2, 47쪽.

것과 돌무지무덤의 전반적인 여러 특징을 중심으로 구분한 것으로 나누어진다. 앞의 분류는 주로 무덤칸의 배열(排列)과 기(基) 수에서 일정한 변화의 규칙성을 찾아 왕보산이나 사평산 37호 무덤처럼 홑무덤칸[單室墓], 1줄의 여러 무덤칸[單排多室墓]인 사평산 35·36호 무덤, 여러 줄 여러 무덤칸[多排多室墓] 등으로 구분하였다.[28] 또한 무덤칸의 배열과 평면 생김새, 축조 방법에 의한 분류도 있다.[29] 단순히 무덤칸을 구성하는 벽, 바닥, 뚜껑돌의 변화에 의하여 7가지로 구분한 연구 결과도 제시되었다.[30]

한편 돌무지무덤의 전반적인 특징에 의한 분류는 먼저 관련 중심 유적을 정하여 놓고 그에 알맞은 분류 조건을 지닌 유적 중심으로 4가지를 구분한 연구 결과가 있다.[31] 그리고 돌무지의 크기나 형태, 무덤칸 수에 의한 구분 결과가 있다.[32] 이 형식 분류는 요남지역의 돌무지무덤에 대한 심층적인 연구(형식)보다는 고구려 초기의 돌무지무덤의 발전·변화 과정에 대한 연구 결과의 하나로 해석된다. 또 돌무지무덤의 입지와 장례 습속, 묘역의 평면과 봉분 형태, 무덤칸의 수 등으로 분류 기준을 설정하여 3가지의 형식으로 구분한 연구 결과도 있다.[33]

위에서 살펴 본 돌무지무덤의 형식 분류에 대한 기존의 여러 연구 성과들은 형식 분류의 1차적인 기준 설정에 있어 상당히 자의적인 해석으로 이루어졌다고 판단된다. 무엇보다 분류에 활용된 여러 요인들이 같은 형식의 돌무지무덤에서 나타나는 보편적인 자료가 아니고 몇몇 유적에서 찾을 수 있는 주관적인 것들이기 때문에 여러 문제점을 지니고 있어 합리적인 분류라고 할 수 없다.

따라서 여기에서는 먼저 돌무지무덤의 성격을 고려하여 무덤으로서 지니는 기능 문제를 형식 분류의 1차 요소로 설정하고자 한다. 그렇다면 무엇보다 무덤칸이

28. 旅大市文物管理組, 1978, 「앞 글」, 80∼81쪽 : 千葉基次, 1988, 「遼東半島積石墓」 『靑山考古』6.
29. 王嗣洲, 2011, 「앞 글」, 241∼248쪽.
30. 徐昭峰·李浩然, 2014, 「앞 글」, 200∼201쪽.
31. 許明綱, 1990, 「앞 글」
32. 徐光輝, 2011, 「앞 글」, 274∼276쪽.
33. 오대양, 2014, 「고조선의 적석총 문화 연구 – 홍산문화와 비교를 중심으로」(유인물)

기준의 중심 요소가 될 것이기 때문에 이것을 가지고 집체형, 중심형, 단일형으로 구분하여 다음과 같은 견해를 제시하고자 한다.

집체형(集体型)은 일정한 묘역 안에 여러 기의 무덤칸이 나름대로의 기준을 가지고 축조된 양상이다. 대표적인 유적으로는 타두 돌무지무덤이 있다. 중심형(中心型)은 하나의 묘역(돌무지) 안에 많은 무덤칸이 자리잡고 있으며, 대표되는 하나의 무덤칸을 중심으로 일정한 기준에 따라 배치되어 있다. 여기에는 강상 돌무지무덤이 해당된다. 단일형(單一型)은 묘역에 1기의 무덤칸만 축조된 것으로 사평산과 왕보산 유적의 일부 돌무지무덤이 대표적이다.

이러한 분류의 기준 제시는 여러 문제점을 지니고 있지만, 형식 분류의 기본 취지를 살려 연구 결과를 이끌어내고자 하는 하나의 시론적인 성격을 지니고 있다고 하겠다.

Ⅵ. 장례 습속

요남지역의 돌무지무덤에 대한 조사 결과를 보면 주변과는 다르거나 비교되는 장례 습속이 있다. 특히 어울무덤, 두벌묻기, 여러 차례에 걸쳐 묻거나 여러 사람을 묻은 방법, 딸려묻기, 화장, 명기, 주검의 부위에 따른 껴묻거리 놓기, 토기를 깨뜨려 뿌린 것 등이 그러하다.

딸려묻기[殉葬]는 무덤칸의 축조 방법과 묻기, 껴묻거리 등을 토대로 한 분석 결과, 강상무덤에서 있었던 것으로 이해된다. 이러한 묻기는 사회가 어느 정도 계층화된 복합사회에서 이루어졌다. 지금까지 한반도 지역의 무덤에서 발굴된 딸려묻기에 대한 자료는 모두 역사시대의 유적—김해 대성동 39호, 고령 지산동 44호와 75호, 함안 도항리 8호 무덤 등—이고, 그 이전 시기의 비교할 수 있는 자료는 없다. 이런 점에서 보면 삼국시대의 무덤에서 조사된 딸려묻기의 전통을 돌무지무덤에서 찾아보는 것도 하나의 방법이 될 것이다(사진 46).

사진 46. 김해 대성동 39호분 : 역사시대 순장의 모습

요남지역에서 조사된 돌무지무덤의 장제에 있어 가장 보편적으로 이루어진 것이 화장(火葬)이다. 화장은 선사시대부터 동북지역의 무덤에서 유행한 묻기의 한 행위로 당시 사회의 구조나 전통과 밀접한 관련이 있다. 주검을 보존하기 위한 수단으로 이용된 화장은 《墨子 : 節葬下》, 《呂氏春秋》, 《新唐書》, 《列子》 등의 옛 책에 기록되어 있다. 그리고 고고학적으로 조사된 자료는 신석기시대의 황하 상류지역인 감숙성 사와(寺窪)유적을 비롯하여 내몽골 소조달맹(昭烏達盟)의 석붕산(石棚山)유적 등이 있다. 사와유적은 대부분 움무덤인데 여기에 화장된 무덤이 있다. 화장 무덤은 사람뼈를 넣은 토기를 곧게 세우고 사암으로 된 넓적한 돌을 덮었다. 장례 습속의 하나인 화장은 동북지역에서 신석기 후기부터 나타나며 청동기시대에 들어오

사진 47. 화장을 하고
있는 모습(중국 운남
성 지역)

면 상당히 널리 보편화된 것 같다.[34]

화장 이유는 당시의 장례 습속과 밀접한 관련이 있는데 영혼에 대한 숭배 심리·죽은 사람의 영혼에 대한 두려움·지리적인 환경 요인 등에 의한 것이라는 견해가 있다.[35] 무덤방 안에서의 화장 행위는 뼈의 보존과 연관이 있지 않을까 생각된다(사진 47).

요남지역의 돌무지무덤에서는 타두와 사평산유적을 제외한 나머지 무덤에서 화장 행위가 찾아져, 당시에 화장 습속은 보편적인 장례 의식이었던 것으로 이해된다. 강상과 토룡자유적은 무덤칸에 사람뼈가 놓여진 모습이나 주변 상황을 볼 때 화장 행위가 수시로 진행되었다기보다 주검을 모아서 적당한 시기에 한꺼번에 화장을 하였던 것으로 보인다. 그렇다면 강상유적은 화장한 다음 사람뼈를 부위별로 모아서 묻기를 하는 간골화장(揀骨火葬)의 가능성을 보여준다.

이런 간골화장 습속은 길림 내륙지역인 동풍(東豊)에서 조사된 개석식 고인돌에서 보편적으로 찾아진다. 조추구·두가구·삼리 고인돌에서는 화장이 끝난 다음 사람뼈를 부위별로 모아 일정한 곳—이를테면 갈비뼈와 사지뼈는 가운데, 머리뼈는 주로 산마루쪽—에 쌓아 놓는 간골화장이 조사되어 서로 비교된다. 집단적인 성격의 화장과 장례 습속이 요동반도와 동북지역에서 널리 찾아지고 있어 이것이 문화나 지역적인 특징인지, 당시의 시대적인 상황에 따라 일시적으로 유행하였던 것인지는 앞으로의 연구가 있어야 할 것이다.

한편 토룡자 돌무지무덤의 6호는 무덤칸의 바닥에 놓인 사람뼈와 토기가 불을 먹었다. 특히 사람뼈는 바닥의 판자돌에 붙어 있었다. 이런 경우는 화장 행위가 무덤칸 안에서 이루어졌던 것으로 해석된다. 그리고 이런 장례 습속이 길림지역의 조

---

34. 許玉林, 1994. 『遼東半島石棚』, 122쪽.
35. 木易, 1991. 「東北先秦火葬習俗試析」 『北方文物』1, 17～21쪽.

추구유적을 비롯하여 용두산·대양·두가구·삼리 고인돌에서도 조사되었다(그림 12). 이처럼 무덤방 안에서 화장을 한 흔적이 찾아져 유적의 연대와 성격에서 서로 차이가 있지만 토롱자유적의 자료와 비교된다. 이런 점에서 보면 그 당시의 특이한 장례 습속을 알 수 있다.[36] 이들 무덤방 안에서는 불탄 재와 많은 양의 숯은 물론 덜 탄 나무조각을 비롯하여 화장에 필요한 나무를 쌓았던 나무테 흔적이 찾아지기도 하였다.

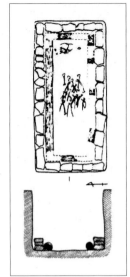

그림 12. 동풍 타요촌 고인돌무덤 평면도

돌무지무덤의 무덤칸에서는 제한적이기는 하지만, 타두 유적, 토롱자유적, 강상과 루상 유적에서 여러 차례에 걸쳐 묻기를 한 자취가 조사되었다. 이것은 시차를 둔 여러 차례의 묻기와 묻힌 사람 서로간의 관계를 이해하는데 도움이 되는 자료이다. 또한 무덤칸의 축조 과정과 시기를 파악할 수 있다. 그 예는 무덤칸을 계속 축조한 흔적이 비교적 뚜렷하게 조사된 타두 돌무지무덤에서 찾을 수 있다.

한 무덤칸에 여러 명이 묻힌 예로 타두유적에서는 2~21개체, 토롱자 1호는 11개체, 강상 19호는 22개체, 루상 9호는 13개체 등이 있다. 이렇게 한꺼번에 여러 주검을 묻지 않고 여러 번에 걸친 경우, 무덤칸의 구조에서도 변화가 있었다. 타두 돌무지무덤의 무덤칸은 계속적으로 묻기가 행하여졌기 때문에 1차적으로 무덤방을 축조한 다음 확대하거나 손질하였다.

요남의 돌무지무덤에서 밝혀진 묻기의 또 다른 자료는 제의 행위이다. 이런 자료는 왕보산 무덤과 문가둔, 타두, 루상 무덤에서 조사되었다. 먼저 왕보산유적의 7호 무덤방에서는 독을 깨뜨려 같은 개체의 입술 조각을 무덤칸의 동, 서, 가운데쪽에 놓았다. 토롱자 1호와 왕보산 7호 돌무지무덤의 여러 무덤칸에서도 의도적으로 깨트린 많은 토기조각들이 찾아졌다. 이런 행위는 의도적으로 한 것이고 이것의 의미는 주검에 대한 의식이었던 것으로 이해된다.[37] 그리고 토기를 의도적으로 깨

36. 金旭東, 1991. 「앞 글」, 20~22쪽 : 王洪峰, 1993. 「石棚墓葬硏究」 『靑果集』, 252쪽.
37. 이융조, 1980. 「한국 고인돌 사회와 그 의식(儀式)」 『東方學志』23·24, 292~293쪽.

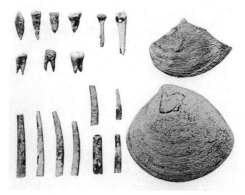

사진 48. 문가둔 동대산 돌무지무덤 출토 짐승뼈와 조가비

뜨려 무덤방 주위에 뿌린 것을 당시 사회의 사람들이 죽음의 공포(위협)로부터 벗어나기 위하여 무덤방에 묻힌 사람의 죽음을 사회적으로 공인시키는 행위로 해석한 연구 결과도 있다.[38]

동대산 5호 무덤의 여러 무덤칸에서는 제의와 관련있는 새뼈, 짐승뼈(산토끼, 꽃사슴) 그리고 여러 가지의 조가비가 찾아졌다(사진 48).[39] 새뼈는 꿩과 (Phasianidae)의 것과 종(種)이 구분되지 않는 새의 다리뼈가 5호 돌무지무덤의 1호 무덤칸에서 출토되었다. 산토끼(Lepus sp.)의 등뼈, 넓적다리뼈, 앞다리뼈와 꽃사슴 (Cervus nippon)의[40] 등뼈, 다리뼈는 1~3호 무덤칸에서 조사되었다. 이처럼 무덤에서 짐승뼈가 찾아진 것은 무덤의 축조 순서에 있어 공동체 의식에 따른 제연의 한 과정으로 해석되며, 이런 자료는 문화의 동질성을 시사하는 고인돌이나 동굴무덤에서 조사된 예가 있다.[41] 무엇보다 1호 무덤칸에서 새뼈가 찾아진 것은 시사하는 점이 많다. 새가 지닌 상징적인 의미는 하늘과 땅을 연결하는 사자(使者)의 역할이다. 이런 관점에서 보면 옛문헌에 나오는 사료들은[42] 고고학 자료와 함께 무덤에 묻힌 사람의 영혼에 대한 인식은 물론 당시 사회의 장례 습속을 이해하는데 많은 도움이 된다. 또한 2호와 3호 무덤칸에서는 몇몇 종류의 조가비가 여러 점 조사되었다. 피뿔고둥(Rapana venosa)을 비롯하여 뿔조개집게(Fissidentalium vernedei), 백합(Meretrix lusoria) 등이다. 돌무지무덤에서 출토된 이런 조가비는 1차적으로 유적의 위치와 밀접한 관련이 있는 것으로 해석된다.

38. 이상길, 1994, 「支石墓의 葬送儀禮」 『古文化』45, 95~113쪽.

39. 遼東先史遺蹟發掘報告書 刊行會 엮음, 2002, 「앞 책」, 72~78쪽.
   개구리의 왼쪽 앞다리뼈도 출토되었다는 보고가 있는데 이것은 후대에 들어간 것으로 판단된다.

40. 사슴의 학명을 일본 사슴으로 한 것(『위 책』, 86쪽)은 종의 분류에 있어 일본 자료가 기준이 된 것으로 해석된다.

41. 하문식, 1999, 『앞 책』, 299~301쪽.

42. 『三國志 : 東夷傳』 「弁辰條」의 「…以大鳥羽送死 其意欲死者飛揚…」

대부분의 요남지역 돌무지무덤이 바닷가와 붙어있거나 그 언저리에 자리하고 있기 때문에 무덤을 축조한 당시 사람들의 생업경제와 깊은 연관이 있을 것이다. 그리고 앞에서 설명한 짐승뼈처럼 무덤의 축조 과정에 있어서 베풀어졌던 제의와도 연결되는 하나의 자료임에 틀림없다. 제한된 자료의 비교이지만 이웃한 사평산 돌무지무덤에서는 피뿔고둥, 새꼬막(Scapharca subcrenata)과 굴족류(Scaphopoda)가 찾아졌고 용산문화에 속하는 산동반도의 교현 삼리하(胶縣 三里河) 무덤에서는 백합과 소라고둥(Reishia clavigera)이 묻힌 사람의 어깨와 손발 옆에서 찾아졌다.[43] 비슷한 유적 입지 조건을 가지고 있는 같은 성격의 무덤에서 이런 조가비가 출토되었다는 것은 바다를 살림 터전으로 하던 당시 사람들의 생활상을 이해하는데 참고가 된다.

또 다른 자료는 루상유적의 7호 무덤칸에서 발굴된 붉은 색의 자갈돌이다. 이 돌은 무덤칸 안에서 확인된 다른 자갈돌과는 색깔에 있어 뚜렷한 차이가 있다. 이렇게 의도적으로 붉은색을 무덤칸에 두었다는 것은 분명한 의미가 있었던 행위로 해석된다. 비교되는 자료는 고인돌 유적인데 대표적으로 안악 장산리,[44] 창원 곡안리 1호,[45] 양평 앙덕리, 옥천 안터, 청원 아득이 등이[46] 있다. 이 가운데 아득이 고인돌에서는 흙이 아니고 붉은 색깔을 지닌 반암 자갈돌이 무덤방의 안에서 출토되었고, 나머지는 모두 붉은 흙이 조사되었다. 그리고 고인돌에 많이 껴묻기된 청동기시대의 대표적인 붉은 간토기도 이 범주에 해당되는 것 같다.

장례 의식에서 붉은 색의 흙이나 돌이 사용된 것은 이런 색이 지닌 의미와 관련이 있을 것 같다. 이런 관점에서 보면 무엇보다 영생과 관련이 있을 것이다. 따라서 이런 행위는 당시 사람들의 죽음에 대한 사유의 한 형태로 여겨진다. 또한 이런 붉은색을 통하여 죽은 사람으로부터 받게 될 위험을 멀리 하는 벽사의 기능도 있었던

---

43. 昌灘地區藝術館·考古硏究所 山東隊, 1977. 「山東胶縣三里河遺址發掘簡報」 『考古』4, 263~266쪽 : 遼東先史遺蹟發掘報告書 刊行會 엮음, 2002. 「앞 책」, 74쪽.
44. 한흥수, 1935. 「朝鮮의 巨石文化 硏究」 『震檀學報』3, 141쪽.
45. 김재원·윤무병, 1967. 『韓國支石墓硏究』, 180~181쪽.
46. 이용조, 1980. 「앞 글」, 290~307쪽.

사진 49. 문가둔 동대
산 돌무지무덤 1호 무
덤칸 출토 껴묻거리

것으로 해석된다.

　다음은 타두 무덤에서 밝혀진 것으로 여러 차례에
걸쳐 주검을 처리한 것이다. 타두 돌무지 무덤칸에서
조사된 사람 개체 수는 2~21개체로 상당히 많은 편
이며, 요남지역의 돌무지무덤에서 보편적으로 이루
어지던 화장을 하지 않은 대신에 다른 유적에서 조사
되지 않은 독특한 주검의 처리 방법으로 그 의미가
크다. 이 유적에서는 무덤칸에 주검을 넣고 작은 자
갈돌을 덮고 또 그 위에 재흙을 덮었다. 시간 차이를
두고 다른 주검을 묻을 경우 돌과 흙을 걷어내고 기존의 주검 위에 새로운 주검을
포개고 또 자갈과 흙을 덮는다. 이런 특이한 장례 습속은 묻힌 사람 서로간의 관계
를 이해하는데 도움이 되고, 같은 무덤칸에 묻혔다는 의미에서 서로 핏줄을 바탕으
로 한 가족무덤일 가능성이 높다.

　한편 사평산유적의 35호 무덤은 묻힌 사람의 신체 부위에 따라 껴묻거리의 위
치가 정하여진 것으로 이해된다. 머리쪽에는 옥기와 토기, 다리쪽에는 가락바퀴와
돌도끼 등이 놓여 있었다. 이런 분포 관계는 압록강과 송화강의 중·상류지역의 청
동기시대 무덤에서 조사된 자료와 비교된다.[47]

　노철산, 와룡천 그리고 문가둔 돌무지무덤에서 발굴된 껴묻거리 가운데(사진 49)
토기는 대부분 크기와 형태, 손질 상태, 쓰인 정도를 보면 실제 살림살이에 이용된
것이 아니고 껴묻기 위하여 일부러 만들었던 명기로 판단된다. 이것으로 당시 사회
의 장례 의식을 이해할 수 있으며, 길림 내륙지역의 개석식 고인돌에서 조사된 이
런 자료와 비교된다.[48]

47. 이병선, 1966, 「압록강 및 송화강 중. 상류 청동기시대 문화와 그 주민」『고고민속』3, 3쪽.
48. 金旭東, 1991, 「앞 글」, 20쪽.

VII. 껴묻거리와 축조 연대

앞에서 살펴본 자료를 보면 요남지역의 돌무지무덤에서는 여러 가지의 유물이 출토되어 당시 사회상을 이해하는데 참고가 된다. 여기에서는 돌무지무덤의 성격과 연대를 파악하기 위하여 나름대로의 특징을 지닌 토기를 비롯하여 석기, 청동기, 거푸집, 옥기(玉器), 꾸미개에 관하여 몇 가지를 살펴보기로 한다.

돌무지무덤이 상당히 긴 시간동안 축조되었기 때문에 다양한 성격을 지닌 토기들이 발굴되었다. 이른 시기에 해당하는 노철산과 장군산, 사평산, 문가둔 돌무지무덤의 토기를 보면, 대부분 손으로 만들어 거칠며 간 것이 많다. 무늬는 민무늬도 있지만, 문살무늬, 줄무늬, 평행무늬 등 여러 가지가 있다. 형태는 단지, 항아리, 바리, 잔(손잡이 달린), 접시, 굽잔, 세발 달린 솥 등이 있다(사진 50~54). 그런데 같은 시기의

사진 50. 장군산 돌무지무덤 출토 잔

사진 51. 강상 돌무지무덤 출토 항아리

사진 52. 장군산·루상 돌무지무덤 출토 항아리

사진 53. 문가둔 동대산 돌무지무덤 출토 항아리

사진 54. 강상 돌무지무덤 출토 제기와 접시

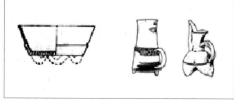

그림 13. 노철산·사평
산 36호 돌무지무덤
출토 토기

노철산과 장군산 무덤에서 출토된 토기 가운데 비슷한 것도 있어 주목된다. 대표적으로 노철산 1호와 장군산 1호 돌무지무덤에서 찾아진 항아리가 있다. 이 토기는 납작밑이고 몸통이 배부른 모습을 하며 아가리쪽으로 올라가면서 안쪽으로 조금씩 꺾이는 전형적인 항아리인데 서로가 너무 닮은 모양이다. 또한 이들 토기 가운데 세발토기(솥. 대접)를 비롯하여 손잡이 달린 잔, 굽접시 등은 외래문화인 산동 용산문화와의 관련성을 시사한다. 특히 고운 찰흙질의 검은색 계통의 토기는 두께가 매우 얇아 그 쓰임새가 주목된다. 노철산 무덤의 세발 대접과 사평산 무덤의 36호에서 발굴된 세발솥(鬲)은 대문구문화(大汶口文化)의 후기인 교현 삼리하 유적에서도 출토되어 산동 용산문화와 깊은 관계가 있음을 시사하고 있다.[49] 이것은 두 지역간의 교류나 문화 전파 과정을 살펴볼 수 있는 자료이다(그림 13).

또한 이른 시기의 돌무지무덤에서 조사된 많은 토기 자료를 통하여 요남지역의 재지적(在地的) 문화인 앞 시기의 소주산 상층 자료와 외래계 문화인 산동 용산문화의 특징을 비교한 연구 결과가 있다.[50]

다음 시기의 우가촌 타두와 토룡자, 왕보산 돌무지무덤에서는 단지, 항아리, 바리, 굽접시 등 쌍타자 3기에 해당하는 전형적인 여러 토기 자료가 출토되었다.[51]

대표적으로 타두 무덤에서 조사된 토기의 대개를 소개하면 다음과 같다. 토기의 바탕흙은 거의 가는 모래가 섞인 찰흙을 이용하였고, 색깔은 홍갈색이 많으며 가끔 흑갈색·회갈색도 있다. 만든 방법은 테쌓기와 물레가 함께 사용되었는데, 큰 토기는 주로 손으로 직접 만들었다. 요남지역의 다른 돌무지무덤처럼 항아리·단지·굽

---

49. 山東省博物館, 1973. 「앞 글」, 12쪽.

50. 華陽·霍東峰·付珺, 2009. 「앞 글」, 50～52쪽 : 宮本一夫, 2012. 「遼東半島四平山積石墓研究」『考古學研究』9, 626～633쪽.

51. 陳光, 1989. 「羊頭窪類型研究」『考古學文化論集』2, 117～134쪽 : 徐光輝, 1997. 「旅大地區新石器時代晚期至青銅時代文化遺存分期」『考古學文化論集』4, 198～203쪽 : 趙賓福, 2009. 「앞 책」, 145～156쪽.

접시·바리·잔 등이 찾아졌고 토기의 목과 몸통 부분에 새겨진 무늬는

사진 55. 타두 돌무지 무덤 출토 토기

줄무늬, 덧무늬[附加堆紋], 그물무늬, 돋을무늬 등이 있다(사진 55).

타두유적의 30호와 40호에서는 미송리형 토기[弦文壺]가 조사되었다. 미송리형 토기는 비파형동검과 함께 고조선의 표지 유물이다(그림 14). 표주박의 양쪽 끝을 자른 모습인 이 토기는 묶음 줄무늬, 몸통에 있는 손잡이, 덧띠무늬(초생달처럼 휘인 반달 모양, 세모꼴) 등이 특징이다. 분포 지역은 대체로 대동강 유역의 북쪽과 요하 이동이면서 철령 지역의 남쪽이다. 출토된 유구는 무덤(고인돌 / 동굴무덤 / 돌널무덤 / 돌무지무덤)과 집터인데, 지금까지의 출토 상황을 보면 돌널무덤에서 제일 많이 발굴되었다. 타두 무덤의 미송리형 토기는 몸통이 둥글고 목이 짧은 점, 띠무늬와 삼각형의 그은 무늬가 특징이다.[52] 태자하 유역의 동굴무덤이 발굴되기 이전에는 미송리형 토기의 기원을 타두 무덤 출토 토기에서 그 기원을 찾고 있었다. 그 이유는 여러 가지가 있겠지만 먼저 고조선 시기의 유적 조사가 요동반도처럼 매우 제한된 지역에서만 이루어졌기 때문이다. 더구나 미송리형 토기가 출토된 요남지역 돌무지 무덤의 축조 연대가 상당히 이른 시기로 밝혀지면서 고조선의 표지 유

그림 14. 타두 돌무지 무덤 출토 미송리형 토기

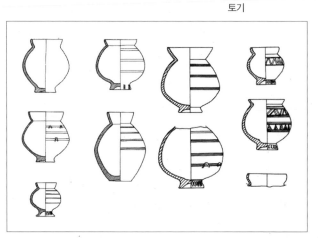

52. 旅順博物館·遼寧省博物館, 1983, 「앞 글」, 39∼50쪽.

물인 이 토기도 초기 단계로 인식하게 되었다. 그러나 요북지역의 태자하 유역에서 비교적 많은 동굴무덤이 조사되어 새로운 자료가 알려지게 되었다. 그 가운데 본계 장가보 A동굴에서 이런 류의 토기가 발굴되면서 그 기원을 태자하 지역으로 주목하고 있다.[53]

비교적 요남지역에서 늦게 축조된 강상·루상·와룡천 돌무지무덤에서도 많은 토기가 조사되었다. 다른 무덤에 비하여 온전한 상태로 발굴된 강상 무덤 출토 토기는 이 시기의 특징을 잘 보여주고 있다. 토기는 대부분 가는 모래와 고운 뻘흙을 바탕흙으로 사용하였고 붉은 갈색을 띠며 겉면을 갈았다. 형태는 단지, 사발, 굽접시가 많고, 단지의 목과 어깨 부분에는 줄무늬가 있다. 그리고 12호 무덤칸에서 출토된 단지의 몸통 위쪽에 있는 그물무늬는 타두 무덤의 3호 무덤칸에서 찾아진 단지와 상당히 비슷한 점이 주목된다(사진 56).

사진 56. 강상 돌무지무덤 출토 단지

돌무지무덤에서 찾아진 석기는 돌도끼, 화살촉, 돌끌, 돌칼, 대패날, 달도끼, 가락바퀴 등이 있다(사진 57~60). 이런 석기들은 대부분 무덤을 축조한 당시 사람들이 터전을 잡고 살던 집터에서 출토된 것과 비슷하여, 살림살이에 이용하던 것들을 죽은 다음에 묻은 것으로 해석된다. 이런 점은 무덤에 일부러 묻기 위한 명기로 만들어진 토기와는 조금 차이가 있다.

다음은 청동기가 출토된 돌무지무덤에 대하여 몇 가

사진 57. 강상·루상 돌무지무덤 출토 화살촉

53. 李恭篤·高美璇, 1995, 「遼東地區石築墓與弦文壺有關問題研究」 『遼海文物學刊』1, 57~59쪽.

사진 58. 강상·와룡천 돌무지무덤
출토 가락바퀴

사진 59. 강상 돌무지
무덤 출토 달도끼

지 살펴보고자 한다. 청동기는 노철산, 장군산 유적처럼 비교적 이른 시기에 축조된 돌무지무덤에서는 찾아지지 않았지만, 오도령구문 무덤에서

사진 60. 문가둔 동대
산 돌무지무덤 출토
여러 석기들

는 상당히 늦은 시기인 세형동검 문화기의 유물이 조사되었다. 돌무지무덤에서 출토된 청동기는 초기에 만들어진 청동 단추, 청동 낚시바늘을 비롯하여 고조선의 표지 유물인 비파형동검(사진 61), 청동 도끼, 청동 끌, 청동 송곳, 청동 손칼, 청동 화살촉(사진 62), 청동 창끝, 청동 투겁창, 청동 고리, 청동 거울, 여러 꾸미개 등 상당히 다양한 편이다(사진 63).

청동기가 출토된 유적은 타두 무덤을 비롯하여 강상과 루상, 와룡천, 오도령구문 무덤 등이다. 청동기의 출토 정황을 보면 낚시는 타두 무덤에서 찾아졌고, 단

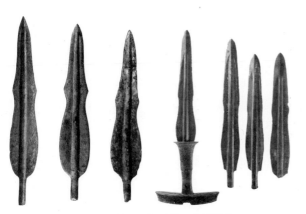

사진 61. 강상·와룡천 돌무지무덤 출토 비파형동검

사진 62. 강상·루상 돌무지무덤 출토 청동 화살촉

사진 63. 강상 돌무지
무덤 출토 청동 덩어리

추는 타두, 와룡천, 루상 무덤에서 출토되었다(그림 15). 비파형동검은 강상, 와룡천, 루상 무덤에서 조사되었으며, 세형동검은 오도령구문 무덤에서 도끼, 투겁창, 거울과 함께 발굴되었다. 비파형동검이 출토된 돌무지무덤을 보면, 비교적 다양한 청동기가 함께 출토되어 전문화된 직업을 가진 장인들이 제작하였을 가능성을 시사한다. 그리고 와룡천과 루상 무덤처럼 청동 단추가 많이 출토되어 당시 사회의 살림을 어느 정도 이해할 수 있다(그림 16).

여기에서 주목되는 것은 강상 7호 무덤칸에서 출토된 고리모양 청동기이다(사진 64). 이와 비슷한 것이 한반도의 중·남부지역 고인돌과 돌덧널무덤에서 조사되어 서로 비교된다. 지역적인 차이는 있지만, 동질적인 문화 성격을 지닌 것으로 해석되는 김해 연지리 고인돌과 광주 역동 돌넛널무덤에서[54] 이런 청동기가 출토되어 관심을 끌고 있다. 현재 이 청동

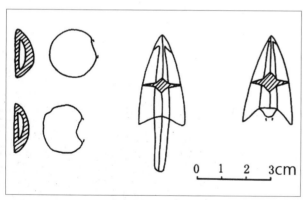

그림 15. 타두 돌무지무덤 출토 청동단추와 청동화살촉

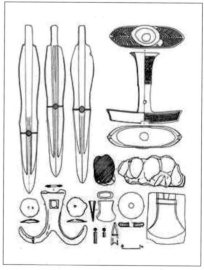

그림 16. 와룡천 돌무지무덤 출토 청동기

54. 최경규·조명래·김지연, 2011. 『金海蓮池支石墓』, 동아세아문화재연구원, 41~48쪽 : 한일문화재연구원, 2012. 『광주 역동 유적』, 302~307쪽.

기의 쓰임새에 관하여 뚜렷한 견해가
없어 보다 정확한 해석에는 여러 어려
움이 뒤따르고 있지만, 비슷한 시기에
형태적으로 같은 유물이 찾아져 부분
적으로 비교·검토가 가능하다. 역동
유적의 경우 무덤의 축조에 길쭉한
돌을 사용하여 구조가 서로 비슷하고, 묻
기는 화장을 한 점, 비파형동검이 같이 출토된
점 등 몇 가지가 강상 무덤과 비교된다.

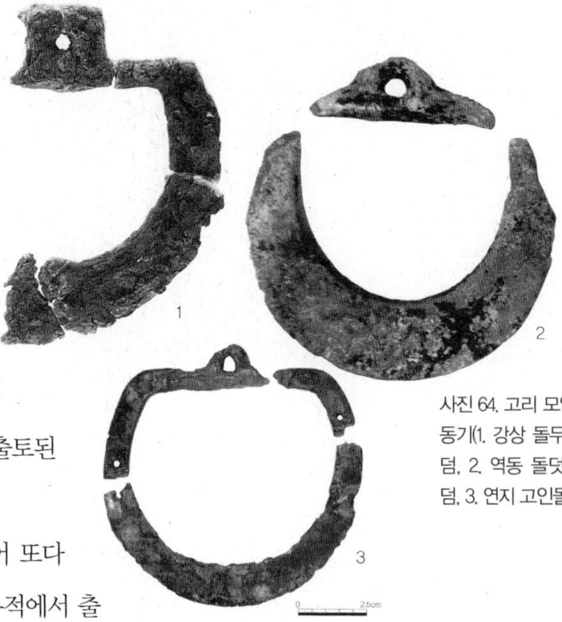

사진 64. 고리 모양 청
동기(1. 강상 돌무지무
덤, 2. 역동 돌덧널무
덤, 3. 연지 고인돌)

　돌무지무덤에서 조사된 청동기에 있어 또다
른 관심을 끄는 것은 집안 오도령구문 유적에서 출
토된 세형동검 등 비교적 늦은 시기의 여러 청동 유물이다(그림 17). 이 동검을 비파
형동검에서 세형동검으로 변화되는 과정에 속하는 것으로 해석하여, 중간형 동검
(대청산–오도령구문식)[55] 중세형 동검 등으로[56] 구분한 견해도 있다. 그런데 여기서 주

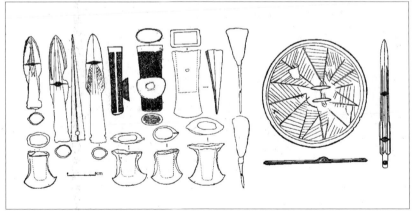

그림 17. 오도령구문 돌
무지무덤 출토 청동기

55. 이청규, 1997. 「청동기 유물의 분포와 사회」 『한국사』3, 35〜37쪽.
56. 오강원, 2006. 『비파형동검 문화와 요령지역의 청동기문화』 176〜178쪽.

사진 65. 강상 돌무지무덤의 거푸집 출토 모습

목되는 것은 이 동검을 통해 이해할 수 있는 돌무지무덤의 축조 시기(하한 연대)와 꼭지가 여럿 있는 기하학 무늬의 청동 거울, 청동 검집 그리고 여러 형식의 청동 도끼다. 이들 유물의 구성을 보면 시기적으로 변화되는 과도기적 성격을 지니고 있는 것으로 해석된다. 곧 이런 점은 요남지역의 돌무지무덤과 비교할 때 유적의 위치 관계, 시기 문제, 무덤의 구조 등을 고려해 보면 돌무지무덤의 발전 과정을 시사하는 것으로 여겨진다.

사진 66. 와룡천 돌무지무덤 출토
거푸집과 청동 도끼

강상과 와룡천 무덤에서는 청동기 제작에 필요한 거푸집이 조사되었다(사진 65). 강상유적의 16호 무덤칸에서 4점, 와룡천유적에서는 버선코 모습의 청동 도끼와 같은 모양이 1점 발굴되었다(사진 66).

강상유적의 거푸집은 도끼·끌·꾸미개 등을 만들 수 있는 9개의 틀이 새겨져 있다(사진 67). 거푸집의 돌감은 활석이고, 모양은 긴 네모꼴과 네모꼴이다. 청동기 생산에 중요한 기능을 지닌 거푸집이 돌무지무덤에서 출토된 것은 전문 장인의 등장, 계층화, 잉여 생산물 등 당시 사회를 이해하는데 하나의 자료가 된다. 이런 점을 통해 보면 당시에는 청동기 제작이 보편화되었음을 알 수 있고, 더불어 무덤에 묻힌 사람의 신분이나 직업을 유추해 볼 수 있을 것이다.[57]

사진 67. 강상 돌무지무덤
출토 거푸집

옥기도 장군산, 사평산, 루상, 문가둔 등 몇몇 돌무지무덤에서 출토되었다(사진 68). 그 종류는 대부분 꾸미개인데 옥고리, 옥벽, 옥구슬, 옥도끼, 옥잔 등이 있다. 그런데 사평산 무덤에서는 옥을 가공하면서 자른

57. 김정희, 1988, 「東北아시아 支石墓의 硏究」 『崇實史學』 5, 116쪽.

흔적이 남아 있는 옥덩어리를 껴묻기하여 주목된다. 옥을 가공한 완제품이 아닌 옥 가공과 관련있는 것으로 여겨지는 옥 몸돌을 무덤에 묻은 것은 이곳에 묻힌 사람과 깊은 관련이 있는 것 같다. 그렇다면 옥 가공은 전문화된 기술을 가진 집단만이 할 수 있는 매우 제한된 것이므로, 이 무덤의 주인공은 옥 제작(가공)과 같은 전문 기술을 가졌던 사람이 아닐까?

사진 68. 문가둔 동대산 돌무지무덤 3호 무덤칸 출토 옥기

돌무지무덤에서 출토된 꾸미개는 옥 이외에도 조가비나 흙, 돌, 뼈를 이용하여 구슬을 만들었다(사진 69·71). 특히 조가비를 가지고 꾸미개를 만들어 사용한 것은 유적의 입지 조건과 관련이 있는 것으로 여겨진다(사진 70). 이러한 꾸미개가 자리한 무덤방(칸)의 위치를 보면, 모두가 묻힌 사람의 목이나 가슴 옆으로 밝혀져 일상 생활에 사용하였던 모습으로 껴묻기한 것 같다.

돌무지무덤에서는 여러 짐승뼈가 찾아졌다. 짐승뼈 출토된 유적의 정황을 보

사진 69. 강상 돌무지 무덤 출토 목걸이

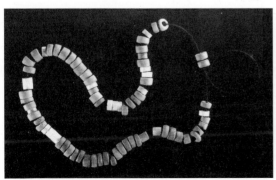
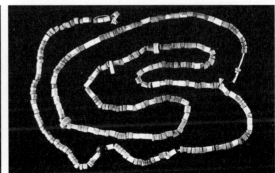

사진 70. 강상 돌무지무덤 출토 돌 치레걸이

사진 71. 토룡자 돌무지무덤 출토 조가비 구슬

면 동대산 1호 무덤칸에서는 꿩과와 새 뼈가, 1~3호에서는 사슴, 산토끼뼈가 조사되었다. 그리고 강상유적의 3호 무덤에서는 사슴뿔과 돼지 이빨이 출토되었다. 이것은 앞에서 설명한 토기조각과 함께 돌무지무덤을 축조하는 과정에 있었던 제의와 관련이 있는 것으로 해석된다.[58] 또 이러한 짐승뼈가 무덤에서 발굴되었기 때문에 주검을 처리하는데 필요한 상징 - 제의 짐승으로 보는 견해도 있다.[59]

요남지역 돌무지무덤의 축조 연대 문제는 지금까지 여러 의견들이 제시되어 왔다. 이런 의견들을 보면 절대연대 측정자료가 거의 없기 때문에 표준 유적을 기준으로 상대연대를 설정하고 있다. 절대연대 측정이 이루어진 유적은 타두 유적뿐인데 그 측정값은 $3,655 \pm 80bp$(3,975±100), $3,280 \pm 85bp$(3,505±135), $3,230 \pm 90bp$(3,440±155), $3,550 \pm 80bp$이다.[60]

상대연대에 의한 돌무지무덤의 축조 연대는 거의 대부분 요남지역 청동기문화의 기준인 쌍타자문화에 의한 시기 구분에 따라 설정되어 왔다.[61]

이른 시기에 해당하는 노철산, 장군산, 사평산, 문가둔 무덤은 쌍타자 1기에 속하며 그 연대는 쌍타자 유적 아래층 연대값(4,010±95bp)에 근거하여 기원전 2,100년

58. 이융조·우종윤, 1988. 「황석리 고인돌 문화의 묻기 방법에 관한 한 고찰」 『博物館紀要』4, 17쪽.

59. Heine-Geldern, R. 이광규 옮김, 1969. 「메가리트 問題」 『文化財』4, 145~147쪽.

60. 中國社會科學院考古學硏究所 엮음, 1983. 『中國考古學中碳十四年代數据集』, 27~30쪽.
( )은 나무 나이테에 의한 연대 보정값임.

61. 이 기준은 趙賓福에 의하여 연구 결과가 종합화되었고(趙賓福 지음, 우지남 옮김, 2011. 『中國 東北 先史文化 硏究』), 이것을 토대로 오대양이 돌무지무덤의 연대와 함께 유적의 여러 성격을 언급하였다(오대양, 2014. 「앞 글」(유인물)).

~1,900년 경으로 보고 있다. 그런데 일부에서는 이른 시기의 이들 돌무지무덤에서 출토된 항아리를 가지고 쌍타자 1기보다는 우가촌 유적 상층과 더 밀접한 관계라는 견해도 제시되고 있다.[62]

다음은 타두, 왕보산, 토룡자 무덤을 쌍타자 3기에 해당하는 것으로 보고 그 연대를 기원전 1,400년~1,100년 경으로 추정한다. 여기서 주목되는 것은 최근 토룡자 무덤의 축조 시기를 이른 시기로 분류한 연구 결과가 있어[63] 앞으로 보다 자세한 연대 설정 문제가 검토되어야 할 것으로 여겨진다.

늦은 단계에 속하는 유적은 강상, 루상, 와룡천 무덤이 있다. 이 단계의 유적에서는 비파형동검이 찾아지는 특징이 있으며, 기원전 1,000년~600년 경으로 해석하고 있다.

또한 지금까지 조사된 돌무지무덤 가운데 가장 늦은 시기에 해당하는 것은 세형동검 문화의 특징을 지니고 있는 오도령구문 무덤으로 기원전 4세기 경 축조된 것으로 여겨진다.

이밖에도 요남지역의 돌무지무덤을 4시기로 구분하여 강상 무덤의 앞 단계로 와방점 성산 무덤을 설정한 연구 결과도 있다.[64]

이처럼 고조선 시기의 돌무지무덤은 기원전 2,000년 전후한 시기에 처음 축조되기 시작하여 기원전 400년까지 상당히 긴 시간동안 제한된 지역에서 만들어진 것으로 해석된다.

62. 高芳·華陽·霍東峰, 2009b. 「앞 글」, 50~51쪽.
63. 徐昭峰·李浩然, 2014. 「앞 글」, 201쪽.
64. 王嗣洲, 2011. 「앞 글」, 250~253쪽.

Ⅷ. 기원 문제

지금까지 요남지역의 돌무지무덤에 대하여 유적이 자리한 지세, 축조방법, 축조한 집단, 시기 등 여러 분야에 걸쳐 연구가 주로 진행되어 왔다. 그런데 근래에는 요서지역의 선사문화 - 대표적으로 우하량유적, 조보구유적, 성자산유적, 호두구 유적 등 - 에 대한 성격 규명이 주요 주제로 다루어지고 있다. 특히 홍산문화(紅山文化)는 그 중요성이 대단하므로 집중적인 발굴과 연구가 진행되고 있다.

최근에는 요남지역의 돌무지무덤에 대한 기원문제를 홍산문화와 관련시킨 연구가 많다.[65] 그런데 홍산문화에서 그 기원을 찾는 중국학자들의 의견은 주로 당시 사회의 여러 배경을 볼 때, 요남지역이 스스로 돌무지무덤을 축조할 만큼의 기술이나 사회적인 발달단계가 아니기 때문에 밖에서 전래되었을 가능성이 많다는 것이다. 또한 요서 내륙지역이 문명단계에 속할만큼 사회가 발달한 구조적인 배경을 지녔다고 해석한다.

필자는 이미 기원문제에 관하여 요남 지역 돌무지무덤의 초기 유적인 사평산 무덤, 장군산과 노철산 무덤에서 직접 관련시킬 수 있는 두드러진 자료가 없다는 사실과 무덤칸, 껴묻거리, 당시 사람들이 가지고 있던 세계관 등을 근거로 홍산문화와의 연관 가능성이 낮다고 판단하였다. 그러나 위에서 언급한 내용을 최근의 여러 자료와 비교해 볼 때 홍산문화의 대표적인 돌무지무덤을 새로운 시각에서 살펴 볼 필요성이 있다는 생각을 갖게 되었다. 그 배경은 서로의 축조 시기에 관한 문제다. 요남지역에서 상당히 이른 시기에 축조된 노철산 무덤은 주변의 쌍타자 1기 문화나 소주산 상층 문화와 비교된다. 그렇다면 노철산 무덤은 기원전 2,000년 전후에 축조되었을 가능성이 높고 요남지역의 신석기시대 후기나 청동기시대 전기에 해당하는 무덤의 하나로 이해된다. 또 타두 무덤도 기원전 15세기쯤 축조된 것으로 보

---

65. 徐子峰, 2006, 「紅山文化積石塚與遼東半島石墓文化」「大連海事大學學報(社會科學版)」3, 128쪽 : 欒豊實, 2006, 「앞 글」, 550~564쪽 : 張志成, 2011, 「앞 글」, 234~236쪽.

인다.[66]

홍산문화의 대표적인 유적 가운데 하나인 우하량유적에서는 돌무지무덤과 돌널무덤, 제단, 여신묘 등 다양한 유구와 유물이 확인되었다. 이 유적의 돌무지무덤 연대는 4,995±110bp, 4605±125bp로 밝혀졌는데,[67] 이것을 나무 나이테 보정 연대 값으로 계산하면 기원전 3500~3200년에 해당한다.

또한 최근에 요서지역과 요남지역의 돌무지무덤을 비교 연구한 결과가 발표되어 주목된다. 무덤칸의 위치, 축조 방법, 바닥 처리 문제, 껴묻거리 등을 중심으로 서로의 유사성과 차이점을 자세히 분석하였다.[68] 먼저 무덤칸의 위치를 보면, 홍산문화인 요서지역은 후기에 접어들어 지상에 놓이는데 요남은 초기부터 지상에 자리한다. 무덤칸의 축조 방법은 요서의 후기와 요남에서 공통점이 보이는데 대부분 판자돌과 돌을 섞어서 쌓는다. 또한 요서지역의 후기와 요남지역의 돌무지무덤 바닥은 돌을 깐 것이 많은 편이다. 이처럼 홍산문화의 후기에 축조된 돌무지무덤의 양상이 요남지역에서는 이른 시기에 나타나고 있어 시사하는 점이 많다. 그러나 껴묻거리는 후기에 접어들면 요서에는 토기가 적고 옥기만 있지만, 요남은 토기가 대부분인 것을 차이점으로 지적할 수 있다.

이런 몇 가지 점에서 살펴보면 홍산문화는 요남지역의 돌무지무덤보다 빠르고, 선행하는 문화요소에 돌무지무덤이 있기 때문에 서로 간의 동질성과 이질성에 대하여 신중한 접근이 필요한 것으로 여겨진다.

한편 시기적으로 뚜렷한 차이가 있는 두 문화 사이에 나타나는 자료 가운데 하나가 옥기인데, 이것을 통한 여러 문제(원산지 규명, 제작 수법, 운반 방법, 담당 주민 등)가 밝혀지면 보다 확실한 관계를 알 수 있을 것이다.

---

66. 한창균, 1992, 「고조선의 성립 배경과 발전 단계 시론」, 『國史館論叢』33, 14~20쪽.

67. 索秀芬·李少兵, 2007, 「牛河梁遺址紅山文化遺存分期初探」, 『考古』10, 59~60쪽.

68. 欒豊實, 2006, 「앞 글」, 550~560쪽.

IX. 맺음말

지금까지 요남지역을 중심으로 돌무지무덤의 여러 성격에 관하여 살펴보았다. 여기에서 언급한 유적은 노철산, 사평산, 장군산, 문가둔(동대산), 타두, 토룡자, 왕보산, 강상, 와룡천, 루상, 성산, 오도령구문 무덤 등이다.

분석된 몇 가지 결과를 보면 다음과 같다.

먼저 요남지역에 주로 분포하고 있는 돌무지무덤은 당시 사람들이 만들 자리를 골랐는데 대부분 조망이 좋은 바다와 가까이 있는 산 능선이나 꼭대기에 축조하였다. 이러한 무덤 축조 장소의 선택은 당시 사람들의 살림살이와 직접적인 연관이 있으며, 그들이 늘 더불어 살아야 했던 바다를 중요시 했기 때문으로 해석된다. 그리고 무덤방(칸)의 긴 방향은 일정하게 정하여진 것이 아니고 산줄기의 흐름과 나란하다. 이렇게 돌무지무덤을 축조할 때 주변의 지세를 최대한 고려하였는데 이것은 당시 사람들이 전통적으로 지니고 있던 자연 숭배사상과도 관련이 있을 것이다.

고조선 시기의 돌무지무덤은 대부분 축조 당시의 지표면을 평평하게 고른 후 그 자리에 바로 무덤방(칸)을 만들었다. 무덤의 축조 과정에 옛 지표면을 그대로 이용한 것은 1차적으로 당시 사람들의 내세관과 관련이 있는 것으로 여겨진다. 또한 무덤칸 바로 위에 돌을 쌓아 돌무지를 만들었기 때문에 어느 정도 무덤이 보호될 수 있다고 판단하였을 것이다. 관련 유적은 타두, 노철산, 장군산, 왕보산, 동대산 무덤이 있다.

발굴된 돌무지무덤을 보면 한 묘역에 1기의 무덤방이 있는 경우도 있지만, 대부분 여러 기의 무덤칸이 찾아지고 있다. 이 경우에 중심이 되는 무덤칸은 묘역의 가운데에 위치하며 축조 상태나 규모, 껴묻거리 등에서 차이가 있는 것으로 밝혀졌다. 특히 강상 돌무지무덤은 7호 무덤칸을 중심으로 16기의 무덤칸이 부채살처럼 자리하고 있다. 무덤칸의 또다른 특이한 점은 주변에 규칙적으로 돌담을 쌓아 일정하게 구획한 것이 토룡자 4호를 비롯하여 동대산 5호, 노철산 1호, 타두 무덤 등에서 조사되어 주목된다. 이런 구획은 묻힌 사람의 관계, 집단 성격, 축조 시기 등과 관련이 있는 것으로 판단된다.

두드러지게 나타나는 장례 습속으로는 화장, 어울무덤, 두벌묻기, 여러 차례 묻기, 딸려묻기 등이 확인되었다. 이 가운데 가장 보편적인 화장은 간골화장을 하였다. 그리고 토룡자 8호 무덤은 무덤칸 안에서 직접 화장을 한 것으로 밝혀졌는데 이것은 길림 남부지역의 개석식 고인돌과 비교된다. 그리고 딸려묻기는 무덤칸의 위치, 묻기, 껴묻거리 등을 분석한 결과 강상 무덤에 있었던 것으로 해석된다. 이런 묻기는 계층화된 복합사회에서 나타나는 것으로 고조선 사회의 성격을 이해하는데 도움이 된다. 여러 차례 묻기는 돌무지무덤의 축조 과정에 있어 시기 차이를 반영하는 것으로 타두, 강상과 루상, 토룡자 무덤에서 조사되었다. 또한 한 무덤칸에 여러 사람이 묻힌 무덤이 여럿 조사되었는데 타두 유적은 2~21개체, 강상 무덤의 19호는 22개체, 루상 9호는 13개체를 묻었다.

돌무지무덤에서 조사된 제의 자료는 의식(儀式) 행위로 해석되는 의도적인 토기 파쇄와 짐승뼈(새뼈) 묻기이다. 토룡자 1호와 왕보산 7호 무덤에서 의도적으로 깨트린 토기조각들이 많이 찾아졌다. 이런 의식은 토기조각을 무덤방 주위에 뿌림으로써, 당시 사람들이 묻힌 사람의 죽음을 사회적으로 공인시킨 일종의 행위로 해석된다. 짐승뼈는 강상 무덤에서 돼지 이빨과 사슴뿔이 출토되었고, 문가둔(동대산) 무덤에서는 꿩과, 사슴, 산토끼가 피뿔고둥, 백합, 뿔조개집게 등의 여러 조가비와 함께 찾아졌다. 이것은 무덤의 축조 과정에서 행했던 제의와 관련있는 자료로 여겨진다.

돌무지무덤에서 찾아진 유물은 청동기, 토기, 석기, 꾸미개 등 다양하다. 청동기는 비파형동검을 비롯하여 이른 시기의 청동 낚시바늘과 청동 단추, 청동 도끼, 청동 끌, 청동 창끝, 청동 화살촉 등 상당히 여러 가지가 발굴되었다.

토기는 다양한 형태의 단지, 잔, 세발토기, 굽잔 등이 있다. 무늬는 민무늬가 많지만 평행무늬, 줄무늬, 문살무늬 등이 있다. 특히 세발단지와 솥은 산동 용산문화와의 연관성을 시사한다.

타두 유적에서는 고조선 시기의 표지 유물인 미송리형 토기가 여럿 출토되어 주목된다. 강상과 와룡천 유적에서는 청동기 제작을 보여주는 거푸집이 조사되었다. 이것으로 묻힌 사람의 신분(직업)을 가늠해 볼 수 있다.

한편 고조선 시기의 돌무지무덤은 요남지역을 중심으로 기원전 2,000년 전후에 축조되기 시작하여 기원전 400년경까지 상당히 긴 시간동안 만들어진 것 같다.

【참고문헌】

국립진주박물관, 1989. 『欲知島』.

국립진주박물관, 1993. 『煙臺島』.

김재원·윤무병, 1967. 『韓國支石墓研究』.

김정희, 1988. 「東北아시아 支石墓의 研究」『崇實史學』5.

라명관, 1988. 「약사동 고인돌 발굴보고」『조선고고연구』2.

석광준, 2009. 『중국 동북지방의 고대 무덤(1)』, 조선고고학전서 21(진인진).

신숙정, 1994. 『우리나라 남해안 지방의 신석기문화 연구』(學研文化社).

오강원, 2006. 『비파형동검 문화와 요령지역의 청동기문화』(청계).

오대양, 2014. 「고조선의 적석총 문화 연구 - 홍산문화와 비교를 중심으로」(유인물).

윤호필, 2009. 「靑銅器時代 墓域支石墓에 관한 연구」『경남연구』1.

이병선, 1966. 「압록강 및 송화강 중, 상류 청동기시대 문화와 그 주민」『고고민속』3.

이상길, 1994. 「支石墓의 葬送儀禮」『古文化』45.

이융조, 1980. 「한국 고인돌 사회와 그 의식(儀式)」『東方學志』23·24.

이융조·우종윤, 1988.「황석리 고인돌 문화의 묻기 방법에 관한 한 고찰」『博物館紀要』4.

이은봉, 1984. 『韓國古代宗教思想』(集文堂).

이청규, 1997. 「청동기 유물의 분포와 사회」『한국사』3(국사편찬위원회).

조중공동고고학발굴대, 1966. 『중국 동북지방의 유적 발굴 보고 : 1963~1965』(사회과학원출판사).

지건길, 1983. 「支石墓社會의 復元에 관한 一考察」『梨大史學研究』13·14.

최경규·조명래·김지연, 2011. 『金海蓮池支石墓』(동아세아문화재연구원).

하문식, 1999. 『古朝鮮 地域의 고인돌 研究』(白山).

하문식, 2004. "A Study of the Dolmens of North Korea - focused on the peculiar structure-"『文化史學』21.

한얼문화재연구원, 2012. 『광주 역동 유적』.

한창균, 1992. 「고조선의 성립 배경과 발전 단계 시론」『國史館論叢』33.

한흥수, 1935. 「朝鮮의 巨石文化 研究」『震檀學報』3.

황기덕, 1963. 「황해북도 황주군 심촌리 긴동 고인돌」『고고학 자료집』3.

高芳·華陽·霍東峰, 2009a. 「老鉄山·將軍山 積石墓 浅析」『内蒙古 文物考古』1.

高芳·華陽·霍東峰, 2009b.「文家屯積石墓淺析」『博物館研究』3.

中國國家文物局 엮음, 2008.『中國文物地圖集:遼寧分冊』上(西安地圖出版社).

吉林大學考古系·遼寧省文物考古研究所·旅順博物館·金州博物館, 1992.「金州廟山靑銅時代遺址」『遼海
　　　文物學刊』1.

金旭東, 1991.「1987年吉林東豊南部盖石墓調查與淸理」『遼海文物學刊』2.

欒豊實, 2006.「論遼西和遼東南部史前的積石塚」『紅山文化研究 - 2004年 紅山文化國際學術硏討論文集』

木易, 1991.「東北先秦火葬習俗試析」『北方文物』1.

山東省博物館, 1973.「山東蓬萊紫荊山遺址試掘簡報」『考古』1.

索秀芬·李少兵, 2007.「牛河梁遺址紅山文化遺存分期初探」『考古』10.

徐光輝, 1997.「旅大地區新石器時代晚期至靑銅時代文化遺存分期」『考古學文化論集』4.

徐光輝, 2011.「遼東石溝墓葬的類型及相互關係」『大連考古文集』1.

徐昭峰·李浩然, 2014.「紅山文化積石塚與遼東半島積石塚關係辨析」『第八屆紅山文化高峰論壇論文集』.

徐子峰, 2006.「紅山文化積石塚與遼東半島石墓文化」『大連海事大學學報(社會科學版)』3.

旅大市文物管理組, 1978.「旅順老铁山積石墓」『考古』2.

旅順博物館·遼寧省博物館, 1983.「大連于家砣頭積石墓址」『文物』9.

吳靑雲, 2008a.「遼寧大連市土龍子靑銅時代積石塚群發掘」『考古』9.

吳靑雲, 2008b.「大連土龍子積石墓」『大連文物』28.

王嗣洲, 2011.「遼東半島積石塚研究」『大連考古文集』1.

王冰·萬慶, 1996.「遼寧大連市王寶山積石墓試掘簡報」『考古』3.

王闖, 2014.「試論我國東北地區史前時期的積石塚墓」『第八屆紅山文化高峰論壇論文集』.

王洪峰, 1993.「石棚墓葬研究」『靑果集』(知識出版社).

遼東先史遺蹟發掘報告書 刊行會 엮음, 2002.『文家屯』.

劉敦願, 1958.「日照兩城鎮龍山文化遺址調查」『考古學報』1.

劉俊勇·黃子文, 2010.「遼東半島四平山積石塚探討」『遼寧師範大學學報(社會科學版)』3.

李恭篤·高美璇, 1995.「遼東地區石築墓與弦文壺有關問題研究」『遼海文物學刊』1.

張志成, 2011.「大連地區積石墓淺見」『大連考古文集』1.

張翠敏, 2009.「于家村砣頭積石墓地再認識」『東北史地』1.

趙賓福, 2009.『中國東北地區夏至戰國時期的考古學文化研究』(科學出版社).

中國社會科學院 考古研究所 엮음, 1983.『中國考古學中碳十四年代數据集』(文物出版社).

中國社會科學院 考古研究所, 1996.『雙砣子與崗上—遼東史前文化的發現和研究』(科學出版社).

中日考古合作研究測量組, 1997, 「遼寧省大連市金州區王山頭積石塚考古測量調査」『東北亞考古學研究』(文物出版社).

陳光, 1989, 「羊頭窪類型研究」『考古學文化論集』2(文物出版社).

集安縣文物保管所, 1981, 「集安發現靑銅短劍墓」『考古』5.

昌濰地區藝術館·考古研究所 山東隊, 1977, 「山東胶縣三里河遺址發掘簡報」『考古』4.

許明綱, 1990, 「大連古代石築墓葬研究」『博物館研究』2.

許玉林, 1994, 『遼東半島石棚』(遼寧科學技術出版社).

華陽·霍東峰·付珺, 2009, 「四平山積石墓再認識」『赤峰學院學報』2.

華玉冰·王琮·陳國慶, 1996, 「遼寧大連市土龍積石墓地1號積石塚」『考古』3.

宮本一夫, 2012, 「遼東半島四平山積石墓研究」『考古學研究』9.

鳥居龍藏, 1910, 「老鐵山上の石塚」『南滿洲調査報告』.

澄田正一·秋山進午·岡村秀典, 1997, 「1941年四平山積石墓的調査」『考古學文化論集』4.

千葉基次, 1988, 「遼東半島積石墓」『靑山考古』6.

Boehm, Christopher, 1993, "Egalitarian Behavior and Reverse dominance hierarchy", *Current Anthropology* 34-3.

趙賓福 지음, 우지남 옮김, 2011, 『中國 東北 先史文化 研究』(도서출판 考古).

Heine-Geldern, R., 이광규 옮김, 1969, 「메가리트 問題」『文化財』4.

『墨子 : 節葬下』

『新唐書』

『三國志 : 東夷傳』「弁辰條」

『呂氏春秋』

『列子』

3. 삶과 죽음이 공존하는 곳

- 동굴무덤

Ⅰ. 머리말

옛사람들은 오늘날 우리보다 자연의 영향을 훨씬 많이 받았다. 동굴을 살림터 또는 무덤으로 이용했던 선사시대 사람들은 전혀 예기치 않았던 자연환경의 변화를 쉴새없이 마주해야만 하였다. 당시 사람들은 자연에서 발생하는 여러 현상들을 극복하기보다 적응·순응하면서 살아야 되었기에 1차적으로 비바람이나 추위·더위·맹수 등으로부터 보호받을 수 있는 동굴이 매력적이었을 것이다. 또한 자연에 대한 의존도가 높고 죽음도 항상 가까이 있었을 것이다.

따라서 선사시대 사람들은 죽음에 대한 공포를 이겨내기 위하여 나름대로의 과정을 치렀을 것으로 여겨진다. 주검의 처리 절차인 묻기는 당시 사회에서 유행한 통과의례에 따른 마지막 행위로, 문화적 전통이 잘 드러난다. 아울러 주검의 처리에 관한 여러 과정을 통해 묻기를 위해 무덤을 축조한 당시 사회의 장제 습속을 알 수 있는데 이것은 시기와 지역, 문화상을 반영한다. 여기에서 언급할 동굴무덤의 구조와 묻기를 보면 축조한 사람들의 영혼에 대한 숭배, 죽은 사람에 대한 공포, 지리적인 환경 요인 등을 잘 이해할 수 있다.

고조선 시기의 동굴무덤은 대부분 자연동굴 안에서 축조하였기에 다른 무덤보다 지질이나 지세의 영향을 많이 받았다. 그렇기 때문에 동굴무덤이 조사된 지역의 여러 특징 가운데 하나는 석회암이 발달한 곳이다. 또한 고조선 시기의 무덤 아래에서는 가끔 구석기나 신석기시대의 살림터와 무덤이 조사되고 있어 선사시대 살림을 꾸렸던 사람들의 문화의 연속성(계승성)을 밝히는데 중요한 하나의 자료가 되고 있다.

고조선 시기의 동굴무덤이 분포하는 곳은 근래에 조사된 태자하 유역(본계/무순/신빈지역)과 서북한 그리고 두만강 지역의 여러 유적이다. 이러한 공간적인 범위는 앞에서도 언급하였듯이 자연적인 동굴유적이 분포하는 한정된 지역이다.

따라서 요북지역의 태자하 상류지역에 분포하는 여러 동굴유적을 중심으로 압록강 유역의 미송리유적, 대동강의 샛강인 시량강과 청송강의 언저리에 위치한 덕천 승리산유적, 두만강 언저리의 무순 지초리유적 등을 검토하고자 한다. 아울러 시간적인 범위는 대략적으로 고조선 시기에 해당하는 청동기시대이다.

Ⅱ. 동굴유적의 조사와 진행

이 글에서 분석 대상으로 선정된 동굴유적이 자리한 중국 동북지역에 대하여는 상당히 이른 시기부터 고고학적 조사와 연구가 이루어져 왔다. 이런 과정에서 서양의 근대 학문 유입으로 전통 학문에 의존하여 이루어져 온 유물이나 유구에 대한 해석과 견해는 새로운 국면을 맞게 되었다. 특히 중국 유적들의 경우는 20세기 초반부터 외국 사람들이 학문외적인 여러 상황에 따라 정치적인 의도를 가지고 조사를 진행하였다. 따라서 그 시점의 고고학에 관한 몇 가지를 살펴보면 당시 중국의 유적들에 대한 조사 방향과 관심의 목적을 이해할 수 있다.[1]

사진 1. 금서 사과둔 동굴유적

요령성을 비롯한 동북지역의 동굴유적에 대한 조사는 처음부터 지하자원 개발과 관련이 있는 지질 분야에서 시작되었다. 1900년대 초반부터 시작된 서양 제국주의 세력의 적극적인 조사는 산업 발전에 필요한 경제성 높은 지하자원 개발에 관한 기초자료 조사 과정과 깊은 연관성이 있다.

동북지역의 동굴유적에 대한 고고학적 조사는 금서 사과둔(錦西 沙鍋屯) 동굴에서 시작되었다(사진 1). 이 유적은 1921년 당시 중국 농상부 지질조사소 광정고문으로 있던 스웨덴 학자 J. Gunnar Andersson이 조사하였다. 그는 같은 해에 주구점 유적과 앙소촌 유적을 조사하여 중국의 역사—특히 고고학적인 관점에서 중국의

1. J. G. Andersson, 김상기·고병익 옮김, 1954. 『중국 선사시대의 문화』 문교부, 220~233쪽 ; 윤내현, 1981. 『中國의 原始時代』 단대 출판부, 26~34쪽 ; 李恭篤·高美璇, 1987. 「太子河上流洞穴墓葬探究」 『中國考古學第六次年會論文集』 96쪽 ; 郭大順, 1997. 「中華五千年文明的象征」 『牛河梁紅山文化遺址與玉器精粹』 文物出版社, 2~4쪽.

시원문화—를 새롭게 이해하는 토대를 만들었다.

　중국 당국은 1921년 안델슨에게 발해만 주변을 조사할 것을 주문하였다. 따라서 그는 이곳의 호로도(胡蘆島)와 그 부근에 대한 지질을 조사한 다음 사과둔 동굴을 비롯한 여러 석회암 동굴을 찾았다.

　이 동굴유적은 남표진(南票鎭) 사과둔촌에서 남동쪽으로 1.2㎞ 떨어져 있다. 동굴은 해발 216m 되는 남쪽 산기슭에 자리하며, 입구는 남서쪽으로 높이 1.5m, 너비 1.8m쯤 된다. 1921년 6월에 실시한 발굴 결과, 퇴적층은 6m쯤 쌓여 있었으며 곰과 박쥐뼈를 수습하였다. 퇴적층은 석회암과 석영이 포함된 모래질 찰흙이고 각 층마다 숯조각이 발견되었다. 층위는 5개층으로 구분되는데 2층에서는 42개체의 사람뼈와 토기조각, 석기, 뼈연모 등이 조사되어 이 유적의 중심층으로 해석된다. 석기는 부싯돌과 옥수(玉髓, Chalcedonite)로 만들었는데 돌칼, 화살촉, 돌도끼가 찾아졌고 뼈바늘, 뼈송곳도 출토되었다. 토기는 엇빗무늬[之자 무늬]와 꼰무늬가 새겨진 동이, 배 부분이 꺾인 채색 접시, 한 쌍의 손잡이가 달린 붉은 단지 등이 발굴되었다. 또 민물조개 껍질로 만든 팔찌, 대리석 구슬, 짐승 모양 예술품 등이 찾아졌다.[2] 사과둔 동굴유적의 발굴조사는 그 다음 홍산문화(紅山文化) 연구의 기틀이 되었으며, 소하연문화(小河沿文化)의 성격을 규정하는데 기준이 되었다.

　한편 사과둔 동굴유적은 어린 아이부터 어른까지 42개체의 많은 뼈가 발굴되어 공동무덤일 가능성이 높다.[3] 하지만 무덤이었을 경우, 그 구조에 대한 보고 내용이 없어 고고학적 관점에서 아쉬움이 많다.

　금서 사과둔동굴에 대한 조사가 실시된 이후 중국의 정치·사회적인 요인에 의하여 한동안 고고학 조사와 연구는 이루어지지 않았다. 그 뒤에 1954년 흑룡강성의 의란 왜긍합달(依蘭 倭肯哈達) 동굴유적이 조사되었고, 요령지역에서는 1961년 본

---

2. 安特生. 1923. 『奉天錦西縣沙鍋屯洞穴層』(中國古生物誌. 丁種1–1) 참조.

3. 발굴조사한 다음 이 유적의 성격을 제시터로 보았다. 이것은 동굴무덤에 대한 자료가 없었고, 무덤의 구조에 관하여 이해하지 못하였기 때문이다.

사진 2. 본계 묘후산
(산성자) 동굴유적

사진 3. 태자하 유역 :
고조선 시기 동굴 유
적이 집중조사된 지역

계의 사가위자(本溪 謝家葳子)에 있는 수동(水洞) 동굴이 발굴되었다.[4] 1979년과 1982
년에는 본계 묘후산(廟後山)동굴이 조사되었는데 이곳에서는 구석기시대와 청동기
시대의 문화층이 함께 찾아져 주목을 받게 되었다(사진 2). 또한 1980년대 중반부터
태자하 유역을 중심으로 대규모 동굴유적
조사가 이루어져 많은 성과를 얻게 되었다
(사진 3).[5] 조사된 동굴유적으로는 남전향(南
甸鄕)의 공가보동(孔家堡洞)동굴, 화람동(花籃
洞)동굴, 삼각동(三角洞)동굴, 사방동(四方洞)
동굴, 방우동(放牛洞)동굴, 노호동(老虎洞)동
굴이 있고, 동위자촌(東葳子村)에는 포학동
(捕鶴洞)동굴, 편복동(蝙蝠洞)동굴, 낭동(狼洞)

4. 齊俊·劉興林, 1988, 「本溪水洞遺址及附近的遺蹟和遺物」『遼海文物學刊』1, 20쪽.

5. 필자는 1980년대 후반 북방외교의 성과로 냉전체제가 무너져 부분적인 통제가 있었지만 중국 방문이 가
   능해짐에 따라 요령성과 길림성에 분포하는 고인돌유적의 답사를 위하여 해마다 1~2차례 심양과 장춘
   을 방문하였다. 그런데 1998년 8월 중순 심양에서 필요한 논문 자료를 조사하고 있었는데 이때 요령성
   문물고고연구소의 李恭篤선생이 8월 13일 태자하 유역의 동굴유적에 대한 답사를 제안하여 현지조사를
   간단히 할 수 있었다.

사진 4. 본계 근변사와
밀봉립자 동굴 유적

동굴유적 등이 있다.[6] 또한 신빈현의 태자하 상류지역에서 여러 석회암 동굴유적이 발굴되었다. 동승(東升) 동굴유적이 자리한 대사평진(大四平鎭)의 융립자산(隆砬子山) 1~3호 동굴유적을 비롯하여 빙동(冰洞), 천동(天洞) 유적, 초분향 남둔(草盆鄕 南屯)의 빙동(冰洞), 남산동(南山洞) 유적, 대방대촌(大方臺村)의 우심산 산동(牛心山 山洞) 유적, 평정산향(平頂山鄕)의 조양동(朝陽洞) 유적 등이 조사되었는데 앞으로 보다 자세한 보고가 이루어지면 그 문화 성격이 뚜렷하게 밝혀질 것이다(사진 4).

북한지역에서는 1954년 의주 미송리 동굴유적이 조사된 이후 한동안 동굴에 대한 발굴이 없었다. 북한의 유적 조사와 연구에 있어 긴 시간동안 동굴유적에 관한 고고학적 성과가 없는 상황에서 1966년 상원 검은모루동굴이 발굴되었다. 이것은 갱신세 시기의 자연환경과 우리 역사의 시원 문제 등 여러 가지 관점에서 시사하는 점이 많다. 특히 우리 역사의 상한을 설정할 수 있는 구석기시대의 연구에 대한 관심을 갖게 만드는 하나의 징표가 되었으며, 선사문화의 내용을 더욱 풍부하게 만드는 계기가 되었다.[7]

검은모루 동굴유적이 발굴된 다음 북한 고고학계의 관심은 구석기시대의 연구에 있었고 이에 따른 자료가 뒷받침되어야 하기 때문에 평양을 중심으로 한 석회암

6. 李恭篤, 1989, 「本溪地區三種原始文化的發現及研究」, 『遼海文物學刊』1, 102쪽.

7. 이융조, 1982, 「고구려 영토 안의 구석기문화」, 『東方學志』30, 5~23쪽 ; 조태섭, 2004, 「우리나라 구석기시대의 동굴유적 연구」, 『우리나라 선사시대의 동굴유적과 문화』, 35~49쪽.

지대에서 많은 발굴을 하였다.[8] 그리고 동굴유적 발굴 과정에서 구석기시대의 발굴 자료 이외에도 가끔 신석기시대나 청동기시대의 자료가 확인되어 문화의 연속성을 이해하는데 큰 도움이 되었다. 시기를 달리 하는 문화층이 조사된 이런 유적으로는 이 글에서 언급한 덕천 승리산유적이 대표적이다.

---

8. 전재헌 등, 1986, 『룡곡 동굴유적』: 인류진화발전사연구실, 1995, 『소선 서북지역의 동굴유적』참조 : 한창 균, 1990, 「북한 고고학계의 구석기시대 연구 동향」, 『東方學志』100, 270~272쪽.

Ⅲ. 발굴조사된 몇 유적<small>(지도 참조)</small>

1. 신빈 동승 동굴유적

환인·본계·신빈이 만나는 태자하 상류인 신빈현 대사평진 동승촌의 북산에 위
치한다. 이곳은 해발 600m 이상 되는 곳으로 산세가 아주 험준하다.

동굴은 평탄면에서 약 60m 되는 산중턱에 자리하며, 입구는 남동쪽이고 너비
와 깊이가 3m쯤 된다. 서쪽과 남쪽에는 태자하의 샛강인 작은 물줄기가 흐르고

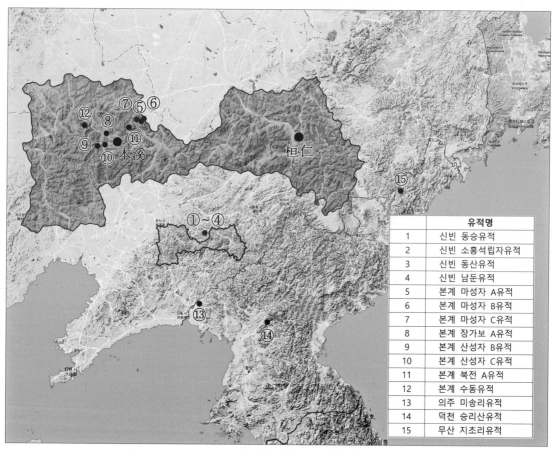

	유적명
1	신빈 동승유적
2	신빈 소홍석립자유적
3	신빈 동산유적
4	신빈 남둔유적
5	본계 마성자 A유적
6	본계 마성자 B유적
7	본계 마성자 C유적
8	본계 장가보 A유적
9	본계 산성자 B유적
10	본계 산성자 C유적
11	본계 북전 A유적
12	본계 수동유적
13	의주 미송리유적
14	덕천 승리산유적
15	무산 지초리유적

고조선지역 동굴 무덤 자리

있다.

이 동굴은 1974년 처음 발굴조사되었고 1988년과 1996년에 다시 조사가 이루어졌으며, 태자하 유역의 동굴유적 성격을 이해하는 계기가 되었다.[9]

동승 동굴에서는 토기와 석기가 찾아졌다. 토기는 대부분 바탕흙이 모래질이고 모두 손으로 만들었으며, 고운 찰흙으로 만든 붉은 갈색의 토기는 두께가 비교적 얇아 0.2cm쯤 된다. 많은 토기가 바닥과 손잡이를 붙인 흔적이 있고 겉면은 갈아서 광택이 난다. 토기의 색은 붉은 갈색이 대부분이고 회갈색, 검은 갈색도 있다. 손잡이는 다리 모양 가로손잡이가 많고 토기의 몸통에 꼭지가 달린 것도 출토되었다. 토기의 생김새는 단지, 바리, 잔 등으로 크게 구분된다.

한편 단지 가운데 가지무늬가 있는 것이 출토되어 주목된다. 이 토기는 바탕흙이 고운 찰흙이고 붉은 갈색이며 겉면은 갈았다. 아가리와 몸통 사이에 위아래로 검은색의 가지무늬가 있다.

석기는 사암과 안산암을 재질로 이용하여 도끼, 끌, 자귀, 가락바퀴 등을 만들었다. 겉면은 대부분 매끈하게 갈았다. 날 부분을 보면 사용한 흔적이 없다.

동승 동굴에서는 사람뼈와 무덤방이 조사되지 않았지만 완전한 토기가 60여 점 나왔고 사용하지 않은 석기가 30여 점 출토된 점으로 보아 집터보다는 무덤일 가능성이 높다. 하지만 같은 시기의 문화권으로 볼 수 있는 주변의 마성자문화 관련 동굴무덤과는 앞으로 많은 자료의 비교 검토가 필요할 것으로 여겨진다.

2. 신빈 소홍석립자 동굴유적

이 동굴은 태자하 상류지역인 신빈현 대사평향(大四平鄕) 용만촌(龍灣村) 남쪽 산중턱에 자리한다. 2001년 요령성문물고고연구소와 무순시 박물관에서 발굴하였다.[10]

9. 撫順市博物館·新賓滿族自治縣文物管理所, 2002, 「遼寧新賓滿族自治縣東升洞穴古文化遺存發掘整理報告」「北方文物」1, 1~8쪽.
10. 武家昌·蕭景全, 2002, 「新賓縣龍灣洞穴靑銅時代積石墓」「中國考古學年鑑 2002」, 169~170쪽.

발굴조사가 실시되기 전 마을 사람들에 의하여 많이 파괴되었다.

석회암지대의 자연동굴인데 입구는 남쪽을 바라보며, 높이 2.7m, 너비 5m 이다. 주변의 평탄면에서 절대높이 120m 되는 곳에 위치한다. 층위는 4개로 구분 되는데 무덤은 제2층인 흑회색 토양의 돌무지 속에서 확인되었다. 무덤이 자리한 돌무지는 크기나 모양이 일정하지 않고 서로 연결된 상태다.

껴묻거리는 돌무지의 틈새에서 찾아졌는데 토기는 아주 작은 조각들이고 석기 는 돌도끼를 비롯하여 대패, 끌, 가락바퀴 그리고 청동꾸미개, 조가비구슬 등이 출 토되었다. 짐승뼈는 닭, 개, 돼지, 노루 등이 있는데 모두 불에 탄 흔적이 있다.

깨진 조각들인 토기는 어떤 목적을 가지고 상당히 의도적으로 이루어진 행위의 결과물인 것 같다. 토기의 바탕흙은 모래가 많이 섞인 찰흙이고 색깔은 갈색이 대 부분이며 드물게 흑색 토기도 있다. 생김새는 동이, 단지, 바리, 사발 등 여러 가지 이며 바닥은 편평하다. 특히 단지 가운데에는 겉면이 매끈하여 광택이 나고 붉은색 바탕에 흑회색의 무늬가 있는 것도 출토되어 주목된다. 또한 주검을 화장한 흔적인 뼈 부스러기가 많이 찾아졌는데 동굴 안의 상황으로 볼 때 다른 곳에서 화장을 한 다음 뼈를 이곳으로 가지고 와 묻었던 것 같다.

3. 신빈 동산 동굴유적

소홍석립자 동굴과 500m쯤 떨어져 있으며, 같은 산의 북쪽 중턱에 자리한다. 동굴은 서쪽을 바라보며, 높이가 4m, 길이 13m로 상당히 큰 편이다.[11]

이 동굴에서도 돌무지가 찾아졌는데 앞의 것처럼 정연성은 없었고, 지름 40~80 ㎝ 되는 것이 12기 확인되었다.

껴묻거리는 돌무지 사이에서 조사되었는데 토기, 돌도끼, 돌끌, 돌대패 등이다. 토기는 완전한 것도 있으며, 바탕흙은 모래가 많이 섞였다. 토기의 생김새는 동이,

---

11. 武家昌·蕭景全, 2002, 「위 글」, 170쪽.

바리, 단지, 사발 등이다. 또한 붉은색 단지 가운데는 흑색의 무늬가 있는 것도 발굴되었다.

4. 신빈 남둔 동굴유적

이 유적은 용만촌에서 남쪽으로 3㎞쯤 떨어진 남둔촌의 능선 아래쪽에 자리한다. 동굴 입구는 북쪽 방향이고 높이 3m, 너비 2.8m이다.[12]

발굴 과정에서 표토층의 퇴적 진흙을 걷어내자, 회색의 니질 토기와 화장한 사람의 팔, 다리뼈 조각이 찾아졌다. 표토층 아래의 흙은 색깔이 서로 다른데 위층은 매우 짙은 자주빛[紫黑色]이고 그 아래층은 검은 재층이다. 동굴의 안쪽과 바깥쪽에서는 막돌을 쌓은 돌무지가 조사되었는데 비교적 규칙적으로 쌓은 것 같다. 바깥 돌무지는 정연하며 타원형이고 길이가 2m쯤 된다. 안쪽 돌무지는 둥근꼴이며 지름이 2m쯤 된다. 이들 돌무지 사이에는 큰 돌이 놓여 있는데 이것은 양쪽을 구분하기 위한 것으로 해석된다. 바깥쪽의 돌무지 안에는 껴묻거리가 없었고 가장자리에서 사람뼈와 토기조각, 조가비 구슬, 돌 가락바퀴 등이 찾아졌다. 돌무지 아래의 황토층에서는 긴 네모꼴인 무덤방이 조사되었다. 크기는 160×50×10㎝이며, 불탄 사람뼈와 몇 점의 토기조각이 발굴되었고, 가장자리에서는 흙과 돌로 만든 가락바퀴, 돌끌이 출토되었다.

안쪽의 돌무지는 큰 편이며, 위쪽에 놓인 돌들은 정연한 모습이고 여기에서는 돌도끼, 돌화살촉, 돌끌, 돌대패, 뼈송곳 그리고 아주 작은 청동 꾸미개(?)가 발굴되었다. 바로 아래쪽 황토층에서는 190×35×45㎝ 크기의 무덤방이 조사되었다. 껴묻거리는 토기와 사람뼈 조각이 몇 점 찾아졌다.

한편 발굴 보고자는 남둔 동굴유적의 돌무지 모습과 이곳에서 찾아진 껴묻거리를 가지고 안쪽 것은 남성, 바깥은 여성의 무덤일 가능성을 제기하였는데 이것은

12. 武家昌・蕭景全, 2002, 「위 글」, 170~171쪽.

다른 자료와 비교·검토가 필요하다.[13] 또 돌무지 사이와 그 가장자리에 사람뼈와 유물이 있는 점을 고려하여 추가장의 가능성에 대한 견해도 있다.

태자하 유역의 상류인 북태자하에서 조사된 이들 용만촌의 동굴유적은 태자하 중류지역에서 발굴된 마성자, 장가보, 산성자 동굴유적과 비교하면 무덤방의 구조, 돌무지 등은 차이가 있고 껴묻거리는 비슷한 것으로 여겨진다. 이들 동굴무덤에서 찾아진 여러 토기 가운데 겉면이 매끄럽고 검은색 무늬가 있는 단지는 이 지역의 문화 성격을 이해하는데 시사하는 점이 많다. 특히 동굴 안의 돌무지는 지금까지 태자하 유역에서는 조사된 예가 없어 차이가 있으며, 북태자하 유역의 특이한 무덤 양식으로 해석된다.

5. 본계 마성자 A동굴유적

사진 5. 본계 마성자 동굴 유적(A, B, C)

마성자촌(馬城子村) 동위자(東葳子) 동쪽에 있는 태자하 언저리의 절벽에 자리한다. 강 건너는 근변사촌이다.[14] 이곳에서는 3기의 동굴유적이 조사되었는데 A와 B동굴은 강 가까이에 위치한다. C동굴은 산꼭대기에 자리하며, B동굴보다 60여m 높은 곳에 있다(사진 5).

마성자 A동굴은 입구가 태자하의 강바

13. 고인돌에서 찾아진 껴묻거리를 가지고 묻힌 사람의 성(性)을 분석한 선행연구가 있는데 여러 자료를 검토해 보면 차이가 많이 있다.
　　황기덕, 1965, 「무덤을 통하여 본 우리나라 청동기시대의 사회관계」『고고민속』4, 14～15쪽 : 강인구, 1980, 「達城 辰泉洞의 支石墓」『韓國史研究』28, 52～58쪽 : 최몽룡, 1981, 「全南地方 支石墓社會와 階級의 發生」『韓國史研究』35, 6쪽 : 이융조·우종윤, 1988, 「황석리 고인돌문화의 묻기 방법에 관한 한 고찰」『博物館紀要』4, 15～16쪽.
14. 遼寧省文物考古研究所·本溪市博物館, 1994, 『馬城子 - 太子河上游洞穴遺存』 40～89쪽.

사진 6. 본계 마성자 A 동굴 유적

닥보다 약 30m 높은 곳에 있다. 동굴 입구는 너비가 9m, 높이 1~3.4m쯤 된다. 동굴의 길이는 17m, 너비 5.5~10.7m쯤 되며 안쪽으로 갈수록 높이가 점차 낮아진다(사진 6).

이 동굴은 3개 층으로 나누어지는데, 2층은 흑회색 흙층으로 두께는 약 30~70㎝쯤 된다. 이 층에서 29기의 무덤이 조사되었다. 퇴적층에는 불탄 흙을 비롯하여 검은 재 흙, 석회석 조각 등이 있다. 3층은 부드러운 재층으로 돌 그물추가 한 곳에서 집중적으로 54점 찾아졌으며, 신석기시대의 유물들이 발굴되었다.

마성자 A동굴에서 조사된 29기의 무덤은 모두 지표면에 얕게 묻혀 있었다. 그리고 좁은 면적에 많은 무덤이 자리하고 있다. 무덤은 동굴 벽을 따라서 4기(8~10호, 25호)가 자리하고, 동굴의 가로 방향(동서쪽)으로 2줄(5호와 21~23호, 12호와 16호·17호)로 분포하며 입구에서 동굴 안쪽으로 1줄(1~4호와 14호)이 있다.

무덤방은 모 없는 긴네모꼴[圓角長方形]이 많고, 무덤의 크기는 보통180~200×80~100×20~25㎝쯤 되는데 큰 것(19호)은 220×150㎝, 작은 것(20호)은 100×50㎝이다. 간골화장묘(揀骨火葬墓)는 바로펴묻기[仰身直肢葬]보다 작은 편이다. 무덤방의 구조는 구덩이[土壙]가 많으며, 예외적으로 9호는 바닥에 납작한 돌을 깔았고 12호는 길쭉한 돌을 부분적으로 쌓았다.

묻기[葬制]는 모두 홑무덤[單人葬]이다. 묻기의 방법을 보면 크게 화장을 한 것과 하지 않은 것으로 나누어진다. 화장을 하지 않은 것은 4기(9호·10호·25호·27호)이며 모두 바로펴묻기를 하였다(그림 1). 화장 무덤은 제자리 화장무덤[原地火葬墓]과 간골화장무

그림 1. 본계 마성자 A동굴 25호 무덤 평면도

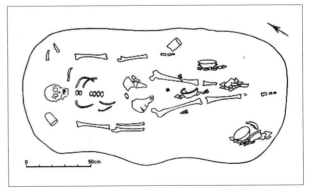

덤으로 구분된다. 간골화장무덤은 22기로 제자리 화장무덤 3기(7호·12호·26호)보다 월등히 많다.

많은 무덤방에서 짐승뼈가 찾아졌는데 이것은 중요한 장례 습속이었던 것 같다. 찾아진 짐승뼈에는 돼지 아래턱뼈와 어깨뼈, 닭 넓적다리뼈와 정강이뼈, 멧돼지 이빨 등이 있다. 묻힌 사람의 성별이나 나이를 보면, 나이를 알 수 있는 21기는 모두 어른이고 어린이는 없었다. 또 성(性)이 구분되는 9기 가운데 남성이 6기로 여성보다 많았다.

무덤에서 조사된 몇 가지 특이한 점을 보면, 7호는 동굴의 안쪽 가운데에 자리하며 제자리에서 화장을 한 무덤이고, 가장 많은 껴묻거리(26점)가 찾아졌고 방사성 탄소연대 측정 결과 3,015±70bp로 밝혀졌다. 25호는 화장을 하지 않은 바로펴묻기 무덤으로 사람뼈나 껴묻거리가 대체로 좋은 상태로 남아 있었다. 묻힌 사람은 여성(50∼55살)으로 밝혀졌으며, 다리뼈에 화살촉이 1점 박혀 있는데 이것은 전쟁과 관련있을 가능성이 많다.

6. 본계 마성자 B동굴유적

마성자 A동굴에서 동쪽으로 5m 떨어져 있으며, 입구는 남쪽이고 너비는 9.4m, 높이 4m쯤 된다. 동굴 안의 평면 생김새는 말발굽 모양이며, 발굴 면적은 75㎡쯤 된다.[15] 층위는 크게 4개 층으로 구분되며, 2층은 흑회색 흙층으로 재, 토기 조각, 짐승뼈 부스러기 등이 섞여 있고 조사된 무덤은 일정하게 배치되었다. 동굴 벽 쪽으로 2기(2호·8호)가 있고, 나머지 12기는 4줄로 2∼4기씩 자리한다. 발굴된 14기의 무덤은 좁은 면적에서 찾아졌지만, 서로 겹치거나 파괴된 흔적이 없고 껴묻거리에서도 큰 차이점이 나타나지 않아 짧은 기간에 만들어졌던 것 같다.

무덤방은 모 없는 긴 네모꼴, 네모꼴, 불규칙한 네모꼴 등이 섞여 있다. 크기는

---

15. 遼寧省文物考古研究所·本溪市博物館, 1994, 『위 책』, 89∼114쪽.

대체적으로 150~170×90~100㎝쯤 되
며, 깊이는 20~50㎝로 얕게 만들어졌다.
이 가운데 가장 큰 것(3호)은 200×120㎝이
고 작은 것(8호)은 140×80㎝쯤 된다.

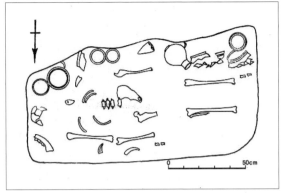

그림 2. 본계 마성자
B동굴 13호 무덤 평
면도

묻기는 모두 홑무덤이며, 화장을 하지
않은 바로펴묻기가 4기(2호·8호·9호·13호),
제자리 화장무덤이 5기(1호·6호·10호·11호·14
호), 간골화장무덤이 4기(3~5호, 7호)이다. 그런데 바로펴묻기를 한 무덤들은 모두 동
굴의 가장자리를 돌아가면서 위치한 점이 두드러진다(그림 2).

장례 습속과 관련하여 묻힌 짐승뼈는 돼지 아래턱뼈와 어깨뼈, 양과 개의 아래
턱, 닭 다리뼈 등이 조사되었다. 묻힌 사람의 성별이나 나이는 14기의 무덤 가운데
7기에서 알 수 있는데, 남성은 1기이고 여성이 6기로 많이 차지하며, 묻힌 여성은
모두 35~50살 정도로 밝혀졌다. 6호는 무덤방의 바닥에 땔감을 깔고 그 위에 주검
을 놓고 제자리에서 화장을 한 흔적이 조사되었다.

마성자 B동굴에서 조사된 껴묻거리는 자리한 위치를 볼 때 몇 가지 특징이 찾
아져 주목된다. 토기는 묻힌 사람의 머리나 발 양끝쪽에 치우쳐 있었고, 석기는 대
부분 허리 부분에서 찾아졌는데 돌도끼의 경우 날 부분이 바깥쪽을 향하고 있었다.
그리고 묻힌 사람이 남성인 무덤에는 돌도끼나 돌끌, 돌화살촉 등의 석기가 1~3점
껴묻기 되었고 여성 무덤에는 1~2점의 가락바퀴가 있었다.

7. 본계 마성자 C동굴유적

해발 350m 되는 태자하 가장자리의 노립배산(老砬背山) 절벽에 있으며, 동굴 입
구는 반원형으로 그 방향은 남쪽이고 너비 6.5m, 높이 1~3.4m쯤 된다(사진 7). 이
동굴의 층위는 크게 3개 층으로 구분되며, 2층은 흑회색 흙층으로 23기의 무덤이
찾아졌다. 이 층은 검은 돌층, 흰 석회층, 불탄 흙층으로 다시 나누어지며, 사람뼈

사진 7. 본계 마성자 C
동굴 유적

와 껴묻거리는 흰 석회층에서 출토되었다.[16]

이 동굴에서 조사된 무덤은 좁은 지역에 밀집되어 있으며, 묻힌 사람의 머리 방향은 동북쪽이나 서남쪽이다. 무덤의 분포 양상은 동굴 벽을 따라 나란히 있는 것과 동굴 가운데 쪽에 약간 불규칙하게 3줄로 자리하는 것으로 나뉜다.

무덤의 크기는 가장 큰 8호의 경우 180×180cm이고 작은 7호는 155×55cm이며, 깊이는 20~25cm쯤 된다. 그리고 무덤방의 벽을 돌로 쌓았을 때는 높이가 20~45cm 정도다. 무덤방은 대부분 구덩이고 1호와 19호는 돌을 쌓았다.

묻기는 23기 가운데 21기가 홑무덤으로 거의 대부분을 차지하며, 1기는 제자리에서 화장한 어울무덤이고 나머지 1기는 빈무덤[空墓]이다. 홑무덤의 묻기를 보면 화장한 무덤은 17기로 제자리 화장무덤이 2기(모두 바로펴묻기), 간골화장무덤이 15

16. 遼寧省文物考古研究所·本溪市博物館, 1994, 『위 책』, 115~148쪽.

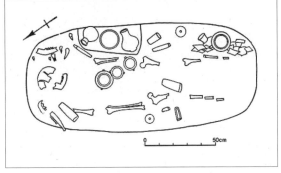

그림 3. 본계 마성자 C동굴 14호 무덤 평면도

기다. 간골화장무덤 중에서 바로펴묻기를 한 것에는 팔·다리뼈의 위치가 서로 바뀐 것도 있고 이런 무덤은 주로 동굴 벽쪽에 자리한 것으로 주목된다(그림 3).

이 동굴의 18기 무덤에서는 돼지, 양, 닭, 사슴, 비둘기 등의 짐승뼈가 찾아져 장례 습속 가운데 짐승뼈를 껴묻기하는 행위가 중요하였던 것으로 여겨진다. 특히 5호와 7호의 경우 토기 안에 돼지 아래턱과 어금니, 닭뼈 등이 담겨 있기도 하였다.

간골화장무덤은 무덤에 따라서 불의 온도 차이가 있는 것으로 밝혀졌다. 무덤방에서 찾아진 껴묻거리나 무덤방의 바닥과 벽 그리고 석회암과 같은 돌 부스러기를 보면 불의 영향에 따라 엉긴 정도나 백화된 정도가 다르다. 12호는 불의 영향이 보통 정도였던 것 같고, 13호는 상당히 강하였으며, 14호는 아주 낮은 온도에서 화장을 하였던 것 같다. 이것은 화장을 할 때 있었던 방법의 차이는 물론 묻힌 사람의 지위와 관련이 있지 않을까 생각된다.[17] 어울무덤은 1기(8호)로 바로펴묻기를 하였다. 묻힌 사람의 성(性) 구분은 뚜렷하지 않지만, 두 사람이 성년인 점으로 보아 부부일 가능성이 많다.

껴묻거리는 돌도끼와 단지, 항아리 등으로 다른 무덤과 비교해 보면 적은 편이었다.

8. 본계 장가보 A동굴유적

이 동굴유적은 장가보촌 동쪽에 있는 산의 절벽에 위치한다. 마을 사람들이 단동(單洞)이라고 부르며, 동굴은 수직 높이가 약 41.5m 되는 절벽에 있다. 동굴 입구는 반원형이고 너비 5m, 높이 1.6~4.5m, 길이 약 20m쯤 된다(사진 8). 무덤은 동

---

17. 신숙정, 1994, 『우리나라 남해안 지방의 신석기문화 연구』, 學研文化社, 253~264쪽.

사진 8. 본계 장가보 A
동굴 내부 모습

굴 바깥과 안쪽 모두에서 찾아졌다.[18]

층위는 크게 5개층으로 나누어지며, 2층은 흑회색 흙층으로 불탄 흙, 숯, 불 먹은 석회석이 섞여 있다. 이 층에서 18기의 무덤이 조사되었다. 3층은 옅은 회색 흙층으로 부드러운 흙과 불탄 재가 섞여 있고 21기의 무덤이 조사되었다. 4층은 노란색 모래흙층으로 13기의 무덤이 조사되었다. 이와 같이 2층~4층에서 층위를 달리 하여 모두 52기의 무덤이 발굴되었다.

4층에서 조사된 13기의 무덤은 동굴 입구 쪽에 밀집되어 있었다. 3줄로 불규칙하게 배열된 모습이며, 긴 방향은 서남쪽이나 동북쪽이다. 3층의 21기 무덤은 동굴 입구(12기) 쪽과 동굴 안쪽(9기)으로 나누어 분포하고 있다. 동굴 입구 쪽은 불규칙하게 4줄로 자리하며, 긴 방향은 대부분 동남쪽이다. 동굴 안쪽은 14호를 중심으로 가장자리를 돌아가면서 자리한다. 2층은 18기의 무덤이 동굴 안쪽에 밀집하여 자리하고 있다. 배열 모습은 불규칙하게 6줄로 되어 있고 긴 방향은 동남쪽과 서북쪽이다.

층위와 무덤이 분포한 관계를 보면, 이른 시기인 4층에서는 주로 동굴 입구 쪽에 축조하다가 3층에서는 동굴 전체에 걸쳐 분포하고, 늦은 시기인 2층에서는 동굴 안쪽에 자리하는 것으로 밝혀졌다. 또 무덤이 서로 겹치거나 파괴하여 축조된 것은 5곳이 조사되었다. 겹친 것은 2호와 11호, 4호와 12호, 5호와 13호, 7호와 19호이고 11호가 20호를 파괴하였다(사진 9·10).

무덤방은 긴 네모꼴과 네모꼴인데 다른 동굴무덤과는 차이가 있다. 무덤방의 바닥에 혈암의 판자돌이 깔려 있거나 돌덧널이 많은 것이 돋보인다. 무덤방의 크기는 묻기에 따라 차이가 있다. 화장을 하지 않은 홑무덤의 돌덧널일 경우는 비교적 큰 편인데 20호는 220×115㎝, 23호는 160×75㎝이다. 어울무덤인 8호는 225×150㎝

---

18. 遼寧省文物考古研究所·本溪市博物館, 1994. 『앞 책』, 148~215쪽.

사진 9. 본계 장가보 A 동굴 4호 무덤

사진 10. 본계 장가보 A 동굴 11호 무덤

사진 11. 본계 장가보 A 동굴 6호 무덤

사진 12. 본계 장가보 A 동굴 48호 무덤

이다. 그러나 간골화장무덤은 비교적 작은 편으로 평균 크기가 130~150×60~70㎝이다. 또한 모든 무덤의 깊이는 20~25㎝쯤 되며, 돌덧널의 높이는 20~30㎝이다(사진 11).

무덤방의 구조는 대부분(40기) 시설을 하지 않은 구덩이고 돌을 가지고 무덤방을 만든 12기는 2가지 종류가 있다. 하나는 태자하 유역의 동굴무덤에서 처음 조사된 것으로 판자돌로 돌널을 만든 것이 4기 조사되었다. 이런 무덤방의 크기는 115×55~75㎝로 작은 편이며 판자돌은 3~5㎝쯤 얕게 묻혀 있다. 다음은 막돌을 가지고 돌덧널을 만든 무덤방(42호, 48호)으로 크기가 190~200×100~110×25~30㎝쯤 되어 큰 편이다. 42호 돌덧널은 안에서 두께 2㎝쯤 되는 나무판자의 흔적이 확인되어 목관(木棺)의 사용 가능성이 있다(그림 4). 그리고 무덤방의 바닥에 판자돌을 깔아 놓은 것으로 6기가 있다(사진 12).

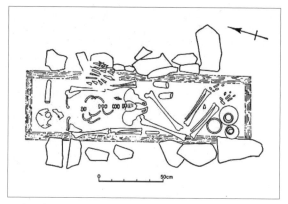

그림 4. 장가보 A동굴
42호 무덤 평면도

이 동굴무덤의 묻기에서 찾아지는 특징은 화장이다. 전체 무덤 52기 가운데 50기를 화장하여(96%) 태자하 유역의 어느 동굴무덤보다 화장 행위가 보편화되었음을 알 수 있다. 제자리 화장은 15기이고 간골화장무덤이 35기로 그 방법에는 차이가 있다. 그리고 홀무덤과 어울무덤의 관계를 보면 홀무덤이 47기이다. 이 홀무덤에는 화장하지 않은 무덤 2기가 포함되며 모두 굽혀묻기를 하였다. 홀무덤에서 제자리 화장무덤은 12기인데 이 가운데에는 바로펴묻기(8기), 굽혀묻기(2기), 옆으로 묻기(1기), 엎드려 묻기[俯身墓, 1기] 등 여러 가지의 묻기 방법이 조사되었으며, 전통적인 묻기에 변화가 있었던 것 같다.[19]

장가보 A동굴유적의 무덤에 짐승뼈가 껴묻기된 것은 모두 10기이다. 주로 돼지의 아래턱과 머리뼈이며 드물게는 사슴과 노루의 아래턱뼈도 있다. 여기에서는 새끼돼지뼈가 많은 것이 주목된다.

묻힌 사람의 특이한 점은 5기(2호·7호·8호·12호·31호)의 무덤에서 성년 여자와 어린아이가 함께 묻힌 어울무덤이 조사되었다는 것이다. 7호는 성년 여자와 10살의 남자 아이, 12호는 성년 여자와 8~9세의 어린이로 밝혀졌는데 이것은 아마 모자(母子)간일 가능성이 높은 것으로 해석된다.[20]

껴묻거리를 보면 토기는 45기의 무덤방에서 모두 309점이 출토되었다. 9호에서는 21점이, 2호와 20호에서는 19점 등 상당히 많이 조사되었다. 토기의 종류는 단지, 항아리, 바리, 접시, 잔 등 여러 가지가 있으며 바탕흙은 주로 굵은 모래가 많고 드물게 가는 모래나 조가비 가루를 사용하였다. 토기의 입술, 목, 어깨, 몸통 부분에 삼각형 오목 구멍무늬, 둥근 점무늬, 손톱무늬, 덧무늬 등이 있다. 또 바리나 항

19. 최호현, 2014. 「중국 동북지역 전기 청동기 문화 재조명―張家堡 A洞窟墓를 중심으로」, 『고조선 단군학』 31, 386~390쪽.

20. 강인구, 1980. 「앞 글」, 52~54쪽.

아리의 몸통에 귀[耳]가 붙어 있는 것이 특징이며, 가로 꼭지, 젖꼭지 모양의 장식적인 의미를 지닌 덧띠가 붙어있는 토기도 있다.

그리고 42호에서는 33점의 껴묻거리 가운데 화살촉이 21점이나 조사되어 묻힌 사람의 신분 관계를 시사하며, 39호 무덤은 성년 여성이 묻혔는데 목 부분에 조가비로 만든 구슬 14점과 돌구슬 705점이 함께 찾아져 당시의 묻기와 살림살이를 이해하는데 도움이 된다. 14호에서는 묻힌 사람의 오른쪽 팔 소매의 옷감이 발견되었는데 분석 결과 마류(麻類)의 섬유 직물로 밝혀졌다.

9. 본계 산성자 B동굴유적

산성자 B동굴은 해발 500m쯤 되는 태자하의 샛강인 탕하(湯河) 가장자리인 산성자촌 동묘후산(東廟後山)에 있다. 동굴 입구는 남쪽을 바라보며 너비는 7.7m, 높이 2~3m이다. 이 동굴은 동쪽과 서쪽으로 나누어지는데 동쪽 굴은 길이가 10m, 너비 9m 이고 가운데에서 청동기시대의 무덤이 찾아졌다.[21]

이 동굴의 층위는 5개층으로 구분되며, 2층에서 11기의 무덤이 발굴되었다. 무덤의 분포는 동굴의 동쪽에 불규칙하게 2줄로 5기가, 서쪽에 2줄로 6기가 자리한다. 무덤방의 구조는 대부분 돌을 쌓아 만든 작은 돌덧널이며, 크기는 72~185×50~125×20~30㎝쯤 된다.

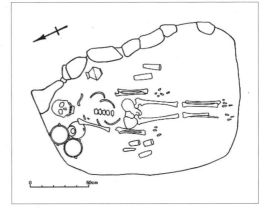

그림 5. 산성자 B동굴 8호 무덤 평면도

묻기는 모두 홑무덤이고 묻은 방법은 화장을 하지 않은 바로펴묻기(1기 : 8호)(그림 5), 제자리 화장무덤(1기 : 10호), 간골화장무덤(8기 : 2~7호, 9호, 11호) 등 3가지로 구분된다. 8호는 주검 위에 판자

21. 遼寧省文物考古研究所·本溪市博物館, 1994, 『앞 책』, 216~248쪽.

사진 13. 본계 산성자 B 동굴 5호 무덤　　　　　　　　사진 14. 본계 산성자 B 동굴 7호 무덤

돌 3개를 얹어 놓았고, 4호는 무덤방에 재가루와 뼈조각이 섞여서 퇴적되어 있는 것으로 보아 상당히 높은 온도에서 화장이 이루어졌던 것 같은데 토기, 가락바퀴, 돼지 아래턱 등의 껴묻거리는 완전하여 화장을 한 다음 껴묻기한 것 같다(사진 13·14).

이곳에서는 껴묻거리가 343점이 조사되었다. 생산 연모는 돌도끼, 돌자귀, 돌삽, 돌칼, 돌끌 등 종류가 다양하고 날이 날카로워 뛰어난 전문 제작 기술을 가진 사람들이 만들었던 것 같다. 특히 돌도끼는 크기가 여러 가지인데(큰 것 : 17.8~22.5× 8~10㎝, 작은 것 : 13.5㎝) 쓰임새에 따라 달랐던 것 같다. 토기는 표면을 매끄럽게 갈아서 만든 몸통에 구멍이 뚫린 것이 있는데 명기로 여겨진다.

10. 본계 산성자 C동굴유적

이 유적은 동묘후산 서쪽의 남쪽 기슭에 자리하며 B동굴과는 95m쯤 떨어져 있고, 소탕하의 강바닥보다 약 30m 높은 곳에 위치한다. 동굴의 입구는 남쪽이고 위가 넓고 아래가 좁은 모습으로 높이는 1.9m, 너비는 1.2~2m쯤 된다.[22]

---

22. 遼寧省文物考古研究所·本溪市博物館, 1994, 『위 책』, 248~266쪽.

무덤은 2~4층에서 12기가 조사되었다. 분포는 약 13.5㎡ 되는 아주 좁은 면적에 밀집되어 있어서 서로 겹쳐 있는 경우도 있다(사진 15).

묻기는 화장을 하지 않은 무덤 1기(8호)와 제자리 화장무덤 1기(10호), 간골화장무덤 10기(1~7호, 9호, 11호, 12호) 등으로 구분된다. 8호와 10호는 바로펴묻기를 하였다(그림 6).

껴묻거리 가운데 9호에서 나온 치형기(齒形器)와 2호에서 찾아진 미송리형 토기는 시사하는 점이 많다. 치형기는 톱니날이 있는 바퀴 모양으로 가운데 구멍이 뚫려 있어 회전식 연모로 해석되며, 옥(玉) 가공에 사용되었을 것으로 보고 있다. 미송리형 토기는 전체를 갈아 검은색을 띠며 목과 어깨 부분의 경계가 뚜렷하다. 몸통에 초생달 모양 덧띠 손잡이가 있고 3줄의 묶음띠무늬가 5곳에 있다.

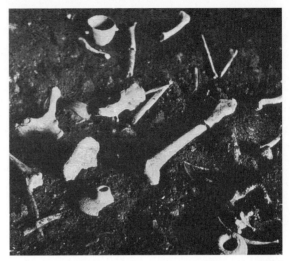

사진 15. 본계 산성자 C 동굴 9호 무덤

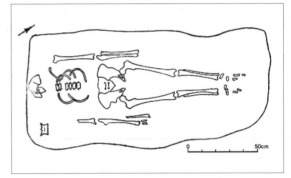

그림 6. 산성자 C동굴 8호 무덤 평면도

한편 껴묻거리가 대칭을 이루면서 무덤방에 놓인 점도 주목된다. 10호는 어깨 양쪽에 단지와 항아리, 돌쐐기와 돌자귀가 놓여 있었다. 11호는 동쪽 벽에 잔과 돌끌, 단지와 가락바퀴가 있었다.

11. 본계 북전 A동굴유적

이 동굴은 마성자 A동굴유적에서 4㎞쯤 떨어진 북전촌의 남쪽 산기슭에 위치

사진 16. 본계 북전 A
동굴 유적

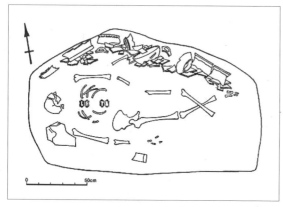

그림 7. 북전 A동굴 4
호 무덤 평면도

한다. 태자하의 강바닥보다 약 50m 높은 곳에 있으며, 마을 사람들은 '방우동(放牛洞)'이라고 부른다. 동굴 입구는 동쪽으로 삼각형의 모습이고 너비 3m, 높이 4.4m 이며 길이는 약 20m쯤 된다(사진 16).

층위는 크게 3개 층으로 구분되며 2층에서 4기의 무덤이 발굴되었다.[23]

무덤은 모두 동굴 입구 쪽에서 찾아졌으며, 2호와 4호는 북쪽 벽 옆에 자리한다. 무덤의 평면 모습은 모 없는 긴 네모꼴이고, 무덤방의 구조는 4호만 가장자리에 돌이 있고 나머지는 구덩이다(그림 7). 묻기는 모두 홑무덤이고, 방법은 제자리 화장무덤(3기)과 간골화장무덤(1기)이 있다. 3기의 무덤에서 돼지·양·개의 아래턱, 사슴의 팔·다리뼈가 껴묻기되어 짐승뼈를 묻는 장례 습속이 보편적이었던 것 같다.

12. 본계 수동 동굴유적

본계현 소시진 사가위자촌에서 서쪽으로 1.5km쯤 떨어진 태자하 남쪽 가장자리에 있는 석회암동굴이다. 동굴 입구는 반달모양으로 남북 방향이며 너비 20m, 높이 5.75m쯤 된다. 1961년 처음 찾아져 주변 지역과 함께 발굴조사된 다음 1983년

---

23. 遼寧省文物考古研究所·本溪市博物館, 1994, 『위 책』, 266~275쪽.

에 다시 발굴하였다.[24]

발굴 결과 3개의 층위가 확인되었다. 1층은 교란층이고 2층은 역사시대(金·元 시기) 문화층, 3층(황색 모래흙층)이 청동기시대 문화층이다.

청동기시대 문화층에서는 가장 밑에서 늦은 신석기시대의 고운 모래질의 항아리 조각도 찾아졌지만 대부분 청동기시대의 토기와 석기들이다.

토기는 손으로 만든 민무늬가 대부분이며 모양은 단순하다. 다리 모양 가로 손잡이, 겹입술 부분, 둥근 밑바닥 등이 찾아졌다. 토기를 만든 방법을 보면, 밑부분과 몸통, 손잡이를 따로 만든 다음 서로 붙이고 겉면을 매끈하게 손질하였다. 석기는 가락바퀴, 그물추, 구멍 뚫린 것 등이 있다.

수동 동굴에서 무덤의 구조나 사람뼈가 찾아지지는 않았지만 출토 유물로 볼 때 산성자 B동굴과 상당히 비슷하여 시사하는 점이 크다.

13. 의주 미송리동굴유적

이 유적은 압록강의 샛강인 한천이 흐르는 경치 좋은 석회암지대에 자리하고 있다(사진 17). 한천의 강바닥에서 16m 높이에 위치하며, 입구는 남쪽과 서쪽의 두

사진 17. 의주 미송리 동굴 유적

24. 齊俊·劉興林, 1988, 「앞 글」, 20~26쪽.

곳에 있다.[25]

　동굴의 퇴적층을 조사한 결과, 표토층 / 진흙층 / 검은 부식토층(선사시대층)으로 구분되며, 선사시대층은 엇빗금무늬가 새겨진 토기가 출토된 신석기층과 미송리형토기를 비롯한 여러 가지 유물이 찾아진 청동기시대층으로 나누어진다. 이 동굴 유적에서 무덤과 관련된 유구는 찾아지지 않았지만 10여 개체 이상의 사람뼈 조각들이 찾아져 동굴 안에 무덤이 있었던 것으로 해석된다.

　무덤이 조사된 층에서는 미송리형토기 이외에도 청동도끼·돌끌·화살촉·대롱옥·가락바퀴(돌·흙)·뼈바늘·뼈송곳 등 여러 가지가 찾아졌다.

　청동 도끼는 등쪽이 주머니같은 투겁도끼[銎斧]이고 크기는 등에서 날까지가 4.5㎝, 날 너비가 5㎝이며 날의 양쪽이 버선코 모양으로 튀어나왔다. 이것은 비파형동검 문화기의 대표적인 청동기 가운데 하나이다. 화살촉은 편암을 감으로 한 것이 16점이나 찾아졌는데 슴베없는 촉과 슴베있는 날개촉이 함께 있다.

　토기는 목 달린 단지를 비롯하여 보시기형 토기·큰 바리·굽 높은 대접 등 여러 가지가 찾아졌다. 특히 목 달린 단지의 생김새는 아가리가 넓고 목이 조금씩 좁아져 몸통과 경계를 이루는 곳은 잘룩하며, 배가 점점 부르다가 밑으로 가면서 가늘어지는데 마치 표주박의 아래·위를 잘라놓은 것 같다. 겉면은 갈았고 몸통에 손잡이가 있으며, 목과 몸통 부분에 띠무늬[帶線文]가 있다. 바탕흙은 모래가 많으며, 색은 흑갈색·적갈색·흑회색이다. 이처럼 손잡이, 생김새, 무늬 등의 특징으로 볼 때 특이한 점이 있어 미송리형토기라고 부른다.

　그리고 동굴의 서쪽 입구에서 출토된 미송리형토기 안에는 새뼈로 보이는 작은 뼈가 담겨 있어 주목된다. 이밖에도 보존 상태가 좋은 꿩·말사슴·돼지 등의 짐승뼈가 찾아졌다. 이 짐승뼈 가운데는 집돼지로 보이는 크기가 작은 아래턱뼈와 전체 짐승뼈의 절반을 넘는 사슴과의 뼈가 출토되었다.[26] 사슴뼈는 뼈의 양과 개체 수로

25. 김용간, 1963a. 「미송리유적의 고고학적 위치」『朝鮮學報』26, 199〜222쪽 ; 1963b. 「미송리 동굴유적 발굴보고」『고고학자료집』3, 1〜19쪽.
26. 김신규, 1963. 「미송리 동굴유적의 동물 유골에 대하여」『고고학자료집』3, 20〜34쪽.

보아 가장 많아, 사냥이 이 시기에도 살림살이의 중요한 역할을 차지하였던 것 같다.

이러한 자료는 당시 사회의 장례 습속을 이해하는데 중요한 의미를 지닌다.

14. 덕천 승리산동굴유적

평남 덕천군 승리산에 있으며, 시기를 달리 하는 구석기시대와 청동기시대의 문화층이 조사되었다. 대동강의 샛강인 시량강과 청송강 사이의 석회암지대이며, 강 바닥에서 17~18m 되는 높이에 동굴이 있다(사진 18). 이곳에는 많은 자연동굴이 있는데 발굴조사된 동굴은 동남쪽 기슭에 있다. 동굴의 입구는 궁륭식이고 너비 7m, 높이 약 7.5m쯤 된다.[27]

무덤은 동굴 입구에서 6m쯤 들어간 동북쪽 구석 부분의 모래층에서 찾아졌는데, 이곳은 지표에서 약 50cm 아래의 황색 모래질 진흙층(3층)이다. 무덤방은 길이 20cm쯤 되는 석회암을 쌓아서 만들었는데 길이 160cm, 너비 50cm, 높이 10~15cm 되는 긴 네모꼴이다. 바닥에는 작은 돌들이 놓여 있고 그 위에 약 5cm 두께쯤 검은 부식토를 깔았다. 거의 완전한 모습으로 발견된 주검의 머리 방향은 동북쪽이며, 머리 밑에는 베갯돌로 여겨지는 판판한 돌이 있었다. 앞팔뼈는 ×모양으로 겹놓여 있었다. 무덤방과 주검의 모습으로 볼 때 굽혀묻기를 하였고 뼈로 보아 여자가 묻힌 것으로 해석된다.

꺼묻거리는 조가비와 옥구슬이 있으며, 옆에서 미송리형토기와 묵방리형토기 조

사진 18. 덕천 승리산
동굴 유적

27. 고고학연구소, 1978, 「덕천 승리산유적 발굴보고」참조.

각이 찾아졌다. 한편 이 무덤의 바로 위에 있던 석회암 덩어리 속에서는 여러 개체의 사람뼈와 유물이 찾아졌다. 사람뼈의 출토 모습을 보면 동북쪽 끝에서는 다리뼈·아래턱뼈·갈비뼈·무릎뼈가, 남쪽에서는 다리뼈·아래턱뼈 등이 발굴되었다. 이곳에서 조사된 사람뼈는 어른 남녀와 어린 아이 2개체로 밝혀졌다. 껴묻거리는 돌화살촉, 조가비, 토끼 아래턱뼈 등이 있다.

승리산 동굴유적에서는 비교적 화석화가 덜된 개, 돼지, 소뼈 등이 발굴되었다. 이곳에서는 비슷한 시기의 다른 어느 유적보다도 많은 짐승뼈가 찾아져 당시 살림과 사회상을 이해하는데 도움이 된다. 이처럼 승리산 동굴유적은 동굴 자체가 무덤이었으며, 거의 같은 시기에 여러 사람이 묻힌 집단무덤으로 해석된다.

15. 무산 지초리 동굴유적

이 동굴유적은 군 소재지에서 북쪽으로 20㎞쯤 떨어진 두만강의 언저리에 위치한다. 이곳은 두만강의 서쪽으로 바위 절벽이고 그 사이에 여러 동굴이 있다. 조사된 동굴은 입구가 남쪽이고 길쭉한 반달모양으로 길이는 7.3m쯤 된다. 동굴 안에서 무덤이 1기 발굴되었고 동굴 바깥의 서쪽 바위에서는 바위그림이 조사되었다.[28]

무덤은 입구에서 2m쯤 들어간 곳에 자리하며 지표에서 20㎝쯤 아래에 위치한다. 조사 결과 긴 네모꼴로 움을 파고 그 바닥에 강돌을 깐 다음 넓적한 판자돌을 이용하여 무덤방을 만들었다. 벽은 두께 10㎝쯤 되는 현무암을 이용하였다. 무덤방의 긴 벽은 남북쪽이고 크기는 210×85×40~45㎝이며, 바닥은 잔자갈을 깔고 그 위에 부드러운 흙을 폈다. 무덤방의 북쪽에서 40㎝쯤 떨어진 곳부터 머리뼈, 등뼈, 갈비뼈, 팔뼈가 놓인 점으로 보아 바로펴묻기를 한 것 같다(그림 8). 그 위쪽에는 단지와 굽접시, 바리, 토기조각, 가락바퀴와 대롱구슬 등이 있었다.

단지는 아가리의 끝부분이 바깥으로 바라졌으며, 위쪽에 꼭지 모양의 손잡이가

28. 서국태, 2004, 「무산군 지초리유적에 대하여」 『조선고고연구』2, 9~14쪽.

한 쌍 붙어있다. 납작밑이며 겉면은 붉은 색을 띤다.
높이 25.5㎝, 아가리 지름 19㎝. 바리는 그 모습이 화
분형 토기이며 아가리 끝이 바깥으로 바라졌다. 납작
밑이고 검정색의 간토기다. 높이 12.7㎝, 아가리 지
름 12.8㎝. 굽접시는 아래쪽이 나팔 모양이고 부분적
으로 깨어졌는데 남은 상태로 보아 무늬가 있었던 것
같다. 현재 높이 12㎝, 아가리 지름 21㎝. 나머지는
조각이며 아가리 부분이다. 토기의 겉면은 붉은 갈색
이다. 가락바퀴는 짐승뼈를 이용하였는데 구멍 부분
이 도드라지게 손질되었다. 지름 4㎝. 보편적으로 가
락바퀴는 흙이나 돌로 만들었는데 이것처럼 드물게

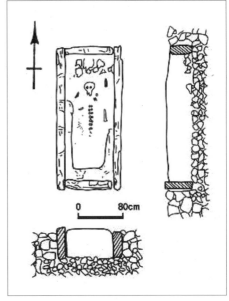

그림 8. 무산 지초리
동굴무덤 무덤짜임새

는 짐승뼈를 이용한 것이 무산 범의구석[虎谷洞] 유적에서도 조사되었다. 대롱구슬
도 가락바퀴처럼 짐승뼈를 손질하여 만들었다. 크기로 볼 때 2점이 서로 다르다.

　　한편 동굴 바깥에서는 바위그림이 조사되었다. 이 바위그림은 새기기 전에 먼저
길이가 6m쯤 되게 구획을 한 다음 쪼기 수법으로 만들었다. 새긴 무늬는 타래무
늬, 번개무늬, 동심원무늬, 마름모무늬 등이 있다. 이곳의 바위그림은 그동안 여러
의견이 있는 한반도 남부지역 바위그림의 기원과 전파에 관한 견해를 정리하는데
큰 도움이 될 것이다.[29]

　　지초리 동굴유적의 연대는 신석기시대의 늦은 시기와 청동기시대에 해당한다는
의견이 있다. 이 동굴에서 조사된 유물이 비교적 가까운 거리에 있는 범의구석 유
적의 제4기에 해당한다는 의견이 제시되었는데 무덤에서 조사된 토기와 뼈유물로
볼 때 청동기시대에 해당하는 것으로 여겨진다.

29. 하문식, 2002, 「북한의 유적 답사와 고고학계 연구 동향」『白山學報』64, 333쪽 : 최광식, 2007, 「북한의
　　무산군 지초리 암각화」『先史와 古代』26, 307∼310쪽.

Ⅳ. 유적의 분포와 입지

앞에서 살펴본 것처럼 여기에서 분석한 고조선 시기의 여러 동굴무덤은 요북지역의 본계와 무순(신빈), 압록강 유역의 의주, 시량강 유역의 덕천 등에서 조사된 것이다. 이들 유적의 지리적인 관계와 지형적인 관점에서 몇 가지를 언급하고자 한다.

대부분의 동굴무덤이 발굴된 본계와 신빈 지역은 태자하(太子河) 유역에 자리한다. 이 지역은 강의 상류인 신빈 지역부터 본계까지 거의 전역에 걸쳐 유적이 분포하는 것으로 밝혀졌다.

태자하의 발원지는 두 갈래로 나누어지는데 북쪽은 신빈현 평정산향(平頂山鄕) 홍안구(鴻雁溝)이고, 남쪽은 본계현 동영방향(東營坊鄕) 양호구(洋湖溝) 초모정자산(草帽頂子山)이다. 북쪽과 남쪽에서 시작된 물줄기는 관음각(觀音閣)댐이 있는 마성자촌에서 합류한다. 이어 서남쪽으로 계속 흘러 요양(遼陽)을 지나 사하(沙河)를 합한 다음 해성(海城)과 반금(盤錦) 사이의 서사진(西四鎭) 인근에서 혼하(渾河)를 만나 대요하(大遼河)가 된다. 그리고 태자하를 옛부터 연수(衍水), 대량수(大梁水), 동량하(東梁河), 태자하(太資河)라고 불러 왔다.

태자하의 상류 지역은 남북으로 천산산맥, 동남쪽으로 장백산맥이 뻗어 있고 비교적 높은 지대로 해발 300~500m쯤 된다. 또한 주변의 높은 산줄기 때문에 산세가 험하여 최근까지도 외부와 단절된 지역이고 폐쇄된 곳이 많다. 동쪽에서 서쪽으로 흐르는 물줄기는 지형을 따라 흐르기 때문에 강굽이 현상이 많아 토지가 비옥하고 식생이 풍부하여 옛사람들이 터전을 잡고 살림을 꾸리기에 좋은 조건을 갖추었다.

미송리유적은 마을의 동남쪽에 자리한 낮은 구릉의 언덕에 자리한다. 이곳의 지세를 보면 동굴 입구에서 30m쯤 떨어진 곳에 서쪽으로 흐르는 하천이 있는데 이 물줄기는 7㎞쯤 흐른 다음 압록강에 합하여진다. 승리산 동굴유적은 낭림산맥을 따라 강줄기가 있는 대동강의 상류 지역에 자리한다. 이곳은 대동강의 샛강인 시량강과 청송강의 사이에 위치한다. 주변에는 여러 곳에 자연동굴이 있으며, 유적은 동남쪽 비탈에 있다.

한편 여기에서 언급한 동굴무덤은 모두 자연동굴인데 이것은 지질 환경과 밀접한 관계가 있다. 특히 이런 자연동굴은 구석기시대부터 사람들이 살림을 꾸린 장소인데 바위그늘 유적과 함께 선사시대 사람들의 생활상(生活相)을 알 수 있는 좋은 자료 가운데 하나다.

　태자하 유역과 압록강·대동강 유역에 분포하고 있는 동굴무덤은 지질적인 측면에서 동굴의 형성 시기와 요인, 당시의 환경 조건 등 여러 중요한 시사를 하고 있다. 태자하 유역의 동굴무덤이 분포하는 이곳은 카르스트 지역이고 동굴이 캠브리아(Cambria)기부터 오르도비스(Ordovice)기 사이에 형성된 것으로 밝혀졌다. 동굴은 주로 지각운동으로 습곡이 형성되면서 그 사이에 틈이 생겨 만들어진다. 그리고 여러 차례의 조산운동으로 인하여 복잡한 지질 구조를 가지며, 동굴 내부의 구조가 다양해진다.

　승리산유적이 있는 대동강 유역과 그 남쪽 지역은 지질학 분야에서 '상원계'라고 할 만큼 석회암이 발달한 지질 구조를 가지고 있다.[30] 따라서 이 지역은 상당히 많은 자연동굴이 있으며, 옛사람들의 살림살이를 밝히는데 많은 도움이 된다. 특히 북한 학계에서는 1960년부터 이 지역에 자리한 상원 검은모루 동굴유적에 대한 발굴을 비롯하여 금천, 해상, 청청암, 만달리, 대현동, 금평, 용곡 동굴 등을 집중적으로 조사하여 많은 연구 성과를 얻었다. 이런 여러 동굴유적의 조사 목적은 거의가 구석기시대에 해당하는 연구 자료를 얻는 것이다. 그러나 승리산 유적이나 용곡 동굴, 금평 동굴처럼 그 다음 시기의 유구와 유물이 찾아져 옛문화의 계승성, 살림을 위한 여러 조건 등을 이해하는데 큰 도움이 되는 유적들이 있다(사진 19).

사진 19. 상원 용곡 동굴 유적 : 석회암 지대인 상원계에 발달한 동굴

──────────────
30. Ri Sok Ryul, Om Hye Yong, 1996. "Middle—Upper Proterozoic Era", *Geology of Korea*, pp.52∼74.

V. 무덤의 구조

여기서 살펴보고 있는 동굴무덤은 이 시기의 다른 무덤보다 1차적으로 공간의 제한을 받고 있기 때문에 무덤을 만들 때부터 공간의 확보와 무덤의 배치가 상당히 중요한 의미를 지니고 있었을 것이다. 실제로 미송리, 승리산, 지초리 동굴무덤은 무덤방이 조사되지 않았거나 1기 정도 발굴되었기 때문에 대규모의 동굴무덤이 조사된 태자하 유역의 자료와는 상당히 많은 차이가 있다.

이런 몇 가지 점을 자세히 살펴보면 동굴무덤의 구조를 이해하는데 참고가 된다.

사진 20. 광서 파왕(岜旺) 동굴 무덤 모습

이 지역에서 조사된 동굴무덤의 구조는 고인돌, 돌널무덤, 돌덧널무덤 등 같은 시기에 축조된 무덤과는 다르게 대부분 맨땅을 조금 판 다음 주검을 넣고 묻은 널무덤이다. 무덤의 구조에 있어 나타나는 이런 특징은 축조 시기 차이와 관련이 있거나 아니면 동굴이 지닌 여러 특성 – 예를 들면 편평하지 못한 바닥, 돌을 가지고 무덤방을 축조하기 어려운 조건, 무덤을 덮을 수 있는 흙의 부족함 등 – 으로 인하여 완벽한 무덤방을 만들기 어렵고 매우 한정된 공간을 최대한 활용하여야 여러 무덤을 만들 수 있기 때문일 가능성이 많다.

이 글에서 분석하고 있는 동굴무덤은 1차적으로 동굴 그 자체가 무덤방을 이루고 있으며(사진 20), 그 다음에는 동굴 안에서 개별적으로 별개의 무덤방이 축조된 독특한 모습이다.[31] 이런 경우 동굴은 고인돌의 덮개돌

31. 중국 광서성에서 조사된 신석기~기원 전후 시기의 여러 동굴무덤은 고조선 시기의 동굴무덤보다 무덤방의 구조가 간단하면서 단순하여 약간의 차이가 있다.
廣西文物考古研究所·南寧市博物館 엮음, 2007. 『廣西先秦岩洞葬』 참조.

처럼 묘표(墓表)의 기능을 하였을 것으로 해석된다.

동굴무덤에 이용된 무덤방의 구조는 크게 널을 비롯하여 돌널, 돌덧널, 돌무지 등으로 구분해 볼 수 있다.[32]

이런 무덤방의 분류 기준에 따라 발굴조사 결과가 비교적 자세하게 보고된 마성자 A·B·C동굴, 장가보 A동굴, 산성자 B·C동굴, 북전 A동굴을 중심으로 몇 가지 특징을 분석하면 다음과 같다.

표 1. 여러 동굴에서 조사된 무덤방 구조(기)

동굴\무덤방	마성자A	마성자B	마성자C	장가보A	산성자B	산성자C	북전A	모듬
널	28(96.6)	12(85.8)	21(91.3)	46(88.6)	·	12(100)	4(100)	123(84.9)
돌덧널	·	2(14.2)	2(8.7)	2(3.8)	11(100)	·	·	17(11.7)
돌널	1(3.4)	·	·	4(7.6)	·	·	·	5(3.4)
모듬	29	14	23	52	11	12	4	145(100)

(%)

제한된 자료이지만 무덤방 선호도를 보면 145기의 무덤 가운데 널이 123기 (84.9%)로 가장 많고 그다음은 돌덧널, 돌널 순이다. 이렇게 같은 동굴에서도 무덤방의 구조에 있어 차이가 있는 것은 여러 관점에서의 해석이 가능하지만, 무엇보다 당시의 장례 습속, 주변 환경이 큰 영향을 미쳤을 것이다.

조사된 동굴 가운데 한 곳에서 널무덤 이외에도 돌널무덤, 돌덧널무덤 등 여러 가지의 무덤방 구조가 확인된 장가보 A동굴의 자료는 다른 동굴무덤과 비교된다. 그리고 산성자 B동굴에서는 돌덧널만 조사되었고, 산성자 C동굴은 널무덤만 있는 점이 주목된다. 이들 산성자 동굴무덤은 가까운 거리에 자리하고 있지만 무덤방 구

---

32. 묻힌 사람의 머리 부분이나 무덤방의 일부 바닥에 판자돌[板石] 또는 모난돌[石塊]이 놓인 경우를 "底石型"으로 구분한 것도 있다(오대양·백종오, 2015. 「馬城子文化 洞窟墓의 型式과 展開 樣相」「東아시아 古代學」40, 17~18쪽).
하지만 이것은 하나의 완성된 독립적인 무덤방의 구조라기보다는 돌널이나 돌덧널로 발전하는 과정에 있는 과도기적 성격을 지닌 것으로 판단된다.

사진 21. 길림 성성초
돌널 무덤 (서단산문화)

조에서는 완전히 다른 모습을 보여주고 있다. 무덤에 껴묻기된 유물에서 큰 차이가 없는 점으로 보아 이것은 장례습속과 깊은 관련이 있는 것 같다.

한편 돌널무덤의 경우 지리적인 위치, 유적의 형성 시기 등을 고려하여 돌널무덤이 대표적인 문화 징표 가운데 하나인 서단산문화의 기원을 마성자문화에서 찾으려는 선행 연구도 있다(사진 21).[33] 장가보 A동굴처럼 시기 차이를 두고 여러 무덤방이 한 곳에서 축조된 것은 당시의 사회 발전과 관련이 있는 것으로 해석된다. 다시 말하여 동굴무덤이 만들어진 이 시기는 잉여 생산물, 직업의 전문화 등 사회적으로 큰 변혁기에 속하며, 사회 발전 단계와 밀접한 연관이 있고 복합사회의 성격을 지닌 단계로 이해된다.[34]

특히 나무널(덧널?)이 축조되었을 가능성이 제기되고 있는 장가보 A동굴의 42호는 무덤방의 구조가 다른 무덤과는 뚜렷한 차이가 있다. 이 무덤방은 조사 과정에 두께가 2㎝쯤 되는 나무판자가 부분적으로 확인되었다. 그렇다면 무덤방은 먼저 주변에서 구하기 쉬운 막돌을 가지고 돌덧널을 만든 다음 그 안쪽에 나무판자를 이용하여 나무널을 짜고 주검을 처리한 것으로 판단된다.

동굴무덤의 구조에서 지역적으로 특이한 점이 조사되어 주목된다. 태자하 유역의 상류인 신빈 지역에서 발굴된 소홍석립자, 동산, 남둔 동굴무덤은 태자하 중류에서 찾아진 동굴무덤에서는 없는 특이한 무덤 구조를 지니고 있다.[35] 상류 지역의 이들 무덤에서는 돌을 쌓아서 만든 구조가 조사되었다. 이런 구조의 돌무지무덤은 크게 두 가지로 구분된다. 그 가운데는 하나의 돌무지가 무덤방을 이룬 것이고, 다른 것은 따로 축조된 2개의 돌무지가 하나의 무덤을 이루는 것으로, 축조 방법이나

33. 이종수, 2008, 「西團山文化 石棺墓의 特徵과 起源에 대하여」 『先史와 古代』 28, 239~242쪽.

34. 한국고고학회 엮음, 2006, 『계층 사회와 지배자의 출현』 참조.

35. 武家昌·蕭景全, 2002, 「앞 글」, 169~171쪽.

껴묻거리에 있어 약간의 차이가 있다. 돌무지무덤의 구조에서 돌틈 사이에 끼어 있는 토기 조각이나 가락바퀴 조각, 조가비 구슬 그리고 사람뼈 조각 등을 무덤 축조 후 관리하면서 틈을 막기 위하여 있었던 일종의 장례 습속으로 보는 견해가 있다.[36] 그러나 동굴무덤 그 자체가 어느 정도 폐쇄된 공간에 축조된 것이므로 야외의 다른 무덤에 비해 관리를 할 필요가 없기 때문에 다른 관점에서의 해석이 필요하다. 돌무지무덤에 묻힌 사람이 화장된 것으로 밝혀졌기에 아마도 이것은 큰 뼈를 1차적으로 무덤방에 묻은 다음 뼈 부스러기를 의례에 이용된 여러 유물들과 함께 처리하는 과정에 돌무지 속으로 끼워 넣었을 가능성이 많은 것 같다.

이런 무덤 구조는 지역과 시기적인 차이가 있지만 요남지역 돌무지무덤과 비교되는 것으로(사진 22) 요북지역에서 앞으로 여러 자료가 조사되어 많은 해석이 시도된다면 기원과 시기 등 문화상 이해에 많은 도움이 될 것이다.

동굴무덤의 조사 결과를 보면 무덤이 집중된 태자하 유역의 여러 동굴에서는 일정한 묘역의 범위에 비하여 상당히 많은 무덤방이 조사되었다. 이것은 한정된 공간을 지닌 동굴의 특성 때문에 제한된 지역을 최대한 활용하기 위하여 당시 사람들이 무덤을 축조하면서 나름대로의 기준과 원칙을 가졌기 때문으로 보인다. 특히 장가보 A동굴과 산성자 C동굴은 무덤방이 겹쳐 있거나 또는 파괴된 다음 바로 그 자리

---

36. 복기대, 2005, 「馬城子 文化에 관한 몇 가지 문제」『先史와 古代』22, 11~12쪽.

사진 23. 광서 감저(敢猪) 동굴 무덤

에 축조한 것도 조사되었다. 이 동굴무덤에서는 서로 다른 3개의 층위에서 각각 52기와 12기의 무덤방이 발굴되었다. 이것은 주검을 처리한 시기의 차이도 있지만, 동굴의 범위와 생김새(지형)에 따른 것으로 해석된다.[37] 또한 무덤방이 자리한 모습을 보면 무덤으로서 지니는 일정한 정연성보다 동굴의 생김새가 고려되어 축조된 것을 알 수 있다(사진 23).

동굴무덤의 무덤방 구조에 대해 조사된 자료를 분석하여 여러 형식을 분류한 연구가 있다.[38] 여기서 형식 분류의 기준으로 설정된 것은 무덤방의 축조에 이용된 재질(돌과 흙)과 축조 방법 등이다. 이런 기준에 따라 동굴무덤이 위치한 지역의 이름을 사용하여 마성자형과 용만형으로 나눈 다음 다시 마성자형은 4가지, 용만형은 2가지로 구분하였다.

그런데 지역에 따라 구분한 마성자형 / 용만형이 다른 지역에서 조사된 동굴무덤에서도 같은 기준으로 적용될 수 있는지 의문이 든다. 또한 매우 한정된 범위에서 찾아진(예 : 용만형) 자료를 토대로 구분의 기준이 된 요소(돌무지 시설)가 보편성을 지녔다고 할 수 있을까 하는 것도 검토되어야 할 것이다.

---

37. 이 문제는 광서성 감저(敢猪) 동굴무덤에 묻힌 사람뼈의 분포 모습과 비교된다.
　　廣西文物考古硏究所·南寧市博物館 엮음, 2007, 『앞 책』, 77～80쪽.
38. 복기대, 2005, 「앞 글」, 10～12쪽.

Ⅵ. 묻기

고조선 시기의 동굴무덤을 축조할 때 당시 사람들은 묻기와 관련된 사회적 습속에 해당하는 여러 행위를 하였을 것이다. 이런 행위는 통과의례로 볼 수 있으며, 강한 전통성과 보수성을 가지고 있고 사회 발전 과정의 여러 문화 요소를 포함하고 있기 때문에 중요한 의미가 있다. 특히 동굴무덤이 축조된 이 시기에는 농경에 따른 잉여 생산, 인구 증가, 장인의 전문화 등 사회적으로 큰 변화가 있었던 것으로 해석된다.

여기에서는 무덤방과 묻힌 사람, 묻기의 방법, 묻기의 절차, 당시 사회의 장례 습속 등 동굴무덤의 축조에 있었던 묻기에 대한 여러 가지를 살펴보았다.

주검을 처리한 묻기의 방법은 무덤방의 크기에 따라 정하여진다. 선사시대에 일반적으로 이용된 묻기의 방법으로는 바로펴묻기[仰身直肢葬], 굽혀묻기[仰身屈肢葬], 엎어 묻기[俯身葬], 옮겨 묻기(두벌묻기), 옆으로 묻기[側身葬] 등 상당히 여러 가지다. 이런 묻기는 당시 사회의 장례 습속과 깊은 관계가 있으며, 이에 못지 않은 요인으로는 무덤의 주변 입지 환경과 관련성이 많다. 앞에서도 언급하였지만 동굴무덤은 동굴이 지니는 공간적인 제한성 때문에 묻기에 있어 많은 영향을 받았을 것으로 여겨진다. 태자하 유역의 동굴무덤을 비롯한 여러 지역에서 이용된 묻기의 방법 가운데 바로펴묻기가 가장 많아 일반적으로 널리 이용된 것 같다. 이것은 이곳의 동굴무덤에서 보편적으로 이용된 장례 습속의 하나인 화장과 관련이 있는 것으로 판단된다.[39]

다음은 무덤방에 묻힌 사람과 서로의 관계에 대한 것이다. 대체적으로 선사시대의 무덤을 조사하면, 무덤방에 주검이 1구(具) 있는 홑무덤이 보편적이지만, 경우에 따라서는 어울무덤처럼 그 이상인 것도 찾아진다. 이 글에서 언급한 동굴무덤의 발

---

39. 하문식, 2009. 「고조선 시기의 장제와 껴묻거리 연구 − 馬城子文化의 예를 중심으로」 『白山學報』83, 75~76쪽.

사진 24. 본계 장가보
A 동굴 2호 무덤

굴 결과 150여 기의 무덤방이 조사되었는데 어울무덤이 6기이고 나머지는 모두 홑무덤인 것으로 분석되었다. 그러므로 당시 사회에서 무덤을 축조할 때 기본적으로 한 무덤방에 1구의 주검을 넣는 것이 널리 이용된 묻기 전통의 하나인 것으로 이해된다.

어울무덤은 지역이 매우 제한적인데 장가보 A동굴에서 5기, 마성자 C동굴에서 1기가 조사되었다. 이들 무덤에서 조사된 결과를 보면 몇 가지 특징이 보인다. 먼저 어울무덤은 묻기의 절차에서 약간의 차이는 있지만 제자리 화장과 간골화장 등이 있었던 것으로 여겨진다. 이러한 묻기는 다른 자료와 비교해 볼 때 특이한 것으로 해석된다. 또 어울무덤인 장가보 A동굴 2호·7호·8호·12호·31호(사진 24), 마성자 C동굴 8호는 묻힌 사람을 보면 부부 어울무덤은 없고 모두 어른과 어린이가 한 무덤방에 묻힌 것으로 밝혀졌다. 이렇게 당시 사회에서 보편적인 묻기인 홑무덤을 하지 않고 어울무덤을 축조한 것은 죽음 그 자체에 특별한 의미가 있었던 것 같다. 이런 어울무덤을 축조하게 된 까닭은 1차적으로 죽음의 원인과 관련이 있다. 다시 말하여 정상적인 죽음이 아니고 예상하지 못한 재난 때문에 죽음을 맞이하였던 것이다. 그런 면에서 보면 어울무덤에 묻힌 어른과 어린이는 모녀 또는 모자 관계일 가능성이 있다. 이와 비교되는 몇 가지 경우가 있는데 먼저 신석기시대의 무덤인 통영 연대도 2호에서는 어른 여자와 신생아가 돌무지를 이룬 무덤에서 함께 조사되었다(사진 25).[40] 또 달성 진천동 유적처럼 청동기시대의 대표적인 무덤인 고인돌에 여자 뼈(20살쯤)와 어린이가 묻혀 있었다.[41] 이처럼 시기에 한정되지 않고 신석기시대부터 청동기시대 이후까지 이루어진 이런 묻기는 고조선의 장례 습속을 이해

40. 한영희·임학종. 1991. 「연대도 조개더미 단애부2」『韓國考古學報』26, 80~109쪽.
41. 강인구. 1980. 「앞 글」, 52~54쪽.

하는데 중요한 의미를 지닌다.

사진 25. 통영 연대도
2호 무덤 : 모자 관계

어울무덤과 관련하여 태자하 유역에서 조사된 동굴무덤 가운데 장가보 A동굴이 주목된다. 이 유적에서는 태자하 유역의 동굴에서 조사된 6기의 어울무덤 가운데 5기나 조사되었다. 비슷한 성격을 지닌 주변의 다른 여러 동굴유적과 비교해 보면 점유율이 매우 높지만, 그 자체적인 특이한 점은 없다. 그런데 장가보 A동굴의 무덤방 구조를 보면 다른 동굴무덤과 차이가 있다. 이 동굴에서는 널무덤, 돌널무덤, 돌덧널무덤 등 여러 가지가 조사되어 앞에서 언급한 어울무덤 문제와 함께 그 성격을 해석하는데 도움이 된다. 먼저 태자하 유역에서 조사 보고된 동굴무덤의 축조 시기 문제에 있어 장가보 A동굴은 상당히 이른 시기(장가보 A동굴 52호)부터 늦은 시기(장가보 A동굴 7호)까지 걸쳐 있는 것으로 판단된다.[42] 그렇다면 장가보 A동굴에서는 상당히 오랜 기간 동안에 무덤이 축조된 것으로 이해된다. 또 무덤방의 분포 범위, 묻기, 무덤 구조 등으로 볼 때 이곳의 무덤은 가족무덤일 가능성이 많다(사진 26).

사진 26. 본계 장가보
A 동굴 42호 무덤

태자하 유역에서 조사된 동굴무덤 가운데 굽혀묻기를 하고 화장을 하지 않은 장가보 A동굴 42호의 무덤방에서 확인된 자료 가운데 묻힌 사람의 두 손을 가슴 위에 엇갈리게 처리한 모습이 찾아졌다. 이것은 의도적으로 「×」자를 한 것으로 볼 수 있으며, 어떤 상징적인 의미가 있는 것으로 해석된다. 보편적으로 「×」자는 없음을 표현하는 것이며, 이것은 곧 죽음을 나타내는

42. 段天璟, 2008. 「馬城子諸洞穴墓葬遺存的分期與相關問題」『邊疆考古研究』7, 74~75쪽.

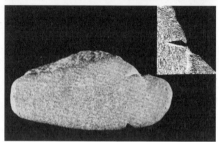

사진 27. 유물에 새겨진 「X」 모양(옥천 안터와 화순 대전 고인돌, 경주 출토 토기의 안쪽과 옆면)

것이다. 이런 의미에서 이 표시는 죽음—저승에 대한 기호의 하나로 쓰였을 것 같다.

　지금까지 이와 관련된 몇몇 자료가 조사되어 서로 비교된다. 무덤에서 발굴된 자료는 덕천 승리산 동굴 무덤이 있고, 이밖에도 서포항 유적의 2호 무덤(청동기시대),[43] 옥천 안터 고인돌,[44] 그리고 화순 대전 고인돌 유적이[45] 있다. 서포항의 경우 묻힌 사람은 남성으로 바로 펴묻기를 하였는데 다리를 서로 엇갈리게 ×모양으로 하였다. 안터와 대전 고인돌에서는 판판한 돌에 갈아서 「×」표시를 새긴 기호가 있는 것이 출토되었다. 또한 삼국시대의 토기 가운데 뼈단지[骨壺]에서도 「×」자 기호가 있어 참고가 된다(사진 27).[46]

　동굴무덤에 주검과 함께 껴묻기된 여러 유물 가운데 제의와 관련이 있는 몇 가지를 살펴보고자 한다.

　발굴된 토기를 보면 의도적으로 깨뜨려 무덤방의 가장자리에 뿌렸던 것으로 판단되는 자료들이 신빈 소홍석립자 동굴무덤을 비롯한 몇몇 유적에서 찾아졌다. 이렇게 주검을 처리하는 과정에 있어 당시 사회에서 널리 유행하던 장례 습속을 사람들이 행하고 있었다는 것은 곧 죽음을 외경스럽게 인식하고 사회·문화적인 배경에서 여러 의식이 이루어졌을 가능성을 보여준다. 이렇게 토기를 깨뜨리고 뿌리는 것은 당시 사회의 사람

43. 김용간·서국태, 1972. 「서포항 원시유적 발굴보고」 『고고민속론문집』4, 112쪽.
44. 이융조, 1979. 『大淸댐 水沒地區 遺蹟 發掘 報告書』, 62쪽.
45. 이융조·하문식, 1990. 『和順 大田 先史文化(Ⅰ)』, 88쪽.
46. 한병삼 등, 1981. 『土器』韓國의 美 5, 236쪽.

들이 죽음의 공포로부터 벗어나기 위한 행위로 죽음을 사회적으로 공인시키는 하나의 의례 과정이었을 것이다.[47] 그런데 이런 의식은 동굴무덤과 같은 시기의 고인돌 유적에서도 많은 자료가 조사되어 서로 비교된다.[48] 동굴무덤이 많이 조사된 태자하 유역과 같은 문화권에 있는 고인돌 가운데 이런 자료가 확인된 유적은 봉성 동산과 서산 고인돌을 비롯하여 개주 화가와보, 보란점 벽류하 고인돌 유적이 있다. 이 가운데 동산 6호 고인돌을 보면 1개체 분의 토기를 깨뜨려 무덤방 가장자리를 돌아가면서 뿌렸는데 그 조각들로 토기를 복원할 수 있다. 그렇다면 이런 행위는 어떤 목적을 가지고 의도적으로 행한 것이다.

다음은 껴묻거리 가운데 산성자 B동굴무덤에서 발굴된 토기가 제의와 깊은 관련이 있는 것 같다. 이 토기는 함께 조사된 다른 토기와 비교하면 몇 가지 점에서 특이한 점이 나타난다. 먼저 살림살이에 이용된 토기는 대체로 제법 크고 사용한 흔적이 관찰되지만, 명기(冥器)는 아주 작으며, 사용의 흔적이 없고 바탕흙은 부드러운 찰흙이며, 토기의 겉면은 매끄럽게 간 흔적이 있다. 또 이 토기의 몸통에 구멍이 뚫려 있어 당시 사람들이 살림에 사용한 토기와는 차이가 있는 것으로 보인다. 구멍이 뚫려 있는 토기는 조사된 자료가 많이 없어 해석에 어려움이 있지만 쓰임새로 볼 때 살림을 꾸리면서 목적을 가지고 뚫은 것은 아닌 것 같고, 껴묻기할 때 당시 사회에 통용된 상징적인 제의 가운데 하나로 여겨진다. 이런 점에서 보면 이 토기와 비슷한 성격을 지닌 것이 장가보 A동굴을 비롯하여 대련 윤가촌(尹家村) 12호 돌덧널무덤,[49] 본계 정가(鄭家) 돌널무덤,[50] 봉성 동산 6호와 동풍 동산 1호 고인돌에서 찾아져 서로 비교된다(사진 28).[51]

동풍 동산 고인돌에서 발굴된 토기는 생김새가 단지이며, 겉면은 홍갈색이면서

47. 이상길. 1994. 「支石墓의 葬送 儀禮」 『古文化』 45, 95~113쪽.

48. 하문식. 1999. 『古朝鮮 地域의 고인돌 硏究』, 299~301쪽.

49. 조중공동고고학발굴대. 1966. 『중국 동북지방의 유적 발굴보고 : 1963~1965』, 116~117쪽.

50. 本溪市博物館 엮음. 2011. 『本溪文物集粹』, 48쪽.

51. 許玉林·崔玉寬. 1990. 「鳳城東山大石蓋墓發掘簡報」 『遼海文物學刊』 2, 1~8쪽 : 金旭東. 1991. 「1987年 吉林東豊南部蓋石墓調査與淸理」 『遼海文物學刊』 2, 12~16쪽.

간 흔적이 뚜렷하다. 또한 납작밑이고 낮은 굽이 있는데 전체 높이는 11㎝쯤 되어 실생활에 쓰인 토기는 아니고 명기일 가능성이 많다. 이렇게 무덤에 껴묻거리를 묻기 위하여 의도적으로 토기를 만들었다는 것은 당시 사회상과 서로 관련이 있을 것으로 해석된다. 즉 고조선 시기의 사람들이 살림살이 연모와 명기를 구분하여 제작한 것은 사회가 분화되어 전문화된 장인 집단이 있을만큼 계층화되었다는 점을 반영하는 것이고, 이것은 사회 구성 관계를 나타내는 중요한 징표로 여겨진다.[52]

의주 미송리 동굴무덤에서는 껴묻기된 토기 안에 새뼈가 있어 주목된다.[53] 이것은 당시 사람들이 동굴무덤을 만들면서 그 때의 장례 습속에 따라 한 의례 행위로 해석된다. 일반적으로 우리가 이해하고 있는 인식의 범위에서 새가 지니고 있는 상징성은 영적인 존재의 의미인데 이와 비교되는 자료가 있다.[54] 새가 지닌 영적 의미는 하늘(天界)과 땅(地界)을 이어주는 상징성을 가지고 있으며 옛 문헌이나 옛 무덤의 조사에서 찾아지고 있다. 옛 사람들이 주검을 처리하는 과정에 축조된 무덤은 영혼과 불멸의 의미를 지니고 있기 때문에 이런 행위가 있었던 것으로 이해된다. 토기 안에 새뼈를 넣는 장례 습속은 고조선 시기의 고인돌과 약간 늦은 시기의 움무덤에서도 조사되었다. 보란점 벽류하 24호 고인돌과 대련 윤가촌 17호 움무덤에 껴묻기된 항아리 안에서 새뼈가 찾아졌는데 이것은 동굴무덤의 자료와 비교된다.[55]

사진 28. 구멍이 뚫린 토기(본계 정가·산성자 B동굴·장가보 A동굴)

52. Goldstein, L., 1981. "One-dimensional archaeology & multi-dimensional people : spatial organization & mortuary analysis", *The Archaeology of Death*, Cambridge Univ. Press, p.54.

53. 김용간, 1961. 「미송리 동굴유적 발굴 중간보고(Ⅱ)」 『문화유산』2, 27~28쪽.

54. 『三國志』 「魏志東夷傳」에 의하면 변한지역에서는 주검을 처리할 때 새 털을 넣는 장례 의례가 있다는 기록이 있다(…以大鳥羽送死其意欲死者飛揚…).

55. 하문식, 1999. 『앞 책』, 300~301쪽 : 조중공동고고학발굴대, 1966. 『앞 책』, 116~117쪽.

마성자 A동굴 25호 무덤은 발굴 결과 돌도끼, 화살촉, 다양한 모습의 토기와 비교적 보존 상태가 좋은 주검이 찾아졌다. 묻힌 사람은 50대 초·중반의 여성으로 분석되었다. 그런데 특이한 점은 묻힌 사람의 왼쪽 허벅지에 화살촉이 박혀 있는 모습이 조사되었다. 발굴 보고자는 이것을 전쟁과 관련시키고 있는데,[56] 동굴무덤이 축조된 시기의 사회상을 보면 잉여 생산물이 있었고 계층화가 이루어져 전문화된 장인 집단이 존재하였을 가능성이 있으므로 이러한 여러 상황들과 연관시켜 볼 수 있다. 아직 고조선 시기에 해당하는 고고학 자료 가운데 이런 예가 없어 비교가 어렵지만, 일본에서는 야요이시대의 이런 자료가 여럿 조사되었다.[57]

다음은 동굴무덤에서 찾아진 묻기에 관한 여러 자료 가운데 화장 문제를 검토해 보겠다. 장례 의식의 행위에 있어 화장은 중요한 의미를 지니고 있다. 일반적으로 화장은 무덤을 만드는 과정에 있어 하나의 통과의례로 이해를 하고 있지만, 주검을 가장 단순하게 처리하는 널무덤보다 많은 경비와 노력이 필요하므로 그 나름대로의 의미가 있을 것이다(사진 29).[58] 또한 화장은 현재까지의 보고된 자료를 보면 신석기시대부터 폭넓게 시행되어 왔음을 알 수 있다.[59] 그렇기 때문에 이러한 장례 방식은 상당히 효율적으로 실시되었을 가능성이 많다.[60]

사진 29. 화장하고 있는 모습 (중국 운남성)

56. 遼寧省文物考古研究所·本溪市博物館, 1994, 『앞 책』, 43쪽.
57. 橋口達也, 2007, 『彌生時代の戰い』표 참조.
58. Tainter, J. A., 1978, "Mortuary practices and the study of prehistoric social systems", *Advances in Archaeological method and theory*, vol. 1, N. Y., Academic Press, p.126 : 張志立, 1990, 「東北原始社會 墓葬研究」『古民俗』, 25~53쪽.
59. 內蒙古自治區昭烏達盟文物工作站, 1963, 「內蒙古昭烏達盟石羊石虎山新石器時代墓葬」『考古』10, 523~524쪽 : 강인구, 1979, 「中國地域 火葬墓 硏究」『震檀學報』46·47, 85~87쪽 : 신숙정, 1994, 『앞 책』, 253~264쪽.
60. Gejvall, Nils-Gustaf, 1970, "Cremations", *Science in Archaeology*, p.469.

이런 몇 가지 점에서 보면, 화장은 당시의 장례 습속에 따라 이루어진 것도 있지만 주변 환경 때문에 실시된 것으로 이해하는 선행연구도 있다.[61] 특히 주검의 보존을 위한 하나의 방법으로 화장을 실시하였다고 이해하고 있는 중국에서는 옛 기록에 비교적 자세히 서술하고 있다. 기록이 있는 옛 책은『列子』,『墨子 : 節葬』,『荀子 : 大略』,『呂氏春秋』,『新唐書 : 黨頂羌傳』,『周易 : 系辭』등으로 상당히 여러 사료에서 화장 문제를 언급하고 있다.[62] 그리고 장례 습속에 따라 화장을 한 이유에 대하여는 몇몇 견해가 있는데 영혼에 대한 숭배 심리, 죽은 사람의 영혼에 대한 두려움, 지리적인 요인 등이 있다.[63] 또한 근대 학문을 교육받은 서양 사람들이 1800년대 중반부터 1900년대 중반까지 중국 전역에 대한 지질 조사 과정에 고고학적 의미를 지닌 여러 유적을 발굴하였다. 그들도 이 시기에 발굴조사된 유적의 성격을 파악하는데 있어 이러한 화장에 대하여 비교적 소상하게 언급을 하고 있다.[64]

한편 고조선 시기의 동굴무덤에서 화장이 이루어진 여러 정황을 살펴보면 묻기에 있어 화장의 중요성을 알 수 있다. 지금까지 조사된 동굴무덤의 무덤방은 150여 기인데 묻기의 방법이나 그 과정을 알 수 있는 것은 141기쯤 된다. 이 141기의 묻기를 보면 화장을 한 것은 127기(90%)이고 하지 않은 것은 14기(10%)로 구분된다. 조사된 이 자료를 자세하게 살펴보면 고조선 시기의 묻기에 대한 방법이나 절차에 있어 화장의 중요성을 알 수 있다. 즉 고조선 시기에 축조된 동굴무덤에서 화장이 이처럼 절대적으로 이루어진 것은 당시 사회의 여러 배경을 알려주는 자료임에 틀림없다. 무덤을 축조할 때 화장에 의한 묻기는 다른 어느 방법보다도 많은 비용이 필요하므로[65] 누구나 할 수는 없는 것이다. 그런데 동굴무덤에서는 화장을 절대 다수로 하였기 때문에 여러 가지를 시사하고 있다. 주검을 처리하는 방법의 하나인 묻

---

61. 王洪峰, 1993,「石棚墓葬研究」『青果集』1, 252~253쪽.
62. 하문식, 2005,「고조선의 무덤 연구 – 중국 동북지역 고인돌과 동굴무덤을 중심으로」『北方史論叢』6, 176~177쪽.
63. 木易, 1991,「東北先秦火葬習俗試析」『北方文物』1, 17~21쪽.
64. J. G. Andersson, 김상기·고병익 옮김, 1954, 『앞 책』, 233쪽.
65. Tainter, J. A., 1978, *op. cit*, p.126.

기가 강한 전통성과 보수성을 지니고 있기 때문에 아무리 쉽게 변하지 않는다고 하여도 화장을 한 배경에는 중요한 의미가 있을 것이다.[66] 여러 이유 가운데 하나는 당시 사회가 복합사회(Complex Society) 단계로 앞 시기에 비해 월등한 생산력을 바탕으로 화장에 소요되는 경비와 노동력을 확보하였을 것이다.[67] 동굴무덤의 발굴 결과를 보면, 사회 발달 과정에 있어 앞 시기와 다른 몇 가지 점이 찾아져 이런 추론을 뒷받침해 준다. 특히 옥 가공 연모인 치형기와 기술 변화를 시사하는 청동기의 생산으로 볼 때 당시 사회에 전문가 집단이 존재하였을 가능성이 많다. 그리고 보편적으로 잉여 생산이 있을 때 나타나는 사회 갈등의 결과로 볼 수 있는 전쟁의 증거가 장가보 A동굴 42호 무덤에서 찾아져 이런 사실을 뒷받침한다.

다음은 화장의 방법에 관한 것으로 제자리에서 한 것은 32기(25.2%)이고 간골화장(揀骨火葬)은 95기(74.8%)이다. 간골화장은 무덤의 바깥 공간에서 화장한 다음 뼈를 정리하여 부위별로 무덤방에 놓은 것으로 지금까지 동북지역에서—특히 요북이나 길림 남부지역— 조사 보고된 특이한 습속이다. 동굴무덤에서 이런 방법이 절대적으로 선택되어 실시된 것은 무덤의 공간 문제와 깊은 관련이 있는 것으로 해석된다. 무엇보다 동굴무덤은 다른 무덤과 비교할 때 이미 한정되어 있는 지역에 축조되기 때문에 공간이 너무 좁아 선택의 폭이 거의 없다. 이런 간골화장법은 태자하 유역과 가까운 길림 남부지역의 동풍 조추구·삼리·두가구 개석식 고인돌에서도 많이 조사되었다.[68]

한편 동굴무덤에서 조사된 화장에 의한 묻기는 동북지역의 고인돌, 돌널, 돌덧널무덤에서도 보편적으로 찾아져 고조선의 중심적인 장례습속이었을 것으로 여겨진다.

---

66. Brown, J. A., 1981. "The Search for rank in prehistoric burials", *The Archaeology of Death*, p.28.

67. 한국고고학회 엮음, 2006. 『앞 책』참조.

68. 金旭東, 1991. 「앞 글」, 20~22쪽.

VII. 껴묻거리

동굴무덤에서 발굴된 껴묻거리는 고조선 시기에 축조된 고인돌, 돌널무덤, 돌무지무덤 등 다른 무덤보다 상당히 많은 편이다. 이렇게 찾아진 껴묻거리는 명기도 가끔 나오지만 대부분 일상 생활에 사용하던 것을 그대로 껴묻기한 것으로 밝혀지고 있어 당시 사람들의 무덤에 대한 사유관을 이해하는데 도움이 된다.

여기에서는 껴묻거리를 크게 석기, 토기, 꾸미개, 청동유물 그리고 짐승뼈 등으로 구분하여 살펴보고자 한다.[69]

1. 석기

석기는 대부분 갈아서 만들었기 때문에 날카로운 날을 지녔으며, 제작 방법을 자세히 보면 상당히 정형화(규격화)된 것으로 연모 생산에 전문가 집단이 관여한 것으로 판단된다.

종류는 도끼, 자귀, 끌, 칼, 삽, 화살촉, 가락바퀴 등으로 나누어진다. 이것은 잉여 생산에 따라 사회가 다원화되면서 쓰임새에 따라 석기를 세분화하였음을 시사하고 있다(사진 30).

돌도끼는 다른 석기들보다 양적으로 제일 많아 여러 정황으로 볼 때 당시 사회의 생산문제와 관련이 있는 것으로 여겨진다. 크기는 30㎝되는 큰 것도 있으며, 단면은 원형 또는 타원형인데 납작한 돌을 이용하여 만든 대형 돌도끼가 많이 출토되었다(사진 31). 이것은 고조선 사회의 생업경제와 연관이 있음을 시사하고

사진 30. 동굴무덤 출토 달도끼(산성자 B 동굴)

<hr />

69. 사실 여기에서 언급한 여러 내용들은 거의가 태자하 유역에서 발굴된 유적이다. 그런데 학계에 보고된 내용보다 포학동 동굴유적을 비롯하여 공가보동 동굴, 화람동 동굴, 편복동 동굴, 노호동 동굴 등의 발굴 자료가 아직 정리되지 않아 껴묻거리를 분석하여 그 성격을 설명하는 데에는 많은 어려움이 있다. 따라서 여기에서는 보고된 유물의 특징을 중심으로 언급하고자 한다.

있다. 평면 모습은 대부분 긴 네모꼴이지만 사다리꼴, 쐐기 모양도 있다. 도끼의 쓰임새에 있어 중요한 날 모습도 기운 날을 비롯하여 곧은 날, 가파른 날[陡刃], 활 모양[弧形] 등이 있다.

돌칼의 평면 모습은 반달 모양, 사다리꼴, 긴 네모꼴, 물고기 모양 등 여러 가지이고 구멍은 대부분 2개가 뚫려 있다. 날은 외날과 안팎날로 구분되며, 안팎날은 두께가 얇아 곡식을 훑기에 알맞다. 지금까지 일반적으로 이 시기의 돌칼을 이삭을 자르는데 쓴 것으로 인식하고 있었지만, 이런 자료는 새로운 시각에서의 접근이 필요함을 보여준다 할 것이다(사진 32).

화살촉은 대부분 슴베가 있으며, 생김새는 버들잎 모양, 세모꼴로 나누어진다(사진 33). 버들잎 모양의 화살촉은 동굴유적과 비슷한 시기의 고인돌 유적에서도 많이 찾아지고 있다.[70]

한편 태자하 유역의 동굴유적에 대한 발굴조사에서 찾아진 석기 가운데 특이한 것이 있다. 보고자는 석기의 생김새에 따라 치형기(齒形器)라고 이름붙였다. 치형기는 산성자 B동굴의 2·11호, 산성자 C동굴의 2호, 마성자 A동굴의 13호 무덤에서 출토되었다. 그 모습은 비행접시와 유사하며 가운데에 원통형의 구멍이 있고, 구멍 안쪽면의 가장자리에는 타래무늬 모양으로 닳은 흔적이 관찰되는데 실용적으로 상당히 많이 사용한 것 같다. 따라서 이 석기의 쓰임새는 회전과 관련이 있는 것 같다. 몸체의 양쪽에는 원통이 높게 자리하며 가장자리에 톱니날을 만들었다. 톱니날 사이의 간격은 비슷하며, 구멍은 한 쪽으

사진 31. 동굴무덤 출토 돌도끼와 돌끌(산성자 B동굴 등)

사진 32. 동굴무덤 출토 돌칼(장가보 A동굴 등)

사진 33. 마성자 동굴무덤 출토 화살촉

70. 석광준, 2002, 『조선의 고인돌 무덤 연구』, 102~103쪽.

로 뚫었다(사진 34). 이런 몇 가지 점을 고려하여 치형기
의 쓰임새를 옥(玉) 가공과 연관시키는 추론이 있다.[71]

그런데 이와 비교되는 유물이 황주 심촌리 중학교 옆
의 팽이형토기 시기의 집터에서 찾아져 주목된다.[72] 이
것은 심촌리 2호 집터의 북쪽 벽 옆에서 돌화살촉, 돌도
끼, 대패날 등의 여러 석기와 함께 반으로 깨어진 채 출
토되었으며, 생김새는 뚜렷하지 않다.[73] 편암을 재질로
하여 둥근꼴(지름 10.4cm)로 납작하게 손질하였으며 가운데에
구멍이 뚫려(지름 2.3cm) 있고 턱이 져 있어 일반적으로 찾아
지는 달도끼와는 조금 다른 모습이다. 그리고 구멍 주위에
높다란 턱이 있고 전체 크기나 구멍을 뚫은 모습 등 외형적인
것이나 이 집터의 시기 문제를 고려해 보면 산성자 B·C동굴이나
마성자 A동굴의 치형기와 비교된다. 현재까지의 여러 자료로 볼 때
이 치형기의 쓰임새, 희소성 등은 고조선 문화의 성격을 이해하는데
좋은 기준이 될 것으로 여겨진다.

사진 34. 산성자 B동
굴무덤 출토 치형기

이밖에도 돌끌이나 돌자귀는 크기가 여러 가지이며 날을 상당히 날카롭게 손질
하였는데, 이것은 살림살이에 사용되었음을 시사한다. 또 당시의 방직기술을 이해
할 수 있는 가락바퀴가 많이 찾아졌다. 돌을 이용한 것도 있지만 흙을 빚어 만든 가
락바퀴가 있다(사진 35). 생김새는 만두 모양, 주판알 모양, 두들개 모양[拍子] 등이고

사진 35. 장가보 A동
굴무덤 출토 가락바퀴
(흙·돌)

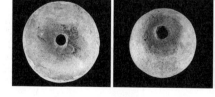

71. 李恭篤, 1985, 「遼寧東部地區靑銅文化初探」『考古』6, 550~556쪽 : 李恭篤·高美璇, 1987, 「앞 글」, 96쪽.
72. 황기덕·리원근, 1966, 「황주군 심촌리 청동기시대 유적 발굴 보고」『고고민속』3, 32~35쪽.
73. 보고자는 이 유물을 달도끼[環狀石斧]라고 하였다.

무늬는 여러 가지다. 재질에 따른 쓰임새를 비교
하면 차이가 있는데 돌가락바퀴는 무게가
17~154g이며 주로 굵은 실을 잣거나 고기잡이에
사용할 그물을 만드는데 이용되었을 것이다. 흙
가락바퀴는 30~60g으로 가는 실을 잣는데 쓰였
을 것으로 여겨진다. 실제로 장가보 A동굴의 14
호 무덤에서는 직조물 조각이 찾아져 당시 사회의
의류 수준을 가늠해 볼 수 있다(사진 36).

사진 36. 장가보 A동굴 14호무덤 출토 직조물

　　최근 고고학 연구의 경향에서 유물을 만든 재료의 원산지에 대한 문제가 많이
논의되고 있다. 여기서 언급하고 있는 동굴무덤 가운데 산성자 동굴에서 약 5㎞쯤
떨어진 두도하자(頭道河子)유적에서 석기, 미완성 석기, 제작할 때 떨어져 나온 격
지, 석기 제작에 필요한 몸돌 등이 조사되었다. 그리고 토기가 전혀 발견되지 않아
이곳에서 석기가 제작되어 주변의 산성자유적을 비롯한 마성자문화와 관련이 있는
유적으로 전달되었을 가능성이 있다고 추론하기도 한다.[74]

2. 토기

　　동굴무덤에서 발굴된 토기는 홍갈색의 민무늬가 대부분이고 드물게는 회갈색이
나 검은색 토기도 있다. 토기의 바탕흙은 가는 모래가 상당히 많고 테쌓기로 만들
었다.

　　발굴된 토기를 보면 부분적으로 줄무늬, 덧무늬, 물결무늬, 둥근 점무늬, 손톱무
늬, 가지무늬, 묶음식 줄무늬 등이 있는데 이것은 주로 몸통 부분, 아가리 밑 쪽에
새겨져 있다. 그리고 토기의 외형적인 특징으로는 겹입술, 밑 부분의 굽, 몸통에 있
는 꼭지 등이 있다. 토기의 생김새에 따라 무덤방에 껴묻기된 모습을 보면 두 가지

74. 遼寧省文物考古硏究所·本溪市博物館, 1994, 『앞 책』, 286~287쪽.

사진 37. 동굴무덤 출토 단지

로 구분할 수 있다. 하나는 단지, 사발, 바리를 한 묶음으로 껴묻기하는 것이고, 다른 것은 단지, 동이, 사발을 껴묻기한 형태로 구분된다(사진 37~40). 토기가 무덤방에 놓인 모습을 보면 거의가 주검의 양쪽 끝(머리와 발치)에 있고 가끔 동굴의 벽을 따라 껴묻기된 것도 있는데 이것은 동굴유적의 범위가 제한되어 있기 때문에 무덤방을 만들 때 제약을 받은 것으로 해석된다.

먼저 태자하 상류지역의 동승 동굴과 마성자 동굴유적에서 출토된 가지무늬 토기가 주목된다(사진 41).[75] 단지는 고운 찰흙을 바탕흙으로 이용하여 만들었으며 외형적인 모습은 목 부분이 곧고 입술은 바깥쪽으로 조금 바라졌다. 최대 너비는 몸통의 아래쪽에

사진 38. 동굴무덤 출토 항아리

사진 39. 동굴무덤 출토 사발

사진 40. 동굴무덤 출토 바리

75. 이밖에 동승 유적과 지리적으로 가까이 자리한 신빈 소홍석립자 동굴무덤과 동산 동굴무덤에서 발굴된 흑회색 무늬가 있는 붉은색 단지도 넓은 의미에서 가지무늬 토기의 범주에 넣을 수 있을 것 같다.

사진 41. 동굴무덤 출토 가지무늬 토기(마성자, 동승)

있다. 그런데 이런 단지의 겉면에 가지무늬가 있는 것이 3점 찾아졌다. 가지무늬 토기의 출토 범위와 유적 성격을 보면 매우 제한된 것임을 알 수 있다. 지금까지 가지무늬 토기는 우리나라의 남해안 지역—특히 남강 유역 주변—에서 집중적으로 찾아지고 있으며, 주로 돌널무덤, 고인돌, 집터에서 발굴되었다.[76] 이런 점에서 볼 때 이 토기가 지닌 상징적인 의미는 대단하며, 앞으로 비교 자료가 모아지면 기원과 전파 경로 등을 파악하는데 많은 도움이 될 것이다.

한편 동굴무덤에서 조사된 토기 가운데에는 비파형동검과 함께 고조선 시기의 표지 유물의 하나인 미송리형 토기가 있다. 이 토기는 표주박의 양끝을 자른 모양으로 목이 있는 단지이며, 목과 몸통 부분에 묶음식 줄무늬[弦紋壺]와 몸통의 양쪽 옆에 손잡이가 있다.[77] 출토 지역은 한반도의 대동강 이북인 서북지역과 중국 동북 지역의 요하 이동에서 찾아지고 있어 고조선의 강역이나 중심지 문제를 규명하는데 중요하다. 이 토기는 주로 동굴무덤과 고인돌, 돌널무덤, 유물 포함층 등에서 출토되고 있어 비교적 다양한 편이다.

동굴무덤에서는 미송리 유적을 비롯하여 승리산 동굴무덤, 산성자 C동굴, 장가

76. 우지남, 2000, 「彩文土器의 연구 현황」『固城 頭湖里 遺蹟』, 23~24쪽 : 강인욱, 2003, 「遼寧地方 太子河 上流地域 신발견 彩文土器에 대하여」『考古學』2-2, 15쪽.

77. 편집위원회, 1967, 「미송리형 단지」『고고민속』2, 41쪽 : 임병태, 1986, 「韓國 無文土器의 研究」『韓國史學』7, 96~99쪽 : 정한덕, 1990, 「美松里土器의 生成」『東北アジアの考古學』1(天池), 87~90쪽 : 김미경, 2006, 「美松里形 土器의 변천과 성격에 대하여」『韓國考古學報』60, 38~87쪽.

사진 42. 동굴무덤 출토 미송리형 토기(미송리, 산성자C, 장가보A)

보 A동굴 등에서 출토되었다(사진 42).[78]

미송리 유적은 미송리형 토기라는 이름이 붙게 된 직접적인 동기가 될 만큼 의미있는 유적이다. 이 동굴에서는 여러 가지의 많은 토기가 발굴되었다. 손잡이의 모양에 따라 크게 3가지로 구분된다. 고리형 손잡이가 있는 전형적인 토기, 2가지의 손잡이가 1쌍씩 있는 토기, 길쭉하게 돋은 꼭지형 손잡이가 붙어 있는 토기 등으로 나누어 진다. 승리산 유적에서는 동굴 입구와 재층(일반 문화층)에서 조각이 찾아졌다. 두께 는 두텁고(1.3㎝), 바탕흙은 굵은 모래와 활석이 사용되었다. 투박한 느낌이 있어 늦 은 시기에 해당하는 것으로 이해된다. 산성자 C동굴의 2호 무덤에서 발굴된 미송 리형 토기는 북 모양 목단지[鼓頸壺] 모습이며 검은색이다. 어깨 부분은 비스듬하고 목과의 경계가 뚜렷하다. 몸통에는 4개의 초생달 모양 덧띠무늬와 3줄의 묶음식 줄무늬가 있다. 장가보 A동굴의 34호에서 발굴된 이 토기는 모래질 홍갈색으로 띠 무늬가 없고 겉면은 매끈하게 갈았다. 몸통은 배가 부르고 손잡이가 없다. 이런 점 에서 장가보 A동굴과 산성자 C동굴에서 출토된 미송리형 토기는 같은 문화권의 보란점 쌍방 6호, 봉성 동산 7호와 8호, 서산 1호, 본계 신성자 고인돌에 껴묻기된 것보다 조금 이른 시기에 해당하는 것으로 해석한 견해도 있다.[79] 그 까닭은 고인돌

---

78. 동굴무덤에서 출토된 미송리형 토기의 중요성과 성격에 관하여는 아래 글에서 언급한 선행 연구가 있다.
   하문식, 1997, 「미송리유형 토기 출토 동굴무덤의 한 연구」, 『白山學報』48, 33〜49쪽.
79. 李恭篤·高美璇, 1995, 「遼東地區石築墓與弦紋壺有關問題硏究」, 『遼海文物學刊』1, 57〜58쪽.

에서 찾아진 미송리형 토기를 보면 띠 모양의 손잡이가 있고 몸통이 부른 점, 줄무늬가 전면에 베풀어져 있지만 동굴무덤 것은 북 모양의 목단지이고 입술이 바깥으로 조금 벌어져 있어 생김새로 볼 때 전형적인 형태보다는 약간 이른 시기의 것으로 여겨진다. 미송리형 토기가 가장 많이 출토되는 무덤은 돌널무덤인데 마성자문화의 동굴무덤에서는 구조적으로 볼 때 이러한 돌널무덤의 초기 형식이 조사되고 있어 서로의 비교 검토가 이루어지면서 시기와 발전 단계의 설정이 가능할 것으로 판단된다.[80] 이런 점에서 동굴무덤은 물론 돌널무덤이 요동지역에서 확산된 문제는 고조선 시기의 장제(껴묻거리)와 관련시켜 볼 때 시사하는 점이 많다.

3. 꾸미개

대부분 치레걸이로 이용되었으며, 당시 사람들의 심미안을 엿볼 수 있는 자료다. 재질로 쓰인 것은 청동기를 비롯하여 옥(玉), 짐승뿔(사슴?)과 짐승뼈, 조가비, 돌 등이다(사진 43).

청동 치레걸이는 장가보 A동굴 11호·24호·26호·50호 무덤방 그리고 소홍석립자 동굴과 남둔 동굴에서도 발굴되었는데 고리, 귀걸이, 둥근 모양의 장식 등이다.

조가비로 만든 구슬은 소홍석립자 동굴과 동산 동굴에서 찾아졌고, 옥을 재질로 이용한 치레걸이는 미송리 동굴과 승리산 동굴유적 그리고 짐승뼈의 대롱을 쓴 것은 지초리 유적 등에서 출토되었다.

이처럼 당시의 사람들은 상당히 다양한 재질을 가지고 치레걸이를 만들었는데 아마

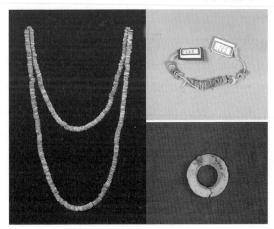

사진 43. 동굴무덤 출토 여러 치레걸이

80. 唐淼, 2008, 「關于馬城子文化內涵認知的述評」『東北史地』6, 72〜73쪽.

도 사회 발전과 서로 관련이 있는 것으로 여겨진다.

4. 청동기

앞에서 설명한 것처럼 상당히 많은 껴묻거리가 발굴된 동굴무덤을 통해 당시의 사회상을 어느 정도 이해할 수 있다. 그러나 청동기는 거의 찾아지지 않았고, 태자하 유역의 동굴무덤에서 발굴된 것도 아주 초보적인 단계에 있는 것으로 거칠게 만들어져 정연하지 않다. 이런 점에서 이 청동기는 주조 기술 단계에서 생산된 것은 아닌 것으로 판단된다. 태자하 유역에서 찾아진 청동기는 모두 치레걸이로 사용된 것으로 해석되는데, 이것은 이 지역의 초기 청동기시대 문화를 이해하는데 도움이 된다.

미송리 동굴에서는 청동도끼도 2점 발굴되었는데 투겁도끼[銎斧]이다(사진 44). 이 청동도끼는 비파형동검 문화기의 특징 있는 연모 가운데 하나이며, 대부분 요서보다는 요동지역에서 출토되고 있다. 출토된 곳은 동굴 입구의 남쪽과 서쪽에서 각각 1점이 찾아졌다. 날이 넓게 퍼진 부채날도끼[扇形銅斧]이며, 서쪽에서 찾아진 것은 동쪽 것보다 날 부분이 밋밋하다. 자루쪽에는 무늬가 없으며 길이는 5㎝가 되지 않는다. 이런 유물이 조사된

사진 44. 미송리 동굴 무덤 출토 청동도끼

곳은 속초 조양동 고인돌이 있고, 비슷한 모습의 거푸집이 발굴된 곳은 대련 강상 유적을 비롯하여 부여 송국리 유적, 금야 영흥 유적 등이 있다.

5. 짐승뼈

동굴무덤에 묻힌 껴묻거리 가운데 짐승뼈는 이 시기의 다른 무덤에 비하여 상당히 많이 찾아져 주목된다.[81] 고조선 시기의 무덤인 동굴무덤이 자리한 곳은 거의

---

81. 동굴무덤과 비슷한 시기에 축조된 Britain의 큰돌무덤에서도 짐승뼈가 가끔 찾아지고 있다.

가 석회암지대로 무덤은 알칼리성 토양층에 만들어졌다. 이것은 신석기시대나 초기 철기시대의 조개더미에서 짐승뼈나 뿔, 사람의 주검 등의 유기물이 발굴되는 것과 마찬가지의 이치다. 하지만 짐승뼈가 갱신세의 구석기 유적에서 찾아진 것보다는 대부분 화석화가 덜 되었고 겉면의 색깔도 좋지 않은 상태다.

짐승뼈를 무덤에 꺼묻기한 것은 당시 사회의 장례 습속과 밀접한 관련이 있으며, 무덤방을 유택으로 여겨 묻힌 사람의 영생을 바라는 내세관과 연관이 있는 것으로 해석된다. 또 이런 행위는 장송의례의 상징성과도 연결시켜 볼 수 있다.

동굴무덤에서 발굴된 짐승뼈는 이 글에서 분석한 동굴 유적 가운데 10곳에서 찾아졌다.[82] 짐승의 종(種)은 27가지로 지금까지 한반도의 현세 시기에 해당하는 발굴 유적에서 밝혀진 23종보다 많은 짐승뼈가[83] 발굴되었고, 양적으로도 많다. 짐승뼈에 대한 분석 자료를 보면 태자하 유역의 동굴무덤은 간단하게 짐승의 종 정도로 보고하였고, 덕천 승리산과 의주 미송리 유적은 비교적 자세하게 종의 분류를 하고 있어 서로 차이가 있다. 여기에서는 먼저 짐승의 종에 대한 분석 결과를 살펴보고, 다음으로 짐승뼈가 지닌 몇 가지 의미를 설명하고자 한다(표 2 참조).

먼저 보고된 자료를 토대로 짐승뼈의 종류를 보면 집돼지를 비롯한 27종이다. 이 가운데 가장 다양한 짐승뼈가 찾아진 곳은 승리산 동굴무덤으로 20종이다.[84] 그리고 이 시기의 짐승뼈 분석에서 주목되는 것은 기후의 변화에 민감한 코뿔소, 맘모스 등의 대형 짐승이 사라지고 대부분 온대성인 습지성 짐승뼈가 많다는 것이다.

발굴된 짐승뼈를 정리한 표 2를 중심으로 몇 가지를 설명하면, 무덤에 널리 껴

Renfrew, C., 1979, *Before Civilization*, p.141.

82. 짐승뼈가 보고되지 않은 유적으로는 신빈 동승 동굴, 동산 동굴, 남둔 동굴, 본계 수동 동굴, 무산 지초리 동굴인데 신빈 지역의 동굴 유적에 대한 발굴 보고가 간단하게 이루어졌고 소홍석립자 동굴 등 주변 유적의 상황으로 볼 때 짐승뼈가 발굴되었을 가능성이 높다.

83. 조태섭, 2008, 「우리나라 제4기의 동물상의 변화」, 『한국구석기학보』 17, 70~71쪽.

84. 이런 차이는 먼저 조사자료의 지역적인 범위와 관련이 있다. 이 글에서는 중국 동북지역의 태자하 유역의 자료를 포함하였기 때문인 것으로 여겨진다. 그리고 여기에서는 짐승뼈 종에 어류인 물고기와 자라 뼈를 제외하였다.
고고학연구소, 1978, 『앞 책』참조.

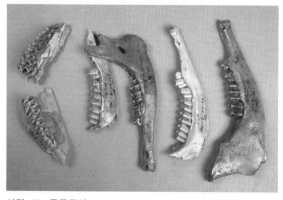

사진 45. 동굴무덤
출토 짐승뼈(태자하
유역)

묻기된 짐승은 집돼지(10곳), 개와 사슴(8곳), 노루(6곳), 닭과 멧돼지(5곳) 순이다.[85] 또 짐승의 부위에서 관찰되는 것은 사슴, 돼지, 개의 아래턱뼈가 그대로 껴묻기되었는데 이것은 당시 사회에서 행하여지던 의례 과정에 있어 다른 짐승보다는 돼지나 사슴이 더 중요하게 인식되었을 가능성을 시사한다. 이런 점에서 이 짐승들은 상징-제의와 관련이 있을 것으로 여겨진다.[86]

발굴조사된 여러 짐승뼈 가운데 집돼지뼈는 채 한 살이 안된 것이 많이 출토되어 주목된다. 이것은 유적의 성격과 시기에 있어 차이가 있지만, 주변 지역의 여러 유적에서도 조사되어 비교된다. 예를 들면 길림 서단산유적과 토성자유적, 영길 양둔·대해맹유적 등 서단산문화의 성격을 지닌 유적에서 많이 조사되었고,[87] 또 비교적 이른 시기의 돌널무덤인 요양 접관청유적과 강평 순산둔 무덤에서도[88] 돼지 아래턱뼈가[89] 껴묻기되었다.

또한 동굴무덤에서는 사슴과(科)의 사슴, 말사슴, 노루, 사향노루 등이 발굴되었다(사진 45). 특히 미송리 동굴무덤에서는 다른 동굴무덤보다 상당히 많은 사슴뼈가 출토되었다. 사슴뼈는 갱신세의 구석기 유적에서도 제일 많이 출토되고 있다. 이것은 온순하고 떼를 지어 다니는 사슴의 특성 때문에 사냥의 효율성이 높고, 뿔, 가죽, 뼈, 살코기 등의 활용성이 많으며 사냥 비용(hunting cost)이 낮기에 당시 사람

85. 청동기시대의 고인돌(제천 황석리 유적)에서 집돼지, 사슴, 소과(科) 뼈가 발굴되었는데 시기와 짐승의 종 등을 비교해 보면 시사하는 점이 많다.
    이융조·우종윤, 1988, 「앞 글」, 17쪽.

86. Heine-Geldern, R., 이광규 옮김, 1969, 「메가리트 問題」『文化財』4, 145~147쪽.

87. 董學增, 1993, 『西團山文化硏究』, 吉林文史出版社, 255~257쪽.

88. 遼陽文物管理所, 1983, 「遼陽市接官廳 石棺墓群」『考古』1 ; 辛占山, 1988, 「康平順山屯靑銅時代遺址試掘簡報」『遼海文物學刊』1, 39쪽.

89. 보고의 글에서 멧돼지와 집돼지의 구분이 없는데 아마 집돼지일 가능성이 많다.

들이 어느 짐승보다도 먼저 사냥감으로 골랐던 것이기 때문이다. 옛사람들이(특히 구석기시대) 사슴의 이러한 여러 속성을 고려하여 사냥감으로 고른 이유를 보여주는 자료로는 주변의 많은 자료 가운데에서도 동굴벽화의 사냥 그림이 주목된다(사진 46). 사슴을 표현한 것은 프랑스의 라스코 동굴

사진 46. 동굴벽화에 그려진 사냥 모습(구석기시대)

과 스페인의 페나 드 칸다모(Pena de Candamo)동굴 벽화에서 찾아볼 수 있다.[90] 또한 발굴된 사슴뼈의 부위를 보면, 지역적으로 약간의 차이가 있는데, 서포항이나 초도 유적의 동북지역보다 서북지역(특히 미송리 유적) 것이 큰 것으로 밝혀졌다.[91] 노루뼈도 동북지역보다 대부분 서북지역의 평원에서 많이 발굴되어 지역적 차이가 있다.

그리고 앞 시기에서는 드문 오소리, 너구리, 여우뼈가 승리산과 미송리 동굴무덤에서 발굴되었다. 이것은 자연환경(특히 기후)과 연관되며, 털가죽 이용을 위하여 사냥을 하였을 가능성이 많다.[92]

물고기뼈와 자라뼈가 조사되었다. 이것은 당시 사회의 장례 습속에 따른 것은 물론 생업경제와도 밀접한 관계가 있을 것이다. 태자하 유역의 동굴무덤에서 여러 가지의 반달돌칼, 돌도끼 등 농경과 관련있는 석기가 찾아진 것으로 미루어 당시 사회에서는 농경을 기본으로 살림을 꾸렸을 것이다. 그리고 그물추나 화살촉도 출토되었기에 물고기 잡이나 짐승 사냥은 부수적인 생업경제의 한 부분을 차지하였던 것 같다.

한편 이러한 짐승뼈는 당시 사회의 살림에 대한 여러 속성을 시사한다. 이것은 가축화와 밀접한 관계가 있으며, 최근 분자생물학의 발달에 힘입어 보다 과학적인

---

90. 조태섭, 2011. 「선사시대 사냥의 문화」 『사냥으로 본 삶과 문화』 74~75쪽.
91. 김신규, 1970. 「우리나라 원시유적에서 나온 포유동물상」 『고고민속론문집』 2, 96~99쪽.
92. 김신규, 1970. 「위 글」, 107~108쪽.

여러 연구 결과가 알려지고 있다.[93] 여기에서는 동굴무덤에서 발굴된 짐승뼈 가운데 맨눈으로도 형태가 확인되며 여러 짐승뼈 가운데 제일 많이 조사되어 특별한 의미를 지닌 돼지뼈에 관하여 몇 가지 언급하고자 한다.[94]

최근까지 고고학적 관점에서 들짐승이 순화 과정을 거쳐 가축화되는 과정과 그 의미에 대한 연구는 대부분 발굴된 짐승뼈의 관찰과 조사된 짐승뼈의 종 분류에 따른 점유 비율 등을 분석한 결과에 따라 이루어졌다.[95] 그러나 분자생물학에서 돼지의 가축화는 미토콘드리아 DNA와 핵 유전자 배열의 분석, 미토콘드리아 DNA 게놈의 전체 배열 분석 등 여러 방법으로 연구되고 있다.[96]

여기서 언급한 동굴무덤에서는 멧돼지와 집돼지 뼈가 함께 출토되었다. 멧돼지는 마성자 A동굴을 비롯하여 5곳에서 발굴되었지만, 집돼지는 모든 동굴에서 조사되어 고조선 시기에 이미 상당한 수준의 가축화가 이루어진 것으로 해석된다. 또한 멧돼지는 일반적으로 온대성 기후 지역이나 습지에 서식하는 속성을 지녔기에 당시의 기후 조건을 이해하는데 참고가 된다. 동굴무덤에서 발굴된 껴묻거리(짐승뼈)를 보면 돼지뼈는 다른 짐승뼈보다 출토 빈도가 높고 묻힌 모습에서도 아래턱을 그대로 놓은 특이점이 관찰되어 당시 사회의 장례 습속이나 사회상과 관련이 있을 것으로 보인다. 그리고 이와 비교되는 자료 가운데 고인돌인 신빈 선인당 유적이 있다.[97] 이 고인돌은 탁자식이며 밖으로 드러난 모습에서는 덮개돌의 가운데가 양쪽 가장자리보다 두터운 점이 돋보이고, 높이는 165cm쯤 되어 낮은 편이다. 마을

93. 안승모·이준정, 2009, 「DNA 분석을 통해 본 구대륙 곡물과 가축의 기원」, 『선사 농경 연구의 새로운 동향』, 119~121쪽.

94. 시기의 차이는 있지만 돼지의 가축화가 지닌 상징적 의미와 사회경제적 배경에 대한 연구 결과는 시사하는 점이 많다.
이준정, 2011, 「飼育種 돼지의 韓半島 出現 時點 및 그 社會經濟的·象徵的 意味」, 『韓國考古學報』, 79, 131~174쪽.

95. 김신규, 1970, 「앞 글」, 110~114쪽 : 신숙정, 2001, 「우리나라 청동기시대의 생업경제」, 『韓國上古史學報』 35, 6~8쪽 : 조태섭, 2013, 「우리나라 구석기시대 멧돼지과(Suidae) 화석의 분석 연구」, 『한국구석기학보』 27, 77~95쪽.

96. 안승모·이준정, 2009, 「앞 글」, 126쪽.

97. 하문식, 2008, 「고인돌의 숭배 의식에 대한 연구」, 『비교민속학』, 35, 105~130쪽.

사진 47. 신빈 선인당
고인돌의 제의 장소

사람들이 '선인당(仙人堂)', '비래석(飛來石)'이라 부르면서 지금까지도 제사를 지내고 있다(사진 47). 그런데 제의를 거행할 때 돼지를 잡아 그대로 제물로 이용한다. 돼지의 도살은 고인돌 앞에 놓인 편평한 판자돌에서 시행하며, 핏자국이 일정 기간 남아 있다.[98] 이런 몇 가지 점에서 보면 고조선 사회에서 돼지가 지닌 중요한 의미를 다시 이해할 수 있다.

따라서 돼지의 가축화는 생업경제의 변화는 물론 당시 사회의 발전 단계를 이해할 수 있는 자료 가운데 하나다.

---

98. 2004년 1월 20일과 2007년 1월 30일 이곳을 답사하였을 때 며칠 전 돼지를 해체한 흔적인 핏자국이 선명하게 남아 있었다.

Ⅷ. 마성자문화와 그 문화상의 위치

1961년 요동지역의 태자하 유역에서 본계 수동 동굴유적이 조사된 이후, 발굴과 연구의 진전이 없었다. 1970년대 후반부터 본계 산성자 B동굴(처음에는 묘후산 동굴)에 대한 발굴 조사가 이루어지면서 본격적으로 동굴유적에 대한 연구가 활성화되었다. 이어 1974년 신빈 동승 유적, 1982년 산성자 C동굴이 발굴되어 동굴유적에 관하여 어느 정도 자료가 모아졌다.

이러한 동굴무덤의 발굴에서 찾아진 독특한 묻기, 장례 습속, 다양한 유물을 토대로 '묘후산 문화유형(廟後山 文化 類型)'을[99] 규정하였다.

1983년 태자하의 두 물줄기가 만나는 지점에 위치한 마성자 B동굴을 시작으로 1985년까지 A·C동굴을 발굴하여 태자하 유역의 동굴무덤에 대한 보다 뚜렷한 문화상을 알 수 있었다. 특히 마성자 B동굴은 층위를 달리 하는 2개의 문화층이 발굴되었는데 아래층에서는 신석기 후기의 집터가, 위층에서는 이른 시기의 청동기시대 무덤이 찾아졌다. 이것은 시기를 달리 하는 문화의 계승성을 시사하는 것으로 요북지역의 문화 계통을 이해하는데 중요한 지표가 되고 있다. 이어 1986년 장가보 A동굴이 조사되면서 기존 문화상의 여러 독특함이 더욱 분명해졌으며, 그 문화의 기원, 분포, 범위 그리고 계통에 대한 새로운 해석이 필요하게 되었다.

한편 태자하 유역의 동굴무덤 발굴 결과, 새로운 여러 자료가 연구되면서 기존의 묘후산 문화 유형을 보다 명확하게 규정할 필요성이 제기되어 '마성자 문화유형(馬城子 文化類型)'이라고 이름붙였다.[100] 그리고 이 문화유형을 '마성자 문화'라고 하였다.

마성자 문화는 4,000 bp경 요하를 사이에 두고 요서의 하가점 하층문화와 더불어 발전한 이른 시기의 청동기 문화이며, 요북지역 여러 문화를 아우르는 융합문화

99. 遼寧省博物館·本溪市博物館·本溪縣文化館, 1985, 「遼寧本溪廟後山洞穴墓地發掘簡報」『考古』6, 485~496쪽 : 李恭篤, 1985, 「앞 글」, 550~556쪽.

100. 李恭篤, 1989, 「앞 글」, 103~106쪽.

의 성격을 지니고 있다.

　발굴조사된 여러 자료들을 분석한 결과를 보면 마성자 문화는 토착성이 강하면서 독자적인 독특한 문화 양상을 가졌던 것 같다(사진 48). 특히 동굴무덤의 특이한 여러 성격을 기본으로 하면서 주변지역의 돌널무덤(돌덧널무덤)도 같은 문화 범주에 포함시킬 수 있는 성격을 가지고 있다.[101]

　마성자 문화에서는 장가보 A동굴 30·33·39·46호, 마성자 A동굴 12호처럼 동굴무덤에서 이른 시기의 돌널무덤이 축조되기 시작하면서 점차 주변지역으로 돌널무덤이 확대되었다. 그리고 무덤을 축조할 범위가 절대적으로 제한되어 있는 동굴무덤의 기본적인 속성 때문에 시간이 지남에 따라 얕은 산줄기나 구릉지대와 같은 야외에도 돌널무덤이 자리하게 되었다.

　이처럼 마성자 문화와 같은 범주에서 서로 영향이 있었던 것으로 해석되는 대표적인 돌널무덤은 본계 대가보자(大家堡子)·연산관(連山關) 하마당(下馬塘) 유적, 신빈 노성(老城) 유적, 무순 대갑방(大甲邦) 유적, 철령 수아둔(樹芽屯) 유적, 개원 이가대(李家臺) 유적, 환인 대이수구(大梨樹溝) 유적, 강평 순산둔(順山屯) 유적, 요양 접관청(接官廳)·이도하자(二道河子) 유적 등이 있다. 또한 서단산 문화의 돌널무덤과도 연관된다. 특히 시기적으로 마성자 문화의 끝과 서단산 문화의 시작이 서로 맞물린다는 점, 묻기, 장례 습속 등에서 시사하는 점이 많다.[102]

사진 48. 마성자 A동굴 출토 항아리(고대산 유적과 비교)

101. 趙賓福, 2007, 「馬城子文化新論」『邊疆考古研究』6, 143~145쪽 ; 2009, 『中國東北地區夏至戰國時期的考古學文化硏究』, 科學出版社, 197~198쪽.
102. 朱永剛, 1994, 「西團山文化源探索」『遼海文物學刊』1, 66~68쪽 : 이종수, 2008, 「앞 글」, 239~242쪽 : 오강원, 2008, 『서단산문화와 길림지역의 청동기문화』, 학연문화사, 318~322쪽.

IX. 동굴무덤의 축조 시기

고조선 시기의 여러 유적 가운데 태자하 유역의 동굴무덤 축조 연대는 절대연대 측정법의 하나인 방사성 탄소연대 측정을 비롯하여 무덤의 층위 관계, 무덤의 축조 관계, 껴묻거리 가운데 하나인 토기의 기형과 무늬의 분류, 돌그물추와 화살촉의 형식 등을 참고로 하여 결정하였다.[103]

이처럼 태자하 유역의 동굴무덤에 집중된 절대연대 측정 자료는 지역적인 한계가 있지만, 그 나름대로의 의미가 있다고 판단된다. 1979년과 1982년에 산성자 B, 산성자 C 동굴무덤이 발굴되었는데 방사성 탄소연대 측정은 조사가 완료된 직후인 1982년에 이루어졌다. 이것은 여러 관점에서 해석할 수 있는 문제이지만, 무엇보다 중국 학계에서 기존에 인식하고 있던 요남지역 또는 요서지역의 청동기시대 유적의 기원과 성격으로는 이해하기 어려운 새로운 자료들이 요북지역에서 조사되었기에 그 중요성을 인식하고 관련 자료를 보다 과학적인 방법으로 연구할 필요성을 느꼈기 때문으로 해석된다.[104]

이런 연대측정은 태자하 유역에 위치한 4곳의 동굴무덤에서 마련한 9점의 시료를 가지고 실시하였다. 방사성 탄소연대 측정을 한 연구소는 중국사회과학원 고고연구소 ^{14}C 실험실(ZK), 국가문물국 문물보호과학기술연구소 ^{14}C 실험실(WB), 중국과학원 고척추동물여고인류연구소 ^{14}C 실험실(PV) 등이다. 같은 시기의 비슷한 문화 성격을 지닌 유적의 절대연대 측정을 여러 곳에서 나누어 실시한 점은 나름대로 그 의미가 있는 것으로 여겨진다. 여러 관점에서 검토하여야 할 것이지만, 먼저 태자하 상·중류지역은 동굴무덤이 집중적으로 발굴되기 이전까지만 해도 뚜렷한 고고학적 성격을 가진 유적의 발굴과 연구가 거의 없었기 때문에 상대연대 설정이 상

103. 遼寧省文物考古研究所·本溪市博物館, 1994, 「앞 책」, 275~282쪽.
104. 태자하 유역의 동굴무덤을 발굴한 李恭篤 선생과 요령성문물고고연구소 부소장인 方殿春 선생이 1998년에 이와 관련되는 내용을 간단히 알려 주었다. 그리고 1980년대 초에는 紅山文化의 대표적인 성격을 지닌 능원(凌源) 우하량(牛河梁) 유적이 발굴되어 중국 학계에서는 중화(中華)에 대한 기존의 인식을 전환할 필요성을 절실히 느꼈을 것이다(遼寧省文物考古研究所, 2012, 「牛河梁」上, 1~18쪽).

당히 어려운 실정이었다. 따라서 토기와 석기를 유형 분류하여 주변 자료와 비교하기에는 어느 정도 한계가 있었기 때문에 절대연대 측정을 하였던 것 같다.

방사성 탄소연대 측정에 이용된 시료는 숯과 사람뼈(산성자 B동굴)이고[105], 측정을 위한 시료는 장가보 A동굴 5점(2~4층), 마성자 A동굴 1점, 산성자 B동굴 2점, 근변사 A동굴 1점 등이 채취되었다. 측정값에 따른 기준 설정은 층위별로 시료를 분석한 장가보 A동굴의 자료가 합리적일 것이다. 장가보 A동굴은 발굴 결과 52기의 무덤이 3개 층(2~4층)에 나누어져 축조되었던 것으로 밝혀졌다. 연대 측정값은 2층의 7호 무덤은 2,980±55b.p., 4호는 3,065±60b.p.이고 3층의 11호는 3,090±55b.p., 14호는 3,115±60b.p.이다. 4층의 52호는 3,585±65b.p.이다. 장가보 A동굴의 층위별 연대값은 서로 겹치거나 시기가 앞뒤로 바뀌어지지 않은 것으로 밝혀져 비교적 안정적이고 합리적인 것으로 판단된다. 따라서 장가보 A동굴의 52호의 연대값은 산성자 B동굴의 5호(3,600±80b.p.), 7호(3,300±80b.p.)와 비슷하며 보정 연대를 고려하면 3,500b.p.쯤 된다. 장가보 A동굴의 4호와 7호, 11호와 14호 무덤은 층위로 볼 때 서로 구분이 되지만 연대값은 비슷하다. 여기에 해당하는 자료는 마성자 A동굴의 7호와 비교되며 3,000b.p.쯤 해당된다.

한편 근변사 A동굴의 1호 무덤은 여기서 측정된 9점 가운데 가장 이른 3,735±80b.p.의 연대값을 가진다. 이른 시기에 해당하는 근변사 A동굴은 태자하 유역에서 조사된 여러 동굴무덤 가운데 마성자 B동굴과 가장 가까운 거리에 있고 발굴된 껴묻거리가 아주 비슷하여 같은 시기로 설정할 수 있다는 견해가 있다.[106] 이 측정값은 보정 연대를 고려하면 4,000b.p.쯤 된다.

앞에서 언급한 방사성 탄소연대 측정값에 따라 구분하면 크게 3시기로 나누어 볼 수 있다. 전기는 4,000 bp경으로 마성자 B동굴과 북전 A동굴의 일부 무덤이 해

---

105. 사람뼈를 측정 시료에 활용한 경우는 대표적으로 국립박물관에서 발굴한 제천 황석리 제13호 고인돌이 있다(나세진·장신요, 1967. 「黃石里 第十三號 支石墓에서 出土한 古墳骨의 一例」『韓國支石墓硏究』, 124~135쪽).
106. 遼寧省文物考古硏究所·本溪市博物館, 1994. 『앞 책』, 278~281쪽.

당된다. 중기는 3,500 bp쯤 되는데 장가보 A동굴 3·4층 무덤, 산성자 B동굴, 산성자 C동굴 3·4층 무덤들이 이 시기에 축조된 것 같다. 또한 후기는 3,000 bp경으로 장가보 A동굴 2층 무덤, 마성자 A동굴 무덤, 산성자 C동굴 2층의 무덤 등이 여기에 속한다.

한편 이러한 동굴무덤의 축조 연대에 대하여 새로운 관점에서의 몇몇 분석 결과가 제시되었다. 먼저 3시기로 구분한 것을 층위에 따른 무덤 축조가 뚜렷한 장가보 A동굴과 산성자 C동굴을 기준으로 2시기(이른 단계/늦은 단계)로 나눈 것이 있다. 장가보 A동굴 4층과 산성자 C동굴 4층의 무덤은 비교적 이른 단계(기원전 1,800~1,600년)이고, 장가보 A동굴의 2층과 3층, 산성자 C동굴의 2층과 3층에서 발굴된 무덤은 늦은 단계(기원전 1,300~1,100년)에 속한다는 견해다.[107] 하지만 토기의 형식학적 속성에 의한 유형 분류와 1,000년이라는 시간축을 2단계로 구분한 이런 분석에 대하여 비판적인 의견도 있다.[108] 그리고 3시기로 구분하면서 후기의 마성자 A동굴 무덤의 축조 연대를 중기로 설정한 분석도 있다.[109] 태자하 유역의 동굴무덤에 대한 방사성 탄소연대 측정값을 좀더 자세하게 4시기로 구분한 연구도 있는데 그 결과를 보면 산성자 B동굴의 3층 무덤을 조기(第一組), 마성자 A동굴 무덤을 전기(第二組)로 구분한 점이 주목된다.[110] 또 4시기의 구분에서 비교적 늦은 시기로 이해하고 있는 마성자 A동굴을 2분기(기원전 17~14세기)에 분류한 연구도 있다.[111]

태자하 상류 지역의 동승 동굴을 비롯한 소홍석립자·남둔 동굴유적의 무덤은 절대연대 측정값이 없지만 껴묻기된 토기와 무덤의 구조, 주변 유적과의 비교 연대 등으로 볼 때 축조 시기가 상당히 늦은 기원전 10세기 경으로 여겨진다.

107. 趙賓福, 2007, 「앞 글」, 152~155쪽.
108. 오대양·백종오, 2015, 「앞 글」, 25쪽.
    그리고 토기의 형식 분류에 대한 문제점은 다음 글이 참고된다.
    천선행·장순자, 2012, 「마성자문화 동굴묘 출토 토기 변천과 전개」 『영남고고학』63, 17~18쪽.
109. 최호현, 2007, 『太子河上流岩洞墓研究』, 北京大 碩士學位論文, 40~42쪽.
110. 華玉冰, 2011, 『中國東北地區石棚研究』, 科學出版社, 173~176쪽.
111. 오대양·백종오, 2015, 「앞 글」, 29~33쪽.

태자하 유역의 여러 동굴유적에서 발굴된 대표적인 토기 31점을 가지고 시기를 구분한 연구 결과도 있다.[112] 여기에서는 토기 가운데 동이, 단지, 바리, 사발 등을 생김새의 변화(발달)에 따라 3시기로(조기 / 중기 / 만기) 구분하였다. 이것은 태자하 유역에서 조사된 자료가 부분적으로 선택되었기 때문에 잠정적인 견해로 볼 수 있다.

이 글에서 언급된 북한 지역의 덕천 승리산 동굴, 의주 미송리 동굴, 무산 지초리 동굴의 연대는 태자하 유역의 유적과는 달리 절대연대 측정이 되지 않아 연대 설정에 여러 어려움이 있다. 지초리와 승리산 동굴무덤의 연대는 무덤에서 찾아진 여러 껴묻거리(묵방리형 토기와 대롱구슬 등)를 비교해 보면 청동기시대의 늦은 시기일 가능성이 많다. 그리고 미송리 동굴무덤은 미송리형 토기와 부채꼴 청동도끼로 보아 유적의 시기는 앞의 유적들보다는 조금 늦을 것으로 판단된다.

---

112. 遼寧省文物考古硏究所·本溪市博物館, 1994, 『앞 책』, 277쪽.

X. 맺음말

　지금까지 고조선 시기의 동굴무덤에 대하여 살펴보았다. 선사시대의 동굴무덤은 당시 사람들이 자연동굴을 이용하였기 때문에 지질 조건에 의하여 많은 영향을 받았다. 따라서 이런 유적이 있는 곳은 석회암이 발달한 곳이다.

　조사된 유적은 태자하 유역의 본계, 신빈, 무순 지역(사진 49)과 압록강 옆의 의주 미송리 동굴, 대동강 언저리의 덕천 승리산 유적, 두만강 옆의 무산 지초리 동굴 등이다. 이런 유적의 입지는 대부분 주변에 큰 강의 샛강이 있는 구릉이나 산자락이다.

　동굴무덤의 무덤방을 보면 동굴이라는 제한된 공간에 만들어지기 때문에 무덤의 배치는 상당히 중요한 의미를 지닌다. 또한 비슷한 시기의 다른 무덤(고인돌 / 돌널무덤 / 돌덧널무덤 등)의 무덤방은 대부분 돌을 이용하여 축조하였는데 동굴무덤은 거의가 널무덤이다. 장가보 A동굴에서 조사된 돌널과 돌넛널의 무덤방은 이런 관점에서 관심을 끈다. 특히 장가보 A동굴의 42호 무덤방은 나무를 가지고 널을 만든 것으로 해석되어 주목된다.

　태자하 상류 지역의 소홍석립자, 동산, 남둔 동굴무덤은 돌을 쌓아서 무덤방을 만든 것으로 밝혀졌는데 이것은 다른 지역에 없는 특이한 시설의 하나로 판단된다.

사진 49. 새로이 찾은 동굴무덤 유적(본계, 태자하 유역)

　묻기에서 조사된 것은 어울무덤, 화장(특히 간골화장), 제의 행위 등이 확인되었다.

어울무덤은 대부분 장가보 A동굴에서 발굴되었는데 여러 정황으로 볼 때 묻힌 사람이 정상적인 죽음을 맞이하지 않은 것으로 해석된다. 또한 화장은 고조선 시기의 무덤에서 보편적으로 이루어진 것 같다. 그렇다면 화장이 되어 동굴무덤에 잠든 사람은 특별한 신분이나 사회적인 일정한 지위에 있었다기보다 보통의 신분을 지닌 사람들로 해석된다. 제의 행위는 토기나 석기를 깨뜨려 무덤방 주변에 뿌린 것인데 이것은 사회적으로 죽음을 공인하는 의례로 본 견해가 있다.

미송리 동굴에서는 껴묻기된 토기 안에 새뼈가 있고, 마성자 A동굴 25호에 묻힌 사람은 50대 초반의 여성인데 허벅지에 화살촉이 박혀 있어 사회적인 갈등과 관련이 있는 것으로 해석된다.

껴묻거리는 크게 석기, 토기, 꾸미개, 청동 유물, 짐승뼈 등으로 나누어진다.

석기는 옥을 가공하는데 이용된 것으로 보이는 치형기가 산성자 B, C 동굴무덤에서 출토되었다. 토기는 고조선 시기의 표지 유물 가운데 하나인 미송리형 토기가 미송리, 승리산, 산성자 C동굴, 장가보 A동굴에서 발굴되었다. 또한 태자하 상류 지역의 동승 동굴유적을 비롯하여 동산 동굴과 소홍석립자, 마성자 동굴유적에서는 가지무늬가 있는 단지가 조사되었다.

청동 유물은 시기와 지역적인 특징이 뚜렷한데 태자하 유역의 동굴무덤에서는 이른 시기의 치레걸이가 조사되었고, 미송리에서는 부채날 도끼가 찾아졌다. 짐승뼈는 대부분의 동굴무덤에서 발굴되었는데 내세를 믿는 당시 사회의 장례 습속과 연관이 있을 것으로 해석된다. 사슴을 비롯한 27종(種)이 발굴되었고 가축화를 이해할 수 있는 집돼지가 껴묻기되었다. 이 집돼지는 당시 사회에서 상징−제의와 관련 있는 것으로 주목된다.

동굴무덤의 축조 연대는 방사성 탄소연대 측정값과 층위, 껴묻거리의 형식 분류, 축조 관계 등을 비교한 결과, 4,000b.p.에서 3,000b.p. 사이에 해당하는 것으로 판단된다.

표 2. 고조선 시기 동굴 무덤 출토 짐승뼈

유적 짐승	소홍 석립자	마성자 A	마성자 B	마성자 C	장가보 A	산성자 B	산성자 C	북전 A	미송리	승리산
사슴			○	○	○	○	○	○	○	○
말사슴									○	○
노루	○		○		○		○		○	○
사향노루										○
복작노루									○	○
소										○
양			○	○				○		
멧돼지		○	○	○			○	○		
집돼지	○	○	○	○	○	○	○	○	○	○
오소리				○						
말									○	○
큰곰										○
수달										○
돈										○
표범									○	
범									○	○
삵										○
시라소니									○	
개	○	○	○	○			○	○	○	○
여우										○
너구리									○	○
승냥이									○	
닭	○	○	○	○			○			
쥐				○						
생쥐										○
토끼									○	○
비둘기				○						
자라			○							
물고기				○						○

표 3. 태자하 유역 동굴무덤 절대연대 측정값

측정연구소 번호	무덤명	측정 시료	측정 연대(b.p.)	보정 연대(B.P.)
ZK – 2164	장가보 A동굴 7호(2층)	숯	2,980±55	3,135±95
ZK – 2163	장가보 A동굴 4호(2층)	숯	3,065±60	3,240±140
WB 84 – 23	마성자 A동굴 7호	숯	3,015±70	3,180±145
ZK – 2165	장가보 A동굴 11호(3층)	숯	3,090±55	3,270±135
ZK – 2166	장가보 A동굴 14호(3층)	숯	3,115±60	3,305±140
PV – 265	산성자 B동굴 7호	사람뼈	3,300±80	
PV – 266	산성자 B동굴 5호	사람뼈	3,600±80	
ZK – 2167	장가보 A동굴 52호(4층)	숯	3,585±65	3,885±90
ZK – 2245	근변사 A동굴 1호	숯	3,735±80	4,075±100

【참고문헌】

강인구, 1979. 「中國地域 火葬墓 硏究」『震檀學報』46·47.

강인구, 1980. 「達城 辰泉洞의 支石墓」『韓國史硏究』28.

강인욱, 2003. 「遼寧地方 太子河 上流地域 신발견 彩文土器에 대하여」『考古學』2-2.

고고학연구소, 1978. 『덕천 승리산유적 발굴보고』.

김미경, 2006. 「美松里形 土器의 변천과 성격에 대하여」『韓國考古學報』60.

김신규, 1963. 「미송리 동굴유적의 동물 유골에 대하여」『고고학자료집』3.

김신규, 1970. 「우리나라 원시유적에서 나온 포유동물상」『고고민속론문집』2.

김용간, 1961. 「미송리 동굴유적 발굴 중간보고(Ⅱ)」『문화유산』2.

김용간, 1963a. 「미송리유적의 고고학적 위치」『朝鮮學報』26.

김용간, 1963b. 「미송리 동굴유적 발굴보고」『고고학자료집』3.

김용간·서국태, 1972. 「서포항 원시유적 발굴보고」『고고민속론문집』4.

나세진·장신요, 1967. 「黃石里 第十三號 支石墓에서 出土한 古墳骨의 一例」『韓國支石墓硏究』.

복기대, 2005. 「馬城子 文化에 관한 몇 가지 문제」『先史와 古代』22.

서국태, 2004. 「무산군 지초리유적에 대하여」『조선고고연구』2.

석광준, 2002. 『조선의 고인돌 무덤 연구』(중심).

신숙정, 1994. 『우리나라 남해안 지방의 신석기문화 연구』(學硏文化社).

신숙정, 2001. 「우리나라 청동기시대의 생업경제」『韓國上古史學報』35.

안승모·이준정, 2009. 「DNA 분석을 통해 본 구대륙 곡물과 가축의 기원」『선사 농경 연구의 새로운 동향』
　　　(사회평론).

오강원, 2008. 『서단산문화와 길림지역의 청동기문화』(學硏文化社).

오대양·백종오, 2015. 「馬城子文化 洞窟墓의 型式과 展開 樣相」『東아시아 古代學』40.

우지남, 2000. 「彩文土器의 연구 현황」『固城 頭湖里 遺蹟』(慶南考古學硏究所·韓國道路公社).

윤내현, 1981. 『中國의 原始時代』(檀大 出版部).

이상길, 1994. 「支石墓의 葬送 儀禮」『古文化』45.

이융조, 1979. 『大淸댐 水沒地區 遺蹟 發掘 報告書』(忠北大 博物館).

이융조, 1982. 「고구려 영토 안의 구석기문화」『東方學志』30.

이융조·우종윤, 1988. 「황석리 고인돌문화의 묻기 방법에 관한 한 고찰」『博物館紀要』4.

이융조·하문식, 1990. 『和順 大田 先史文化(Ⅰ)』(忠北大 考古美術史學科·韓國民俗村).

이종수, 2008. 「西團山文化 石棺墓의 特徵과 起源에 대하여」『先史와 古代』28.

이준정, 2011. 「飼育種 돼지의 韓半島 出現 時點 및 그 社會經濟的·象徵的 意味」『韓國考古學報』79.

인류진화발전사연구실, 1995. 『조선 서북지역의 동굴유적』(김일성 종합대학 출판사).

임병태, 1986. 「韓國 無文土器의 硏究」『韓國史學』7.

전재헌 등, 1986. 『룡곡 동굴유적』.

정한덕, 1990. 「美松里土器의 生成」『東北アジアの考古學』1(天池), (깊은샘).

조중공동고고학발굴대, 1966. 『중국 동북지방의 유적 발굴보고 : 1963~1965』.

조태섭, 2004. 「우리나라 구석기시대의 동물유적 연구」『우리나라 선사시대의 동굴유적과 문화』.

조태섭, 2008. 「우리나라 제4기의 동물상의 변화」『한국구석기학보』17.

조태섭, 2011. 「선사시대 사냥의 문화」『사냥으로 본 삶과 문화』(국사편찬위원회).

조태섭, 2013. 「우리나라 구석기시대 멧돼지과(Suidae) 화석의 분석 연구」『한국구석기학보』27.

천선행·장순자, 2012. 「마성자문화 동굴묘 출토 토기 변천과 전개」『영남고고학』63.

최광식, 2007. 「북한의 무산군 지초리 암각화」『先史와 古代』26.

최몽룡, 1981. 「全南地方 支石墓社會와 階級의 發生」『韓國史硏究』35.

최호현, 2007. 『太子河上流岩洞墓硏究』(北京大 碩士學位論文).

최호현, 2014. 「중국 동북지역 전기 청동기 문화 재조명-張家堡 A洞窟墓를 중심으로」『고조선 단군학』31.

편집위원회, 1967. 「미송리형 단지」『고고민속』2.

하문식, 1997. 「미송리유형 토기 출토 동굴무덤의 한 연구」『白山學報』48.

하문식, 1999. 『古朝鮮 地域의 고인돌 硏究』(白山).

하문식, 2002. 「북한의 유적 답사와 고고학계 연구 동향」『白山學報』64.

하문식, 2005. 「고조선의 무덤 연구 – 중국 동북지역 고인돌과 동굴무덤을 중심으로」『北方史論叢』6.

하문식, 2008. 「고인돌의 숭배 의식에 대한 연구」『비교민속학』35.

하문식, 2009. 「고조선 시기의 장제와 껴묻거리 연구 – 馬城子文化의 예를 중심으로」『白山學報』83.

한국고고학회 엮음, 2006. 『계층 사회와 지배자의 출현』.

한병삼 등, 1981. 『土器』, 韓國의 美 5(中央日報 季刊美術).

한영희·임학종, 1991. 「연대도 조개더미 단애부2」『韓國考古學報』26.

한창균, 1990. 「북한 고고학계의 구석기시대 연구 동향」『東方學志』100.

황기덕, 1965. 「무덤을 통하여 본 우리나라 청동기시대의 사회관계」『고고민속』4.

황기덕·리원근, 1966. 「황주군 심촌리 청동기시대 유적 발굴 보고」『고고민속』3.

郭大順, 1997.「中華五千年文明的象征」『牛河梁紅山文化遺址與玉器精粹』(文物出版社).

廣西文物考古研究所·南寧市博物館 엮음, 2007.『廣西先秦岩洞葬』(科學出版社).

金旭東, 1991.「1987年吉林東豊南部盖石墓調査與淸理」『遼海文物學刊』2.

內蒙古自治區昭烏達盟文物工作站, 1963.「內蒙古昭烏達盟石羊石虎山新石器時代墓葬」『考古』10.

段天璟, 2008.「馬城子諸洞穴墓葬遺存的分期與相關問題」『邊疆考古研究』7.

唐淼, 2008.「關于馬城子文化內涵認知的述評」『東北史地』6.

董學增, 1993.『西團山文化研究』(吉林文史出版社).

木易, 1991.「東北先秦火葬習俗試析」『北方文物』1.

武家昌·蕭景全, 2002.「新賓縣龍灣洞穴靑銅時代積石墓」『中國考古學年鑒 2002』.

撫順市博物館·新賓滿族自治縣文物管理所, 2002.「遼寧新賓滿族自治縣東升洞穴古文化遺存發掘整理報
         告」『北方文物』1.

本溪市博物館 엮음, 2011.『本溪文物集粹』.

辛占山, 1988.「康平順山屯靑銅時代遺址試掘簡報」『遼海文物學刊』1.

安特生, 1923.『奉天錦西縣沙鍋屯洞穴層』(中國古生物誌 丁種1-1).

王洪峰, 1993.「石棚墓葬研究」『靑果集』(知識出版社).

遼寧省文物考古研究所·本溪市博物館, 1994.『馬城子—太子河上游洞穴遺存』(文物出版社).

遼寧省文物考古研究所, 2012.『牛河梁』上(文物出版社).

遼寧省博物館·本溪市博物館·本溪縣文化館, 1985.「遼寧本溪廟後山洞穴墓地發掘簡報」『考古』6.

遼陽文物管理所, 1983.「遼陽市接官廳 石棺墓群」『考古』1.

李恭篤, 1985.「遼寧東部地區靑銅文化初探」『考古』6.

李恭篤, 1989.「本溪地區三種原始文化的發現及研究」『遼海文物學刊』1.

李恭篤·高美璇, 1987.「太子河上流洞穴墓葬探究」『中國考古學第六次年會論文集』.

李恭篤·高美璇, 1995.「遼東地區石築墓與弦紋壺有關問題研究」『遼海文物學刊』1.

張志立, 1990.「東北原始社會墓葬研究」『古民俗』(吉林文史出版社).

齊俊·劉興林, 1988.「本溪水洞遺址及附近的遺蹟和遺物」『遼海文物學刊』1.

趙賓福, 2007.「馬城子文化新論」『邊疆考古研究』6.

趙賓福, 2009.『中國東北地區夏至戰國時期的考古學文化研究』(科學出版社).

朱永剛, 1994.「西團山文化源探索」『遼海文物學刊』1.

許玉林·崔玉寬, 1990.「鳳城東山大石盖墓發掘簡報」『遼海文物學刊』2.

華玉冰, 2011.『中國東北地區石棚研究』(科學出版社).

橋口達也, 2007. 『彌生時代の戰い』.

Brown, J. A., 1981. "The Search for rank in prehistoric burials", *The Archaeology of Death*. Cambridge Univ. Press.

Gejvall, Nils—Gustaf, 1970. "Cremations", *Science in Archaeology*, Praeger Publishers.

Goldstein, L., 1981. "One—dimensional archaeology & multi—dimensional people : spatial organization & mortuary analysis", *The Archaeology of Death*, Cambridge Univ. Press.

Renfrew, C., 1979. *Before Civilization*. Cambridge Univ. Press.

Ri Sok Ryul, Om Hye Yong, 1996. "Middle—Upper Proterozoic Era", *Geology of Korea*.

Tainter, J. A., 1978. "Mortuary practices and the study of prehistoric social systems", Advances in *Archaeological method and theory*, vol. 1, N. Y., Academic Press.

Heine—Geldern, R., 이광규 옮김, 1969. 「메가리트 問題」 『文化財』 4.

J. G. Andersson, 김상기·고병익 옮김, 1954. 『중국 선사시대의 문화』(문교부).

『三國志 : 魏志東夷傳』

4. 영혼이 머무는 땅 위의 끝집

- 돌널무덤, 독무덤, 돌덧널무덤

Ⅰ. 머리말

잘 알려져 있듯이 지금까지의 조사와 연구에 의하면 고조선 시기에 축조된 무덤은 고인돌을 비롯하여 돌널무덤, 돌무지무덤, 돌덧널무덤, 동굴무덤, 독무덤, 움무덤 등 상당히 다양한 것으로 밝혀지고 있다. 이러한 여러 가지 무덤이 축조된 배경은 자연환경과 더불어 당시 사회의 여러 조건과 밀접한 관련이 있다. 또한 다양한 무덤의 형식과 축조 배경은 계속 논란이 되고 있는 고조선의 강역 문제, 중심지, 주민 구성, 시기 문제 등의 여러 문제를 해결하는 하나의 방안이 될 수도 있을 것으로 보인다.

여기서 살펴보고자 하는 고조선 시기 요남지역의 여러 무덤은 이 지역의 지정학적 의미는 물론 고고학적 중요성을 이해할 수 있게 하는 좋은 자료 가운데 하나이다. 요남지역의 지리적인 위치를 보면 산동지역의 문화는 물론 요하를 중심으로 한 북쪽의 내륙문화도 접촉할 수 있는 곳이기 때문에 상당히 일찍부터 다양한 모습의 선진적인 문화가 이곳에서 서로 만나 새로운 성격의 문화 형성이 이루어져왔다.

이 글에서 검토하는 무덤유적의 공간적인 범위 설정은 장백산맥(長白山脈)의 남쪽 끝자락에 위치한 천산산맥(千山山脈)을 중심으로 그 남쪽에 해당하는 지역이다. 천산산맥은 대석교(大石橋)와 해성(海城)지역을 동서 방향으로 비스듬히 가로지르며, 주변은 낮은 산지와 구릉지대다. 북쪽은 넓고 남쪽으로 갈수록 좁은 지세를 이루고 있으며, 동남쪽은 서북쪽에 비하여 길고 완만한 모습이고 대양하(大洋河)와 벽류하(碧流河)의 발원지이기도 하다. 서북 기슭은 짧고 가파르며 복주하(復州河), 대청하(大淸河)가 발해만으로 흘러들어가는 곳이다.

분석대상 유적은 돌널무덤, 돌덧널무덤, 움무덤, 독무덤 등이다(지도 참조).

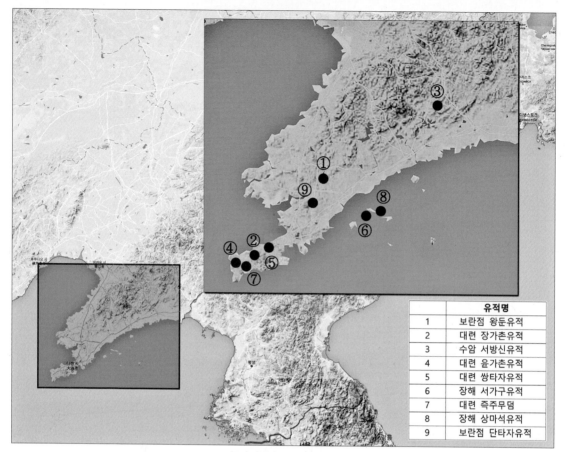

	유적명
1	보란점 왕둔유적
2	대련 장가촌유적
3	수암 서방신유적
4	대련 윤가촌유적
5	대련 쌍타자유적
6	장해 서가구유적
7	대련 즉주무덤
8	장해 상마석유적
9	보란점 단타자유적

요남지역의 여러 무덤 자리

Ⅱ. 관련 유적의 몇 예

1. 돌널무덤

1) 보란점 왕둔(王屯) 유적[1]

보란점시(普蘭店市) 동분향(同盆鄕) 왕둔의 서남쪽 산기슭에서 2기의 돌널무덤이 조사되었다. 무덤은 서로 40m쯤 떨어져 있으며, 지표에서 50㎝ 밑에 있었다.

1호의 무덤방은 판자돌 14개를 이어서 만들었는데 크기는 152×40×69㎝이며 긴 방향은 서쪽으로 치우친 남북쪽이다(그림 1). 긴 벽인 동쪽과 서쪽은 서로 3개의 판자돌을 세웠고 그 바깥쪽의 북쪽에 또 다른 판자돌을 3개씩 덧붙여 놓은 특이한 모습이다. 짧은 벽의 북쪽과 남쪽은 각각 1개를 놓았다. 뚜껑돌의 크기는 186×80×13~24㎝로 넓적한 모습이다. 무덤방 안에서 사람뼈는 찾아지지 않았고, 단지와 깊은 바리가 조사되었다.

2호도 1호처럼 긴 벽인 동쪽과 서쪽은 판자돌 3개와 4개를 잇대어 무덤방을 만들었고, 짧은 벽은 판자돌 1개씩을 세워 놓았다(그림 2). 무덤방의 크기는 200×40×50㎝이고 긴 방향은 동쪽으로 치우친 남북 방향이다. 그리고 7개의 크고 작은 납작한 돌을 덮었는데 크기는 224×60× 20㎝이다. 껴묻거리는 단지 2점이 찾아졌다.

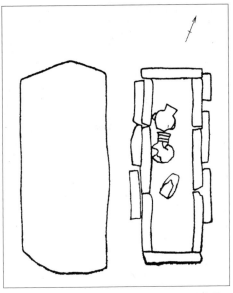

그림 1. 보란점 왕둔
1호 돌널무덤 평면도

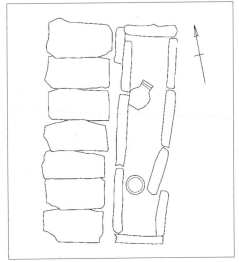

그림 2. 보란점 왕둔
2호 돌널무덤 평면도

---

1. 劉俊勇·戴廷德, 1988, 「遼寧新金縣王屯石棺墓」『北方文物』3, 10~12쪽.

2) 대련 장가촌(蔣家村) 유적[2]

대련시(大連市) 여순구구(旅順口區) 삼간보진(三澗堡鎭) 장가촌의 남강 서쪽 가장자리에 위치한다. 1958년과 1972년의 두 차례에 걸친 토지정리 과정에 파괴된 돌널무덤 2기가 확인되었다.

돌널무덤에서는 불에 탄 비파형동검 3점, 돌구슬 1개, 둥근 석기 1점이 찾아졌다.

3) 수암 서방신(西房身) 유적[3]

수암현(岫岩縣) 대방신향(大房身鄉) 대전자촌(大甸子村) 서방신에 위치하며, 1973년 봄 돌널무덤 1기를 수습 조사하였다.

마을 부근의 '고분두(古墳頭)'라 부르는 낮은 산능선에 판자돌이 흩어져 있다.

돌널무덤은 190×63×17㎝ 되는 큰 판자돌과 90×34×10㎝의 작은 판자돌로 이루어져 있다.

돌널 안에는 비파형동검 1점이 껴묻기되어 있었고 주변에서는 철광석을 감으로 한 베개 모양의 검자루 맞춤돌 1점과 청동 화살촉 1점이 찾아졌다.

2. 돌덧널무덤

1) 대련 윤가촌(尹家村) 유적[4]

이 유적은 대련시 여순구구 윤가촌 마을의 서남쪽 남하(南河) 북쪽 기슭의 평평한 밭에 있다. 1930년대 일본 학자들이 목양성(牧羊城)을 발굴할 때 그 주변인 이곳

---

2. 許明綱, 1993. 「大連市近年來發現靑銅短劍及相關的新資料」 『遼海文物學刊』1, 8쪽 : 김동일, 2009. 『중국 동북지방의 고대 무덤』2, (조선고고학전서 22), 19쪽.

3. 許玉林·王連春, 1984. 「丹東地區出土的靑銅短劍」 『考古』8, 713쪽.

4. 東亞考古學會, 1931. 『牧羊城』, 43～47쪽 : 조중공동고고학발굴대, 1966. 『중국 동북지방의 유적 발굴 보고 : 1963～1965』, 107～128쪽 : 中國社會科學院考古硏究所, 1996. 『雙砣子與崗上』, 119～140쪽 : 김동일, 2009. 『앞 책』, 344～353쪽.

에서 돌덧널무덤 3기를 조사하였고, 1963·64년 조중 공동 고고학 발굴대에서는 시기를 달리 하는 3개의 문화층에서[5] 돌덧널무덤을 비롯하여 움무덤, 독무덤 등을 발굴하였다.

여기에서는 일제 강점기 때 조사된 1호와 3호, 1964년 발굴된 12호를 살펴보고자 한다.

① 1호 돌덧널무덤

윤가촌 마을의 서남쪽에 있는 강가의 단면에서 찾아졌다.

무덤의 구조는 판자돌을 가지고 무덤방을 만들었는데 그 크기는 212×121×90㎝쯤 되며, 무덤 구덩과 무덤방 사이에 막돌을 쌓았다. 바닥에는 강돌을 깔았고 무덤방은 판자돌로 덮은 다음 그 위에 강돌을 놓았던 것 같다.

묻기는 무덤방의 크기와 사람뼈 흔적으로 볼 때 바로펴묻기를 하였으며, 머리는 동쪽에 놓여 있었다.

껴묻거리는 굽접시, 접시, 단지, 바리 등의 토기가 찾아졌다.

② 3호 돌덧널무덤

2호의 서남쪽에 위치하며, 무덤방의 한 쪽이 강가의 낭떠러지에 드러나 있는 상태에서 조사가 이루어졌다.

무덤은 농사를 짓던 밭의 약 1m 밑에서 찾아졌고, 무덤방의 동북 벽은 무너져 있었다. 무덤방은 1호처럼 막돌을 쌓았고 바닥에는 강돌을 깔았다. 긴 방향은 동북—서남쪽이며, 동북쪽에서 사람 치아가 찾아졌다.

껴묻거리는 왼쪽 가슴 옆에서 마노로 만든 귀걸이가 찾아진 것을 비롯하여 배 부분에서 둥근 고리(마노)와 청동 팔찌 등이 조사되었다.

---

5. 윤가촌 유적의 문화층은 크게 「위문화층」과 「아래문화층」으로 나누어지고 「아래문화층」은 다시 「1기층」과 「2기층」으로 구분된다.

③ 12호 돌덧널무덤

　이 무덤은 '제2구의 아래층 2기 문화층'에서 찾아
졌다. 무덤을 만든 모습을 보면 지표 밑 50㎝에 길이
237㎝, 너비 125㎝, 깊이 160㎝ 되는 동서 방향의 장방
형 움을 판 다음 그 안에 나무관을 넣고 가장자리와 위
에는 18개의 막돌(50×30㎝ 안팎)을 채워 놓았다(사진 1).
나무관의 크기는 200×70×40㎝쯤 되며, 안에는 머리
뼈, 갈비뼈, 팔다리뼈 등이 있었고 사람뼈의 놓
인 모습과 무덤방의 크기로 보아 묻힌 사람의
머리는 동쪽에 놓인 것 같고 바로펴묻기를
하였던 것 같다(그림 3).

　껴묻거리는 묻힌 사람의 오른쪽 허리 옆
에서 세형동검이, 오른쪽 가슴 옆에서 달도
끼, 무덤방의 남·북쪽에서 단지, 굽접시, 바
리 등 토기가 찾아졌다(사진 2).

사진 1. 윤가촌 12호 돌덧널무덤

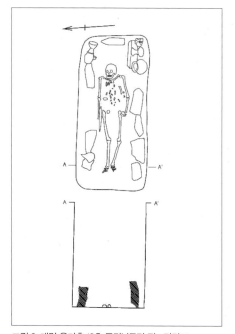

그림 3. 대련 윤가촌 12호 돌덧널무덤 평·단면도

사진 2. 윤가촌 12호 돌덧널무덤 껴묻거리

한편 윤가촌에서 발굴 조사된 돌덧널무덤 옆에서 파괴된 다른 돌넛널무덤이 확인되었다. 여기에서는 마을 사람들이 비파형동검(2점), 청동 도끼(2점), 청동 화살촉(2점) 그리고 구슬(3점)을 수습하였다.

2) 대련 쌍타자(雙砣子) 유적[6]

대련시 감정자구(甘井子區) 영성자향(營城子郷) 후목성역촌(後牧城驛村)의 북쪽에 있는 산 언덕에 자리한다. 일제 강점기 때 이곳에서 비파형동검과 검자루 맞춤돌이 수습되었기에[7] 무덤이 있을 가능성이 있었다.

1964년 유적의 서쪽 산기슭에서 채석을 하다가 비파형동검, 단지, 돌가락바퀴와 달도끼, 돌구슬 등 5점의 유물이 한 곳에서 찾아졌다(사진 3). 그리고 뼈 부스러기가 있는 것으로 보아 이곳이 무덤이었던 것 같다.

무덤이 자리한 곳은 자연적인 낭떠러지 아래에 단(段)이 진 곳이며, 주변에 돌이 있는 것으로 보아 돌덧널무덤일 가능성이 있다. 유물은 불에 탄 흔적이 없어 화장을 하지는 않은 것 같다.

사진 3. 쌍타자 돌덧널무덤 껴묻거리

3) 장해 서가구(徐家溝) 유적[8]

장해현 대장산도진(大長山島鎭) 합선도(哈仙島) 서가구에 위치한다.

마을 주민의 집 뒤에서 돌무덤에 쓰인 막돌과 청동기가 찾아져 1980년 발굴하

6. 조중공동고고학발굴대, 1966, 『위 책』, 53쪽 : 中國社會科學院考古研究所, 1996, 『위 책』, 51~53쪽.
7. 江山波夫, 1934, 「旅順雙台子新石器時代遺蹟」, 『人類學雜誌』, 49-1.
8. 許明綱, 1993, 「앞 글」, 11쪽.

였다.[9] 무덤은 먼저 움을 파고 4벽에 막돌을 쌓은 돌덧널인데 무덤 구덩의 크기는 199×90×54㎝이다.

껴묻거리는 청동 무기와 연모가 찾아졌다. 무기는 끝 부분이 부러진 세형동검을 비롯하여 중국식 동검(桃氏劍) 조각, 동검 자루, 검집 등이 있고 연모는 도끼와 끌이 출토되었다.

3. 움무덤

1) 대련 윤가촌 유적[10]

윤가촌 유적의 조사에서는 모두 10기의 움무덤이 발굴되었다.

아래 문화층의 1기층에서는 2호·3호·18호·19호·20호 등 5기가 확인되었고, 아래 문화층과 위 문화층에 걸쳐 7호·8호·13호 등 3기가 발굴되었다. 이 가운데 아래 문화층의 2호와 3호는 화장을 한 무덤으로 강가의 낭떠러지에 있어 1963년 첫 조사 때 수습 발굴하였고 나머지는 모두 1964년에 발굴 조사하였다.

① 18호 움무덤(아래 문화층)

윤가촌 유적에서 가장 이른 시기인 아래 문화층의 1기층에서 조사되었다.

무덤방의 긴 방향은 남북쪽이며, 크기는 160×30~70×90㎝이고 북쪽이 남쪽보다 넓다. 바닥과 벽에서 불에 탄 흔적이 모두 찾아졌는데 동쪽 벽의 경우 높이가 56㎝, 두께가 7㎝이고 나머지 벽은 이미 파괴된 상태였다. 무덤방 안에서 직접 화장을 하였을 가능성이 많고 껴묻거리는 찾아지지 않았다.

---

9. 이 유적을 움무덤[土壙竪穴墓]이라는 보고의 글(中國國家文物局 엮음, 2009. 『中國文物地圖集 : 遼寧分冊(下)』 94쪽)이 있고, 유적 이름과 무덤을 '여가구 돌관무덤'이라고 한 글(김동일, 2009. 『앞 책』 21~22쪽)도 있다.
10. 조중공동고고학발굴대, 1966. 『앞 책』 238~244쪽.

② 8호 움무덤

이 무덤은 7·13호와 같은 층에서 찾아졌지만 다른 무덤들처럼 화장을 하지 않았고 정확한 시기도 알 수 없다.

무덤방의 긴 방향이 남북쪽이며, 크기는 216×60~70×80㎝이다. 무덤방에서 조사된 묻힌 사람의 모습을 보면 머리 방향은 북쪽이며, 바로펴묻기를 하였고 얼굴은 동쪽으로 조금 돌린 것으로 해석된다.

껴묻거리는 오른쪽 다리 부분에서 돼지 아래턱뼈가 찾아졌다.

2) 대련 즉주무덤[聖周墓][11]

이 유적은 대련시 여순구구 목양성(牧羊城) 노철산(老鐵山)의 남쪽 기슭인 관둔자(官屯子) 강가의 가장자리에 위치한다.

1927년 목양성 조사 과정에 독무덤의 동쪽에서 이미 파괴된 움무덤 1기가 발굴되었는데, 이전에 이곳에서 비파형동검과 청동도끼가 수습되었다. 움무덤은 주대(周代)의 즉주묘와 연관시켜 이름을 붙였다(그림 4).

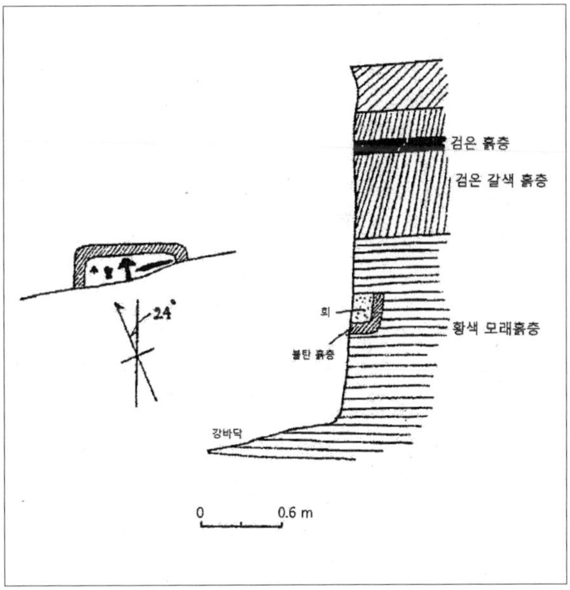

움무덤은 거의 파괴된 상태에서 조사되었는데 움의 길이는 동쪽 벽이 9㎝(3寸), 서쪽 벽이 30㎝(1尺)쯤 남아 있었고 너비는 84㎝(2尺 8寸)이다. 그리고 무덤구덩의 벽은 불의 영향으로 매우 단단한 상태인데 그 두께는 9㎝(3寸)이고 높이는 30㎝(1尺)쯤 된다.

무덤구덩의 안쪽에는 회색의 흙(재?)

그림 4. 대련 즉주묘 단면도

11. 東亞考古學會. 1931. 『앞 책』. 51~61쪽.

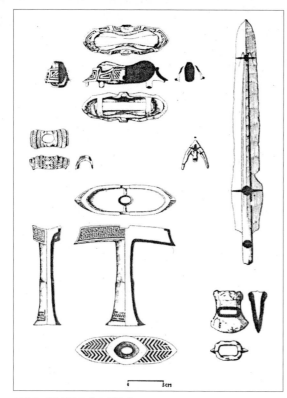

그림 5. 대련 즉주묘 출토 청동기

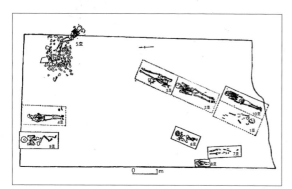

그림 6. 대련 상마석 무덤 분포도

이 쌓여 있었으며, 이곳에서 비파형동검, 청동도끼, 청동 화살촉, 'ㅗ'자 모양 청동검 자루 맞춤돌 등이 찾아졌다(그림 5).

3) 장해 상마석(上馬石) 유적[12]

대련시 장해현(長海縣) 대장산도(大長山島) 의 동쪽에 있는 빈해산(濱海山) 언덕에 위치 한다. 1977년과 1978년에 서로 5기씩 모두 10기의 움무덤이 발굴되었다(그림 6).

움무덤은[13] 독무덤과 약 15m 떨어져 있 으며 층위는 다음과 같이 4개로 나누어 진다.

Ⅰ층 : 경작층(10~28cm)

Ⅱ층 : 조가비층(48~98cm)

　　　모래 섞인 홍갈색 토기 조각 출토.

　　　움무덤이 조사됨.

Ⅲ층 : 검은색 흙과 조가비가 섞인 층

　　　(8~28cm)

　　　모래 섞인 흑갈색 토기 조각 출토

　　　독무덤(파괴) 조사됨

Ⅳ층 : 황색 흙과 모난 돌이 섞인 생토층

---

12. 遼寧省博物館·旅順博物館·長海縣文化館, 1981, 「長海縣廣鹿島大長山島貝丘遺址」『考古學報』1, 63~109쪽; 旅順博物館·遼寧省博物館, 1982, 「遼寧長海縣上馬石靑銅時代墓葬」『考古』6, 661~667쪽.

13. 2호와 3호 무덤에서 비파형동검이 출토되었기에 '靑銅短劍墓'라고 한다.

긴 네모꼴의 무덤구덩은 경작층 아래에서 찾아졌으며, 무덤 안에는 조가비 가루가 채워져 있고 밖에는 완형의 조가비가 흩어져 있었다. 무덤 구덩은 길이가 채 200cm가 안되고 너비는 80cm쯤 되어 비교적 작은 편이다. 사람뼈는 잘 남아 있었다. 묻기에 따라 바로펴묻기[仰身葬], 엎어묻기[俯身葬], 옆으로 굽혀묻기[側身屈肢葬]를 한 무덤으로 구분된다.

① 바로펴묻기

바로펴묻기를 한 움무덤이 가장 많으며, 1호·2호·3호·6호·7호·10호 등이다.

2호의 무덤방은 170×80cm 크기이며, 긴 방향은 동북─서남쪽이다. 묻힌 사람의 뼈가 완전히 남아 있었는데 머리는 동북쪽을 향한 모습이다. 오른쪽 엉덩뼈 옆에서 비파형동검 1점이 찾아졌다(사진 4).

3호의 무덤방은 170×84cm이다. 긴 방향은 서남─동북쪽이며 묻힌 사람의 머리는 서남쪽에 놓여 있었다. 왼쪽 손 아래에서 비파형동검과 손잡이 부분이 찾아졌고, 왼쪽 허벅지 옆에서는 단지 1점이 출토되었다. 그리고 단지 주변에는 복원이 불가능한 토기 조각이 흩어져 있었다.

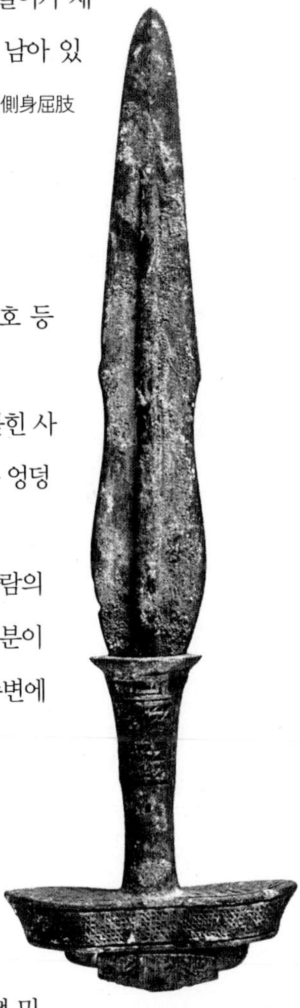

② 엎어묻기

엎어묻기는 4호와 8호 무덤이 있다.

4호 움무덤의 무덤방 크기는 188×80cm이다. 묻힌 사람의 머리 방향은 북쪽이며, 얼굴은 아래쪽을 바라보는 모습이었다. 양쪽 손은 엉덩뼈 밑에 있었고 왼쪽 다리뼈 옆에 단지 1점이 놓여 있었다.

③ 옆으로 굽혀묻기

5호와 9호 무덤이 있다.

9호의 무덤방은 164×66×90cm이며, 움무덤 가운데 가장 깊다. 묻힌 사람의 머

사진 4. 상마석 출토 비파형동검

리는 북쪽에 놓여 있었고 뼈로 보아 굽혀 묻은 모습이다. 오른쪽 다리는 왼쪽 다리 위에 있었으며, 양손은 가슴 앞에 모은 모습이었다. 껴묻거리는 없었다.

4) 보란점 단타자(單砣子) 유적[14]

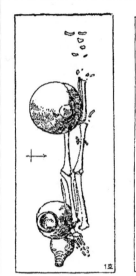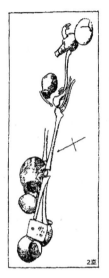

그림 7. 보란점 단타자 무덤 평면도

보란점시 단타자에 위치하며, 1928년 이 유적의 북쪽에서 움무덤 2기를 발굴하였다(그림 7).

1호는 엎어묻기[伏臥伸展葬]를 하였는데 묻힌 사람의 머리는 서쪽이고 다리는 동쪽에 놓여 있었다. 머리뼈는 없었고 엉덩뼈, 다리뼈 등은 비교적 잘 남은 상태였으며 어른 남자가 묻혔다.

껴묻거리는 단지 3점이 찾아졌는데 묻힌 사람의 허리, 다리, 발 쪽에 1점씩 놓여 있었다. 그리고 사람뼈의 언저리와 다리쪽에서는 불탄 흙과 숯이 찾아져 화장을 한 것 같으며, 무덤구덩 옆에는 조가비 가루와 매우 작은 토기 조각이 흩어져 있었다.

2호는 1호에서 남서쪽으로 1.8m쯤(6尺) 떨어져 있다. 무덤방에 놓여진 사람뼈로 보아 묻힌 사람의 머리는 서북쪽에 자리하며 어른 남자를 바로펴묻기 하였다.

껴묻거리는 단지, 돌도끼, 대롱구슬 등 비교적 여러 가지가 찾아졌다.

단지는 모두 6점이 출토되었는데 목, 허리, 무릎(2점), 다리(2점) 쪽에 놓여 있었으며, 1호에서 찾아진 단지와 비교된다. 돌도끼는 묻힌 사람의 발 위에 1점이 놓여 있었다. 청회색의 니회암(泥灰岩)을 재질로 이용하였으며 머리 쪽에 구멍이 뚫려 있었고 많이 닳은 것으로 보아 실제 사용한 것으로 해석된다. 대롱구슬은 3점이 찾아

---

14. 東亞考古學會, 1929, 『貔子窩』, 31〜37쪽.

졌으며 녹색을 띠고 있다. 큰 것은 가슴 쪽에서, 작은 것 2점은 머리뼈의 귀 부분에 놓여 있었다. 이것으로 보아 큰 것은 목에 걸었던 치레걸이로 보인다.

이들 움무덤은 토기와 무덤의 여러 특징으로 볼 때 쌍타자 3기 문화에 해당하는 것으로 해석된다. 껴묻기된 토기로 볼 때 2호는 1호보다 조금 늦게 축조된 것으로 여겨진다.

4. 독무덤

1) 장해 상마석 유적[15]

독무덤은 1974년 겨울에 처음 찾아져 1975·77년 조사되었다. 모두 17기가 찾 아졌는데 1975년에 1기(17호), 77년에 16기(1호~16호)가 발굴되었다.

독무덤을 만든 방법은 먼저 둥근 구덩을 판 다음 독널을 놓고 그 안에 어린이나 미성년의 뼈와 껴묻거리를 넣었다.

독널을 놓은 방법은 아가리가 위로 향한 것과 아래로 향한 것 2가지로 나누어 진다.

① 아가리가 위로 향한 독무덤

6기(1호, 2호, 8호, 11호, 15호, 17호)의 독무덤이 여기에 해당하며, 아가리 쪽은 납작한 돌을 덮었다.

11호는 독널의 아가리 부분을 2점의 판자돌로 덮었으며, 안에는 어린이의 뼈와 단지 1점이 들어 있었다.

15호는 1점의 납작한 돌을 가지고 독널의 아가리를 덮었고 이미 파괴된 상태 였다. 독널 안에는 1개체 분의 사람뼈와 단지 1점이 있었다.

---

15. 旅順博物館·遼寧省博物館, 1982, 「앞 글」, 661~663쪽.

② 아가리가 밑으로 향한 독무덤

여기에는 11기의 독무덤이 있다.

12호는 독널의 아가리가 밑으로 향한 모습이며, 밑바닥은 독널 안에 들어 있었다. 안에는 어린이 뼈와 단지 1점이 껴묻기되어 있었다.

16호는 독널의 아가리와 어깨 부분만 남았다. 안에는 어린이 뼈가 들어 있었고 바깥에는 작은 단지 1점이 놓여 있었다.

독널이 거꾸로 놓인 무덤을 보면 거의가 먼저 구덩을 파고 밑부분을 깨뜨린 독널을 아가리 쪽이 밑으로 가도록 놓았던 것 같다. 그리고 독널 안에는 어린이나 미성년자의 주검과 껴묻거리를 넣고 밑부분에 납작한 돌을 놓은 모습이었다.

Ⅲ. 무덤의 성격

요남지역에서 조사된 여러 무덤을 통하여 무덤방의 특징을 비롯하여 묻기, 제의, 출토 유물, 무덤의 축조 연대 등에 관하여 분석하고자 한다.

1. 무덤방과 묻기

무덤방의 여러 특징 가운데 먼저 왕둔 1호 돌널무덤 긴 벽(동·서)의 바깥인 북쪽에 덧대어 있는 판자돌의 기능 문제에 대한 것이 있다. 지금까지 이런 것이 조사된 예가 없어 이것의 의미에 대하여는 그 자체에서 찾을 수 밖에 없다. 그렇다면 먼저 무덤방의 보호 문제와 관련시켜 볼 수 있을 것이다. 이 무덤방의 긴 벽을 이룬 판자돌의 두께는 상당히 얇은 반면 무덤방을 덮은 뚜껑돌은 매우 큰 편이고 그 두께(13~24㎝)가 조사된 다른 돌널무덤의 것과 비교할 때 매우 두터운 것 같다. 이런 점에서 볼 때 뚜껑돌의 하중을 직접 받게 되는 것이 무덤방의 긴 벽이므로 이 점을 고려하여 무덤방이 쓰러지지 않고 축조 당시의 모습이 유지되도록 보강 시설을 한 것으로 이해된다.

다음은 윤가촌 1호 돌덧널의 무덤방 시설에 대한 것이다. 1호의 무덤방 특이 구조는 뚜껑돌의 기능을 하는 판자돌을 덮은 다음, 그 위에 다시 강돌을 쌓았다는 점이다. 이것은 무덤방이 훼손되는 것을 방지하기 위한 하나의 방법으로 해석된다. 이와 비교되는 것이 개천 묵방리 30호 고인돌이 있다.[16]

이렇게 무덤의 종류는 다르지만 축조 방법(과정)에 있어 찾아지는 공통점은 같은 시기의 무덤에 대한 인식 문제를 이해하는데 도움이 된다.

앞에서 설명한 여러 무덤들의 묻기에 대한 것을 살펴보기 위하여 먼저 무덤방 크기, 주검의 놓인 위치와 방향, 사람뼈의 출토 상황 등을 고려해 보았다. 돌널무

---

16. 리정남, 1985, 「묵방리 고인돌에 관한 몇 가지 고찰」, 「력사과학」1, 31~35쪽.

덤·돌덧널무덤·움무덤 등의 무덤방 크기를 1차적으로 비교하여 추정하였는데 바로펴묻기를 기본으로 하였음을 알 수 있었다. 하지만 주검의 놓인 위치로 볼 때 움무덤인 상마석 4호와 단타자 1호는 엎어묻기, 상마석 9호는 옆으로 굽혀묻기를 하였던 것으로 밝혀졌다. 그리고 독무덤인 상마석 11·12·15·16호는 옮겨묻기(두벌묻기)를 하였다.

이러한 묻기는 당시 사회에 널리 퍼져있던 주검의 처리 절차를 이해하는데 도움이 되며 전통성과 보수성이 강한 장례 습속의 한 측면을 알 수 있게 한다.

다음은 무덤방의 긴 방향과 묻힌 사람의 머리 방향에 대한 문제다. 고조선 시기의 사람들은 당시 사회에 널리 퍼져 있었던 묻기와 관련한 일정한 절차에 따라 무덤을 축조하였을 것이다. 그렇다면 무덤방에 놓인 주검도 이런 절차에 의하여 자리하였을 것이다.

요남지역의 여러 무덤방을 검토한 결과, 그 방향은 절대적으로 정해진 것이 아니고 유적의 주변 지역에 대한 지세가 1차적으로 고려된 것으로 해석된다. 윤가촌 유적과 상마석 유적의 움무덤을 보면 같은 지점에 축조되어 있지만 무덤방의 긴 방향(머리 방향)은 서로 차이가 있음을 알 수 있다. 이것도 고인돌처럼 무덤이 절대 방위에 따라 축조된 것이 아니고 주변 지세와 밀접한 관련이 있음을 알려주는 것으로 보인다.

한편 단타자 1호 무덤에서는 어른 남자로 여겨지는 사람뼈가 찾아졌다. 그런데 주목되는 점은 머리뼈가 없다는 사실이다. 이것은 주검을 처리하는 과정에 부분적으로 사람뼈가 없어졌을 수도 있지만, 의도적으로 머리뼈가 없는 주검을 묻었을 가능성도 있다고 보인다. 무덤방에서 확인할 수 있는 특이한 점은 불탄 흙과 숯이 많이 있기 때문에 무덤방에서 직접 화장을 하였을 가능성과 많은 토기조각들이 흩어진 채 찾아졌기 때문에 제의 행위가 있었을 것으로 추정될 뿐이다. 그렇다면 당시 사회상과 관련시켜 볼 수 있지 않을까? 다시 말하여 사회적으로 갈등이 상존할 가능성이 있기 때문에 복잡한 사회 관계에서 집단간의 전쟁을 고려해 볼 수 있을 것이고, 여기에 묻힌 사람은 이처럼 비정상적인 죽음의 하나인 전쟁의 희생자일 가능성이 있는 것으로 해석된다.

상마석의 독무덤에서 찾아진 사람뼈는 모두 어린 아이로 밝혀졌다. 이처럼 독특한 장례 습속의 하나인 독무덤에 어린 아이만 묻혔다는 것은 당시의 특이한 묻기를 보여주고 있다. 이런 점에서 독무덤은 당시 사회에서 어린 아이만 묻는 하나의 전용 장제였을 가능성이 있다. 그리고 이것을 비교적 이른 시기인 신석기시대부터 나타나는 중원(中原) 지역의 독무덤 장례 습속에서 그 뿌리를 찾는 견해도 있다.[17]

고조선 시기 요남지역의 여러 무덤에서 나타나는 또 다른 특이한 점은 화장(火葬)이다. 화장은 고조선 시기의 대표적인 묻기 가운데 하나인데 그 기원은 신석기시대부터 동북아시아 지역에서 상당히 폭넓게 채택된 장례 습속의 하나로 밝혀지고 있다.[18]

앞에서 살펴본 요남지역의 대부분 무덤은 화장을 하였다. 예외적으로 윤가촌 8호 움무덤과 쌍타자 돌덧널무덤에서는 화장 흔적이 찾아지지 않았다. 화장이 보편적으로 이루어졌지만 특히 무덤방 안에서 화장을 한 점이 주목된다. 최근까지 무덤방에서 직접 화장을 한 것은 주로 요북이나 길림 남부지역의 고인돌 유적과 동굴무덤, 요남지역의 돌무지무덤에서 조사되었다.[19] 하지만 장가촌 무덤에서 찾아진 동검의 불탄 흔적을 비롯하여 즉주무덤, 윤가촌 18호 무덤, 단타자 1호 무덤 등에서는 많은 양의 숯과 불탄 흙이 찾아져 요남지역의 돌널무덤과 움무덤은 무덤방 안에서 직접 화장을 한 것으로 해석된다.

이 문제는 앞으로 넓은 의미에서 고조선의 장례 습속은 물론 당시 사람들의 죽음에 대한 사유관을 이해하는데 참고가 될 것이다.

17. 徐龍國, 2010. 「라오닝 지역의 전국진한시기 옹관묘」 『중국의 옹관묘』, 104~105쪽.
18. 하문식, 1999. 『古朝鮮 地域의 고인돌 硏究』 295~298쪽.
    하문식, 2014. 「中國 遼北지역 고인돌의 성격」 『先史와 古代』40, 30~31쪽.
19. 金旭東, 1991. 「1987年吉林東豊南部盖石墓調査與淸理」 『遼海文物學刊』2, 20~22쪽 : 조중공동고고학발굴대, 1966. 『앞 책』 63~100쪽.

2. 제의

요남지역의 여러 무덤에서 제의와 관련하여 생각해 볼 수 있는 것은 토기조각의 파쇄 행위, 짐승뼈의 껴묻기, 토기에 뚫린 구멍 문제 등이 있다.

상마석 3호와 단타자 1호 움무덤의 무덤방에서는 복원하기 힘든 작은 토기조각들이 흩어진 채 조사되었다. 이들 토기조각은 무덤을 축조하는 과정에 있었던 제의의 한 행위로서 의도적으로 깨뜨린 것 같다. 이런 예는 요령지역이나 한반도의 고인돌은 물론 신빈 소홍석립자 동굴무덤에서도 찾아볼 수 있으며, 묻힌 사람의 죽음을 사회적으로 공인시키는 행위로 해석된다.[20]

짐승뼈는 돼지뼈가 찾아졌다. 돼지뼈는 윤가촌 8호 무덤에서 아래턱이 조사되었다. 무덤에 짐승뼈가 껴묻기된 것은 당시 사회의 의례와 관련이 있을 것으로 보이며, 상징-제의 대상 짐승으로 해석된다. 동굴무덤을 비롯한 고조선 시기의 다른 무덤에서도 짐승뼈가 껴묻기되고 있으며, 특히 다른 짐승보다 돼지뼈가 높은 빈도를 보여주고 있어 주목된다. 이것은 당시 사회의 살림살이와 밀접한 관련이 있을 것이며, 당시에 돼지는 들짐승에서 순화 과정을 거쳐 가축화가 이루어졌을 것 같다.[21]

한편 윤가촌 12호 무덤에서 찾아진 단지에는 몸통 부분에 의도적으로 뚫은 구멍이 1개 있으며, 고조선 시기의 무덤에서 이런 토기가 조사된 몇 예가 있다. 본계(本溪) 정가(鄭家) 돌널무덤, 본계 산성자(山城子) B동굴과 장가보(張家堡) A동굴무덤, 김책 덕인리 1호 고인돌 유적에서는 구멍이 뚫린 단지가 찾아졌다.[22] 현재 이것의 의미에 대하여는 뚜렷한 관련 자료가 없어 해석하는데 어려움이 많은 것이 사실

20. 이상길, 1994, 「支石墓의 葬送儀禮」 『古文化』45, 95〜113쪽.

21. 이준정, 2011, 「飼育種 돼지의 韓半島 出現 時點 및 그 社會經濟的·象徵的 意味」 『韓國考古學報』79, 131〜174쪽.

22. 本溪市 博物館 엮음, 2011, 『本溪文物集粹』 41쪽; 48쪽 : 전수복, 1961, 「함경북도 김책군 덕인리 '고인돌' 정리 간략보고」 『문화유산』3, 73〜75쪽.

이다. 삼국이나 고려의 역사시대 무덤에서도 가끔 이런 토기가 찾아지는 경우가 있어 서로 비교 검토할 수 있는 자료다. 좀더 해석을 진전시켜 보면 토기의 안이 폐쇄된 공간이기 때문에 안팎을 연결시켜 주는 의미에서 이런 구멍을 마련하지 않았을까? 그렇다면 이것은 하늘과 땅을 연결하는 통로의 의미가 있을 것으로 여겨진다.

3. 출토 유물

앞에서 설명한 요남지역의 여러 무덤에서는 몇 가지 특징을 지닌 유물들이 찾아졌다.

여기에서는 유물의 성격에 따라 크게 석기, 토기, 청동기, 치레걸이, 기타 등으로 구분하여 살펴보고자 한다.

1) 석기

고조선 시기에 만들어진 요남지역의 돌널무덤이나 돌덧널무덤, 움무덤에서는 석기가 많이 껴묻기되지 않았다. 비슷한 시기의 이 지역 고인돌에서 여러 가지 석기가 비교적 여러 점 찾아진 것과 달리 이들 무덤에서는 종류와 수량에서 매우 제한적임을 알 수 있다.

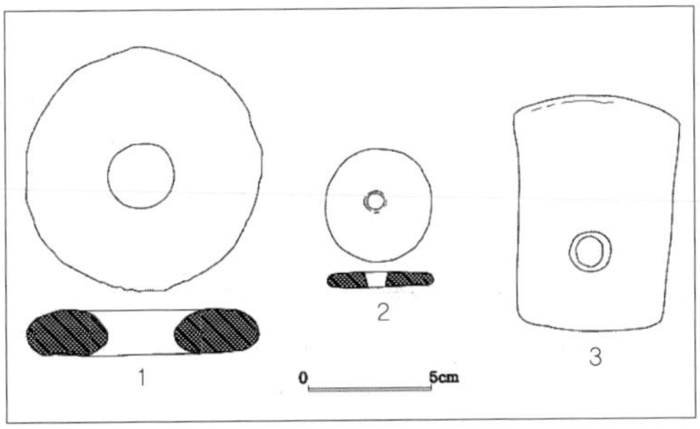

그림 8. 여러 무덤 출토 석기(1: 달도끼, 쌍타자 12호, 2: 가락바퀴, 단타자 2호, 3: 돌도끼, 단타자 2호)

여기에서는 달도끼, 돌도끼, 돌화살촉, 돌가락바퀴에 대한 몇 가지를 설명하도록 한다(그림 8).

① 달도끼

달도끼는 돌덧널무덤인 윤가촌 12호와 쌍타자 유적에서 찾아졌다.

윤가촌 유적 것은 회백색의 현무암을 재질로 이용하였다. 평면은 둥근꼴이고 아래·위가 납작하다. 가운데에 지름 2cm 되는 구멍이 뚫려 있으며 구멍 뚜르개(활비비)

의 흔적이 관찰된다.

지름 5~6㎝, 두께 4.3㎝.

쌍타자 유적 것도 평면이 둥근꼴이며, 가운데에는 양쪽에서 뚫은 구멍이 있다. 석기의 겉면은 약간 간 흔적이 남아 있다.

지름 9.6㎝, 두께 2.1㎝.

② 돌도끼

단타자 2호에서 출토된 것으로 회청색의 니회암을 재질로 이용하여 만들었다. 평면 생김새는 긴 네모꼴인데 날쪽이 넓고 머리쪽이 좁다. 날 부분은 활처럼 조금 휘인 모습이고 양쪽 끝은 둥그스름하게 모가 죽은 상태다. 날 부분을 자세히 보면 많이 사용하여 부분적으로 거친 흔적이 있다. 가운데에 구멍이 뚫려 있으며, 부딪힌 자국이 남아 있다. 이런 돌도끼가 대련 지역의 조개더미에서 출토된 바 있다.

길이 15.2㎝, 날 길이 11.8㎝, 두께 0.9㎝.

③ 돌화살촉

상마석 1호와 3호 돌무덤에서 부러진 것이 1점씩 찾아졌다.

1호 것을 보면 평면 생김새는 이등변 삼각형이고 가운데에 등[脊]이 있다. 몸통의 가로자른 면은 마름모꼴이다.

남은 길이 2.2㎝, 너비 0.6㎝.

④ 돌가락바퀴

쌍타자 돌덧널무덤에서 1점 찾아졌다. 평면은 둥근꼴이고 앞·뒤쪽은 납작하다. 가운데에는 한 쪽에서 뚫은 구멍이 1개 있다. 전체적으로 간 흔적이 남아 있다.

지름 4.5㎝, 두께 0.6㎝.

2) 토기

토기는 다른 유물보다 지역성을 잘 반영하고 있기 때문에 무덤의 전통성을 이해하는데 여러 가지로 도움이 된다.

요남지역의 여러 무덤에서는 석기나 청동기보다 숫적으로 풍부하며 특징을 지닌 토기들이 찾아져 주목된다. 토기의 종류는 단지를 비롯하여 항아리, 바리, 보시기, 접시, 굽접시(제기) 등 여러 가지이다. 바탕흙은 모래가 상당히 많이 섞인 점이 두드러지며, 비교적 낮은 온도에서 토기의 제작이 이루어졌다. 토기의 색깔은 갈색이 기본적이며, 가끔 적갈색, 흑갈색도 섞여 있다.

여기에서는 토기의 생김새와 특징을 중심으로 몇 가지 설명하고자 한다.

① 단지

단지가 여러 무덤에서 가장 많이 찾아졌다. 크기에 있어서도 여러 가지이며, 외형적인 모습을 보면 손잡이 있는 것, 배 부른 것, 무늬있는 것, 목이 긴 것, 밑 부분 등 상당히 다양한 특징이 관찰된다(그림 9).

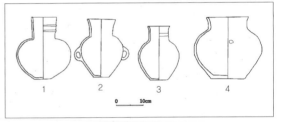

그림 9. 여러 무덤 출토 단지(1~3: 왕둔 1·2호, 4: 윤가촌 12호)

왕둔 유적 1호에서 2점, 2호에서 2점의 단지가 출토되었다.

• 1호 ① : 아가리가 밖으로 벌어졌고 목이 길며, 덧띠무늬가 2줄 돌아간다. 배가 상당히 부르며 어깨가 넓은 편이고 바닥이 납작하다.

높이 27.5㎝, 아가리 지름 12.5㎝, 밑 지름 7.5㎝.

• 1호 ② : 목, 아가리가 ①번과 비슷하며, 밑 부분이 납작하다. 몸통의 가운데에 고리 손잡이가 대칭으로 2개 있다.

높이 24.5㎝, 아가리 지름 12.5㎝, 밑 지름 9.5㎝.

• 2호 ① : 생김새가 1호 단지와 비슷하며, 목 부분에 2줄의 줄무늬가 새겨져 있다.

높이 23㎝, 아가리 지름 10㎝, 밑 지름 7㎝.

윤가촌 돌덧널무덤은 1호와 12호에서 2점씩 찾아졌다.

• 1호 ① : 토기의 색깔은 회갈색이며 아가리가 벌어졌다. 목이 바깥으로 약간 바라진 모습이고 배가 부르며, 밑 부분이 납작하다.

높이 26.7㎝, 아가리 지름 12㎝, 밑 지름 9㎝.

• 1호 ② : 많이 깨어졌지만 토기의 생김새를 알 수 있도록 복원이 가능하다. 외형적인 생김새는 ①번과 비슷하다. 특이한 점은 몸통의 가운데에 대칭으로 손잡이가 2개 있다.

높이 34㎝, 아가리 지름 18㎝, 밑 지름 12.5㎝.

• 12호 ① : 목이 짧고 비교적 곧은 편이며, 아가리가 바깥으로 바라졌다. 몸통의 가운데가 상당히 부른 모습이며, 약간 위쪽에 구멍이 1개 뚫려 있다. 밑 부분은 납작하다.

높이 25.2㎝, 아가리 지름 15.4㎝, 몸통 지름(최대) 26㎝, 밑 지름 12.2㎝.

• 12호 ② : 목이 곧으며, 몸통 부분이 타원형이다. 밑이 납작하다.

높이 18㎝, 아가리 지름 10㎝, 밑 지름 8.4㎝.

상마석 9호 움무덤에서 1점이 조사되었다.

이 단지는 아가리가 벌어졌고 몸통 부분의 배가 아주 부른 모습이다. 밑 부분은 납작하다.

높이 14㎝, 아가리 지름 9㎝, 밑 지름 5.2㎝.

② 바리

바리는 왕둔 1호 돌널무덤을 비롯하여 윤가촌 1호·12호 돌덧널무덤에서 찾아졌다. 지금까지 요남지역의 고인돌 유적에서 조사된 예가 있기 때문에[23] 지역성이

---

23. 許玉林·許明綱, 1983, 「新金縣雙房石棚和石盖石棺墓」『文物參考資料』7, 92~97쪽 : 許玉林, 1994, 『遼東半島石棚』, 遼寧科學技術出版社, 36~44쪽.

강한 것으로 이해된다(그림 10).

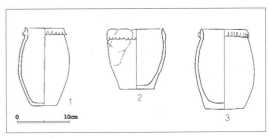

• 왕둔 1호 : 아가리가 겹으로 둘러싸여 있고 이곳에 톱니날무늬가 새겨져 있다. 비교적 통이 깊고 밑 부분은 납작하다.

　높이 19㎝, 아가리 지름 9㎝, 밑 지름 5.8㎝.

• 윤가촌 1호 : 아가리는 겹으로 싸여 있고 이 부분에 톱니날 무늬가 새겨져 있는 것이 돋보인다. 적갈색을 띠고 있으며, 아가리 쪽이 상당히 넓다. 몸통 부분이 조금 부르며, 밑 부분은 납작하다.

　높이 11.5㎝, 아가리 지름 10.5㎝, 밑 지름 7㎝.

• 윤가촌 12호 : 아가리 쪽에 덧띠를 붙여 두터운 느낌을 주며 여기에 톱니날 무늬가 있다. 몸통이 약간 부르며 밑 부분은 납작하다.

　높이 13.8㎝, 아가리 지름 8.7㎝, 밑 지름 7.6㎝.

③ 접시

이것은 크게 접시와 굽접시 두 가지로 구분된다. 요남지역의 고조선 시기 돌덧널무덤에서 출토된 특징을 지닌 토기 가운데 하나다. 윤가촌 1호에서는 접시 1점과 굽접시 3점, 윤가촌 12호에서는 굽접시 3점이 찾아졌다(그림 11).

• 1호 접시 ① : 토기의 겉면은 검은색을 띠며, 상당히 매끈한 상태다. 아가리 쪽이 많이 벌어졌고 밑 부분에서부터 경사가 심하게 진 모습이다. 밑 부분은 납작 밑 굽이다.

　높이 5㎝, 아가리 지름 18㎝, 밑굽 지름 7.5㎝.

• 1호 굽접시 ① : 접시처럼 검은색을 띠며 손으로 빚어 만든 것 같다. 아가리의 끝 부분이 안쪽으로 약간

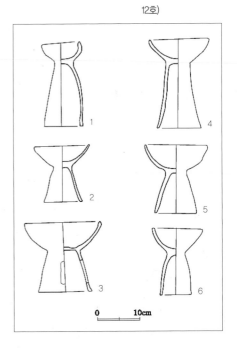

오므라든 모습이다. 굽은 위쪽으로 올라갈수록 둥그스름하며 한 쪽으로 조금 기울었다.

높이 22.7㎝, 아가리 지름 11.3㎝.

• 1호 굽접시 ② : 검은색이며 바탕흙에는 가는 모래가 섞여 있다. 아가리 쪽은 상당히 바라진 모습이다. 굽은 ①번에 비해 낮은 편이며, 밑 쪽이 넓어 안정감을 준다.

높이 18.9㎝, 아가리 지름 15.2㎝.

• 1호 굽접시 ③ : 아가리의 끝 부분은 약간 안쪽으로 오므라든 모습이다. 굽은 상당히 낮으며, 길쭉한 구멍 4개가 대칭으로 있다.

높이 19.1㎝, 아가리 지름 22.7㎝.

• 12호 굽접시 ① : 아가리 쪽은 바깥으로 완만하게 바라진 모습이고 접시에 비하여 굽이 그렇게 높지 않다. 밑 부분이 비교적 넓어 안정감을 준다.

높이 15.6㎝, 아가리 지름 14.5㎝.

• 12호 굽접시 ② : 회색을 띠며 바탕흙으로 찰흙을 많이 사용하여 겉면이 매끈하다. 접시는 다른 것에 비하여 얇은 편이며, 굽이 가는 점이 돋보인다. 원통 모양의 굽 부분에 4~5줄의 홈이 돌려져 있는데 돌림판의 흔적으로 보인다. 접시 부분의 바깥쪽에는 기호가 새겨져 있다. 굽 바닥 부분은 바깥으로 바라진 모습이다.

높이 16㎝, 아가리 지름 16.3㎝, 밑 지름 12.4㎝.

그림 12. 상마석 유적 독

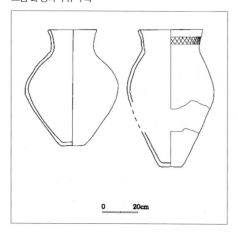

④ 독

상마석 독무덤에서 조사된 독 가운데 2점을 소개하면 다음과 같다(그림 12).

• 11호 : 목이 대체로 길며 아가리 쪽은 나팔처럼 벌어졌다. 몸통의 가운데가 매우 배 부른 모습이고 밑 바닥은 납작하다.

높이 54㎝, 아가리 지름 28㎝, 밑 지름 12㎝.

• 14호 : 바탕흙에 모래가 많이 섞여 있으며, 검은색이다. 부분적으로 깨어졌지만 겉모습의 대개는 알 수 있다. 생김새는 11호의 독과 비슷한 모습이다. 목 부분에 가로와 빗금무늬가 합하여져 만들어진 그물무늬가 있는 점이 돋보인다.

높이 66㎝, 아가리 지름 39㎝, 밑 지름 12㎝.

3) 청동기

비파형동검을 비롯하여 세형동검, 중국식 동검, 청동 화살촉 등의 무기류, 청동 도끼, 청동 끌 등의 연모류, 청동 팔찌, 검집, 검자루 맞춤돌 등이 발굴되었다. 이런 청동기는 돌널무덤, 돌덧널무덤, 움무덤 등에서 출토되었다.

① 비파형동검

비파형동검은 장가촌 돌널무덤에서 3점이 찾아진 것을 비롯하여 서방신 돌널무덤, 쌍타자 돌덧널무덤, 즉주무덤과 상마석 2·3호 움무덤에서 1점씩 출토되었다(그림 13·14).

장가촌의 비파형동검은 모두 불탄 흔적이 남아 있으며 그 가운데 1점은 불의 영향 때문에 등대를 중심으로 좌우가 부분적으로 굽은 모습이다. 또한 슴베쪽이 휘어 있고 검의 아래쪽 날 부분이 깨어졌다. 가로자른 면을 보면 위쪽은 6각형이지만 아래쪽은 원형이다. 검날은 예리한 편이며 검 끝부분에 피홈이 있고 가운데쪽에 돌기가 있다.

검의 길이는 26.8㎝이며 슴베는 길이 4㎝이다.

서방신 동검은 4조각으로 깨어졌으며, 검 끝은

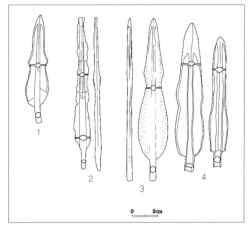

그림 13. 여러 무덤 출토 비파형 동검(1: 장가촌 유적, 2: 서방신 유적, 3: 쌍타자 유적, 4: 상마석 유적)

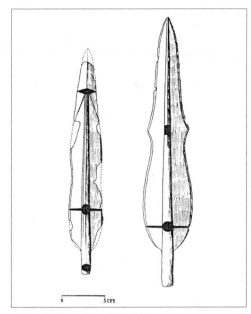

그림 14. 윤가촌 3호 출토 비파형 동검

남아있지 않다. 검 끝의 14.5㎝ 아래에 6각형의 등대가 있으며 돌기가 뚜렷하다. 등대의 남은 길이는 16㎝이고 날 부분이 거의 깨어진 모습이다. 슴베 부분은 매우 가늘며 지름이 0.8㎝에 지나지 않는다. 날의 아래쪽은 비교적 넓으며, 둥근꼴의 곡선을 이루고 있다.

검의 남은 길이는 30㎝, 너비 3.2㎝, 슴베 길이 3㎝.

쌍타자 유적의 비파형동검은 등대 돌기가 뚜렷하고 아래 부분은 완만한 곡선을 이룬 모습이다. 양쪽 마디 부분[節尖]은 약간 검 끝쪽에 있으며 날의 아래쪽은 비교적 넓다. 양쪽의 날 부분에는 3각형의 점무늬가 조밀하게 있는데 왼쪽 것은 끝이 위쪽으로, 오른쪽은 아래쪽으로 찍혀 있다. 가로자른 면을 보면 등대 돌기 부분은 6각형, 등대 뒷면과 슴베는 타원형이다.

전체 길이는 27㎝이고 너비는 5.8㎝.

즉주무덤의 동검은 끝 부분이 상당히 발달하였고 검몸의 가운데에 등대가 있으며, 등날이 져있는 모습이다. 검날은 끝 부분이 밋밋하지만 아래쪽으로 올수록 조금씩 퍼졌다. 그리고 날이 돌기부 아래쪽까지 있으며 너비는 비교적 좁은 편이다. 검몸의 아래쪽에는 슴베가 있다.

전체 길이는 28.4㎝.

상마석 움무덤의 2호와 3호에서 각각 1점씩 찾아졌는데 3호에서는 검몸과 검자루, 검자루 맞춤돌 등이 출토되었다. 2호의 비파형동검은 검몸의 가운데에 등날이 선 등대가 있다. 그리고 등대의 양쪽에 있는 날은 검 끝에서 거의 곧게 아래쪽으로 내려오다가 검몸의 ⅔ 되는 곳에서 점차 넓어졌다가 좁아져 슴베와 연결된다. 등대의 양쪽에 피홈이 있고 가로자른 면은 6각형이다.

전체 길이는 24.2㎝이고 너비는 2.3㎝이며 슴베 길이는 3.1㎝.

3호의 동검은 가운데에 등대가 있고 그 양쪽에 검날이 있는데 2호 것보다 뚜렷하다. 검날의 가운데쯤 돌기부가 있고 그 아래쪽에 마디 끝이 관찰된다. 검몸의 끝자락에는 슴베가 있다.

전체 길이는 28㎝, 너비 4.5㎝, 슴베 길이 3.6㎝.

② 세형동검

윤가촌 12호와 서가구 돌덧널무덤에서 찾아졌다(그림 15).

윤가촌 동검의 몸통은 좁고 길며, 검 끝은 예리하지 않고 두루뭉실하다. 가운데의 등날은 상당히 아래쪽까지 내려와 있는 모습이다. 동검의 가운데에 있는 등대[背脊]는 습베 부분까지 연결되어 있다. 피홈은 몸통의 중간 위쪽에서 시작하여 아래쪽으로 올수록 점차 넓어진다. 가로자른 면을 보면 검의 끝쪽은 마름모꼴이고 가운데는 6각형, 습베쪽은 타원형이다.

전체 길이는 33.7㎝, 습베 길이 3.8㎝, 등대 두께 1.3㎝, 검 끝에서 피홈까지는 11.1㎝, 날 너비 3.5㎝.

서가구 유적의 동검은 장가촌 동검처럼 불의 영향을 받았다. 검 끝이 비교적 길고 조금 부러졌다. 날 부분이 부분적으로 깨어졌고 좁은 편이다. 돌기부는 검몸의 가운데에 있지만 뚜렷하지 않다. 피홈은 검몸의 중간 위쪽에서 시작되었고 습베는 비교적 짧은 편이다. 가로자른 면은 검 끝이 마름모꼴이고 등대 부분은 6각형이며, 습베 쪽은 타원형이다.

전체 길이(남은 부분)는 33㎝, 날 너비 3.5㎝, 습베 길이 3㎝.

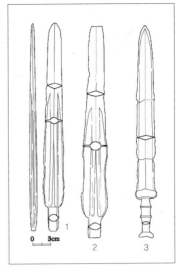

그림 15. 세형동검과 중국식 동검(1: 윤가촌 12호, 2~3: 서가구 유적)

③ 중국식 동검[挑氏劍]

서가구 돌덧널무덤에서 세형동검, 청동 도끼와 끌, 검집 등과 함께 찾아졌다(그림 15).

중국식 동검은 모두 5점이 출토되었지만 1점만 복원되었다. 복원된 동검은 3조각으로 깨어졌고 날도 부분적으로 떨어져 나갔다. 곧은 날이 좁고 길며, 자루가 달려 있다. 검몸은 납작하고 자루의 중간에 2개의 마디가 있으며, 손잡이 끝 부분은 나팔 모양이다. 가로자른 면을 보면 등쪽은 날이 서 있어 마름모 모양이고 자루는 타원형이다.

길이는 45㎝이며, 날 너비는 5㎝, 자루 길이 8㎝.

④ 청동 화살촉

청동 화살촉은 서방신 돌널무덤과 즉주무덤에서 1점씩 출토되었다. 서방신 화살촉은 파손되어 그 대개가 보고되지 않았다.

즉주무덤의 화살촉은 슴베 부분이 파손된 양날개형[兩翼有莖式]이다. 남은 길이는 2.7㎝이고, 양쪽 날개 사이의 너비는 2.7㎝이다. 슴베 부분의 가로자른 면은 타원형이며, 슴베와 날개가 맞닿는 부분은 공처럼 둥글게 부풀어진 상태다. 날개의 가로자른 면은 마름모꼴이고 양쪽으로 가늘고 길게 뻗은 모습이다.

⑤ 청동 도끼

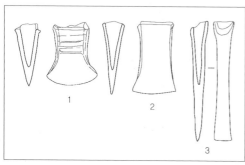

그림 16. 청동도끼와 청동끌(1: 즉주무덤, 2·3: 서가구)

서가구 돌덧널무덤과 즉주무덤에서 1점씩 조사되었다(그림 16).

서가구 유적의 청동 도끼는 평면이 긴 네모꼴이며, 날 쪽은 둥글게 벌어진 모습이고 허리가 약간 잘록하다.

등에는 자루를 끼울 수 있는 투겁이 있다. 몸체에 무늬가 없으며, 거푸집을 합하여 만들었다. 길이 10㎝, 날 너비 5㎝, 주머니 너비 4.5㎝.

즉주무덤 것은 긴 네모꼴의 작은 부채꼴 모양 도끼다. 날 부분의 모습이 양끝으로 조금 벌어져 버선코 모양이다. 등쪽에는 자루를 끼울 수 있는 주머니가 있다. 도끼의 옆면을 보면 위쪽이 넓고 아래쪽은 갈수록 뾰족하다.

길이 4.5㎝.

⑥ 청동 끌

서가구 돌덧널무덤에서만 1점 출토되었다(그림 16).

청동 끌의 몸통은 원추 모양으로 길쭉하며 날쪽이 넓은 조개날이다. 자루를 끼운 주머니가 있으며, 그 안에 나무 썩은 흔적이 남아 있다.

길이 13.5㎝, 날 너비 1㎝, 주머니 지름 2㎝.

⑦ 검자루 등

여기에서는 검자루, 검집, 검자루 맞춤돌 등
에 관하여 살펴보고자 한다. 검자루는 서가구
돌덧널무덤, 즉주무덤, 상마석 3호 움무덤에서
찾아졌고, 검집은 서가구 무덤에서, 검자루 맞
춤돌은 즉주무덤, 서방신 돌널무덤, 상마석 3
호에서 출토되었다(그림 17).

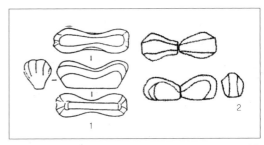

그림 17. 검자루 맞춤
돌(1: 서방신 유적, 2:
상마석 유적)

서가구 무덤의 검자루는 'ㅗ'자형이며 자루의 몸통은 나팔 모양이다. 손잡이의
오른쪽 끝은 깨어진 채 찾아졌다. 주머니의 위쪽(검 몸통쪽)에 빗금무늬가 새겨져 있
고 손잡이 쪽에는 작은 구멍이 1개 있다. 손잡이는 모 죽은 장방형이며 겉면에 문
살무늬가 있다.

전체 길이는 11.5㎝, 자루 몸통 지름 4.5㎝.

즉주무덤 검자루는 완전한 모습으로 찾아졌다. 'ㅗ'자 모양이며, 주머니 부분은
대나무 마디처럼 생겼다. 밑부분은 나팔처럼 벌어졌고 가운데에 돌기가 있으며, 가
로자른 면은 타원형이다. 검자루의 앞쪽에는 2줄의 짧은 평행선 띠무늬가 2줄로
새겨졌고 그 사이에 평행의 빗금무늬가 있으며, 뒤쪽에 3각형 무늬가 보인다.

주머니 쪽 높이 10㎝, 손잡이 너비 13.8㎝.

상마석 3호 출토 검자루도 'ㅗ'자 모양이며, 완전한 모습이다. 주머니 부분은 대
나무 마디처럼 생겼으며 그 위쪽과 손잡이 부분에는 3각형 무늬가 새겨져 있다.

주머니 쪽 높이 12.8㎝, 손잡이 너비 11.8㎝.

서가구 무덤의 검집은 그 생김새가 장방형으로 아래쪽이 둥근 주머니처럼 생
겼다. 검집의 한 쪽에는 삿무늬를 새겼고 그 반대쪽에는 삼각 갈고리무늬[三角鉤連
紋]가 있으며 밑부분에 편직무늬[編織紋]가 주조되었다. 그리고 가운데에 구멍이 있
고 나팔 모양의 못이 있다(그림 18).

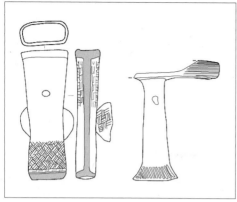

그림 18. 서가구 무덤
출토 검집과 검자루

길이 12.2cm, 주머니 길이 4.6cm, 너비 2.5cm, 아래 끝 길이 4.0cm, 너비 2.2cm.

서방신의 검자루 맞춤돌은 완전하며 철광석을 재질로 이용하여 갈아서 만들었다. 생김새를 보면 양쪽 끝이 높고 가운데가 오목한 베개 모양이며 4줄의 윤곽선이 있다. 바닥은 긴 네모꼴의 평면이다.

길이 8cm, 너비 3cm, 높이 3.1cm, 밑 길이 5.5cm, 너비 0.8cm.

즉주무덤에서는 검자루 맞춤돌과 이것의 고정판이 같이 출토되었다. 맞춤돌은 앞의 것처럼 양쪽 끝이 높고 가운데가 오목한 베개 모양이다. 철광석의 겉면에는 청동판을 덧씌워 놓았다. 고정판의 평면 생김새는 긴 네모꼴이며, 가운데에 구멍이 뚫려 있다. 그리고 구멍 가장자리에는 평행의 빗금띠무늬가 새겨져 있다.

상마석 3호에서도 검자루 맞춤돌과 고정판이 찾아졌다. 맞춤돌은 2개의 철광석을 합쳐서 만들었다. 서가구나 즉주무덤에서 찾아진 것처럼 양쪽 끝이 높고 가운데가 움푹 들어간 베개 모양이다.

길이 7.4cm, 높이 2cm, 너비 2cm.

고정판은 검자루에 맞춤돌을 고정시키는데 사용한 것이다.

평면 생김새는 긴 네모꼴이며, 겉면에 전나무잎 무늬가 새겨져 있고 구멍이 2개 뚫려 있다. 검자루와 머리쪽의 빈 곳에는 천(麻布)이 채워져 있었다.

4) 치레걸이

① 구슬

윤가촌 3호 돌덧널무덤과 16호 움무덤, 쌍타자 돌덧널무덤, 상마석 1호 독무덤에서 1점씩 모두 4점이 찾아졌는데 재질이 다르다.

윤가촌 3호에서 출토된 구슬은 마노를 재질로 이용하여 만들었다. 원판형으로 가장자리는 둥글며 가운데 지름 1㎝ 되는 구멍이 뚫려 있다.

윤가촌 16호 것은 투명한 수정을 갈아서 만들었다. 생김새는 장고 모양이며 가운데에 지름 0.25㎝ 되는 구멍이 뚫려 있다.

지름 1.6㎝, 두께 0.8㎝.

쌍타자 것은 흰색의 돌을 가지고 만들었다. 무덤 옆에서 출토되었지만 껴묻거리일 가능성이 많다. 평면 생김새는 둥근꼴이고 납작한 모습이다. 가운데 구멍이 뚫려 있다.

지름 0.7㎝, 두께 0.35㎝.

상마석 구슬은 조가비를 갈아서 둥근꼴로 만들었으며, 양쪽이 납작하다. 가운데에 지름 0.3㎝ 되는 구멍이 있다.

지름 0.8㎝, 두께 0.2㎝.

② 대롱옥

단타자 2호 움무덤에서 3점이 출토되었다.

• 길이 8.8㎝, 타원형의 홈, 터키석(turquoise). 묻힌 사람의 머리뼈 옆에서 찾아짐.

• 길이 9.1㎝, 묻힌 사람의 머리뼈 옆에서 찾아짐.

• 길이 13.5㎝, 긴 네모꼴, 짙은 녹색의 공작석(malachite). 묻힌 사람의 가슴 쪽에서 찾아짐.

대롱옥의 출토 위치로 볼 때 길이가 짧은 2점은 귀걸이, 1점은 가슴에 매단 치레걸이로 해석된다.

③ 대롱뼈

상마석 5호 독무덤에서 새뼈를 이용하여 만든 대롱뼈 치레걸이 1점이 찾아졌다.

길이 5.5㎝, 지름 0.7㎝.

④ 청동 팔찌

윤가촌 3호 돌덧널무덤에서 찾아졌다.

깨어진 채 조사되었는데 반원형의 고리 모양이다. 지름이 4㎝쯤 된다. 여러 점이 찾아진 것으로 보아 손에 끼었던 팔찌로 여겨지며, 묻힌 사람이 양손을 배 부분에 올려 놓았던 것으로 해석된다.

⑤ 둥근 고리

윤가촌 3호에서 마노를 재질로 하여 둥그렇게 만든 고리가 1점 발굴되었다.

고리의 굵기는 0.8㎝쯤 되며, 바깥 지름 3.5㎝, 안 지름 2㎝쯤이다.

5) 그밖에

앞에서 설명한 여러 유물 외에도 윤가촌 8호 움무덤에서는 돼지뼈가 찾아졌다.

돼지뼈는 요북지역의 동굴무덤이나 길림지역의 서단산문화 관련 유적에서 많이 조사되고 있어 비교된다.

4. 연대

여기서 살펴본 요남지역의 고조선 시기에 해당하는 여러 무덤들은 그 구조의 특성과 다양한 출토 유물로 볼 때 축조 시기의 폭이 상당히 넓어 연대를 설정하는데 중심적인 기준을 정하기가 아주 어려운 실정이다. 더구나 절대연대 측정이 이루어지지 않았기 때문에 자료의 직접적인 활용도 힘든 상황이다.

출토 유물을 보면 특히 청동기의 경우 무덤의 종류에 관계없이 다양한 것이 찾아지고 있어 시기에 따라 무덤의 축조 방식이나 그 주체의 차이가 있는 것은 아닌 것으로 보인다. 따라서 여기에서는 제한된 자료를 가지고 연대 문제를 검토해 볼 수 밖에 없다.

청동검은 무덤의 종류에 관계없이 비파형동검, 세형동검, 중국식 동검 등 여러 가지가 출토되었다. 중국식 동검이 출토된 서가구 돌덧널무덤은 기존에 설정된 동검의 연대로 볼 때 기원전 4세기 경으로 여겨진다. 이 연대는 같이 출토된 세형동검의 굽은 검날이 거의 없어지고 있는 점에서도 서로 비교해 볼 수 있다.[24]

한편 윤가촌 12호 돌덧널무덤에서 조사된 세형동검도 서가구 무덤의 것과 연관시켜 볼 때 비슷한 시기에 해당하는 것으로 해석된다. 그렇다면 윤가촌 12호와 서가구 돌덧널무덤은 기원전 4세기 경 축조된 무덤에 해당하는 것 같다.

비파형동검은 비교적 여러 유적에서 출토되었다. 이 가운데 오목한 베개 모양의 검자루 맞춤돌과 함께 서방신 무덤에서 출토된 동검이 있다. 이 동검은 여러 조각으로 깨어진 채 찾아졌지만, 6각형의 등대가 있고 돌기가 뚜렷한 점이 특징이다. 검날이 남아 있지 않아 비파형동검의 가장 특징적인 모습을 살펴보는데에는 한계가 있지만 돌기와 등대로 볼 때 그래도 늦은 시기에 해당하지는 않는 것 같다. 더구나 같이 찾아진 검자루 맞춤돌이 이런 사실을 뒷받침한다.[25] 비파형동검의 모습, 요남지역 청동기의 연대 문제 등 몇 가지 점을 고려해 볼 때 이 동검의 연대는 기원전 7세기쯤으로 볼 수 있지 않을까 한다.

한편 독무덤인 상마석 유적은 독으로 쓰인 토기와 껴묻기된 토기로 볼 때 세형동검이 출토된 움무덤보다는 약간 앞선 시기로 판단된다.

24. 許明綱, 1993. 「앞 글」, 12쪽.
25. 許玉林·王連春, 1984. 「앞 글」, 714쪽

Ⅳ. 맺음말

지금까지 고조선 시기에 해당하는 요남지역의 돌널무덤, 돌덧널무덤, 움무덤, 독무덤 등의 대개를 살펴보았다. 이 시기에는 사회 발전의 다원화 영향으로 비슷한 시점에 여러 무덤들이 같이 축조된 것을 알 수 있다. 또한 묻기나 장례 습속에 있어서도 같은 시기의 고인돌이나 동굴무덤과 비교되는 자료가 많이 조사되어 문화의 동질성을 이해하는데 도움이 된다.

무덤방의 구조적인 특징으로는 왕둔 1호 돌널무덤의 벽 시설이 있다. 왕둔 1호 무덤은 무덤방의 긴 벽 바깥에 판자돌이 덧대어 있는데 이것은 뚜껑돌의 하중 문제를 고려한 무덤방의 보호시설로 해석된다.

묻기는 무덤방의 크기, 주검의 위치와 방향, 사람뼈 출토 정황으로 볼 때 바로펴묻기가 기본이며, 엎어묻기, 옆으로 굽혀묻기, 옮겨묻기, 화장 등 상당히 다양한 방법이 이용된 것으로 밝혀졌다. 또한 상마석 독무덤은 사람뼈로 볼 때 어린 아이만 찾아지고 있기 때문에 어린 아이를 위한 전용 장제였을 가능성을 시사한다. 이 장례 습속의 전통을 중원지역의 신석기시대 무덤에서 찾고 있는 점이 주목된다. 화장도 대부분의 무덤에서 조사되어 고조선 시기의 주된 장제로 보이는데 특이한 점은 불탄 흙과 숯, 불 먹은 유물 등으로 볼 때 무덤방 안에서 직접 화장이 이루어진 것으로 밝혀졌다.

제의와 관련해서는 구멍이 뚫린 토기가 있다. 윤가촌 12호에서 찾아진 단지의 몸통에는 의도적으로 뚫은 구멍이 있다. 이런 것이 본계 태자하 유역의 동굴무덤과 돌널무덤에서도 조사되고 있어 비교된다.

출토 유물은 석기, 토기, 청동기, 치레걸이로 크게 구분된다. 고조선 시기의 고인돌이나 동굴무덤에 비해 그렇게 많이 찾아지지 않았지만 청동기는 그 종류가 다양하고 양적으로도 많은 편이다.

토기 가운데에는 굽접시가 윤가촌 1호와 12호 돌덧널무덤에서 여러 점 출토되었다. 이것은 고조선 시기의 사회상을 살펴볼 수 있는 자료이며, 당시 사회의 제의나 식생활 문제를 이해하는데 도움이 된다. 청동기는 비파형동검, 세형동검, 중국식 동검 등 무기류와 검집, 끌, 도끼, 화살촉, 검자루 맞춤돌 등이 조사되었다.

여러 무덤의 연대는 구조의 특성과 출토 유물의 다양성으로 볼 때 시기의 폭이 상당히 넓을 것으로 보인다. 청동검으로 볼 때 세형동검과 중국식 동검이 출토된 서가구와 윤가촌 12호 돌덧널무덤은 기원전 4세기쯤으로 해석되며, 비파형동검이 찾아진 서방신 무덤은 기원전 7세기에 축조되었던 것 같다.

고조선 시기 요남지역의 여러 무덤들은 당시의 다양한 사회상을 잘 반영하고 있는 것으로 여겨진다.

【참고문헌】

김동일, 2009. 『중국 동북지방의 고대 무덤(2)』, 조선고고학전서 22, (진인진).

리정남, 1985. 「묵방리 고인돌에 관한 몇 가지 고찰」 『력사과학』1.

이상길, 1994. 「支石墓의 葬送儀禮」 『古文化』45.

이준정, 2011. 「飼育種 돼지의 韓半島 出現 時點 및 그 社會經濟的·象徵的 意味」 『韓國考古學報』79.

전수복, 1961. 「함경북도 김책군 덕인리 '고인돌' 정리 간략보고」 『문화유산』3.

조중공동고고학발굴대, 1966. 『중국 동북지방의 유적 발굴 보고 : 1963~1965』(사회과학원출판사).

하문식, 1999. 『古朝鮮 地域의 고인돌 硏究』(白山).

하문식, 2014. 「中國 遼北지역 고인돌의 성격」 『先史와 古代』40.

金旭東, 1991. 「1987年吉林東豊南部盖石墓調査與淸理」 『遼海文物學刊』2.

東亞考古學會, 1929. 『貔子窩』.

東亞考古學會, 1931. 『牧羊城』.

本溪市 博物館 엮음, 2011. 『本溪文物集粹』.

徐龍國, 2010. 「랴오닝 지역의 전국진한시기 옹관묘」 『중국의 옹관묘』(국립나주문화재연구소).

旅順博物館·遼寧省博物館, 1982. 「遼寧長海縣上馬石靑銅時代墓葬」 『考古』6.

遼寧省博物館·旅順博物館·長海縣文化館, 1981. 「長海縣廣鹿島大長山島貝丘遺址」 『考古學報』1.

劉俊勇·戴廷德, 1988. 「遼寧新金縣王屯石棺墓」 『北方文物』3.

中國國家文物局 엮음, 2009. 『中國文物地圖集 : 遼寧分冊(下)』(西安地圖出版社).

中國社會科學院考古研究所, 1996. 『雙砣子與崗上』(科學出版社).

許明綱, 1993. 「大連市近年來發現靑銅短劍及相關的新資料」 『遼海文物學刊』1.

許玉林·許明綱, 1983. 「新金縣雙房石棚和石盖石棺墓」 『文物參考資料』7.

許玉林·王連春, 1984. 「丹東地區出土的靑銅短劍」 『考古』8.

許玉林, 1994. 『遼東半島石棚』(遼寧科學技術出版社).

江山波夫, 1934. 「旅順雙台子新石器時代遺蹟」 『人類學雜誌』49-1.

나가며

한국사에 있어 최초의 국가 형태를 갖춘 고조선은 우리 역사를 이해하는데 아무리 강조하여도 지나치지 않는다. 기존에 고조선의 실체를 밝히고자 하는 연구는 주로 중심지와 강역 문제, 주민 구성 등에 관한 것을 주제로 설정하여 진행하여 왔다. 하지만 근래에 들어와 고조선의 사회상과 문화상에 대한 연구가 상당히 폭넓게 진행되면서 어느 정도 연구 성과들을 얻게 되어 고조선 연구가 이제는 새로운 관점에서 다양하게 이루어지고 있다.

이런 점에서 지금까지 살펴본 고조선 시기의 여러 무덤들은 기존의 어려운 문제들을 해결할 수 있는 하나의 실마리가 될 수도 있을 것으로 기대해 본다.

여기에서는 앞에서 다루었던 몇 가지를 정리하면서 이 글을 맺고자 한다.

고조선 시기의 고인돌, 돌무지무덤, 동굴무덤, 돌널무덤, 독무덤, 돌덧널무덤 등 이렇게 다양한 여러 무덤들은 당시의 복합적인 사회관계를 이해하는데 좋은 자료 가운데 하나이다.

고인돌은 요남, 요북, 길림, 한반도 북부지역에 군집을 이루면서 집중 분포하고 있다. 지리적으로 특이한 점을 보면 지금까지 요서지역에서는 고인돌이 조사되지 않아 요하가 분포 경계가 되며, 요동에서는 비파형동검과 그 분포권이 비슷하여 서로 문화의 동질성을 가진다. 고인돌이 있는 곳의 지세를 보면 요남과 북한은 주로 구릉지대의 높다란 곳이나 강 옆의 평지에 있고, 요북이나 길림은 산끝자락이나 산 능선에 자리하고 있어 서로 차이가 있다.

고인돌의 축조 문제는 덮개돌의 채석, 덮개돌과 굄돌의 운반 방법, 축조 과정 등을 분석하였다. 채석장은 고인돌 유적과 비교적 가까이 있는 것으로 밝혀졌으며, 대동강 유역의 상원 회골, 용강 석천산 그리고 연탄 오덕리와 성매리, 은율 관산리 유적에서 조사되었다. 고인돌의 덮개돌은 길이와 너비의 상관관계를 분석한 결과 대부분 1:1~2:1 사이에 속하며 1.5:1의 중심축에 밀집된 것으로 나타났다. 이것은 건축에서 널리 알려진 황금비율(1.68)과도 연관이 있는 것으로 추론된다. 덮개돌이나 굄돌의 운반을 위한 수단으로는 가장자리에 의도적으로 만든 홈이 조사되었다. 이것은 채석한 다음 고인돌을 축조할 장소까지 운반할 때 끈으로 묶기 위한 장치로 해석된다.

고인돌의 구조에서는 상징적 의미가 있는 덮개돌이 중요하다. 요남지역에서는 덮개돌이 처마를 이루고 있는 탁자식 고인돌을 '탁석', '관석', '관면식'이라고 부른다. 그리고 덮개돌을 거북 모양처럼 손질한 것이 환인 광복촌, 은천 우녕동, 성천 군자구 유적에서 조사되었다. 이것은 거북이 지니는 장수, 영원성 등의 상징적인 의미와 관련이 있다.

무덤방의 구조는 고인돌의 형식과 연관이 있다. 독특한 무덤방 구조로는 서북한 지역에서 조사된 묵방형 고인돌이 있다. 이 무덤방의 3벽은 벽돌 크기의 납작한 돌을 쌓고 1벽은 넓적한 돌을 세워 놓은 구조인데 대동강 유역을 중심으로 집중 분포하고 있다. 그리고 황주천 유역에서 주로 조사되고 있는 무덤방의 칸 나누기도 지역적인 특징을 보여준다.

고인돌의 기능 문제는 탁자식에 대하여 여러 관점에서 논의가 있어 왔는데 제단과 무덤으로 나누어진다. 요남지역의 대형 탁자식 고인돌인 개주 석봉산, 와방점 대자와 요북의 신빈 선인당 유적은 지금도 주변 마을 사람들이 전통적인 숭배 의식을 행하고 있다. 이것은 큰 돌을 위(爲)하는 행위와 종교적인 숭배 행위가 결합된 것으로 해석된다.

고인돌의 껴묻거리는 축조 과정에 소요된 노동력에 비하여 많이 찾아지지는 않는다. 종류는 크게 토기류, 석기류, 청동기, 철기, 꾸미개류로 구분된다.

토기는 단지를 비롯하여 항아리, 깊은 바리, 바리, 잔, 제기 등 다양하게 찾아졌으며 단지 가운데에는 고조선의 표지 유물인 미송리형 토기가 있다. 고인돌에서 미송리형 토기가 출토된 곳은 보란점 쌍방을 비롯하여 봉성 동산과 서산, 본계 대편지, 북창 대평리, 개천 묵방리가 있고 그 밖의 여러 고인돌에서도 토기 조각이 찾아졌다. 대편지 고인돌에서 조사된 미송리형 토기는 다리 모양 가로손잡이와 반달 모양 손잡이가 쌍을 이루고 있으며, 묶음 줄무늬도 물결무늬와 함께 있다. 이런 것이

다른 고인돌에서는 찾아지지 않아 하나의 지역적인 특징으로 여겨진다.

요북지역의 용두산과 하협심 고인돌에서 출토된 완형의 토기는 대체적으로 높이가 10~15㎝ 밖에 되지 않아 일상 생활에 사용하기보다 무덤에 껴묻기 위하여 만든 명기로 보인다. 그리고 용두산 고인돌에서 찾아진 손잡이가 4개인 단지[四耳修口脣沿壺]는 환인 망강루 돌무지무덤에서 조사된 것과 비교되며, 혼강 유역의 늦은 시기에 축조된 고인돌이 고구려의 토대문화가 되었을 가능성을 시사한다.

청동기는 고조선의 표지 유물인 비파형 동검과 투겁창, 화살촉, 세형동검, 단추, 방울, 꾸미개, 거푸집 등이 발굴되었다. 출토 상황은 지역별로 차이가 있는데 요남에서는 비파형 동검, 꾸미개, 거푸집이 찾아졌고 요북과 길림은 방울, 꾸미개, 단추 그리고 서북한은 투겁창, 세형동검, 화살촉, 방울, 교예 장식품 등이 조사되었다.

비파형 동검은 쌍방 6호, 백가보자 12호, 패방에서 출토되었는데 동검의 형태로 볼 때 상당히 이른 시기에 해당하는 것으로 여겨지며, 세형동검은 평양 오산리와 성천 백원리 고인돌에서 출토되었다. 청동 방울은 용두산, 하협심, 광복촌, 장리 고인돌에서 찾아졌다. 이들 방울은 크기(높이)가 4㎝ 이하로 상당히 작고 울림통에 방울이 없어 명기로 해석된다. 청동 방울은 집단 공동체에서 제의 행위를 할 때 이용하는 의기의 하나이므로 이것이 껴묻기된 고인돌에 묻힌 사람의 사회적 신분이나 직업을 시사해준다.

고인돌에서는 드물게 철기가 용두산과 하협심 유적에서 찾아져 무덤의 성격은 물론 축조 연대를 설정하는데 도움이 된다. 용두산 2호 고인돌에서는 안테나식 청동 손잡이 철검이 출토되었는데 주변지역에서 출토된 것과 비교해 보면 손잡이가 청동인 점, 안테나 모양의 손잡이가 휘어져 고리가 없는 점이 특이하다.

주검을 처리한 장례 습속의 특징은 화장火葬이다. 주검을 보존하기 위한 수단으로 이용된 화장은 고인돌에서 보편화된 묻기 방법이었다. 요북지역과 길림 동풍지역의 고인돌은 무덤방 안에서 직접 화장을 한 행위와 화장이 끝난 다음 사람뼈를 일정한 곳에 쌓아 놓는 간골화장揀骨火葬의 독특한 묻기가 조사되어 주목된다. 화장과 더불어 한 곳에 여러 사람을 묻는 장례 습속도 유행하였다.

고인돌을 축조한 시기는 절대연대 측정 자료가 없고 껴묻거리도 빈약하여 상대적인 연대를 설정할 수 밖에 없다. 요남지역의 고인돌 축조 시기는 고인돌이 있는 곳에서 찾아진 유물의 비교를 통한 상대연대로 볼 때 기원전 15세기 이전으로 추정된다. 요북과 길림지역은 현 단계에서 기원전 10세기 안팎으로 추론할 수 있으며, 늦은 시기는 안테나식 청동 손잡이 철검이 출토된 용두산 고인돌의 경우 기원전 3세기 경으로 해석된다. 북한지역의 고인돌 축조 시기는 여러 견해가 있지만 팽이형 토기를 통한 비교 결과를 보면 기원전 10세기 이전으로 판단된다.

요남지역에 주로 분포하고 있는 돌무지무덤은 조망이 좋은 바다와 가까이 있는 산 능선이나 꼭대기에 자리하고 있다. 이러한 무덤 축조 장소의 선택은 당시 사람들이 생활 터전으로 삼았던 바다를 중요하게 생각한 것과 관련있는 것으로 보인다. 무덤방(칸)의 긴 방향은 일정하게 정하여진 것이 아니고 산줄기의 흐름과 나란한데 이것은 전통적으로 지니고 있던 자연 숭배사상과도 관련이 있다.

돌무지무덤은 대부분 축조 당시의 지표면을 평평하게 고른 후 그 자리에 바로 무덤방(칸)을 만들었다. 무덤의 축조 과정에 옛 지표면을 그대로 이용한 것은 1차적으로 당시 사람들의 내세관과 관련이 있다. 관련 유적은 타두, 노철산, 장군산, 왕보산, 동대산 무덤이 있다.

발굴된 돌무지무덤을 보면 한 묘역에 1기의 무덤방이 있는 경우도 있지만, 대부분 여러 기의 무덤칸이 있다. 이 경우에 중심이 되는 무덤칸은 묘역의 가운데에 위치하며 축조 상태나 규모, 껴묻거리 등에서 차이가 있다. 특히 강상 돌무지무덤은 7호 무덤칸을 중심으로 16기의 무덤칸이 부채살처럼 자리하고 있다.

장례 습속으로는 화장, 어울무덤, 두벌묻기, 여러 차례 묻기, 딸려묻기 등이 확인되었다. 이 가운데 가장 보편적인 화장은 간골화장을 하였다. 그리고 토롱자 8호 무덤은 무덤칸 안에서 직접 화장을 한 것으로 밝혀졌는데 이것은 길림 남부지역의 개석식 고인돌과 비교된다. 한 무덤칸에 여러 사람이 묻힌 무덤이 여럿 조사되었는데 타두 유적은 2~21개체, 강상 무덤의 19호는 22개체, 루상 9호는 13개체를 묻었다.

돌무지무덤에서 찾아진 유물은 청동기, 토기, 석기, 꾸미개 등 다양하다. 토기는 여러 형태의 단지, 잔, 세발토기, 굽잔 등이 있다. 무늬는 민무늬가 많지만 평행무늬, 줄무늬, 문살무늬 등이 새겨져 있고 특히 세발단지와 솥은 산동 용산문화와의 연관성을 시사한다. 타두 유적에서는 미송리형 토기가 여럿 출토되어 주목된다. 그리고 강상과 와룡천 유적에서는 청동기 제작을 보여주는 거푸집이 조사되었다.

돌무지무덤은 요남지역을 중심으로 기원전 2,000년 전후에 축조되기 시작하여 기원전 400년경까지 상당히 긴 시간동안 만들어진 것 같다.

동굴무덤은 석회암지대에 발달한 자연동굴을 이용하였으며 태자하 유역의 본계, 신빈, 무순 지역과 대동강 언저리의 덕천 승리산 유적, 압록강 옆의 의주 미송리 동굴, 두만강 옆의 무산 지초리 동굴 등이 있다.

동굴무덤의 무덤방은 제한된 공간에 만들어지기 때문에 무덤의 배치는 중요한 의미를 지닌다. 비슷한 시기의 다른 무덤방은 대부분 돌을 이용하여 축조하였는데 동굴무덤은 거의가 널무덤이다. 장가보 A동굴에서 조사된 돌널과 돌덧널의 무덤방은 이런 관점에서 관심을 끈다. 특히 장가보 A동굴의 42호 무덤방은 나무를 가지고 널을 만든 것으로 해석되어 주목된다. 태자하 상류 지역의 소홍석립자, 동산, 남둔 동굴무덤은 돌을 쌓아서 무덤방을 만든 다른 지역에 없는 특이한 시설의 하나이다.

장례 습속에서는 어울무덤, 화장(특히 간골화장), 제의 행위 등이 확인되었다. 어울무덤은 대부분 장가보 A동굴에서 발굴되었는데 묻힌 사람이 정상적으로 죽은 것이 아니었던 것으로 해석된다. 화장은 고조선 시기의 무덤에서 보편적으로 이루어진 것 같아 동굴무덤에 잠든 사람은 특별한 신분이나 사회적인 일정한 지위에 있었다기보다 보통의 신분을 지닌 사람들로 해석된다. 제의 행위는 토기나 석기를 깨뜨려 무덤방 주변에 뿌린 것인데 이것은 사회적으로 죽음을 공인하는 의례로 해석된다.

껴묻거리는 석기, 토기, 꾸미개, 청동 유물, 짐승뼈 등으로 나누어진다.

석기는 옥을 가공하는데 이용된 것으로 보이는 치형기가 산성자 B, C 동굴무덤에서 출토되었다. 토기는 미송리형 토기가 미송리, 승리산, 산성자 C동굴, 장가보 A동굴에서 발굴되었다. 또한 태자하 상류지역의 동승 동굴유적을 비롯하여 동산 동굴과 소홍석립자 그리고 마성자 동굴유적에서는 가지무늬가 있는 단지가 조사되었다.

청동 유물은 시기와 지역적인 특징이 뚜렷한데 태자하 유역의 동굴무덤에서는 이른 시기의 치레걸이가 조사되었고, 미송리에서는 부채날 도끼가 찾아졌다. 짐승뼈는 대부분의 동굴무덤에서 발굴되었는데 내세를 믿는 당시 사회의 장례 습속과 연관이 있는 것으로 해석된다.

태자하 유역의 동굴무덤 축조 연대는 방사성 탄소연대 측정값과 층위, 껴묻거리의 형식 분류, 축조 관계 등을 비교한 결과, 4,000b.p.에서 3,000b.p. 사이에 해당하는 것으로 판단된다.

고조선 시기의 요남지역 돌널무덤, 돌덧널무덤, 움무덤, 독무덤은 당시 사회 발전의 다원화 영향으로 여러 무덤들이 같이 축조된 것 같다. 묻기나 장례 습속에 있어서도 같은 시기의 고인돌이나 동굴무덤과 비교되는 자료가 많아 문화의 동질성을 이해하는데 도움이 된다.

무덤방의 구조적인 특징으로는 왕둔 1호 돌널무덤의 벽 시설이 있다. 이 무덤방은 긴 벽 바깥에 판자돌이 덧대어 있는데 이것은 뚜껑돌의 하중 문제를 고려한 무덤방의 보호시설로 해석된다.

묻기는 무덤방의 크기, 주검의 위치와 방향, 사람뼈 출토 정황으로 볼 때 바로펴묻기가 기본이며, 엎어묻기, 옆으로 굽혀묻기, 옮겨묻기, 화장 등 상당히 다양한 방법이 이용되었다. 상마석 독무덤은 사람뼈로 볼 때 어린 아이만 찾아지고 있기 때문에 어린 아이를 위한 전용 장제였을 가능성을 시사한다. 화장도 대부분의 무덤에서 조사되어 고조선 시기의 주된 장제로 보이는데 특이한 점은 불탄 흙과 숯, 불 먹은 유물 등으로 볼 때 무덤방 안에서 직접 화장이 이루어졌다.

출토 유물은 석기, 토기, 청동기, 치레걸이로 구분된다. 같은 문화권의 돌무지무덤이나 동굴무덤에 비해 그렇게 많이 찾아지지 않았지만, 청동기는 그 종류가 다양하고 양적으로도 많은 편이다.

토기 가운데에는 굽접시가 윤가촌 1호와 12호 돌덧널무덤에서 여러 점 출토되었다. 이것은 고조선 시기의 사회상을 살펴볼 수 있는 자료이며, 당시 사회의 제의나 식생활 문제를 이해하는데 도움이 된다. 청동기는 비파형동검, 세형동검, 중국식 동검 등 무기류와 검집, 끌, 도끼, 화살촉, 검자루 맞춤돌 등이 조사되었다.

여러 무덤의 연대는 구조의 특성과 출토 유물의 다양성으로 볼 때 시기의 폭이 상당히 넓다. 청동검으로 볼 때 세형동검과 중국식 동검이 출토된 서가구와 윤가촌 12호 돌덧널무덤은 기원전 4세기쯤으로 해석되며, 비파형동검이 찾아진 서방신 무덤은 기원전 7세기에 축조되었던 것 같다.

제한된 자료를 가지고 이루어진 부족한 연구이지만, 고조선 사람들의 영혼이 잠들어 있는 지상의 마지막 집을 통해 당시 사회로 여정을 떠나 우리의 뿌리를 이해하고 정체성을 찾는데 자그마한 디딤돌이 되었으면 한다.

【부 록】

Journal of Mechanical Science and Technology 28 (5) (2014) 1789~1795

www.springerlink.com/content/1738-494x
DOI 10.1007/s12206-014-0325-x

Understanding the structure of table-type dolmens using numerical analysis[+]

Moonsik Ha[1], Jung Hee Lee[2], Chang Kyoung Choi[3],
Jae Hyung Kim[4] and Young Ki Choi[5],

[Abstract]

Computer-aided methods are used extensively to analyze archaeological images. This data can then be used to make mappings and provide greater structural understanding of archaeological objects of interest. This paper details a numerical analysis of a typical Korean dolmen, performed in order to enhance our understanding of its structure in terms of force/pressure, strain/ stress, and fatigue damage. The advanced engineering tools "ABAQUS" and "Nastran" are employed to analyze force/pressure, deformation/strain/stress

1. Department of history, Sejong University, 98 Gunja-Dong, Gwangjin-Gu, Seoul, 143-747, Korea

2. Multi-phenomena CFD ERC, Sogang University, Shinsu-dong 1, Mapo-gu, Seoul, 121-742, Korea

3. Department of Mechanical Engineering – Engineering Mechanics, Michigan Technological University, Houghton, MI 49930, USA

4. Energy Plant Research Division, Korea Institute of Machinery & Materials/ 104 Sinseongno, Yuseong-gu, Daejeon, 305-343, Korea

5. School of Mechanical Engineering, Chung-Ang University, Seoul, 156-756, Korea

* Corresponding author. Tel.: +82 2 820 5254, Fax.: +82 2 823 9780, E-mail address: ykchoi@cau.ac.kr

relations, and the overall distribution of stress and damage, respectively. This structural analysis was performed for various geometrical configurations such as offset distances of the top stone, inclined angles of the supporting stones, and varying shapes of dolmens. This analysis shows that dolmens having vertically-erected supporting stones are most stable. With the help of this parametric study using idealized models, two real existing models were applied to analyze and predict damage to the table-type dolmens. The accuracy of the numerical predictions shows that this kind of analysis has great potential to be the method of choice for structural understanding of such objects. If run in parallel with the sensing techniques currently used, it could greatly aid in the conservation of archaeological objects.

Keywords: Dolmens; Archeological sensing; Fatigue damage; Numerical stress analysis

[국문요약]

고고학적 이미지를 분석하는데 컴퓨터를 이용한 방법들이 최근 늘어나고 있는 추세다. 관심 있는 고고학 대상의 구조에 대한 컴퓨터 이미지 분석 결과는 구조 역학을 이해하거나, 정확한 위치 정보에 이용될 수 있다. 본 연구는 한국 고인돌에 대한 구조적 이해를 높이기 위해, 힘/압력, 응력/변형률, 그리고 피로 손상에 대한 수치해석을 수행하였다. 아바쿠스 (ABAQUS)와 나스트란 (Nastran) 이라는 상용코드를 본 수치해석 연구를 위해 이용하였다.

아바쿠스는 힘과 압력, 그리고 변형/응력/변형률의 관계를 파악하는데 이용하였으며, 전반적인 파괴 및 응력의 분포는 나스트란으로 분석되었다. 고인돌의 구조에 대한 이해를 높이기 위해 다양한 구조적 모델이 적용되었다. 예를 들면, 덮개돌의 무게 중심 위치를 달리하거나, 굄돌의 각도를 바꾸거나, 다양한 고인돌의 형태를 적용하였다.

수직으로 세워진 고인돌이 역학적으로 가장 안정적인 것으로 해석되었다. 한국에 있는 탁자식 고인돌 2기(양구 고대리 고인돌과 강화 부근리 고인돌)를 선택하여, 이에 적합한 이상적인 수치 해석 모델을 만들어 파라메트릭 연구를 통해, 시간, 기후, 등등을 고려한 손상 분포를 해석하고 분석하였다.

본 수치 해석 연구는 고고학 대상에 대한 구조적 이해를 넓히고, 다른 센싱 기술과 접목하면 고고학 유적의 유지/보수에 도움을 줄 것으로 기대된다.

---

1. Introduction

Engineering needs to be used as a tool for protection of cultural heritage worldwide. In the age of structural analytics and computational mechanics, engineering expertise is essential for understanding and preservation of archeological artifacts. By examining the properties of ancient objects with modern methods, an effective preservation protocol can be developed along with acquiring a greater appreciation of the construction and crafting prowess of our ancestors.

Only two types of megalithic structures, dolmens and menhirs (standing stones), have been discovered in the Korean peninsula. Similar to their world-wide monolithic cousins, dolmens were constructed as a prehistoric stone grave. They play an important role in linking the prehistoric and historic periods of the region. They have high cultural and social significance and their preservation is an issue of national importance to the Korean cultural identity.

Research on dolmens found in the Korean peninsula has focused mainly on the following topics [1-5]: (1) the origins and development of dolmens as well as their geographical and social influences, (2) dating and the recurring patterns of dolmens, (3) the socio-political significance and function of dolmens, (4) the construction methods of dolmens and the corresponding social context in which they were built, and (5) non-destructive stone conservation methods.

In regard to degradation, the most frequently used method for measuring the degree of weathering is the ultrasonic pulse technique [6]. Relevant ultrasonic parameters are also employed to evaluate the degree of alteration of stones and certain mechanical characteristics they possess [7]. Digital image processing through ultrasonic signals has been used in order to examine fissuration i.e., the form of a fissure that is a deep crack in rock and *in situ* rock damage [8]. The fracture flow path is examined by Alterant Geophysical Tomography (AGT), where specialized tracers inserted into the rock fractures are employed [9]. The erosion and fracture of archaeological objects have been widely examined by using remote sensing [10] and bio-deterioration on megalithic monuments discovered with the lichen species related to the granite rocks has also been studied [11].

With the help of these advanced sensing techniques, technologies and computers, graphical and numerical documentation including three-dimensional reconstruction has been performed 1, [12, 13]. Even though some structural analysis in regard to mobilization of dolmens [14] and numerical approaches to seismic response of classical monuments [15] has been utilized in the past, relatively little attention has been given by archaeologists to the potential of computer simulation to analyze the physical and mechanical properties, as well as the structure of individual objects.

To date, approximately 650 bronze-age table-type dolmens have been found throughout the Korean peninsula, of which 550 remain intact. In particular, the table-type dolmens having two supporting stones have excellent mechanical and structural characteristics [16]. However, there has never been any significant research to examine fatigue damage considering the structural and mechanical characteristics of table-type dolmens.

These ancient objects are affected by the surrounding environment through erosion and their floating load over extremely long periods of time. The accumulated loads over such long periods, even if they are relatively small, have significant effects on the erosion and deformation of the structure, both of which are directly related to structure life. In order to effectively develop preservation techniques for these monuments, an efficient method of identifying the areas of critical structural fatigue is needed.

Various sensing techniques can be employed to track these deformation effects on such archaeological objects. However, they require a large amount of data storage and additional image processing which take large amounts of time and incur additional costs. Thus, a more economic and time-saving technique to effectively examine the structural deformation of ancient objects would be preferable.

This article demonstrates the application of an advanced engineering computer simulation technique to the archaeological analysis of force/ pressure, stress/strain, and structural characteristics of dolmens. The method provides these relations as a function of time for simplified/ideal models and real models of dolmens. The use of state-of-the-art scientific and engineering tools can save time and money, as well as replace the difficult working conditions around inaccessible sites. This kind of study can efficiently and specifically indicate damage to archaeological objects, the knowledge of which is needed for their restoration and preservation. It can help the field of cultural heritage diagnostics advance in parallel with advances in the development of remote sensing technology.

2. Numerical analysis method and theory

2.1. Assumptions and properties

Summarized here are the assumptions made to enable a numerical analysis of the dolmens' structure:

(1) There is no material deformation during the dynamic analysis.

(2) The dolmens are approximately 3000 years old.

(3) The dynamic analysis is cycled every 10 days for 3000 years, i.e. the total number of cycles is 109500.

(4) All the properties of dolmens are homogeneous.

Dynamic, static, and fatigue analyses are performed, in that order, starting from the time the dolmens are assumed to have been constructed, around 1000 BC. Through the dynamic analysis, the force distribution is calculated. The stress occurrence and distribution are obtained by examining how the force, obtained previously in the dynamic analysis, transforms material. The fatigue analysis examines how the stress creates fatigue damage and corresponding fractures. The advanced analysis tools of "ABAQUS" and "Nastran" are used in order to analyze force and pressure, deformation related to strain/stress, and overall distribution of corresponding stress, fatigue, and damage, respectively.

2.2 Modeling

Fig. 1 shows two-dimensional cross sections at each plane and a three-dimensional schematic drawing of the model used for dynamic and fatigue analyses using ABAQUS, and static analysis using NASTRAN. The contacts are defined to be solid surfaces between a top stone and two supporting stones in order to connect them. The top orange stone is defined to be "body 1", the green left supporting stone is "body 2", and the yellow right supporting stone is "body 3". The supporting stones are fixed at the ground. Table 1 shows the material properties of a dolmen and the corresponding dimensions used for the

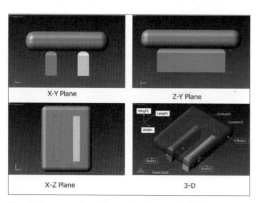

Fig. 1. Cross sections in each plane and 3–D schematic drawing. There are contacts between the top stone and the supporting stones.

analysis.

Fig. 2 shows examples of table-type dolmens found in the Korean peninsula. The leftmost dolmen Fig. 2(a) is called the Yanggu Godae-ri dolmen and was found in Godae-ri, Yanggu-eup, Yanggu-gun, Kangwon-do. Its supporting stones are almost vertically erected and it was built in approximately BC 1000. The middle dolmen Fig. 2(b) with a parallelogram shape is called the Ganghwa Bugeun-ri Dolmen. It was found in Bugeun-ri, Hajum-myun, Ganghwa-gun, Incheon-si and was built in approximately BC 1000. The rightmost dolmen Fig. 2(c) with a trapezoidal shape is the Gochang Dosan-ri dolmen found in Dosan-ri, Gochang-eup, Gochang-gun, Junlabok-do and was built in BC 700. Its supporting stones are inclined at an angle of approximately $4°$ from the vertical plane.

Table 1. Material properties and dimensions of a dolmen considered for analysis.

Parts	Dimensions [mm]		
	Width	Length	Height
Top stone [Body 1]	5,200	6,600	1,200
Prop stone [Body 2]	720	4,520	1,500
Prop stone [Body 3]	720	4,520	1,500

Property	Value
Density [kg/mm^3]	2.7E−6
Young's modulus [N/mm^2]	49,205
Ultimate tensile strength [N/mm^2]	0.784

Fig. 2. Examples of table–type dolmens found in the Korean peninsula: (a) the rectangular shape of the Yanggu Godae–ri dolmen (vertically erected supporting stones, BC 1000); (b) the parallelogram shape of Ganghwa Bugeun–ri dolmen (both supporting stones parallel but inclined, BC 1000); (c) the trapezoidal shape of Gochang Dosan–ri dolmen (4 isosceles trapezoidal stones, BC 700).

Table 2. Boundary conditions.

Analysis method	Boundary conditions
Dynamic analysis	Contact area: calculated from the solid modeling
	Supporting stones and top stone are connected by contact
	Supporting stones are fixed on the ground
Static analysis	The pressure obtained from dynamic analysis is evenly distributed on the contact surface
	The contact points of supporting stones at the ground are fixed.
Fatigue analysis	Daily cycles of stress

2.3 Contact analysis

The gravitational force is necessarily balanced with the inertia force in the dolmen structure. The force between the top stone and the supporting stones is delivered nonlinearly since the contacts are not perfectly tangential. Dynamic analysis allows one to examine the process of how the final stable state was reached by considering all the forces involved. The stable state is reached when there is no change in the force and the mechanical energy of the top stone is at a minimum. The most stable state of the dolmen structure can be determined from this analysis.

Dynamic analysis [17] is carried out in order to satisfy the Newton's second law with the simple equation of motion is as follows;

$$M\bar{a} = \bar{F}_{net} \tag{1}$$

where $\bar{a}$ is the acceleration, related to translation and rotation, M is the matrix of masses, and $\bar{F}_{net}$ is the net force.

Given the non-deformation assumption, during the dynamic analysis it is possible to examine how forces on the contact surface are distributed, and the force and moment are obtained at every point satisfying the conservation of linear and angular momentum.

2.4 Stress analysis

The governing equation of static analysis is expressed as follows;

$$\nabla \cdot \sigma + \bar{F} = 0 \qquad (2)$$

where σ is the stress tensor and $\bar{F}$ is the external force [18, 19]. The stress is basically the solution of this equation, giving the force per unit area at every point calculated. Through this analysis, it is possible to examine how the forces obtained by dynamic analysis create deformation in the dolmens. Thus, this analysis obtains the relationship between the stress creating material deformation and the external force.

2.5 Fatigue analysis

The stress created in the dolmen produces fatigue damage. Generally the fatigue analysis is performed to examine the fatigue state of materials where repeated stress is given for a certain time period. As the stress is repeatedly applied, the dolmen can be broken by ever smaller amounts of stress since the fatigue strength of the dolmen is progressively reduced. In order to examine the amount of fatigue damage/destruction, the stress initially obtained in the steady state is repeatedly applied as time passes.

Table 2 shows the boundary conditions applied in these analyses. Contact areas, which are defined to be contact areas between supporting stones and a top stone, are calculated directly from the geometrical configuration shown in the solid model. During dynamic analysis, the top stone and supporting stones are connected by contact and the supporting stones are fixed at the ground. Pressure, which is calculated by dividing force obtained from the dynamic analysis by the contact areas, is evenly distributed into the contact areas as a specific boundary condition in order to calculate the stress distribution. All the points of supporting stones meeting the ground are fixed. For the fatigue analysis, the stress obtained from the static analysis is given daily in order to

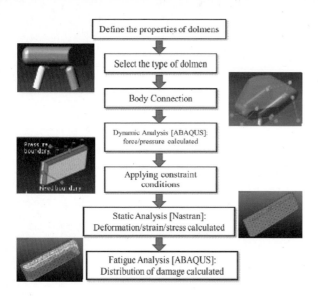

Fig. 3. The integrated framework of the computation analysis. "ABAQUS" is used to calculate force/pressure for the dynamic analysis, "Nastran" is used to calculate strain/stress for the static analysis, and "ABAQUS" is employed to obtain the distribution of damage for the fatigue analysis.

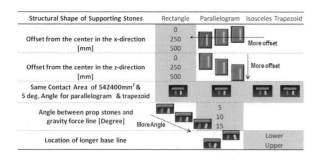

Fig. 4. Calculation matrix considering several factors: (1) shapes of dolmens such as rectangular, parallelogram, and trapezoid; (2) offset distance in x– and z–directions; (3) various angles of the supporting stones from the gravitational force line of the top stone; (4) trapezoids having base line either longer or shorter than the top line

consider the various environmental conditions over 3000 years.

Fig. 3 shows the flow chart of the combined analysis to effectively examine the structural characteristics of different configurations of table-type dolmens. The general properties of dolmens are first defined and then the selection of their type is made. The three bodies considered are connected and the first analysis, a dynamic analysis using "ABAQUS", is made in order to calculate force and pressure. With these conditions applied, the static analysis using "Nastran" is performed to calculate deformation, strain, and stress. The last step of fatigue analysis using "ABAQUS" is employed to calculate the damage distribution.

Fig. 4 shows the calculation matrix considering all the cases examined in this paper. The matrix considers variation in geometry including the angles of supporting stones, the location of supporting stones, and contact areas. The geometrical shapes of dolmens used in this paper are rectangles, parallelograms, and trapezoids. The offset distances are considered in the x- and z-directions and various angles of the supporting stones are compared against the gravitational force line of the top stone.

3. Results and discussion

By shifting the center of the supporting stones in the negative x-direction, more force is delivered to the supporting stone closer to the center of gravity (body 3). In this case more strain and stress are present and, correspondingly, more damage occurs. The stress in this case depends primarily on the normal force while the stress changes little due to the tangential force. In the case of shifting the supporting stones in the tangent (z-) direction, force, strain/stress, and damage remain relatively constant regardless of distance shifted. This is because the tangential distance shifted is small relative to the length (in the z-direction) of the supporting stones. The damage, shown in this table and following figures, is defined to be the percentage of the node area (contact area) which is completely fractured.

Fig. 5 shows the changes in damage to the supporting stones in the parallelogram shape related to a change in angle away from the vertical. Note that these case analyses were extrapolated from different angles and different contact areas. Although initially the dolmens may not have exhibited smooth contact between the supporting stones and the top stone, the initial irregular contact surface eroded over time due to general abrasion to become a uniform contact surface.

Note that all calculations for these types were done using the same contact surface area, with the area of each individual contact surface normalized using computer-aided design (CAD) software. The rectangular shape presents the

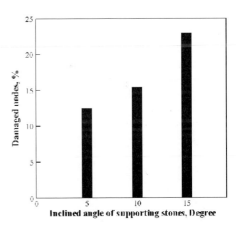

Fig. 5. Force was fixed at 1.5MN and the damage resulting from differing angles of the supporting stones was examined for the parallelogram–type dolmen. It was found that increasing the inclined angle of the stones increases the amount of damaged nodes.

Table 3. Boundary conditions and calculated results for four different types of supporting stones

Case/ contact lines	Contact [mm²]	Force [N]	Pressure [N/mm²]	Damage [%]
1/1	542,400	1.47816E6	2.7252	7.34
2/1	542,400	1.47605E6	2.7213	9.80
3/1	542,400	1.47363E6	2.7168	9.79
4/1	542,400	1.48804E6	2.7434	11.12
1/2	542,400	1.47605E6	2.7213	8.09
2/2	542,400	1.47828E6	2.7254	9.64
3/2	542,400	1.48040E6	2.7293	11.02
4/2	542,400	1.46621E6	2.7032	9.47

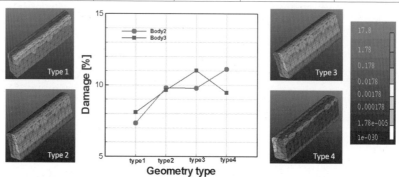

Fig. 6. Damage variation for different geometric types: type 1 – rectangular; type 2 – parallelogram; type 3 – isosceles trapezoidal with base longer than top; and type 4 – isosceles trapezoidal with base shorter than top. The inclined angle of all the types is 5 degrees from the vertical, with the obvious exception being type 1, the rectangular shape. In the scale bar, any value over 1.00 means it is fractured.

least amount of damage and thus seems to have the most stable structure of the table-type dolmens. As shown in Fig. 6 all the inclined types appear to have sustained more damage than the rectangular shape. It is believed that the reason for this is that the damage to the rectangular shape comes mainly from normal stress while both normal and shear stresses act significantly on the inclined types.

All the variations including the contact area, the angle of the supporting stones, and the location of supporting stones have proven to be important factors in understanding the structural damage exhibited by table-type dolmens. It is believed that the collapse of table-type dolmens is mainly due to the weathering of the supporting stones by wind and water, and is not due to any mechanical or structural failure. More in-depth research into this topic is important because a more complete mechanical and structural understanding of table-type dolmens constructed in the Bronze Age will have a considerable impact on the understanding of Korean prehistoric culture and technology. Future studies of fatigue analysis should consider the effect of weathering and the additional stress created by temperature variation and/ or the volume variation of frozen moisture in the dolmen.

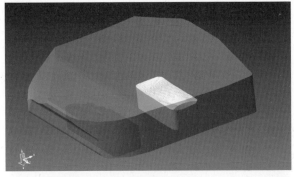

(a) Yanggu Godae-ri dolmen

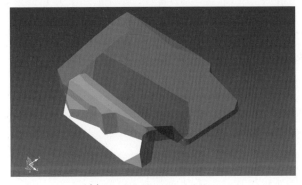

(b) Ganghwa Bugeun-ri dolmen

Fig. 7. The schematic diagrams for the real application models.

4. Real application: Yanggu Godae-ri & Gangwha Bugeun-ri dolmens

Fig. 7 shows the two schematics of real dolmens employed for numerical analysis as real models. In order to make an engineering comparison with the ideal models previously calculated, all the material properties and conditions shown in Table 1 are also applied for these real models. The Yanggu Godae-ri dolmen Fig. 7(a) shows that supporting stones that are almost vertically erected to support the top stone. The Ganghwa Bugeun-ri dolmen Fig. 7(b)

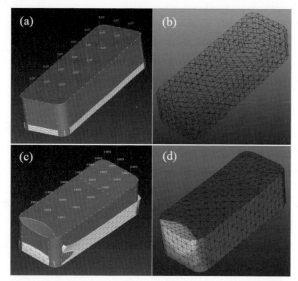

Fig. 8. The structure and the corresponding fatigue analyses for the Yanggu Godae-ri dolmen. White is least stress and magenta is most: (a) body 2: deformation; (b) body 2: damage; (c) body 3: deformation; (d) body 3: damage.

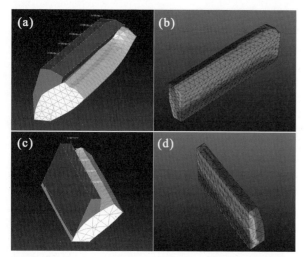

Fig. 9. The structure analysis results for the Ganghwa Bugeunlee dolmen: (a) body 2: deformation; (b) body 2: damage; (c) body 3: deformation; (d) body 3: damage.

has the parallelogram shape and its contact areas are smaller than the Yanggu Godae-ri dolmen Fig. 7(a).

Fig. 8 shows the results of static and fatigue analyses for the two supporting stones of the Yanggu Godae-ri dolmen. For each supporting stone, the left figure presents the stress distribution, while the right figure shows the damage distribution. As in the ideal models, the left supporting stone is "body 2" and the right supporting stone is "body 3". For the stress-deformation distribution, the stone is shown in its starting form in green and the deformation from the simulations is shown in white. Stresses of both supporting stones are mainly influenced by vertically upward and downward axial pressures because they stand vertically relative to the top stone. The fatigue, obtained from the dynamic analysis, is applied for a stress cycle of 10 days for 3000 years in order to consider periodical forces generally induced by external forces by fluids including air (wind), snow, and rain. Both supporting stones are expected to be stable because there aren't any nodes which are completely fractured, that is, no value over 1.00 in the scale bar. The simulation showed that in the left supporting stone, once the threshold of damage was met, virtually all nodes experienced damage uniformly (1.068E-10). In body 3, a gradient of damage can be observed, with the nodes not contacting the load experiencing virtually no damage, and then a varying degree of distress throughout the rest of the structure, as seen in Fig. 9. The maximum turned out to be a value of 1.618E-6 (below fracture threshold). It can therefore be concluded that body 3 would experience partial fracture first if more stress were applied even though both supporting stones are stable. The same analysis was performed for the Ganghwa Bugeun-ri dolmen and the results are seen in Fig. 9. It is noted that different from the Yanggu Godae-ri dolmen, this dolmen has shear stresses induced from the rotation of the supporting stones relative to the top stone.

5. Conclusions

Starting with a dynamic analysis used in calculating the force imposed on the supporting stones by the top stone, the subsequent fatigue analysis enables us to calculate the stress created by this force on the supporting stones, which is then used to predict damage to the dolmen. Through the structural and mechanical characteristics examined in various cases, having different locations and configurations of supporting stones, the structural integrity of table-type dolmens can be better understood. These results, obtained through the use of state-of-the-art scientific and engineering tools, can be used to improve the maintenance and understanding of dolmen monuments.

This study shows that numerical analysis is an effective tool for analyzing force/pressure distributions as well as strain/stress distributions in dolmens, and for predicting damage and deterioration caused by these factors. This economic and timesaving method of numerical analysis can be simultaneously employed with other techniques, such as ultrasonic pulse imaging and digital image processing, to fully examine, analyze, and develop conservation protocols for archeological objects.

This new non-destructive engineering method for the fatigue damage analysis of archeological objects has many strengths including; (1) the ability to do a rapid calculation of all physical/mechanical properties in a reliable and inexpensive manner, (2) be applicable in difficult experimental conditions beyond the reach of the observer, and (3) efficiently predict damage, fissuration, and deterioration. Taken by itself, this method can make effective protection of these artifacts more practical and less costly.

Acknowledgment

This work was supported by the Academy of Korean Studies Grant funded by the Korean Government (AKS-2010-AGA-3103). The authors would like to express special thanks to Mr. Bryan Plunger at Michigan Technological University for giving technical comments and proofreading.

Nomenclature

$\bar{a}$: Acceleration

M : Matrix of masses

$\bar{F}_{net}$: Net force

$\bar{F}$: External force

σ : Stress tensor

References

[1] H. Lorenzo and P. Arias, A methodology for rapid archaeological site documentation using ground-penetrating radar and terrestrial photogrammetry, *Geoarchaeology*, 20 (2005) 521-535.

[2] G. Catanzariti, G. McIntosh and A. M. Monge Soares, E. Díaz-Martínez, P. Kresten and M. L. Osete, Archaeomagnetic dating of a vitrified wall at the Late Bronze Age settlement of Misericordia, *Journal of Archaeological Science,* 35 (2008) 1399-1407.

[3] Y. Lee, *A study in the Dolmen society in Korea* (in Korean), Seoul, Korea (2002).

[4] M. Ha, A study on stone cutting and cap-stone conveyance in constructing Dolmen, *Paek-San Hakpo,* 79 (2007) 27-48.

[5] G. Daurelio, S. E. Andriani, I. M. Catalano and A. Albanese, Laser recleaning of a Bronze Age prehistoric dolmen, *Proc. SPIE,* 6346, *XVI International Symposium on Gas Flow, Chemical Lasers, and High-Power Lasers* (2006) 634635.

[6] S. Pilecki and A. Levi, Evaluation of surface crack-depth in marble historical monuments with ultrasonic methods, *Proceedings of the 1st International Conference on Non-Distructive Testing in Conservation of Works of Art,* (Associazione Italiana Prove Non Distruttive and Istituto Centrale Per Il Restauro, Rome, 1983) I/22.1-I/22.8.

[7] L. Valdeón, M. Montoto, L. Calleja, R. M. Esbert, N. Corral and T. López, A method to assess spatial coordinates in art and archaeological objects: application of tomography to a dolmen, *Journal of Archaeological Science,* 24 (1997) 337-346.

[8] L. Calleja, B. Montoto, B. Perez Garcia, L. M. Suarez Del Rio, A. Martinez Hernando and B. Menendez Villar, An ultrasonic method to analyse the progress of weathering during cyclic salt crystallization laboratory tests, *The conservation of monuments in the Mediterranean Basin,* ed. by F. Zezza, (Grafo Edizioni, Bari, Italy, 1989) 313-318.

[9] A. L. Ramirez and R. J. Lytle, Investigation of fracture flow paths using alterant geophysical tomograph, *International Journal of Rock Mechanics and Mining Sciences & Geomechanics Abstracts,* 23 (1986) 165-169.

[10] K. Challis and A. J. Howard, A review of trends within archaeological

remote sensing in alluvial environments, *Archaeological Prospection,* 13 (2006) 231-240.

[11] P. M. S. Romão and A. Rattazzi, Study of lichens' colonization on Tapadao and Zambujeiro dolmens (Southern Portugal), *International Biodeterioration & Biodegradation,* 37 (1996) 23-35.

[12] P. Dias, G. Campos, V. Santos, R. Casaleiro, R. Seco and B. Sousa Santos, 3D Reconstruction and Auralization of the "Painted Dolmen of Antelas", *In Proceedings of the Electronic Imaging 2008 conference,* SPIE 6805 (2008) 6805OY.

[13] M. Díaz-Andreu, C. Brooke, M. Rainsbury and N. Rosser, The spiral that vanished: the application of non-contact recording techniques to an elusive rock art motif at Castlerigg stone circle in Cumbria, *Journal of archaeological science,* 33 (2006) 1580-1587.

[14] V. Navarro, L. E. Romera, Á. Yustres and M. Candel, Mobilization analysis of the dolmen of Dombate (Northwest Spain), *Engineering Geology,* 100 (2008) 59-68.

[15] D. Papastamatiou and L. Psycharis, A numerical perspective developed at the temple of Apollo in Bassae. Greece, *Terra Nova,* 5 (1993) 591-601.

[16] M. Ha, J. Kim, A study on carrying the cap-stone of Dolemen, *Journal of Korean Ancient Historical Society,* 34 (2001) 53-80.

[17] R. Kliukas, R. Kačianauskas and A. Jaras, A monument of historical heritage - Vilnius archcathedral belfry: The dynamic investigation, *Journal of Civil Engineering and Management,* 14 (2008) 139-146.

[18] O. C. Zienkiewicz and R. L. Taylor, *The finite element method,* McGraw-Hill Book Company Limited, London (1989).

[19] K. J. Bathe, *Finite element procedure,* Prentice Hall, Upper Saddle River, New Jersey, USA (1996) 780-782.

【사진 출처】

1. 고인돌

- 사진 17, 사진 19 : 遼寧省文物考古研究所, 1997. 『東北亞考古學研究』
- 사진 35~36, 사진 42, 사진 88, 사진 107 : 遼寧省文物考古研究所, 1993. 『遼海文物學刊』2.
- 사진 46~47, 사진 54, 사진 64~66, 사진 80~83, 사진 93, 사진 106, 사진 113, 사진 116, 사진 123 : 조선유적유물도감편찬위원회, 1988. 『조선유적유물도감』1·2.
- 사진 55, 사진 69, 사진 92, 사진 95, 사진 105, 사진 108, 사진 112, 사진 127, 사진 130 : 석광준, 2009. 『북부 조선 지역의 고인돌 무덤(1)(2)』(진인진)
- 사진 67~68 : 동북아역사재단 편, 2011. 『남포시 용강군 옥도리 일대 역사유적』
- 사진 87 : 方輝, 2000. 『明義士和他的藏品』(山東大學 出版社)
- 사진 96 : 군산대학교 박물관·고창군, 2009. 『고창군의 지석묘』
- 사진 97 : 김명진, 1988. 『東亞細亞 巨石文化에 대한 研究』
- 사진 98 : 인터넷 자료
- 사진 103 : 우장문·김영창, 2008. 『세계유산 강화 고인돌』
- 사진 111 : 경상남도·동아대학교 박물관, 1999. 『南江流域 文化遺蹟 發掘圖錄』
- 사진 122 : 本溪市博物館, 2011. 『本溪文物集粹』
- 사진 124, 사진 128, 사진 133 : 趙錫金·郭富純, 2010. 『大連古代文明圖說』
- 사진 129 : 국립중앙박물관·국립광주박물관, 1992. 『韓國의 靑銅器文化』
- 사진 134 : 遼寧省博物館, 2006. 『遼河文明展』

2. 돌무지무덤

- 사진 2, 사진 22~34, 사진 38, 사진 50~52, 사진 54, 사진 56~59, 사진 61~67, 사진 69~70 : 中國社會科學院 考古研究所, 1996. 『雙砣子與崗上』
- 사진 6~10, 사진 48~49, 사진 53, 사진 60, 사진 68 : 遼東先史遺蹟發掘報告書刊行會, 2002. 『文家屯』
- 사진 17, 사진 55, 사진 71 : 大連市文物管理委員會, 2008. 『大連文物』28.
- 사진 21 : 국립중앙박물관, 2006. 『북녘의 문화유산』
- 사진 36 : 국립진주박물관, 1993. 『煙臺島』
- 사진 46 : 인터넷 자료
- 사진 64 : 한얼문화연구원, 2012. 『광주 역동유적』: 동아세아문화재연구원, 2011. 『金海 連池 支石墓』

3. 동굴무덤

- 사진 1 : 安特生, 1923, 『奉天錦西縣沙鍋屯洞穴層』(中國古生物誌 丁種 1-1)
- 사진 2, 사진 28, 사진 30~32, 사진 34, 사진 37~40, 사진 43 : 本溪市博物館, 2011, 『本溪文物集粹』
- 사진 9~15, 사진 24, 사진 26, 사진 33, 사진 35~36, 사진 38 : 遼寧省文物考古研究所·本溪市博物館, 1994, 『馬城子』
- 사진 17~18, 사진 42, 사진 44 : 조선유적유물도감편찬위원회, 1988, 『조선유적유물도감』1·2
- 사진 20, 사진 23 : 廣西文物考古研究所·南寧市博物館, 2007, 『廣西先秦岩洞葬』
- 사진 22 : 中國社會科學院 考古研究所, 1996, 『雙砣子與崗上』
- 사진 25 : 국립진주박물관, 1993, 『煙臺島』
- 사진 27 : 中央日報 季刊美術, 1981, 『土器』(韓國의 美 5)
- 사진 46 : 조태섭, 2011, 「선사시대 사냥의 문화」『사냥으로 본 삶과 문화』

4. 돌덧널무덤

- 사진 1~3 : 中國社會科學院 考古研究所, 1996, 『雙砣子與崗上』
- 사진 4 : 趙錫金·郭富純, 2010, 『大連古代文明圖說』